리질리언스 구축

커뮤니티 리질리언스 모델과
트라우마 리질리언스 모델

Building Resilience to Trauma:
The Trauma and Community Resiliency Models

전남대학교 인문학연구원
HK3.0 플루리질리언스사업단
번역총서

01

리질리언스 구축

커뮤니티 리질리언스 모델과
트라우마 리질리언스 모델

Building Resilience to Trauma:
The Trauma and Community Resiliency Models

일레인 밀러-카라스 지음
김도현 옮김

발간사

　전남대학교 인문학연구원은 한국연구재단의 인문한국플러스(HK+) 연구사업인 〈초개인화 시대, 통합과 소통을 위한 가족커뮤니티인문학〉을 통해 정립한 연구성과를 심화·확장하여 인문한국3.0(HK3.0) 연구사업 〈가족커뮤니티인문학을 통한 플루리질리언스 패러다임 구축〉을 수행하고 있습니다. 21세기 우리는 기후변화, 재난, 전쟁, 불평등, 고령화, 사회적고립 등 복합위험 시대에 살고 있습니다. 이러한 현실은 우리에게 위험에 대응하고 관리하여 미래에 지속가능한 사회를 어떻게 만들 것인가에 관한 새로운 과제를 짐 지우고 있습니다. 이 과제를 해결하기 위한 학문적, 실천적 도전이 '리질리언스' 패러다임의 구축입니다.

　HK3.0 플루리질리언스사업단은 '취약한 기능의 복구' 또는 '정상화'로 통용되어 온 리질리언스를 개인과 공동체 회복을 좌우하는 감응(Ganyin), 소통(Communication), 연대(Solidarity), 공생(Symbiosis), 기억(Memory)의 다섯 가지 가치(GCSSM)에 기반하여 '다층적 재도약(Plurisilience)'으로 재개념화하여 인문 기반 융복합 플루리질리언스 공동연구를 선도하고자 합니다. 이를 통해 사업단은 인문학적 관점에서 사회문제를 인식하고 해결 전략을 모색함으로써 다종 주체들의 공동 미래와 좋은 삶을 창생하는데 기여하기를 희망합니다.

　연구 1단계(2025~2027년)에서는 가족커뮤니티 인문학의 현장 적용과 플루리질리언스의 이론적 토대 정립을 목표로 공동연구를 수행하고 있습니다. 이번에 발간하는 번역총서 제1권『리질리언스 구축:

커뮤니티 리질리언스 모델과 트라우마 리질리언스 모델』은 이러한 연구 비전과 맞닿아 있습니다. 일레인 밀러-카라스(Elaine Miller-Karas)의 대표작인 이 책은 최신 신경과학에 기반한 커뮤니티 리질리언스 모델과 트라우마 리질리언스 모델이라는 두 가지 접근법을 통합적으로 다룸으로써 트라우마 회복이 개인뿐만 아니라 학교, 지역사회, 공동체 차원에 걸쳐 사회적·관계적 맥락 속에 있음을 제시합니다.

이번에 발간하는 번역서가 '플루리질리언스(Pluresilience) 패러다임' 구축을 위한 인문학 기반 융복합 연구의 활성화에 기여하기를, 그리고 학문적 연구를 넘어, 한국 사회의 다양한 현장에서 더 깊은 연대와 소통을 통한 실질적 변화를 이끌어내는 계기가 되기를 기대합니다.

2026년 1월
전남대학교 인문학연구원장 정미라

읽기에 앞서

트라우마를 겪는 과정이나 사고 이후에도 생존자들은 신체적, 정서적, 인지적, 행동적, 관계적, 그리고 영적 차원에서 연속적인 동요를 경험합니다. 이러한 반응들은 그들에게 현실적 균형감을 잃게 하거나 안전에 대한 위협을 느끼게 할 수 있습니다.

『리질리언스 구축: 커뮤니티 리질리언스 모델과 트라우마 리질리언스 모델』 2판은 이러한 연속적인 반응들을 생물학적 관점에서 설명하며, 우리의 트라우마 경험을 '수치심과 병리학'의 틀에서 '희망과 생물학'의 틀로 재구성합니다. 이 책은 리질리언스 기반 접근법과 트라우마 기반 접근법을 통합한 두 가지 근거 기반 모델을 다룹니다.

- 커뮤니티 리질리언스 모델(the Community Resiliency Model)
- 트라우마 리질리언스 모델(the Trauma Resiliency Model)

각 장에서는 복잡한 신경과학을 이해하기 쉬운 개념으로 풀어내고, 단기적·장기적 치유를 위한 경로를 제시합니다.

커뮤니티 리질리언스 모델은 공동체 내의 자연적 리더를 길러, 웰니스 기술을 지역사회 전반에 확산시키는 1차 예방 모델로 기능합니다. 한편 트라우마 리질리언스 모델은 정신건강 전문가를 대상으로 한 전문 모델로 트라우마 경험을 재처리하고 통합할 수 있도록 돕습니다.

연구 결과, 이 두 모델을 활용한 개입은 우울과 불안 수준의 유의미한 감소를 가져왔으며, 동시에 전반적으로 웰빙을 향상시킨 것으로 나타났습니다. 이러한 모델은 트라우마 이후의 회복을 지원하며, 전 문화권을 아우르면서 생애주기 전반에 걸쳐 웰빙을 증진하는 실천 도구로 사용할 수 있습니다.

커뮤니티 리질리언스 모델과 트라우마 리질리언스 모델의 프로그램 공동 주관 기관은 다음과 같습니다.

- 유엔(UN)
- 명상 과학 및 연민심 기반 윤리 연구소(Center for Contemplative Science and Compassion-Based Ethics, CCSCE)
- 북아일랜드 피해자와 생존자 네트워크(Victims and Survivors Network, VSS)
- PACES(Positive & Adverse Childhood Experiences) Connection
- 국제 변혁적 리질리언스 연대(International Transformational Resilience Coalition, ITRC)
- 제칠일안식일예수재림교 개발·구호기관 국제본부(Adventist Disaster Relief Agency International)
- 웨이크 카운티 교육청(Wake County School System, WCSS)
- 워싱턴 주 경찰위원회(Police Commission)

일레인 밀러-카라스(LCSW)는 트라우마 자원 연구소(Trauma Resource Institute)의 공동 설립자이자 책임자이며, 로마 린다 대학교(Loma Linda University)의 겸임 교수로 활동하고 있습니다. 그녀는 저자이자 강연자, 컨설턴트, 라디오 진행자, Psychology Today 블로거, 트라우마 치료사, 그리고 사회적 기업가입니다.

이 책의 제2판을 제가 깊이 존경하고 사랑하는 세 분께 바칩니다.

남편, 짐 카라스(Jim Karas)에게.

그의 인내와 조건 없는 사랑은 인생의 울퉁불퉁하고 예측할 수 없는 여정 속에서 나를 지탱해주고 보듬어 주었습니다. 그가 없었다면 저는 트라우마 자원 연구소의 국제적 운동을 이끌 수 없었을 것입니다. 그는 언제나 열정적이고 활기찬, 그리고 사명감에 불타는 아내와 함께 살아오면서도 놀라운 너그러움과 유머, 변함없는 지지를 보여 주었습니다.

딸, 제시카 카라스 워터슨(Jessica Karas Waterson)에게.

그녀가 태어난 이래로, 저는 늘 그녀의 영성, 연민심, 진정성, 그리고 탁월한 능력에 감탄해 왔습니다. 대학을 막 졸업한 그녀를 동행으로 데리고 케냐로 떠났을 때, 그 여정은 우리 둘 모두에게 깊은 전환점이 되었습니다. 그곳에서 저는 아프리카 여성 리더들과 교류하는 그녀의 탁월한 문화 간 소통 능력을 직접 목격했습니다. 트라우마 리질리언스 모델과 커뮤니티 리질리언스 모델에 대한 그녀의 지식과 숙련도는 존경스러우며, 그녀가 보여 준 지지와 동반자 관계는 그 무엇으로도 헤아릴 수 없습니다.

마이클 새프(Michael Sapp)에게.

우연적였지만 어쩌면 운명적인 만남으로, 저는 신경과학과 체화된 치유(embodied healing)에 관한 제 생각을 통해 이 젊은 심리학자에게 영향을 줄 수 있었습니다. 그는 자신에게 어떤 여정이 기다리고 있는지 미처 알지 못했을 것입니다. 우리는 함께 세계를 누비며 트라우마 리질리언스 모델과 커뮤니티 리질리언스 모델이 실제로 구현되는 수많은 귀한 순간들을 목격했습니다. 제가 트라우마 자원연구소의 운영을 다음 세대에 넘길 준비가 되었을 때, 그보다 더 훌륭한 리더를 찾을 수는 없었습니다. 그가 지닌 '모든 사람에 대한 존중'이라는 확고한 가치관은, 우리가 인생에서 마땅히 지향해야 할 덕목입니다. 그는 굳굳하게 유머와 친절, 이해와 연민 어린 마음으로 제 여정에 동행해 주었습니다.

목차

제1부 토대

그림 및 표 목록

저자 및 기여자 소개

일레인 밀러-카라스(Elaine Miller-Karas, LCSW)

트라우마 자원 연구소(Trauma Resource Institute)의 공동 설립자이자 혁신 부분 책임자이며, 로마 린다 대학교(Loma Linda University)의 겸임 교수입니다. 저자, 강연자, 컨설턴트, 라디오 진행자, 블로거, 트라우마 치료사이자 사회적 기업가로 활동합니다. 국제 변혁적 리질리언스 연합(International Transformational Resilience Coalition)의 창립 멤버로, 북미·중미·유럽·아시아·아프리카·카리브해 등 전 세계 여러 지역에서 재난 회복 프로젝트를 이끌었습니다.

그녀는 스콜 월드 포럼(Skoll World Forum), 리질리언스 포럼(Resiliency Forum), 미국 질병통제예방센터(Centers for Disease Control and Prevention, CDC), 글로벌 펀드(The Global Fund), 트라우마 행동 네트워크(Trauma Action Network), 국제 트라우마 스트레스 학회(International Society for Traumatic Stress Studies, ISTSS), 그리고 유엔(United Nations, UN) 등에서 발표했습니다.

그녀의 저서는 유엔과 테일러앤프랜시스(Taylor & Francis)의 온라인 혁신 도서관에서 'UN 지속가능발전목표(UN Sustainable Development Goals, SDGs)' 달성을 돕는 혁신 도서 중 하나로 선정되었습니다(https://www.taylorfrancis.com/sdgo).

또한 달라이 라마의 영감으로 시작된 프로젝트로서, 에모리 대학교(Emory University) 명상 과학 및 연민심 기반 윤리 연구소(CCSCE)의 SEE Learning 프로그램 수석 자문위원이며, 미국 민권운동 가상 교육과정 개발을 위한 메드가·머릴리 에버스 재단(Medgar & Myrlie Evers Foundation)의 자문위원으로 활동합니다.

그녀의 라디오 프로그램 〈Resiliency Within: Building Resiliency During Unprecedented Times〉은 보이스아메리카(VoiceAmerica) 채널에서 방

송 중이며, 사이콜로지 투데이(Psychology Today)에 정기 블로그를 연재합니다.

베벌리 제이 버클스(Beverly J. Buckles, MS, DSW)

로마 린다 대학교 행동건강대학(School of Behavioral Health) 학장이자 행동건강교육(Behavioral Health Education) 부총장이며, 사회복지·사회생태학과(Social Work and Social Ecology) 학과장입니다. 미국 사회복지사협회(National Association of Social Workers, NASW) 캘리포니아 지부로부터 '2010 올해의 사회복지사상(Social Worker of the Year)'을 수상했으며, 2006년에는 국제 행동건강 트라우마팀(International Behavioral Health Trauma Team) 창립 공로로 로마 린다 대학교 100주년 공로상을 받았습니다. 그녀가 이끄는 트라우마팀은 1995년 이후 전 세계 60여 개국의 자연재해 및 분쟁 현장에 대응해 왔습니다.

제니퍼 버튼 플라이어(Jennifer Burton Flier, LMFT, CEAT, CDWE)

미국 샌프란시스코와 엔시노(Encino)에서 개인 상담소를 운영하는 치료사입니다. 트라우마 리질리언스 모델 및 커뮤니티 리질리언스 모델의 선임 강사이자 자문위원으로, 커뮤니티 리질리언스 모델 개발에 핵심적으로 기여했습니다. 〈래번 콕스 팟캐스트(Laverne Cox Podcast)〉의 초청 게스트로 출연했으며, 인위적 재난과 자연재해 이후, 예를 들어 올랜도 펄스 나이트클럽 테러와 샌버나디노 사건 이후 미국과 북아일랜드를 포함한 여러 지역에서 커뮤니티 리질리언스 모델 웰니스 기술을 전파했습니다.

잰 클릭(Jan Click, MSW)

임상 사회복지사(Licensed Clinical Social Worker)로서 40년 이상의 실무 경험을 가지고 있습니다. 미국 재향군인청(U.S. Department of Veterans Affairs, VA)에서 32년간 근무하며 전투 및 군 관련 트라우마, 군 성폭력(Military Sexual Trauma, MST) 치료를 담당했습니다. 현재 산타 클라리타 밸리(Santa Clarita Valley)에서 개인 상담소를 운영하며, 복합 트라우마, 우울, 불안, 애도, 상실 분야를 전문으로 합니다. EMDR 공인 치료사이자 공인 컨설턴트이며, 트라우마 리질리언스 모델 및 커뮤니티 리질리언스 모델의 선임 강사이자 자문위원입니다.

킴벌리 프리먼(Kimberly Freeman, MSW, PhD)

심리학자이자 사회복지사로, 20년 이상 고위험 영유아 및 아동을 대상으로 발달 평가와 조기 개입을 수행해 왔습니다. 부모-아동 애착 형성, 발달 지연 평가, 초기 개입 촉진이 주요 전문 분야입니다. 현재 로마 린다 대학교 사회복지·사회생태학과 교수 겸 부학과장으로 재직하며, 국제 행동건강 트라우마 팀 소속으로 25개국 이상에서 활동했습니다. 시에라리온(Sierra Leone)에서는 역사적·지역사회 트라우마를 경험한 학령기 아동에게 커뮤니티 리질리언스 모델 중재 기법을 제공했습니다.

린다 그래브(Linda Grabbe, PhD)

가정 전문 간호사이자 정신건강 간호사 자격을 보유한 공인 간호사입니다. 2020년 미국 간호학회(American Academy of Nursing)로부터 최고 리더로 선정되었습니다. 홈리스 여성, 수감 여성·청소년을 대상으로 1차 및 정신건강 진료를 수행하며, 조지아주 내 간호사 대상 커뮤니티 리질리언스 모델 교육의 선구자입니다. 트라우마와 리질리언스의 신경생물학, 사회정의, 정신건강의 사회적 결정요인에 관심이 많으며, 에모리 대학교 넬 호지슨 우드러프 간호대학(Nell Hodgson Woodruff School of Nursing) 임상조교수로 재직 중입니다.

수전 몽고메리(Susanne Montgomery, PhD, MPH, MS)

사회·행동 역학자(Social/ Behavioral Epidemiologist)로서, 접근이 어려운 취약계층의 건강 불평등 문제를 연구합니다. 미국 보건복지부(Department of Health and Human Services, HHS), 질병통제예방센터(CDC), 주정부 및 재단으로부터 다수의 연구비를 수주했으며, 140편 이상의 논문을 국제 학술지에 발표했습니다. 로마 린다 대학교 행동건강대학 연구부학장으로서, 트라우마 자원 연구소 연구팀의 핵심 구성원으로 커뮤니티 리질리언스 모델의 과학적 근거를 확립하는 데 기여하고 있습니다.

리나 파텔(Reena Patel, MSW)

트라우마 자원 연구소 교육국장입니다. 2018년 미국 사회복지사협회 애리조나 지부로부터 '신진 사회복지 리더상(Emerging Social Work Leader of the Year)'을 수상했습니다. 산카를로스 아파치 보호구역(San Carlos Apache Reservation)과 파스쿠아 야키 부족(Pascua Yaqui Tribe) 공동체에서 정신건강 치료사로 일했으며, 애리조나 주립 대학교(Arizona State University) 사회복지대학에서 다양성과 억압 관련 과목을 강의했습니다. 세대 간 트라우마와 주변화된 공동체의 트라우마 후 성장(Post-Traumatic Growth)에 깊은 관심을 가지고 있으며, SEE Learning 프로그램 출범 시 트라우마 자원 연구소와 함께 인도로 파견되어 프로그램의 힌디어 번역을 담당했습니다.

수전 리디(Susan Reedy, LMFT)

트라우마 리질리언스 모델 및 커뮤니티 리질리언스 모델의 선임 강사이자 자문위원입니다. 캘리포니아 아카디아(Arcadia)에서 개인 상담소를 운영하며, 아동 중심 놀이치료(Child-Centered Play Therapy)에 전문성을 갖추었습니다. 스탠리 그린스펀(Stanley Greenspan)과 세레나 위더(Serena Wieder)에게 심화 훈련을 받았으며, 발달 지연, 자폐 스펙트럼, 감각조절 문제, 트라우마 아동 치료를 중점적으로 다룹니다. 패서디나(Pasadena)의 메이필드 주니어 스쿨(Mayfield Junior School)에서 13년간 상담 자문으로 근무하며, 부모교육 및 초등학생 대상 커뮤니티 리질리언스 모델 교육을 진행했습니다.

마이클 새프(Michael Sapp, PhD)

임상심리학자이자 트라우마 자원 연구소의 대표입니다. 생물학적 기반의 리질리언스 기술을 통한 지역사회 치유에 헌신하고 있습니다. 트라우마 리질리언스 모델 및 커뮤니티 리질리언스 모델의 선임 강사로서, 미국 전역과 필리핀·터키·영국·네팔·독일·아이슬란드·북아일랜드 등 여러 국가에서 임상가 및 지역사회 지도자를 교육했습니다.

제니퍼 월리스(Jennifer Wallace)

사법집행 분야에서 33년 이상 근무한 전문가입니다. 미국 국방부 범죄수사국(Defense Criminal Investigative Service, DCIS)의 수사관 및 감독관으로 시애틀(Seattle)에서 경력을 쌓았습니다. 은퇴 후 시애틀 경찰국(Seattle Police Department) 인신매매 대응팀과 협력하여 피해자 인터뷰 훈련 프로그램을 개발했습니다. 현재 워싱턴주 형사사법훈련위원회(Washington State Criminal Justice Training Commission, WSCJTC) 성폭력 수사 프로그램 매니저로 재직 중입니다. 트라우마 자원 연구소와 협력하여 커뮤니티 리질리언스 모델 웰니스 기술을 수사 인터뷰 과정에 통합하고 있습니다.

제시카 카라스 워터슨(Jessica Karas Waterson, LMFT)

캘리포니아 클레어몬트(Claremont)에서 활동하는 심리치료사로, 트라우마·우울·중독 치료를 전문으로 합니다. 트라우마 리질리언스 모델 및 커뮤니티 리질리언스 모델의 선임 강사이자 자문위원으로, 케냐에서 여성 성폭력 근절 활동을 하는 아프리카 지도자들을 대상으로 트라우마 리질리언스 모델 훈련을 실시했습니다. 또한 미국 내 여러 기관과 기업을 대상으로 리질리언스 기술 교육을 제공합니다.

추천의 글

우리 모두는 행복과 웰빙을 추구합니다. 이것은 모든 살아 있는 존재가 공유하는 활동입니다. 개인적으로나 공동체적으로나 행복을 누릴 수 있는 우리의 능력은 자신을 돌보고 서로를 돌볼 수 있는 능력과 직접적으로 연결되어 있습니다. 따라서 우리 자신과 타인을 더 잘 돌볼 수 있게 해주는 수단이나 지식은 모두 소중한 것입니다.

안타깝게도 우리는 완벽한 세상에 살고 있지 않습니다. 세상에는 마음과 몸에 안전보다 위협감을 불러일으키고 스트레스를 유발하는 요인이 많습니다. 그렇다면 우리는 이러한 불확실성을 어떻게 헤쳐 나가야 할까요? 과거에 우리가 겪었거나 앞으로 맞닥뜨릴 역경에 어떻게 대응해야 할까요? 신체적, 도덕적 상처 앞에서도 어떻게 희망을 유지할 수 있을까요?

다행히도, 이 책이 보여주듯이 우리는 이미 리질리언스와 웰빙을 위한 많은 자원을 우리 안에 가지고 있습니다. 그중에서도 특히 중요한 것이 바로 우리의 신경계입니다. 신경계는 놀라운 체계로, 다섯 가지 감각을 통해 외부 세계와 상호작용할 뿐 아니라 우리 몸 안에서 일어나는 일을 감지할 수 있게 해줍니다. 이를 '내수용감각(interoception)'이라 부릅니다. 이 감각을 잘 활용하는 법을 배운다면, 우리는 자신의 감정, 느낌, 스트레스 수준, 그리고 웰빙의 상태에 대한 정보를 얻을 수 있습니다. 이러한 정보는 전통적인 오감에서 얻는 정보만큼이나 중요합니다. 이 책은 바로 그 방법을 다루고 있습니다.

우리의 신경계가 지닌 자연스러운 작용을 직접 탐구함으로써 타고난 자원을 활용하는 법을 배우면, 우리는 주도성(agency) - 즉, 우리 안팎에서 일어나는 일에 대해 스스로 반응하고 대응할 수 있는 능력 - 을 얻게 됩니다. 이러한 주도성은 선택의 가능성을 의미하며, 여러 대안을 갖고, 자신에게 이로움을 주고 원하지 않는 결과를 피할 수 있는 행동을 취할 수 있게됩니다. 주체성은 무력감과 절망감의 반의어입니다. 또한 주도성과 연민심(compassion)은 사회 전체의 규범과 정의를 위한 전제조건이기도 합니다.

주도성을 기르는 한 가지 전략은 정서에 관한 인지적 조절(cognitive regulation)입니다. 이는 제가 지난 20년간 연구해 온 접근법이기도 합니다. 예를 들면 우리의 주의를 다른 곳으로 돌리기 의도적으로 자신을 주의를 흐트러뜨리기, 상황을 다시 해석하는 다른 관점에서 바라보기, 혹은 순간에 휩쓸리지 않고 한 발 물러서서 일어나는 일을 알아차리는 메타 인식 또는 흔히 '마음챙김'이라고 부르는 기법을 통해 우리는 감정 반응을 바꿀 수 있습니다.

또 다른 주목받는 전략은 정서에 관한 사회적 조절(social regulation)입니다. 우리는 사랑하는 사람이나 친구를 찾고, 누군가에게 고민을 털어놓거나, 포옹을 요청함으로써 감정을 안정시킵니다.

중요한 점은, 이 책에서 소개하는 기술들은 위의 두 가지 전략의 요소를 모두 활용할 뿐 아니라, 여기에 세 번째 접근-정서에 관한 신체적 조절(somatic regulation)을 더한다는 것입니다. 이는 내수용 감각과 신체 감각의 탐색을 통해 증진됩니다. 놀랍게도 우리는 신체와 감각에 직접적으로, 때로는 거의 즉각적으로 접근함으로써 감정을 변화시킬 수 있습니다. 예를 들어 주변의 색감을 찾아 바라보기, 소리에 주목해 듣기, 벽을 밀거나 기대는 등의 단순한 신체 행위만으로도 감정 상태가 바뀔 수 있습니다. 이것이 바로 마음-몸 연결 (mind-body connection)이 실제로 작동하는 모습입니다.

이러한 기술들을 배우고 타인과 나누는 것은 마치 마법을 배워 펼치는 것처럼 느껴질 때도 있습니다. 그러나 이 '마법'이 사실은 우리 신경계 자체의 놀라운 작용임을 깨닫는다고 해서 그 경이로움이 줄어드는 것은 아닙니다. 이 발견들은 제게 있어 실로 놀라운 통찰이었으며, 제 생애에서 배운 가장 중요한 것들 중 하나라고 생각합니다. 저는 이에 대해 일레인 밀러 카라스와 그녀의 동료들에게 깊은 감사를 드립니다.

저는 에모리 대학교(Emory University)에서 개발한 SEE Learning 프로그램 - 유치원부터 고등학교까지 무상으로 제공되는 사회정서 학습 교육 프로그램 - 을 통해, 콜롬비아에서 우크라이나, 인도에 이르기까지 세계 각지의 교사와 학생들이 이 프로그램을 적용하여 긍정적인 변화를 경험하는 모습을 직접 보았습니다.

이 책에서 설명하는 커뮤니티 리질리언스 모델은 SEE Learning 교육과정의 두 번째 장을 구성하며, 이후의 주의력 훈련, 감정 조절, 자기 및 타인에 대한 연민 훈련의 기반이 되기 때문에, 서론 이후에 가장 먼저 가르치는 내용입니다. 일레인은 이 프로그램의 선임 자문위원이자 공동 저자로서, 그녀의 헌신 덕분에 전 세계 수천 명의 아동, 교사, 상담자들이 학교 현장에서 이 방법을 무료로 배우고, 정서적·신체적 문해력(emotional and body literacy)을 갖추며 성장하고 있습니다.

인도 지역의 가장 빈곤한 지역, 이른바 '슬럼 공동체'의 아이들을 위해 설립된 통렌(Tong-Len) 학교는 SEE Learning과 커뮤니티 리질리언스 모델을 적극 도입했습니다. 이제 학교 곳곳에는 아이들이 배운 웰니스 기술을 시각적으로 표현한 벽화, 표어, 예술 작품들이 가득합니다. 예를 들어, 학교 벽에는 '회복력 영역(Resilient Zone)'의 거대한 지도가 그려져 있습니다. 아이들은 자신들이 배운 내용을 지역사회와 나누기 위해 다람살라 시내 곳곳에 크고 다채로운 벽화를 직접 그렸고, 이 활동은 지역 공무원과 다른 학교 관리자들의 관심을 끌었습니다.

미국에서도 비슷한 사례가 있습니다. 한 교사가 자신의 학급에서 커뮤니티 리질리언스 모델 기술을 가르쳤습니다. 어느 날 학생들이 시험을 보기 전 "먼저 접촉하기와 자원화를 하며 준비할 시간을 가질 수 있나요?"라고 물었습니다. 교사는 "그럴 시간은 없다"고 대답했습니다. 그러자 학생들은 "그건 선생님이 우리에게 가르쳐주신 내용과 모순돼요. 신경계를 조절하는 것이 얼마나 중요한지, 그게 얼마나 도움이 되는지 우리에게 말씀하셨잖아요."라고 반문했습니다. 교사는 그 말에 자신의 모순을 깨닫고 마음을 바꾸었습니다. 그리고 학생들에게 배운 웰니스 기술을 실제로 실습할 수 있는 몇 분의 시간을 허락했습니다.

이런 이야기를 들을 때 저는 놀라지 않습니다. 어느 나라든, 학생들에게 "이 기술을 얼마나 자주 연습하나요?"라고 물으면 대부분 "매일 해요."라고 답합니다. 하지만 그 실천 방식은 각자 다릅니다. 왜냐하면 그들은 '그 순간 내 몸이 원하는 것과 필요한 것'을 직접 배웠기 때문입니다. 이런 경험을 통해 저는 신경계의 보편성과 개별성을 모두 직접 확인했습니다.

또한 신체의 언어를 배우는 일이 외상을 겪은 사람들뿐 아니라 '신경계를 가진 모든 사람'에게 필수적인 지혜임을 깨달았습니다. 우리의 신경계가 위험과 안정을 어떻게 인식하고 경험하는지를 직접 이해하게 되면, 우리는 자신을 돕는 동시에 타인을 도울 수 있습니다. 이는 연민과 공감을 가로막는 주요 장애물 - 타인의 고통을 보며 느끼는 개인적 불안, 해결되지 않는 문제를 보며 느끼는 좌절, 도덕적 상처가 남긴 신체적 긴장 - 을 더 잘 다룰 수 있게 해줍니다.

커뮤니티 리질리언스 모델이 중요한 또 하나의 이유는, 트라우마라는 낙인(stigma)에서 해방시키고, 인간 중심적이며 역량 강화적인 강점 기반 접근법을 제시하기 때문입니다. '문제 행동'을 보이는 아동 또는 성인들은 '나쁜' 존재로 볼 필요가 없습니다. 오히려 그들은 자신이 안전하다고 느끼지 못했기 때문에 생존을 위해 몸이 필요하다고 느끼는 행동을 하고 있는 것일 수 있습니다.

저는 교정 교육과 형사사법 개혁 분야에서 일해 온 사람으로서, 커뮤니티 리질리언스 모델이 우리의 태도 변화를 촉진하는 강력한 도구라고 믿습니다. 이는 대량 수감과 처벌 중심의 사법 시스템의 근본적 원인을 다루는 데 있어 매우 중요한 전환점이 될 수 있습니다. 커뮤니티 리질리언스 모델은 공감과 이해, 친절, 그리고 인간 공통의 존엄성 인식을 증진시키며, 더 연민 어린 세상을 지향합니다. 그래서 라이프 대학교(Life University)의 'Compassionate Integrity Training(CIT)'과 에모리 대학교의 'Cognitively-Based Compassion Training(CBCT)' 같은 전 세계적인 연민심 훈련 프로그램에 커뮤니티 리질리언스 모델의 핵심 요소가 통합된 것은 결코 놀라운 일이 아닙니다.

저는 일레인을 깊이 존경합니다. 그녀는 세상을 더 행복하고 안전한 곳으로 만들기 위해 노력하고 있습니다. 그녀는 다른 사람들의 고통을 줄이고, 더 나은 삶을 위한 기술을 제공하려 합니다. 그리고 그 방법은 외부에서 새로운 무언가를 가져오라고 강요하는 것이 아니라, 이미 우리 안에 존재하는 리질리언스 - 즉, 역경에 반응하고 조정하며 웰빙을 경험하는 몸의 자연스러운 능력 - 을 발견하도록 돕는 것입니다.

저는 이 책에 담긴 지식과 실천이 세상을 바꾸고, 모든 사람이 더 안전하고, 더 행복하며, 더 연민 어린 세상을 만드는 데 기여할 수 있다고 믿습니다. 일레인이 가장 자주 던지는 질문 중 하나는 "What else is true? (또 무엇이 진실일까?)"입니다. 이 단순한 질문 속에는 깊은 지혜가 담겨 있습니다. 우리는 삶의 어려움과 트라우마의 현실을 부정하거나 외면해서는 안 됩니다. 그러나 동시에, 리질리언스와 연민이 지닌 힘과 가능성 또한 결코 과소평가해서는 안 됩니다.

명상 과학 및 연민심 기반 윤리 연구소

브렌던 오자와-데 실바

서문

『리질리언스 구축: 커뮤니티 리질리언스 모델과 트라우마 리질리언스 모델』 제2판은 네 개의 장으로 구성되어 있습니다. 이번 개정판은 초판(9장)에서 14장으로 확장했으며, 그 과정에서 새로운 통찰과 혁신적인 아이디어들이 반영되었습니다.

제1부는 트라우마 리질리언스 모델과 커뮤니티 리질리언스 모델 모두의 기반이 되는 기초 부분입니다. 제1장과 제2장은 각각 리질리언스와 트라우마의 개념을 정의하고, 제3장과 제4장은 커뮤니티 리질리언스 모델과 트라우마 리질리언스 모델의 구체적 내용과 원리를 설명합니다. 제5장은 두 모델의 신경과학적 기초(neuroscientific underpinnings)를 다루며, 최신 신경과학 개념들이 추가되었습니다. 제6장은 형평성(equity), 다양성(diversity), 포용성(inclusion)의 주제를 다루며, 트라우마 자원 연구소의 핵심 가치와 신념을 담았습니다.

제2부는 커뮤니티 리질리언스 모델이 공중보건과 어떤 관련성을 지니는지를 설명하며, 성폭력 피해자 면담(sexual assault interviews)과 재난 상황(disaster response)에서의 실제 적용 사례를 소개합니다. 제7장은 공중보건 관점에서 본 커뮤니티 리질리언스 모델의 개요와 전 세계에서 트라우마 영향을 완화하기 위해 시행된 프로그램들을 다룹니다. 제8장은 재난 구호 관리 프로그램(Disaster Relief Management Program)을 설명하며, 재난 전·중·후 시점에 커뮤니티 리질리언스 모델을 어떻게 실행할 수 있는지를 구체적으로 제시합니다. 제9장은 미국의 어느 주(州) 경찰위원회(police commission)가 커뮤니티

리질리언스 모델을 활용하여 트라우마 인지 및 리질리언스 기반 접근법을 도입함으로써 성폭력 피해자 면담에서 재트라우마화(retraumatization)를 예방한 사례를 보여줍니다.

제3부는 커뮤니티 리질리언스 모델과 트라우마 리질리언스 모델을 아동과 보호자를 대상으로 적용하는 방법을 다룹니다. 제10장은 아동기 트라우마(childhood trauma)와 발달적 고려사항(developmental considerations)을 설명하고, 제11장은 아동의 발달 단계별로 사용할 수 있는 접근법과 실습방법을 제시합니다. 또한 커뮤니티 리질리언스 모델을 아동 교육과정에 통합하여 운영하고 있는 여러 프로그램 사례도 함께 소개합니다.

제4부는 커뮤니티 리질리언스 모델과 트라우마 리질리언스 모델의 임상적 활용을 다룹니다. 제12장은 성인 행동에 적용되는 애착전략(attachment strategies)을 기반으로 한 임상 적용을 설명하고, 제13장은 퇴역군인과 현역 군인을 지원하기 위한 커뮤니티 리질리언스 모델과 트라우마 리질리언스 모델의 활용법을 제시합니다. 제14장은 중독(addiction)영역에서 커뮤니티 리질리언스 모델과 트라우마 리질리언스 모델을 적용하는 방법을 다루며, 커뮤니티 리질리언스 모델을 동기강화상담(Motivational Interviewing)과 통합하는 접근법을 소개합니다.

이 책의 두 번째 판이 보여주듯, 트라우마 회복과 리질리언스 개발은 임상이나 치료의 영역을 넘어 공중보건, 교육, 공동체, 그리고 인류적 연대의 차원으로 확장되고 있습니다. 이 여정이 여러분에게도 희망과 회복의 길잡이가 되기를 바랍니다.

감사의 글

이제 제 삶의 70번째 해를 앞두며, 제 인생에서 이 책과 국제적 사명을 향한 여정에 활력을 불어넣어 준 경험들을 돌아봅니다. 저는 어린 시절부터 우리의 삶이 '고통의 바다(sea of suffering)'라는 사실을 자각했지만, 그것을 두려워하지 않았습니다. 고통이야말로 인간 경험의 일부이며, 기쁨과 마찬가지로 삶의 필수적인 요소임을 일찍이 알았습니다. 그리고 가장 깊은 절망과 고통 속에서도 희망과 치유의 보편성이 존재한다는 사실을 보았습니다. 이러한 통찰 속에서 저는 트라우마 자원 연구소를 설립했고, 그 경험이 제2판 집필로 이어졌습니다. 희망과 치유의 원천이 세상의 고통을 덜어줄 수 있다는 믿음이 이 책의 출발점이었습니다.

어머니의 고향을 방문했던 일은 저만의 세계를 열어 주었고, 그곳에서 시작된 인연이 국제적 사명을 향한 길로 저를 이끌었습니다. 감사해야 할 분들이 정말 많습니다. 무엇보다도 사랑하는 저의 할머니 에바(Eva)와 어머니 엘시 피네다(Elsy Pineda)께 깊이 감사드립니다. 그분들은 새로운 나라로 이주하며 희망을 보여주셨고, 엘살바도르(El Salvador)의 풍요롭고 맛깔스러운 문화와 삶의 향기를 제게 전해 주셨습니다. 제가 열한 살 때 처음으로 엘살바도르를 방문했을 때의 경험은 제 인생의 전환점이었습니다. 영양실조로 고통받는 한 어머니가 아기를 꼭 껴안고 있는 장면은 제 마음속에 깊이 각인되었습니다. 그 순수함, 불평등, 그리고 가난의 이미지는 평생 제 안에 세상 속에서 어려운 이들을 돕고자 하는 열망의 불씨가 되었습니다.

세계 곳곳을 여행하며 수많은 이들을 만났습니다. 그들은 자신들의 삶과 가족, 자녀, 어르신, 음악, 음식, 그리고 춤을 나누어 주었습니다. 그들의 풍부한 문화는 제가 '치유(healing)'를 이해하는 과정에 깊은 영향을 주었습니다.

제 가족과 친구들은 이 여정 내내 사랑과 지지를 보내 주었습니다. 남편 짐 카라스(Jim Karas)와 딸 제시카 카라스 워터슨(Jessica Karas Waterson)은 이 길을 함께 걸으며 깊은 이해와 연민으로 제 곁을 지켜 주었습니다. 언니 디니즈 코스트(Deenise Kosct)는 헤아릴 수 없는 사랑과 도움을 주었고, 오빠 매튜 밀러(Matthew 'Bill' Miller)와 아들 에릭 카라스(Erik Karas) 역시 늘 지혜로 이끌어 주었습니다. 그리고 이미 세상을 떠난 아버지 아서 밀러(Arthur 'Bill' Miller)의 변함없는 사랑과 지지에도 감사를 전합니다.

비영리단체를 운영한다는 것은 도전의 연속이었습니다. 그러나 트라우마 자원 연구소 이사회의 헌신과 연민 어린 조언이 제 리더십을 지탱해 주었습니다. 짐 로켄(Jim Loken), 데버러 스몰(Deborah Small), 신시아 코스타스 코헨(Cynthia Costas Cohen, LMFT), 론 피시(Ron Fish), 캐럴 마이켈슨(Carol Michelson), 매기 휠러(Maggie Wheeler) 모두에게 진심으로 감사드립니다.

트라우마 자원 연구소의 초창기부터 헌신적으로 함께해 준 행정실의 카렌 챗(Karen Chatt)에게도 감사드립니다. 로마 린다 대학교 행동건강대학 학장이신 베벌리 버클스(Beverly J. Buckles)는 아이디어를 구체화하던 초기에 변함없는 지지와 비전을 제시해 주셨습니다. 페어필드 대학교(Fairfield University)의 케이트 휠러(Kate Wheeler) 역시 제 연구와 사명을 믿어 주셔서 고맙습니다. 수전 몽고메리(Susanne Montgomery), 킴벌리 프리먼(Kimberly Freeman), 린다 그래브(Linda Grabbe), 여러분 모두의 헌신과 열정, 과학적 엄밀함 덕분에 우리의 연구 근거(evidence base)가 탄탄히 다져졌습니다.

이 제2판의 공동 저자들에게도 깊이 감사드립니다. 제시카 카라스 워터슨(Jessica Karas Waterson), 리나 파텔(Reena Patel, LCSW), 제니퍼 버튼(Jennifer Burton, LMFT), 마이클 새프(Michael Sapp, PhD), 킴벌리 프리먼(Kimberly Freeman, PhD), 잰 클릭(Jan Click, LCSW), 수전 리디(Susan Reedy, LMFT), 제니퍼 월리스(Jennifer Wallace, PhD), 수전 몽고메리(Susanne Montgomery, PhD), 린다 그래브(Linda Grabbe, PhD), 여러분의 시간과 헌신이 없었다면 이 책은 완성될 수 없었습니다. 친구이자 동료인 지니 에버렛(Genie Everett), 함께 아이디어를 발전시켜 온 오랜 인연에 감사드립니다. 또한 친구이자 편집자 마거릿 닐슨(Margaret Nilsson), 당신의 인내와 친절 덕분에 이 책이 완성될 수 있었습니다. 진심으로 감사합니다.

2022년 2월 25일, 우크라이나 인도주의적 리질리언스 프로젝트(Ukrainian Humanitarian Resiliency Project)가 시작된 이후 저는 제 인생의 목적과 의미가 더 깊어지는 것을 느꼈습니다. 우크라이나 국민들의 용기와 강인함은 저에게도 감화를 주었으며, 그들의 삶에 함께할 수 있도록 허락해 준 것에 진심으로 감사합니다. 그 과정에서 저는 보편적 연민심과 공감을 깊이 있게 체험했고, 이 경험은 저로 하여금 정신적 고통을 예방하고 고통받는 이들을 지원할 새로운 체계를 만들겠다는 사명을 더욱 굳게 하였습니다. 이 모든 경험이 저를 매일 새롭게 영감으로 이끌어 줍니다. 이 세상에 귀 기울이고 감응할 수 있는 모든 사람들에게 혁신적이고 치유적인 아이디어를 전하기 위해 저는 오늘도 나아갑니다.

당신들 모두가 제 스승입니다. 이제 제 마음은 여러분 한 사람 한

사람으로 가득 차 있으며, 그 덕분에 제 세상은 한층 더 깊고 의미
있게 되었습니다.

일레인 밀러-카라스

한국의 독자 여러분께

　이 책을 통해 한국의 독자 여러분께 인사를 전하게 되어 큰 기쁨을 느낍니다. 제 책이 처음으로 한국어로 소개되게 된 것을 매우 영광스럽게 생각합니다. 무엇보다 이 책이 한국의 독자 여러분께 닿기까지 세심한 배려와 헌신, 그리고 깊은 문화적 통찰로 함께해 주신 모든 분들께 마음 깊이 감사의 말씀을 전합니다.

　한국 문화에는 관계와 인내, 그리고 공동체의 안녕을 소중히 여기는 정신이 깊이 깃들어 있습니다. 오래도록 이어져 온 돌봄과 연대로서 정(情)과 개인적·공동체적 고통이 축적된 삶의 경험을 가리키는 한(恨)은 삶의 어려움을 체화하며 견뎌 온 힘이 개인의 내면에만 머무는 것이 아니라, 가족과 공동체 전체에 깊이 각인된다는 사실을 잘 보여줍니다. 저는 이러한 문화적 이해를 바탕으로 치유와 회복을 몸과 관계의 차원에서 다루는 커뮤니티 리질리언스 모델과 트라우마 리질리언스 모델을 한국의 독자 여러분께 겸손한 마음으로 전하고자 합니다.

　이 책은 신경생물학에 기반한 두 가지 상보적인 틀, 즉 커뮤니티 리질리언스 모델과 트라우마 리질리언스 모델을 소개합니다. 두 모델은 모두 신경과학에 근거하고 있으며, 동시에 동양의 여러 전통에서 오래전부터 이해해 온 한 가지 진실과 맞닿아 있습니다. 그것은 트라우마가 생각과 감정에만 머무는 것이 아니라, 우리의 몸과 신경계에도 함께 저장된다는 사실입니다. 따라서 치유 역시 마음과 몸을 함께 돌보는 과정이어야 하며, 인내와 존중, 그리고 연민 속에서 서서히 이루어져야 합니다.

커뮤니티 리질리언스 모델은 연령과 배경을 넘어 누구나 일상에서 활용할 수 있도록, 과학적 근거에 기반한 간단하고 실천적인 웰빙 기술을 제공하기 위해 개발되었습니다. 이 모델은 스트레스와 트라우마가 신경계에 미치는 영향을 이해할 수 있도록 돕는 공통의 언어를 제시하는 동시에, 균형과 안정, 그리고 안전감을 회복하는 데 도움이 되는 실제적인 방법들을 안내합니다. 이러한 접근은 조화와 균형, 그리고 몸에 대한 섬세한 알아차림을 중시해 온 한국의 문화적 가치와도 자연스럽게 어우러집니다.

트라우마 리질리언스 모델은 이 기초 위에서 한 걸음 더 나아가, 특히 압도적이거나 장기간 지속된 트라우마 경험으로 인해 자기조절과 존엄성, 그리고 관계적 연결의 감각이 흔들린 경우를 보다 깊이 다룰 수 있는 임상적 틀을 제공합니다.

이 두 모델은 함께, 몸이 지닌 타고난 지혜와 치유를 향한 자연스러운 회복의 힘을 존중합니다. 고통스러운 경험을 반복해서 이야기하지 않더라도, 내적 감각을 부드럽게 알아차리고 인식을 키우며, 신경계가 다시 균형 상태로 돌아갈 수 있도록 지지하는 길을 제안합니다. 이러한 관점에서 리질리언스란 혼자서 견뎌내거나 억지로 만들어내야 하는 능력이 아니라, 조율된 실천과 관계적 지지, 그리고 서로의 인간성을 존중하는 과정 속에서 함께 길러질 수 있는 힘입니다.

이 책의 페이지를 넘기며, 독자 여러분 각자의 치유를 지지하는 도구들을 발견하시고, 그 변화가 가족과 일터, 그리고 공동체로 잔잔히 퍼져 나가기를 진심으로 바랍니다. 저는 전 세계 여러 현장에서 이 가르침이 세대를 넘어 사람들을 연결하고, 어른을 공경하며, 청소년을 지지하고, 어려움의 시기를 함께 견뎌내는 공동체의 결을 더욱 단단하게 만드는 모습을 직접 목격해 왔습니다. 이 책이 이제 한국어로 여러분을 만나게 된 것을 다시 한 번 깊이 기쁘게 생각합니다.

트라우마 및 커뮤니티 리질리언스 모델의 개념과 기술을 함께 배우고 실천하는 세계적 공동체에 여러분을 진심으로 환영합니다. 이 가르침이 힘든 순간에도 흔들림 없는 안정감을 지지하고, 자기 자신과 타인에 대한 연민을 깊게 하며, 신경과학과 삶의 경험에서 길어 올린 희망을 전해 주기를 바랍니다.

존경과 감사의 마음을 담아,
일레인 밀러-카라스

제1부

토대

1장

스트레스와 리질리언스

일레인 밀러-카라스

이 장에서는 다음 내용을 다룹니다.

1. 커뮤니티 리질리언스 모델과 트라우마 리질리언스 모델을 소개합니다.
2. 리질리언스와 신경가소성(Neuroplasticity)을 정의합니다.
3. 관점(Perspective)과 교차성(Intersectionality)에 대해 논의합니다.

희망과 치유의 여정을 시작하며…

판도라(Pandora)의 이야기는 수천 년 동안 전해 내려온 세상의 진리를 상기시켜 줍니다. 엘피스(Elpis)는 '희망'의 영혼이었습니다. 제우스(Zeus)는 엘피스를 다른 영혼들과 함께 단지 속에 가두어 판도라에게 맡겼습니다. 판도라가 그 단지를 열었을 때, 다른 영혼(질병, 고통, 전쟁, 죽음, 슬픔)들은 세상으로 퍼져나갔지만 희망의 상징인 엘피스만은 단지 안에 남아 인류의 교훈이 되었습니다(Ma, 2014).

판도라의 이야기가 상기시키는 것은, 삶에서 가장 어려운 경험에 직면하더라도 희망은 발견될 수 있으며, 그것이 우리의 삶의 여정을 근본적으로 변화시킬 수 있다는 사실입니다. 신경계의 '정교한 설계'는 희망을 안겨줍니다. 우리의 고통 뒤에 숨겨진 신경과학을 이해하면 우리의 경험을 재구성할 수 있습니다. 우리는 스스로를 치유하고, 고통에서도 새로운 의미를 부여하고 목적을 고안하도록 구조화되어 있습니다. 아프리카, 유럽, 호주, 북미, 남미, 아시아, 중동, 중앙아메리카의 사람들에게서 동일한 일반적인 반응을 관찰했으며, 이것이 병리학적 원인이나 인간의 약점 때문이 아니라 우리가 공유하는 생물학과 인간성의 결과라고 믿습니다. 우리는 또한 2022년 2월 러시아가 우크라이나를 침공하는 동안 분쟁 상황에 살던 사람들을 도우면서 이러한 반응을 관찰했습니다.

러시아의 우크라이나 침공 초기부터, 저는 트라우마 자원 연구소의 우크라이나 인도적 리질리언스 프로젝트(Ukrainian Humanitarian Resiliency Project)를 이끌었습니다. 트라우마 자원 연구소는 전쟁 중인 우크라이나인들에게 줌(Zoom)과 페이스북 라이브(Facebook Live)를 통해 거의 매일 지원을 제공해 왔습니다. 다음은 전쟁 속에서 살아가는 한 젊은이의 이야기입니다. 우크라이나 전쟁을 경험한 한 여성의 이야기는 엄청난 고통 속에서도 희망과 새로운 관점을 찾는 과정과 리질리언스를 통해 개인이 어떻게 힘을 얻을 수 있는지를 상징적으로 보여줍니다.

그녀는 처음에 절망에 가득 찬 목소리로 이렇게 말했습니다.

"제 집은 파괴되었고, 저희 사무실은 포격을 받고 있습니다. 간신히 목숨만 건졌습니다. 저는 절대 예전과 같을 수 없을 겁니다. 다시는 행복이나 웃음을 느낄 수 없을 거예요. 지금은 살아 있지만, 내일 그자들이 저를 죽일 수도 있어요."

우리는 그녀의 감정을 인정하고, 커뮤니티 리질리언스 모델의 기술을 활용했습니다. 그녀는 자신이 감정적으로 무뎌져 있었다는 것을 깨달았고, 커뮤니티 리질리언스 모델 기술을 사용하면서 전쟁으로 인한 경직이 서서히 풀리기 시작했습니다. 잠시 침묵이 흐른 뒤, 그녀는 단호한 목소리로 태도를 바꾸어 이렇게 표현했습니다.

"그들이 제 목숨, 나의 조국, 그리고 제가 사랑하는 가족 모두를 앗아갈 수 있습니다. 사실 저는 제 나라를 위해 죽을 준비가 되어 있습니다. 그것은 인간이 할 수 있는 가장 영예로운 일입니다. 제가 눈물을 흘릴 수 있다는 것이 기쁩니다. 그리고 그 눈물을 느낄 수 있게 해주셔서 감사합니다."

우리의 지도로 그녀는 자신의 용기를 느끼고 그것을 체화할 수 있었습니다. 새로운 의미가 나타나기 시작했습니다. 그녀는 말했습니다,

"이것은 가까운 사람들에게는 공유할 수 없지만, 여기에서는 이야기할 수 있습니다. 여기는 안전한 공간입니다."

며칠 뒤 그녀는 다시 우리와 연락이 닿았습니다. 우리가 Zoom 공간에서 우크라이나 노래를 함께 부르며 커뮤니티 리질리언스 모델 기술을 연습할 수 있겠냐고 묻자, 그녀는 자발적으로 마이크를 켜고 맑고 부드러운 목소리로 우크라이나 찬송가를 아카펠라로 불렀습니다. 그녀는 안도감이 담긴 목소리로 말했습니다.

"오늘 저는 전쟁이 시작된 이후 처음으로 잠도 자고, 식사도 할 수 있었습니다. 전쟁 속에서도 내 안에서 이런 희망을 발견할 수 있다는 것은 기적과 같습니다."(개인적 의사소통: Zoom, 2022년 3월 1일과 3월 3일)

팬데믹 이전에는, 자연재해나 인재(人災)로 인해 발생한 트라우마 사건이 종료된 이후에 현장에 직접 트라우마 팀을 파견하여 대응했습니다. 그러나 팬데믹은 우리가 줌이나 웹엑스(WebEx)와 같은 플

랫폼을 통해 원격으로 커뮤니티 리질리언스 모델 워크숍을 진행하고 전 세계 커뮤니티 활동가를 교육시킬 수 있다는 점을 알려 주었습니다. 우크라이나 전쟁이 발발했을 때, 우리는 전쟁 중에도 우리의 개입 방안을 공유하고, 지원하며, 우크라이나 국민들에게 리질리언스를 키워줄 수 있음을 깨달았습니다.

이 과정에서 우리는 인도적 위기에 우리 조직이 대응하는 방식에 대한 패러다임을 전환했습니다. 현대적인 기술을 활용하여 전쟁 중에도 지원할 수 있었으며, 현장 대응보다 훨씬 더 많은 사람들에게 원격으로 접근할 수 있는 능력을 확보했습니다. 그 결과 우크라이나 인도적 리질리언스 프로젝트가 창설되었으며, 전쟁이 시작된 이래 거의 매일 워크숍과 지원을 제공해 왔습니다. 현재 이 글이 작성된 시점까지 50일간 지속적인 지원이 이루어졌으며, EdCamp Ukraine의 페이스북 라이브 페이지에서 약 80,000회의 조회수를 기록했습니다.

패러다임 전환: 전 세계적인 웰빙 확산

우리의 국제적 활동과 미국 내 활동은 종종 빈곤, 폭력, 인종차별 등 억압 속에서 살아가는 사람들을 대상으로 이루어졌으며, 그 대상은 자연재해와 인재가 결합된 트라우마의 영향을 받는 경우도 많습니다. 트라우마를 경험한 사람들을 돕기 위해 필요한 정신건강 전문가의 수가 절대적으로 부족한 현실에서, 공중보건의 관점을 통해 지역사회의 구성원들에게 도움을 제공할 방법을 모색하는 것이 중요합니다. 팬데믹, 사회적 불안, 전쟁, 집단 학살, 기후 변화가 세계 인구에 미치는 영향을 고려할 때, 이는 더 이상 미룰 수 없는 과제입니다.

팬데믹은 전 세계 커뮤니티의 정신건강에 추가적인 부담을 주었으며, 개인과 커뮤니티의 웰빙을 키울 수 있는 새로운 접근 방식의 필요성을 더욱 강조했습니다. 이에 대해 미국 공중보건국장(US Surgeon General)인 비베크 머시(Vivek Murthy)는 다음과 같이 밝혔습니다.

"아이들, 청소년, 그리고 성인들 사이의 정신건강 문제는 실질적으로 널리 퍼져 있습니다. 팬데믹 이전에도 많은 젊은이들이 무력감, 우울증, 자살 충동으로 고통받아 왔고, 지난 10년간 이러한 비율은 증가해 왔습니다. COVID-19 팬데믹은 가정, 학교, 지역사회에서의 경험을 변화시켰으며, 이로 인한 정신건강에 대한 영향은 파괴적이었습니다." (미국 공중보건국장 보고서, 2021)

서구에서 개발된 정신건강 개입은 종종 가족과 분리되어 독립적으로 생활하는 개인을 대상으로 설계됩니다. 그러나 세계 대부분의 지역은 커뮤니티 중심 문화에서 생활합니다. 이러한 문화에서는 개인이 가족 체계 외부의 문제를 해결하기 위해 상담을 받는 것이 일반적이지 않습니다.

다양한 이유로 많은 사람들이 정신건강 전문가의 도움을 받지 않습니다. 이는 문화적 관점, 정신건강 시스템에 대한 불신, 낙인, 영적 신념, 자원의 부족, 심리적 개입에 대한 회피 등과 관련이 있습니다. 종종 개인은 수치심 때문에 침묵 속에서 고통받으며, 일부 문화에서는 정신적으로 어려움을 가진 사람들이 배척당하기도 합니다.

만약 우리가 커뮤니티 구성원들에게 웰빙을 위한 아이디어와 기술을 키워줄 수 있다면? 우리가 스트레스와 트라우마 경험에서 비롯된 증상을 묘사할 때 비판적이지 않은 공통 언어를 만들어 낼 수 있다면 어떨까요? 만약 정신건강 장애에 대한 낙인을 없애고, 이를 대신하여 스트레스와 트라우마 경험에 대한 공통적인 인간 반응으로 다룰 수 있다면 어떻게 될까요? 또한 성직자, 교사, 응급구조대원과 같은 커뮤니티 내의 자연적 리더들이 개인과 커뮤니티의 웰빙을 돕기 위한 도구와 필요한 경우 정신건강 상담사에게 연결하는 방법에 대한 지식을 갖추는 지원 시스템이 존재한다면 어떨까요?

이 질문들에 대한 답 중 일부는 신경과학의 발전으로 확장된 지식을 통해 전 세계에 있는 다양한 커뮤니티에 교육과 기술을 제공하는 데 있다고 믿습니다. 이 교육과 기술은 접근성, 효율성, 휴대성, 적응 가능성과 같은 특성을 가져야 합니다. 이러한 교육과 기술은 커뮤니티의 자연적 리더들뿐만 아니라 정신건강 제공자들에 의해 전달될 수 있습니다. 커뮤니티 리질리언스 모델과 트라우마 리질리언스 모델은 이러한 혁신적 접근 방식을 통해 변화를 만들어낼 수 있는 사례로 3장과 4장에서 자세히 논의될 예정입니다.

커뮤니티 리질리언스 모델

커뮤니티 리질리언스 모델은 최첨단 신경과학에 기반하여 스트레스나 트라우마를 겪는 동안 또는 그 이후에 마음, 몸, 영혼의 웰빙을 회복하기 위한 6가지 웰빙 기술을 안내합니다. 이 모델은 생물학에 기초를 두고 있으며, 자율신경계와 스트레스에 대한 신체 반응에 대해 교육합니다. 커뮤니티 리질리언스 모델은 어린이, 청소년, 성인을 대상으로 감정을 안정시키고, 정서적, 신체적 고통에 직면했을 때 더 적응적인 사고를 할 수 있도록 돕는 자기 돌봄(self-care) 기술을 제공합니다.

커뮤니티 리질리언스 모델은 스트레스나 트라우마 사건이 발생한 시점이나 이후에도 활용 가능합니다. 커뮤니티 워크숍 또는 개인별로 소규모로 전달 가능하며, 커뮤니티 내의 자연적 리더들이나 정신건강 전문가, 의료 종사자에 의해 제공될 수 있습니다. 자연적 리더란 공식적인 정신건강 교육이나 리더십 직책이 있을 수도 없을 수도 있지만, 커뮤니티 내에서 신뢰받으며 존중, 공감, 배려로 사람들을 대하는 인격적 자질을 바탕으로 지침을 제공하는 사람들입니다. 이들은 자신의 지혜를 차분하고 공평하게 공유하며, 커뮤니티를 격려하고 역량을 강화합니다.

커뮤니티 리질리언스 모델을 전달하는 사람은 커뮤니티 리질리언스 모델 지도자라고 불립니다. 이들은 심리교육 자료를 통합적으로 제공합니다. 즉 스트레스 반응과 자율신경계에 대한 정보와 스트레스나 트라우마 후 나타나는 일반적인 반응에 관해 많은 반응이 생물학적 기반에 의한 것이며 정신적 약점이 아니라는 점을 이해시킵니다. 커뮤니티 리질리언스 모델은 복잡한 신경과학 개념을 간단하고 이해하기 쉽게 정리했습니다. 이를 통해 사람들이 스트레스와 트라우마 경험에 대한 공통적인 인간 반응을 생물학적 관점으로 이해하도록 돕습니다. 트라우마 생존자들이 자신의 반응을 수치심 없이 바라볼 수 있도록 낙인과 수치심을 감소시키고 트라우마 사건에 대한 새로운 의미를 발견하고, 보다 현실적인 자기 이해를 도모합니다.

한 젊은이가 전쟁 중 입은 부상으로 인해 거의 2년 동안 병원에 입원해 있었습니다. 그는 다리를 잃었고, 외상성 뇌손상을 입었으며, 몸 오른쪽이

심하게 다쳤습니다. 그는 눈에 보이는 상처와 보이지 않는 상처를 치유하는 새로운 방법을 배우고자 했습니다. 그러던 중 그는 커뮤니티 리질리언스 모델 기술과 감각에 주의를 기울이는 것의 중요성에 대해 알게 되었습니다. 그는 단순한 감각 탐색하기(Tracking), 자원화(Resourcing), 그리고 접촉하기(Grounding) 기술을 배웠습니다. 그가 연습을 시작하면서, 그는 자신의 몸과 연결된 감각들을 천천히 탐색하기 시작했습니다. 감각에 주의를 기울이던 중, 그의 손가락이 서로 부드럽게 닿으며 양손이 자연스럽게 모였습니다. 그가 이 움직임에 대해 인식하도록 요청받았을 때, 그는 갑자기 멈췄습니다. 그리고 놀란 표정과 눈에 고인 눈물로 이렇게 말했습니다.

"다시 온전해진 느낌이에요. 전쟁 이후 처음으로, 제가 다시 '온전하다(whole)'고 느낍니다!"

커뮤니티 리질리언스 모델은 개인이 고통의 감각과 웰빙의 감각을 구별하도록 돕습니다. 둘의 차이를 구별하기 시작하면, 개인은 고통의 감각 또는 웰빙의 감각 중 어디에 주의를 기울일지를 선택하게 됩니다. 이러한 과정을 통해, 사람들은 신경계를 읽는 법을 배우고, 회복력 영역(Resilient Zone) 또는 웰빙 영역(Zone of Well-Being)이라 불리는 균형 상태로 돌아갈 수 있도록 돕는 웰니스 기술을 습득하게 됩니다. 이는 더 명료한 사고와 더 나은 감정 조절로 이어집니다. 현재 신경과학에서는 '내수용감각(interoception)'이라는 개념이 주목받고 있습니다. 그래브 외(Grabbe et al, 2020)는 다음과 같이 말합니다. "내수용감각, 즉 몸의 내부 상태와 그 변화에 대한 의식적 인식은 현재 감정 조절과 리질리언스의 원천으로 밝혀지고 있습니다. 내수용감각은 '내부를 들여다보기'를 의미하며, 이는 트라우마로 인한 스트레스 관련 후유증을 예방하는 데 매우 중요합니다…"

트라우마 리질리언스 모델

트라우마 리질리언스 모델은 트라우마 치료를 위한 정신과 신체 접근법으로, 감각 인식을 활용한 감정 조절에 중점을 둔 9가지 기술로 구성되어 있습니다. 이를 통해 내담자는 보다 현실적인 자기 평가와 향상된 웰빙 감각을 얻게 됩니다. 증상은 병리학적이거나 정신적 약점이 아닌 일반적인 생물학적 반응으로 간주됩니다. 트라우마 리질리언스 모델 치료사는 내담자에게 자기 관리를 위해 트라우마 리질리언스 모델의 첫 6가지 기술인 커뮤니티 리질리언스 모델 기술을 소개합니다. 이러한 6가지 웰니스 기술을 배우면 내담자는 트라우마 경험과 연관된 여러 감각적 기억으로서 괴로운 감각, 생각, 감정을 관리하고 변화시킬 수 있는 자신감이 향상됩니다. 현재 순간의 감각에 주의를 기울이는 능력은 이러한 기억의 영향을 줄이는 데 도움을 줄 수 있습니다.

트라우마 리질리언스 모델은 내담자에게 심각한 스트레스나 불가항력적인 상황에서 겪은 충격으로 인해 신체의 자연스러운 생존 반응이 방해받을 수 있다는 사실을 교육합니다. 생존 반응이 완성되지 않을 경우, 예상치 못한 다감각적 자극이 내담자에게 트라우마 사건을 상기시킬 수 있습니다. 트라우마 리질리언스 모델 치료사는 자율신경계의 불균형과 트라우마 반응에 따른 신체적 증상에 대한 기본 원리를 가르칩니다. 자율신경계가 트라우마 사건을 연상시키는 신호를 받을 때, 사람은 그 경험이 현재 순간에 다시 일어나는 것처럼 느낄 수 있습니다. 트라우마 리질리언스 모델 치료사는 트라우마 재처리 기술인 '적정화(Titration)', '진정(Pendulation)', 그리고 '생존 반응 종결(Completing Survival Responses)'을 활용하여 트라우마 경험을 재처리합니다. 내담자는 트라우마 리질리언스 모델 치료사가 재처리 기술을 효율적으로 제공하는 동안, 신체가 본질적이지만 명확히 표현되지 않은 치유 능력을 가지고 있다는 사실을 배우게 됩니다. 이 과정을 통해 내담자는 생물학적 관점에서 트라우마 반응을 이해하고, 사고, 감정, 신체 감각을 조화시켜 통합된 자아감을 회복하게 됩니다. 트라우마 리질리언스 모델 기술은 자기 관리와 트라우마 재처리를 위한 독립적인 중재법으로 활용될 수 있으며, 다양한 치료 방식에 통합될 수도 있습니다.

리질리언스란

리질리언스(resilience)란 무엇을 의미할까요? 우리는 세계 각지에서 진행한 워크숍과 훈련에서 수천 명의 사람들에게 이 질문을 했습니다. 그리고 우리는 이 단어의 의미를 풀어내기 위해 우리가 '경청하기(deep listen)'라고 부르는 과정을 배웠습니다. 리질리언스에 대한 정의는 인간존재만큼이나 다양하고 다채롭습니다. 표현된 정의들은 종종 열정적으로 묘사되고, 깊이 느껴지며, 가슴 아프거나 희망적이고, 심지어 신성한 것으로 묘사되기도 했습니다.

리질리언스의 정의는 자신의 강화(empowerment)를 포함합니다. 이는 우리의 부드러움, 취약성, 때로는 피로를 무시하거나 깎아내리는 것을 의미하지 않습니다. 일부 사람들은 리질리언스라는 단어가 힘을 준다고 느끼지 못합니다. 북아일랜드 벨파스트(Belfast)에서 훈련을 시작하기 전날, 한 지역 주민이 리질리언스라는 단어에 대해 다른 관점을 공유했습니다. 그들은 지역 사회에 리질리언스라는 단어에 주의를 기울이라는 내용의 광고판이 있다고 말했습니다. 광고판에는 루이지애나 정의 연구소(Louisiana Justice Institute)의 트레이시 L. 워싱턴(Tracie L. Washington)이 한 말을 인용하여 다음과 같이 적혀 있었습니다. "나를 리질리언스가 있다고 말하지 마세요. 당신이 '오, 여러분은 리질리언스가 있어요'라고 말할 때마다, 나는 그 말이 '그러니 더 견뎌도 되겠네요'라는 뜻처럼 들립니다. 나는 리질리언스가 있는 사람이 아닙니다." 즉, 리질리언스가 있다고 불리는 것은 불편했습니다. 그것은 개인의 역사와 삶의 경험을 축소 왜곡하는 것이었습니다. 그것은 정부가 사람들의 요구를 무시하는 방식이었습니다.

이와 같이, 리질리언스라는 단어는 개인과 지역사회의 고통을 주변화하고, 억압하거나, 사소한 것으로 만들어버리는 무기로 변질되었습니다. 최근 우리는 미국에서도, 특히 일부 BIPOC(Black, Indigenous, and People of Color) 커뮤니티에서 리질리언스라는 용어에 대해 동일한 문제의식을 가진 사람들을 만나왔습니다. 우리는 종종 '역경에서 다시 튀어 오른다(bouncing back)'는 표현을 포함한 정의들 자체가 기존의 리질리언스 정의가 지닌 문제의 일부라는 점을 확인했습니다. 즉, "무엇으로 '다시 되돌아간다는 것'인가요? 억압으로? 빈곤으로? 제도화된 인종차별로, 혹은 불안정한 주거 환경으로?" 이는 재난 이후 지역사회를 지원하는 일이 얼마나 복합적인 문제인지를 분명하게 드러냅니다. 재난은 진공 상태에서 발생하지 않으며, 오히려 이미 복지에 반하는 시스템의 영향을 받고 있는 소외된 커뮤니티에 종종 재앙적인 영향을 미칩니다. 우리가 재난 이후 리질리언스를 구축하는 데 도움을 요청받을 때마다, 우리는 문화적 겸손의 태도로서 리질리언스의 뜻이나 의미에 대해 전제하지 않아야 한다는 것을 분명하게 했습니다. 이러한 겸손은 특정 사건에서 회복하기 위해 커뮤니티의 강점을 활용하도록 돕는 데 기여할 것입니다. 그러면서도 그 커뮤니티의 복지를 저해하는 시스템, 즉 재난 이전부터 존재했던 시스템이 그대로 유지되어야 한다고 암시하지 않도록 합니다. 사실, 우리가 특정 재난에서 사람들과 커뮤니티가 회복하도록 돕기 위해 가르치는 동일한 기술이 개인과 커뮤니티가 가진 파괴적인 시스템에 도전하면서도 변화를 이끌어 내는 데도 사용될 수 있다는 사실을 발견했습니다.

그래서 리질리언스라는 단어에 대해 실용적인 정의를 가지고 있어야 하며, 그것을 전 세계 커뮤니티에 반영하는 것이 중요합니다. 우리가 리질리언스라는 단어를 사용하기 시작했을 때는 이렇게 두드러지게 오용되지는 않았습니다. 우리는 여전히 이 단어가 강력한 의미를 지니고 있다고 믿으며, 그것이 강점 기반 관점에 뿌리를 둔 의미를 통해 많은 사람들에게 힘을 주는 모습을 목격해왔습니다. 따라서 우리의 실질적인 정의는 여러 요소로 구성되어 있으며, 이는 수년 동안 확장되어 왔습니다. 우리는 리질리언스가 정적인 상태가 아니라 역동적으로 나타나며 흐름과 변화가 있다는 것을 배웠습니다. 우리 안의 회복력 있는 자아는 쉽게 잡히지 않는 것처럼 느껴질 수 있지만, 동시에 아직 경험되지 않은 웰빙의 강이 우리 안에서 흐르고 있는 것일 수도 있습니다.

개인과 커뮤니티 리질리언스에 대한 우리의 정의는 다양한 개념들을 포함하도록 변화했습니다. 리질리언스가 있는 개인과 커뮤니티는 체화된 연민심과 공감을 기본 태도로 삼고, 자신들의 자산과 강점을 기억함으로써 웰빙을 함양합니다. 그들은 문화와 전통을 존중합니다. 리질리언스가 있는 개인과 커뮤니티는 최근과 과거의 인간적 고통을 인정합니다. 그들은 희망과 낙관의 경험에 대해 열려 있습니다. 이러한 낙관주의는 커뮤니티 구성원들에게 해결 중심의 관점을 심어줍니다. 그들은 커뮤니티의 다양성을 수용하고, 상반되는 견해를 깊이 경청합니다. 개인 및 커뮤니티가 도전에 직면했을 때에는 적응성과 유연성을 가진 태도를 보입니다. 리질리언스가 있는 개인들은 자신의 취약성과 능력을 모두 포용함으로써 웰빙을 체화합니다. 이러한 모든 요소를 리질리언스를 정의할 때 고려하는 것은 근본적으로 힘을 실어주는 일입니다. 이 책의 아이디어를 성찰하는 모든 이들이 리질리언스가 무엇을 의미하는지 숙고하고, 이 책에서 상세히 다룬 리질리언스의 정의를 염두에 두기를 권장합니다.

트라우마 리질리언스 모델과 커뮤니티 리질리언스 모델에서 회복력 영역 이해하기

회복력 영역은 웰빙 영역(Zone of Well-Being)이라고도 불립니다. 어린이들은 이를 '오케이 영역(Okay Zone)'이라고 부릅니다. 모든 사람은 웰빙 영역을 가지고 있습니다. 우리는 회복력 영역에 있을 때 명확하게 생각하고, 감정을 더 잘 다루며, 몸 안의 감각을 관리할 수 있습니다. 행복, 슬픔, 분노 등 다양한 감정을 경험할 수 있으며, 이러한 감정은 인간에게 자연스러운 것입니다. 회복력 영역에 있을 때는 우리가 가진 최선의 상태에서 감정을 다룰 수 있습니다. 한 커뮤니티 리질리언스 모델 지도자가 한 어린 소년에게 들은 말처럼, "그 말은, 내가 '괜찮으면서 슬플 수도 있고(Okay sad)', '괜찮으면서 화가 날 수도 있고(Okay mad)', 그래서 괜찮을 수 있다는 뜻인가요?" 회복력 영역에 있을 때, 우리의 신경계 안에는 자연스러운 리듬이나 흐름이 있습니다. 그것은 자연에서 보는 사계절, 일출과 일몰, 달의 크기 변화, 그리고 바다의 밀물과 썰물처럼 자연스러운 순환과도 같습니다([그림 1]).

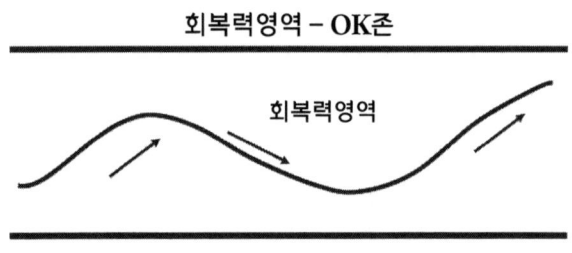

회복력영역 – OK존

회복력영역

[그림 1] 회복력 영역(The Resilient Zone)

트라우마적이거나 스트레스가 많은 사건이 발생하면 신경계의 자연스러운 리듬이 불균형 상태에 빠질 수 있습니다. 때로는 우리 모두가 회복력 영역에서 밀려나 작은 스트레스 요인조차 처리하기 어려울 때가 있습니다. 스트레스나 트라우마 경험으로 인해 일부 사람들은 대부분 혹은 항상 웰빙 영역에서 밀려나 있거나, 특정 영역에 갇혀 있는 것처럼 느낄 수 있습니다. 회복력 영역에서 밀려나면, 사람이 불안정한 상태인 하이존(High Zone)에 있거나 우울하고 피곤한 상태인 로우존(Low Zone)에 있을 수 있으며, 두 상태를 오가는 경우도 있습니다. 어떤 사람들은 이를 롤러코스터를 타는 것 같다고 묘사합니다.

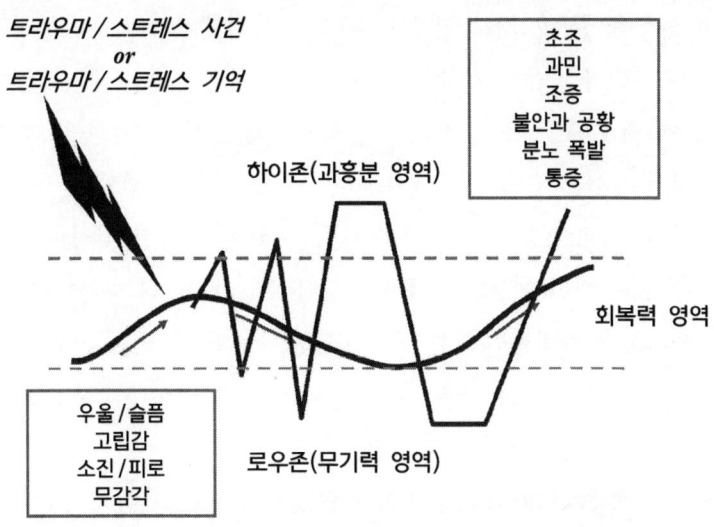

트라우마/스트레스 사건
or
트라우마/스트레스 기억

하이존(과흥분 영역)

초조
과민
조증
불안과 공황
분노 폭발
통증

회복력 영역

우울/슬픔
고립감
소진/피로
무감각

로우존(무기력 영역)

[그림 2] 하이존/로우존(High/Low Zones)

하이존과 로우존 사이를 왔다 갔다 하면 가족, 직장, 지역사회와의 관계에 문제가 생길 수 있습니다. 커뮤니티 리질리언스 모델과 트라우마 리질리언스 모델은 이 영역들에 대해 어떤 판단도 하지 않습니다. 이 영역들은 누구에게나 있는 것으로, 우리가 무엇이 우리를 회복력 영역에서 밀어내는지 인식하게 될 때, 이러한 인식은 우리의 생각과 감정을 더 적응적이고 유연하게 다룰 수 있도록 도와줍니다. 또한, 이는 연민심과 더 큰 자기 이해로 이어질 수 있습니다. 두 모델의 목표 중 하나는 사람들이 자신의 회복력 영역, 하이존, 로우존 상태에 속하는 감각, 감정, 생각을 식별할 수 있도록 돕는 것입니다. 우리는 우리의 기술과 강점을 활용하여 더 큰 웰빙 감각으로 돌아가는 법을 배울 수 있습니다([그림 2]).

우리의 언어를 비무장화하기 위해, 우리는 스트레스 사건의 '기억(reminders)'이나 '신호(cues)'를 지칭할 때 '트리거(trigger)'라는 단어의 사용을 줄입니다. 기억이나 신호는 사람에게 트라우마적이거나 스트레스가 많은 사건을 떠올리게 하는 거의 모든 것일 수 있습니다(예: 냄새, 시각, 소리, 촉각, 신체 자세). 이러한 기억은 종종 인식 바깥에서 발생할 수 있습니다. 이러한 신호는 우리가 잠재적인 위험을 인지하고 스스로를 보호하도록 돕기 위해 체화된 것입니다.

이 신호는 개인의 경험에 따라 설정되므로 사람마다 다릅니다. 예를 들어, 성적 학대를 경험한 일부 사람들에게 특정 냄새, 소리, 또는 신체 자세는 도망치고 싶은 욕구를 자극하는 기억이 될 수 있으며, 이러한 내부의 고통스러운 감각은 그 사람을 회복력 영역 바깥으로 밀어낼 수 있습니다. 이는 우리의 신경계가 스스로를 보호하기 위해 작동하는 방식입니다.

신경가소성: 신경계의 희망

마리아(Maria)는 2013년 필리핀에서 발생한 태풍 욜란다(Typhoon Yolanda)에서 살아남았습니다. 그러나 이후 그녀는 자신의 트라우마 경험 속에 갇혀 있었습니다. 그녀는 이야기를 시작하기도 전에 몸이 떨리기 시작했습니다. 마리아에게 "무엇이 당신이 그 경험을 견디도록 도왔나요?"라는 질문이 주어졌습니다. 그녀는 자신과 친구들이 원을 그리며 손을 잡고 기도했다고 회상했습니다.

그녀의 생존 이야기에서 이 새로운 요소를 강조하며 다시 말했을 때, 마리아는 자신의 감각 경험에 대해 질문을 받았습니다. 그녀는 깊게 숨을 들이쉬며 심박수가 정상으로 돌아오고 있다고 보고했습니다. 그녀는 갑자기 자신의 경험에 새로운 의미를 부여하며 말했습니다. "나는 살아남았어요. 괜찮아요!" 그녀는 마치 자신의 몸에 피가 도는 것을 느끼며 다시 진정으로 살아난 것처럼 느껴졌다고 말했습니다.

태풍 당시 생명을 잃을지도 모른다는 두려움이 그녀를 지탱해준 기억을 덮어버렸습니다. 마리아는 자신의 생존 이야기와 연결된 감각을 인지할 시간을 가졌습니다. 그녀가 경험을 다시 회상할 때, 그녀의 신경계는 균형을 되찾았습니다. 그녀는 이제 그 밤을 "내가 거의 목숨을 잃을 뻔한 밤"이 아니라 "내가 살아남은 밤"으로 기억할 수 있게 되었다고 공유했습니다.

생존 경험에 대해 질문하는 것은 트라우마적 사건 중에 일어났던 다른 일들에 대한 새로운 인식을 가져옵니다. 마리아가 자신의 경험에 새로운 의미를 부여하기 시작했을 때, 그녀는 변화를 경험했습니다. 그녀는 마음, 몸, 그리고 영혼에서 더 큰 웰빙을 경험했습니다. 그녀의 이야기는 '신경가소성(neuroplasticity)'이라는 개념의 실제 사례를 보여줍니다. 이는 뇌가 가변적이라는 사실을 나타냅니다.

"신경가소성은 학습과 경험이라는 자극에 반응하여 뇌가 변화하고 스스로 재구조화할 수 있는 평생의 능력을 의미합니다. '신경생성(neuro-genesis)'은 일생 동안 새로운 뉴런과 뉴런 간의 연결을 생성할 수 있는 능력을 말합니다." (Fernandez & Goldberg, 2009)

만약 뇌가 변할 수 있다면, 도전적인 신념, 감정, 그리고 관련된 신체 감각도 변화할 수 있습니다. 구체적으로, 뇌와 신체 내에서 뉴런 간의 새로운 경로나 연결이 생겨날 수 있습니다. 이러한 새로운 신경 경로의 생성은 더 큰 리질리언스로 이어질 수 있습니다. 사람이 자신의 신경계를 안정시키는 방법을 배우고 이를 일상생활에 적용할 때, 그들은 자신의 뇌를 변화시키는 것입니다.

데이빗슨(Davidson, 2016)은 신경과학자들이 '리질리언스', '긍정적 전망', '주의력', 그리고 '관대함'이라는 지속적인 특성을 만들어낼 수 있는 네 가지 신경 회로의 가소성을 측정할 수 있다고 주장합니다. 리질리언스 회로는 사람이 역경에서 회복되는 속도를 나타냅니다. 신경가소성은 신경계의 '희망'이라고 할 수 있습니다. 긍정적 전망 회로는 다른 사람들 안에서 긍정적인 점을 보고 인식할 수 있는 능력과 긍정적인 경험을 음미할 수 있는 능력을 말합니다. 주의력 회로는 주의력을 기울일 수 있는 능력과 연결된 인간의 감정적 웰빙을 나타냅니다. 관대함 회로는 관대함에 참여하려는 인간의 경향을 의미합니다. 이러한 참여는 목격, 수용, 혹은 신뢰를 통해 주어진 관대함이든, 웰빙을 지원하는 신경 회로를 활성화합니다. 데이빗슨 연구의 핵심은 인간이 이러한 회로의 강도를 직접적으로 강화할 수 있는 기술을 개발할 수 있다는 것입니다. 커뮤니티 리질리언스 모델과 트라우마 리질리언스 모델의 웰빙 기술은 이러한 회로와 상응합니다.

관점

달라이 라마(Dalai Lama)는 "삶의 모든 사건에는 여러 가지 다른 관점이 존재한다."라고 말합니다. 그는 '더 넓은 관점(wider perspective)'과 '더 큰 관점(larger perspective)'이라는 용어를 사용하며, 이는 한 걸음 물러서서 더 큰 그림을 보는 것을 의미합니다. 더 넓은 관점은 제한된 자기 인식과 자기 이익에서 벗어나 세계적인 이익의 가능성을 모색하는 방향으로 우리를 이끕니다. 투투(D. Tutu)는 '신의 눈 관점(God's-eye perspective)'이라는 개념을 제안하며, 이는 공감의 탄생을 가능하게 하고, 그 공감이 개인뿐만 아니라 다수에게 기쁨을 가져다준다고 설명했습니다. 이러한 더 넓은 관점은 공감의 가능성을 열어 다른 사람들의 여정을 이해하도록 돕고, 잠재적인 친구와 협력자를 환영하지 못하게 하는 벽을 세우는 것을 막을 수 있습니다. 서로 다른 관점은 '나(I)'를 '우리(we)'로 변화시킬 수 있습니다. 우리가 여행하면서, 우리의 고통과 크게 다르지 않은 다른 사람들의 고통과 어려움을 목격할 기회가 있었습니다. 투투는 우리에게 '전경 효과(Overview Effect)'를 상기시켰습니다. 그는 다음과 같이 말했습니다.

"많은 우주비행사들이 우주에서 지구를 바라본 후, 인간이 만든 국경이 없는 광대한 공간 속에 떠 있는 작은 파란 공을 본 이후, 개인적이거나 국가적 이익을 이전과 똑같이 바라보지 않았다고 보고했습니다. 그들은 지구 생명의 통합성과 우리의 집과 같은 지구행성의 소중함을 보았습니다."(Dalai Lama et al., 2016)

우리가 관점을 가지는 데 도움을 주는 또 하나의 용어는 크렌쇼(K. Crenshaw)의 '교차성(Intersectionality)'에서 가져온 개념입니다. 그녀는 원래 교차성을 인종차별, 성차별, 계급차별과 같은 다양한 차별의 효과가 누적되어 결합하고, 중첩되며, 교차하는 방식을 강조하기 위해 사용했습니다. 특히 소외된 개인이나 집단의 경험에서 말입니다(Crenshaw, 1989). 우리의 교차성에 대한 관점은 여러 경험과 정체성이 하나로 모이고 교차하며, 그것이 타인이 개인을 인식하는 방식뿐만 아니라 개인이 세상을 인식하는 방식에 영향을 미친다는 것을 표현하는 데까지 확장되었습니다. 한 개인이 이러한 교차점 안에서 겪는 경험은 그들이 생물학적으로 삶의 사건을 경험하는 방식, 일상 활동을 관리하는 방식, 그리고 공통의 인간성을 바라보는 방식에 영향을 미칠 수 있습니다. 우리의 교차점은 또한 다른 사람들이 우리를 바라보는 방식에 영향을 미칩니다. 우리가 리질리언스를 구축하는 철학을 배우기 시작하면서, 여러분이 자신의 교차점에 대해 성찰해보기를 권장합니다.

저는 한 사람의 어머니, 할머니, 자매, 아내, 친구, 페미니스트, 치료사, 사회복지사, 저자, 국제 단체의 공동 설립자, 활동가, 밝은 피부색을 지닌 라틴계(Latinx), 시스젠더 이성애자 여성, 엘살바도르와 독일에서 이주해 온 부모의 딸, 세계 시민, 희망의 대사로서 당신께 다가갑니다. 이 모든 정체성은 서로 교차하고 얽혀 있으며, 이러한 교차성이 지금도 제 여정을 형성하고 있습니다. 이 교차점들은 우리가 우리의 취약성과 고통을 인정하고, 타인의 고통을 목격하며, 우리의 이점을 인정하고, 강점에 의지하며, 사회 정의를 옹호하고, 가능한 한 기쁨을 나누어야 한다는 희망적인 관점을 저에게 주었습니다. 더불어 유머 감각을 유지하고 자신을 지나치게 심각하게 여기지 않는 태도는 인생 여정에서 마음을 한결 가볍게 해 줍니다. 저의 모든 교차점들은 제 관점, 의도, 행동, 그리고 이 책의 내용을 형성하는 데 영향을 미쳤습니다. 여러분을 이 여정에 초대하며 함께하길 바랍니다.

참고문헌

Crenshaw, K. (1989). Intersectionality. Oxford English Dictionary. Retrieved from https://www.oed.com/view/Entry/429843

Dalai Lama, T., Tutu, D., & Abrams, D. (2016). The book of joy: Lasting happiness in a changing world. New York, NY: Avery (Penguin Random House).

Davidson, R. J. (2016). The four keys to well-being.Greater Good Magazine. Retrieved from https://greatergood.berkeley.edu/article/item/the_four_keys_to_well_being

Fernandez, A., & Goldberg, E. (2009). The Sharp Brains guide to brain fitness: 18 interviews with scientists, practical advice, and product reviews to keep your brain sharp. San Francisco, CA: SharpBrains.

Grabbe, L., Higgins, M., Baird, M., Craven, P., & Fratello, S. (2020). The Community Resiliency Model® to promote nurse well-being. Nursing Outlook, 68(3), 324–336. https://doi.org/10.1016/j.outlook.2019.11.002

Ma, M. (2014, February 11). On the nature of hope and its significance in innovation. Psychology Today. Retrieved from https://www.psychologytoday.com

Office of the Surgeon General, U.S. Department of Health and Human Services. (2021, December 7). U.S. Surgeon General issues advisory on youth mental health crisis further exposed by COVID-19 pandemic [Press release]. Retrieved from https://www.hhs.gov/surgeongeneral/reports-and-publications

| 2장 | 트라우마 정의하기 |

일레인 밀러-카라스

이 장에서는 다음 내용을 다룹니다.

1. 트라우마의 정의와 트라우마 경험이 가져오는 글로벌 도전 과 제에 대해 설명합니다.
2. 긍정적 스트레스, 견딜 수 있는 스트레스, 유해한 스트레스를 정의합니다.
3. 어린 시절의 부정적 경험(ACEs) 연구와 그 의미를 논의합니다.
4. 트라우마 치료의 인지적 접근법과 생물학적 접근법의 차이를 설명합니다.

트라우마 경험의 글로벌 과제

트라우마 경험은 개인과 지역사회의 건강에 광범위한 영향을 미칩 니다. 세계보건기구(WHO, 2021)에 따르면 "외상성 사건과 상실은 사람들의 삶에서 흔히 발생합니다." WHO 설문조사 데이터를 검토 한 결과, 외상 후 스트레스 장애(Post-Traumatic Stress Disorder, 이하 PTSD)의 국가별 평생 유병률은 전체 표본에서 3.9%, 트라우마에 노출된 사람들 사이에서는 5.6%로 나타났습니다. PTSD를 경험한 응답자 중 절반은 증상이 지속되고 있다고 답했습니다. 특히 트라우마에 노출된 사람들 사이에서 나이가 어리고, 여성이며, 미혼이고, 낮은 교육 수준과 가구 소득, 실업 상태 등의 사회적 불이익 요인은 PTSD 평생 위험을 높이는 것으로 나타났습니다. PTSD는 전 세계적으로 널리 퍼져 있으며, 전 세계 사례의 절반이 지속적 증상을 보이고 있습니다. 중증 PTSD 환자 중 절반만이 치료를 받고 있으며, 극소수만이 전문적인 정신건강 치료를 이용하고 있는 상황입니다. 현재 전 세계 인구 약 80억 명 중 약 3억 7천만 명이 외상 후 스트레스 증상을 겪고 있는 것으로 추정됩니다. 전쟁 생존자 중 약 3억 5,400만 명이 PTSD와 주요 우울증을 앓고 있으며, 이 중 약 1억 1,700만 명은 두 증상을 모두 동반하고 있습니다.

코로나19 팬데믹은 전 세계를 황폐화시키며, 사회 구조에 전례 없는 영향을 미쳤습니다. 2022년 3월 6일 기준, 전 세계적으로 4억 3,300만 명 이상의 확진자와 590만 명 이상의 사망자가 보고되었습니다(WHO, 2022). 이 바이러스에 감염된 사람들의 신체적, 정신적 건강에 미치는 장기적인 영향은 아직 명확히 밝혀지지 않았습니다. 코로나19는 새로운 변종의 출현 등 예측할 수 없는 특성으로 인해, 바이러스 확산을 억제하기 위한 사회적 거리두기와 격리 조치가 시행되었습니다. 이로 인해 일상적인 활동, 사회적 활동, 문화적·종교적 활동, 서비스 이용, 직장 생활 등 다양한 영역에 지장이 초래되었습니다. 아이들은 비대면 학습으로 전환해야 했고, 교사와 친구들과도 거리를 두어야 했습니다.

팬데믹으로 인해 사회의 필수 서비스나 업무를 최일선에서 수행하는 근무자(Gilleen et al., 2021)와 일반 대중 사이에서 우울증, 불안, 약물 남용, 폭력, 자살 등의 정신 건강 문제가 더욱 주목받고 있습니다(Auerbach & Miller, 2020; Shim & Starks, 2021). 랜싯 정신의학지(Lancet Psychiatry, 2021)에 따르면 코로나19로 인한 심리적 피해가 이미 명확하게 드러났으며, 보건 시스템은 코로나19 관련 정신 건강 문제를 해결하기 위한 광범위한 요구에 직면할 것이라고 보고했습니다. 유엔(UN, 2020)은 "수억 명의 사람들이 겪고 있는 엄청난 고통을 줄이고 장기적인 사회·경제적 비용을 완화하기 위해, 정신 건강에 대한 역사적 수준의 투자가 즉시 필요하다."라고 강조했습니다.

윌리엄스와 버먼드(Williams & Vermund, 2021)는 사회적, 경제적으로 취약한 인종 및 소수 민족이 미국에서 코로나19 팬데믹으로 인해 상대적으로 더 심각한 임상 결과를 경험했다고 지적합니다. 이들은 이러한 건강 결과의 격차가 수많은 생의학적 및 사회적 요인이 복합적으로 작용하여 발생한다고 설명합니다. 트라우마에 기반한 관점에서는 주택, 교통, 경제적 수요, 당국 및 기관에 대한 불신, 접근 가능한 정신 건강 치료시설의 부족과 같은 구조적 요인이 흑인과 유색인종 커뮤니티에서 질병 부담을 가중시킨다는 점을 인식하는 것이 중요합니다. 심과 스타크(Shim & Starks, 2021)는 지속 가능하고 집단적인 정신 건강과 복지를 위해, 형평성과 정의를 우선시하는 지역 및 국가 차원의 개입을 요구했습니다.

기후 변화는 전 세계적으로 가장 시급한 문제 중 하나로, 기온 상승, 폭염, 홍수, 토네이도, 허리케인, 가뭄, 산불, 숲의 유실, 빙하와 강의 소멸, 그리고 사막화 등 다양한 현상으로 인해 인류에게 큰 고통을 안겨줍니다. 모든 사람이 기후 변화의 영향을 받지만, 특히 어린이, 여성, 노인, 빈곤층, 경제적 소외 계층, 유색인종이 가장 심각한 영향을 경험합니다. 기후 변화는 종종 식량 및 주거 불안, 그리고 사회적 분열의 주요 원인으로 작용합니다. 극심한 기상이변으로 인한 홍수나 산불과 같은 자연재해는 PTSD, 우울증, 불안, 자살, 약물 남용 장애 등 정신 건강을 악화시키는 요인과 관련이 있습니다 (Cianconi 외, 2020).

세이브더칠드런(2021)은 "전 세계적으로 4억 2,600만 명의 어린이가 분쟁 지역에 살고 있다."라고 보고했습니다. 이는 우크라이나 분쟁이 발발하기 전의 통계로, 당시 무장 단체나 군대가 아동에게 성폭력을 가한 분쟁 지역에서 50킬로미터 이상 떨어진 곳에 약 7,200만 명의 아동이 살고 있었던 것으로 추정됩니다. 우크라이나에서는 성폭력이 정치적·군사적 이익을 위해 공포 분위기를 조장하며, 어린이와 민간인을 위협하는 무기로 사용되고 있다고 보고되고 있습니다.

미국 약물남용 및 정신건강서비스국(the Substance Abuse and Mental Health Services Administration, SAMHSA)에 따르면, 지난 한 해 동안 미국에서 아동 학대 및 방임을 경험한 아동은 7명 중 1명 이상으로 추정되며, 이는 과소평가된 수치일 가능성이 높습니다. 특히, 레즈비언(Lesbian), 게이(Gay), 양성애자(Bisexual), 트랜스젠더(Transgender), 퀘스처닝(Questioning), 간성(Intersex)으로 정체화하는 아동은 더욱 심각한 어려움에 직면합니다. 트레버 프로젝트(The Trevor Project)의 2020년 전국 성소수자 청소년 정신 건강 설문조사는 성소수자(LGBTQAI) 청소년의 정신 건강 격차, 차별, 주거 불안정, 자살 문제에 관한 중요한 데이터를 제공합니다. 이 설문조사에는 미국 전역의 13~24세 성소수자 청소년 40,000명 이상이 참여했습니다. 성소수자 응답자의 40%가 지난 12개월 동안 자살 시도를 심각하게 고려했으며, 트랜스젠더 및 논바이너리 청소년의 경우 절반 이상이 자살을 고려한 적이 있습니다. 성소수자 청소년의 68%가 최근 2주 동안 범불안장애 증상을 경험했으며, 이 중 트랜스젠더 및 논바이너리 청소년이 75% 이상을 차지합니다. 자해를 시도한 경험이 있다고 답한 성소수자 청소년의 비율은 48%이며, 트랜스젠더 및 논바이너리 청소년은 60% 이상이 자해 경험을 보고했습니다. 노숙, 가출, 또는 쫓겨난 경험이 있는 성소수자 청소년의 비율은 29%입니다. 성소수자 청소년의 3명 중 1명은 자신의 성소수자 정체성으로 인해 신체적 위협이나 피해를 당한 적이 있다고 답했습니다.

성소수자 커뮤니티는 차별과 학대에 직면하며, 이는 정신 건강에 부정적인 영향을 미칩니다. 리빙스턴 외(Livingston et al., 2020)는 성소수자 개인이 폭력과 희생을 포함한 트라우마를 일반인보다 높은 비율로 경험한다고 밝혔습니다. PTSD의 추정 유병률은 레즈비언, 게이, 양성애자(LGB)의 경우 1.3%에서 47.6%, 트랜스젠더 및 성별 다양성(TGD)의 경우 17.8%에서 42%로 나타나, LGBTQ 커뮤니티에서의 유병률이 더 높은 경향을 보입니다.

세계경제포럼의 보고서에 따르면, 정신 건강 비용은 심혈관 질환, 만성 호흡기 질환, 암, 당뇨병보다 더 큰 규모로 나타났습니다. 정신 질환은 향후 20년간 비전염성 질환으로 인한 총 경제적 부담의 절반 이상을 차지할 것으로 예상되며, 전 세계 생산 손실의 35%를 차지할 것으로 전망됩니다(Bloom et al., 2011). 정신 건강 문제를 가진 사람들은 심혈관 질환, 호흡기 질환, 당뇨병에 걸릴 위험이 더 높아 실제 경제적 비용은 더욱 증가합니다. 리트윈스키 외(Rytwinski et al., 2014)의 연구에 따르면 PTSD 진단을 받은 사람의 절반은 우울증 증상도 함께 겪고 있습니다. 란셋 위원회의 정신 건강 보고서

(Patel et al., 2018)는 전 세계 모든 국가에서 정신 장애가 증가하고 있으며, 2030년까지 정신 장애로 인해 세계 경제에 약 16조 달러의 비용이 발생할 것으로 추정했습니다. 또한 경제적 비용의 대부분은 정신질환의 조기 발병과 생산성 손실에 기인하며, 매년 정신질환으로 인해 약 120억 근로일이 손실된다고 밝혔습니다.

문제의 심각성과 범위를 인식함에 따라, 외상 후 스트레스와 그에 수반되는 정신 건강 상태의 영향을 해결하기 위한 혁신적인 접근 방식이 필수적입니다. 정신건강 전문가와 지역사회의 자연스러운 리더들은 이와 같은 중요한 필요를 해결하기 위해 다양한 개입 방법을 활용할 수 있습니다. 예를 들어, 커뮤니티 리질리언스 모델과 트라우마 리질리언스 모델은 비용 효율적이며, 적응 가능하고 접근성이 높은 모델로 주목받고 있습니다. 이 두 모델은 개인과 지역사회가 외상 후 스트레스를 효과적으로 관리할 수 있도록 돕는 데 유용한 방법으로 평가받고 있습니다.

트라우마 경험에 대한 커뮤니티 리질리언스 모델과 트라우마 리질리언스 모델의 정의

트라우마 경험은 자신 또는 타인의 생명이 위협받는 사건으로 인식되는 것을 의미합니다. 하지만, 같은 사건이 한 개인에게는 트라우마로 작용할 수 있지만, 다른 개인에게는 그렇지 않을 수도 있습니다. 예를 들어, 같은 가족 구성원이 동일한 사건을 경험했더라도 각자의 관점과 반응은 다를 수 있습니다.

트라우마는 반드시 직접 경험해야 하는 것은 아닙니다. 많은 사람들이 트라우마 사건을 경험하지 않았음에도 힘든 시간을 보내며 스스로를 탓하거나 비난하는 경우가 있습니다. 이러한 간접 트라우마는 치료사, 위기 상담사, 소방관, 경찰관, 의료 전문가, 응급 구조대원 등 도움을 주는 직종에 종사하는 사람들이 자주 경험합니다.

베어드와 크라센(Baird & Kracen, 2006)은 간접 외상과 이차 외상성 스트레스를 다음과 같이 구분합니다. 간접 외상화란 타인의 생생한 사진이나 충격적인 자료에 반복적으로 노출된 결과, 자신과 타인, 그리고 사회에 대한 전문가의 시각에 부정적인 변화가 생기는 것을 의미합니다. 이차 외상성 스트레스란 PTSD와 유사한 심리적 증상이 발생하는 것으로, 외상의 영향을 받는 사람들과의 지속적인 접촉을 통해 후천적으로 나타나는 현상입니다. 보스카리노 외(Boscarino et al., 2010)는 트라우마를 경험한 환자를 치료하는 치료사 또한 PTSD와 같은 심리적 고통 반응을 보일 수 있다고 밝혔습니다.

샤피로(F. Shapiro) 박사는 트라우마를 두 가지 유형으로 정의합니다. 하나는 '큰-T 트라우마'로, 다른 하나는 '작은-t 트라우마'로 분류합니다(Shapiro, 1987). 큰-T 트라우마란 자연재해, 전쟁, 성적 폭행, 아동 학대, 테러와 같은 중대한 사건을 포함합니다. 작은-t 트라우마란 치과 시술, 경미한 교통사고, 낙상, 일상적인 수술 등 비교적 덜 심각하다고 여겨지는 사건입니다. 당사자는 큰-T 사건과 같은 것으로 경험할 수 있지만, 주변 사회나 가족이 그 심각성을 과소평가하여 작은-t 트라우마로 간주할 수 있습니다. 만약 여러분이 작은-t 트라우마를 경험하더라도 친구나 가족은 그 중요성을 과소평가할 수 있습니다.

누적 트라우마(Cumulative Trauma) 또는 C-트라우마라는 개념은 인도주의 활동과 회복적 정의(restorative justice) 분야의 세계적 지도자가 자신의 모국인 케냐 사람들이 식민주의 시절 겪은 박해로 여전히 호소하는 고통을 공유한 이후에 우리에게 개념으로 추가되었습니다. 다른 사람들도 동성애 혐오(homophobia), 트랜스젠더 혐오(transphobia), 외국인 혐오(xenophobia), 인종차별(racism) 등의 미시적 공격(micro-aggressions)에 대해 비슷한 이야기를 전했으며, 미국 원주민들은 자신들의 문화와 언어를 집단학살(genocide)로 인해 잃은 데서 비롯된 집단적 트라우마(collective trauma)를 설명해 주었습니다. 예를 들어, 다른 사람들이 나를 받아줄지, 피부색 때문에 목숨이 위험할지 모른다는 인종차별을 경험하면 매일 신체적, 행동적, 정서적 동요 반응이 연쇄적으로 일어날 수 있습니다.

여러 유형의 트라우마를 동시에 겪고 있는 사람들은 심리적, 생리적 어려움을 겪을 위험이 더 큽니다. 그리고 일상과 가족에게도 매일 영향을 미치는 포괄적 누적 트라우마를 지닌 사람들의 경우, 그들이 속한 더 넓은 공동체 역시 안전하지 못합니다. 한 개인이 세 가지 범주의 경험을 동시에 겪을 수도 있습니다. 이러한 쌓임 효과(stacking effect)는 여러 번의 큰-T 트라우마와 C-트라우마를 경험한 사람에게는 큰 계기가 될 수 있으므로, 사소한 수술과 같은 작은 -t 트라우마를 겪을 때 심각한 외상성 스트레스 반응을 일으킬 수 있습니다.

외상성 스트레스 반응의 증상이 나타나는 방식은 한 가지가 아닙니다. 외상성 스트레스의 증상은 외상성 사건 직후에 나타날 수도 있고, 증상이 나타나기까지 몇 달 또는 몇 년이 걸릴 수도 있습니다. 증상은 나타났다가 사라지기도 하고, 평생을 괴롭히기도 하며, 갑자기 나타나기도 합니다. 많은 사람들이 증상을 즉각적으로 인지하지 못하면서 수치심을 느끼는 경우가 많으므로 이를 이해하는 것이 도움이 됩니다. 다시 말하지만, 인식이 중요합니다.

이제 외상 후 스트레스, 유해한 스트레스, 아동기 부정적 경험(Adverse Childhood Experiences, 이하 ACEs), 역사적 및 세대 간 트라우마 등 문헌에서 트라우마가 개념화되는 다양한 방식을 설명하겠습니다.

트라우마 및 스트레스 관련 질환

정신 장애 진단 및 통계 매뉴얼(DSM-5)은 미국의 정신 건강 전문가들이 정신 건강 장애를 분류하는 데 사용하는 지침입니다. DSM-5에서는 PTSD를 포함한 여러 외상성 스트레스 반응을 '외상 및 스트레스 관련 장애'라는 카테고리로 분류합니다. PTSD의 진단 기준에는 침습, 회피, 인지 및 기분의 부정적인 변화, 각성 및 반응성의 변화 등 네 가지 증상군의 특정 규정과 증상을 충족하는 외상성 사건에 노출된 이력이 포함됩니다. 추가 기준으로는 증상의 지속 기간, 기능 평가, 증상이 약물이나 동반 질환으로 기인한 것이 아니라는 점을 명시하고 있습니다(American Psychiatric Association, 2013).

정신 건강 전문가로서 우리는 진단과 치료를 안내하는 데 도움이 되는 진단 기준이 필요합니다. 그러나 DSM-5에 대한 논란이 계속되고 있으며, 시간이 지나면 DSM-5가 어떻게 실무에 적용될지 알 수 있을 것입니다. 또한 많은 내담자들이 자신의 삶의 경험에 대한 반응을 더 잘 이해할 수 있는 간단한 설명을 선호한다는 점도 발견했습니다. '장애(disorder)' 대신 상태(condition)라는 단어를 사용한 데에는 의도가 있습니다. 상태는 가치 중립적인 용어입니다. 장애라는 단어는 자아상에 해를 끼칠 수 있으며, 정신 건강에 문제가 있는 사람들에게 수치심을 유발할 가능성이 있습니다. 장애를 사용하는 것은 개인을 병리화할 수 있는 또 다른 방법이 되기도 합니다.

스트레스 스펙트럼 정의하기: 긍정적인 스트레스, 견딜 수 있는 스트레스, 유해한 스트레스

외상성 스트레스 반응에 대해 논의할 때 스트레스의 정의를 고려하는 것이 도움이 될 수 있습니다. 개인적으로나 및 공동으로 겪은 충격적인 경험은 스트레스 반응을 일으킬 수 있습니다. 스트레스는 '긍정적인 경우(positive stress)', '견딜 수 있는 경우(tolerable stress)', '유해한(toxic stress)'으로 설명할 수 있습니다. 이러한 구분은 스트레스를 유발한 실제 경험이나 사건이 아니라, 스트레스 반응 시스템이 신체에 미치는 영향을 의미하기 때문에 중요합니다. 커뮤니티 리질리언스 모델과 트라우마 리질리언스 모델은 신경계를 읽는 것이 스트레스 반응의 신체적 반응을 인식하는 데 도움이 될 수 있다는 사실을 알려줍니다. '내수용감각'이라고도 하는 이러한 감각 알아차림은 커뮤니티까지 치유할 수 있는 자기 치유의 시작점이 될 수 있습니다.

세네스 외(Sennesh et al., 2022)는 '항상성(allostasis)'을 신체가 필요로 하는 것을 미리 예측하여 신체를 조절하는 뇌의 기능으로 정의합니다. 외부 스트레스 요인에 대한 이러한 내부 반응에는 스트레스 반응 시스템의 활성화가 포함됩니다. 이는 스트레스에 대한 정상적이고 적응적인 반응이며, 외부의 도전에 직면했을 때 생리적 안정을 가져옵니다. 이러한 시스템은 급성 외부 스트레스나 어려움을 겪은 후에 정상적인 기준 상태로 복귀합니다. 그러나 스트레스 요인이 만성화되고 사회적 지지를 받지 못하면 이러한 시스템의 조절 장애가 발생하여, 항상성 시스템의 과활성화와 같은 병리생리학적 반응이 나타날 수 있습니다. 시간이 지나면 이러한 조절 장애는 질병과 기능 장애의 위험을 증가시킵니다. 이러한 병리생리학적 반응을 '항상성 부하(allostatic load)'라고 합니다.

긍정적인 스트레스는 경미하거나 중간 정도의 스트레스 요인에 대한 신체의 반응입니다. 심박수, 혈압 증가, 호르몬 수치의 가벼운 상승과 같은 생리적 변화가 포함되며, 내부 균형을 빠르게 회복합니다. 견딜 수 있는 스트레스는 시간적으로 제한된 한정적인 스트레스 요인에 대한 적응적 반응으로, 이는 신체의 경보 체계를 활성화시켜 뚜렷한 불안을 유발하지만, 그 강도가 지나치게 압도적이지는 않습니다. 신체는 일시적으로 강한 생리적 반응을 경험하지만, 이러한 반응은 단기간 지속되며, 스트레스 요인이 사라지면 균형 상태로 복귀합니다. 특히 지지적인 관계나 보호 요인이 있을 때 회복이 더욱 원활하게 이루어집니다. 유해한 스트레스는 강렬한 스트레스 요인에 대한 지속적이고 끊임없는 신체 반응입니다. 항상성 부하가 너무 오래 지속되면 뇌 기능에 변화를 일으키며, 누적된 피해는 사람의 신체적·정신적 건강을 해칠 수 있습니다. 유해한 스트레스를 완화할 수 있는 사회적 지원이 없는 부정적인 어린 시절 경험은 스트레스 반응 시스템이 장기간 활성화되는 결과를 초래할 수 있습니다. 이는 뇌 구조 및 기타 기관의 발달을 방해하고 성인기까지 스트레스 관련 질병 및 인지 장애의 위험을 증가시킵니다.

ACEs 연구는 이하에서 자세히 설명합니다. 이 연구는 정서 조절, 인지 재구성 및 생물학적 개입을 지원하는 방법을 개발하는 것의 중요성을 강조합니다.

ACEs 연구

훼리티 외(Felitti et al., 1998)의 ACEs 연구는 캘리포니아 샌디에
이고의 카이저 퍼머넌트(Kaiser Permanente)와 미국 질병통제센터
(CDC)가 공동으로 수행한 연구입니다. 이 연구는 ACEs가 인간의
상태에 일생 동안 어떤 영향을 미치는지를 강조합니다. ACEs 연구
에서 연구자들은 카이저 퍼머넌트의 체중 관리 프로그램에 참여한
병적 비만 성인들이 체중 감량 유지에 성공하지 못한 점에 주목했습
니다. 연구진은 이들의 배경을 더 자세히 조사하면서 모두 트라우마
병력이 있다는 사실을 발견했습니다. 후속 조치로 연구진은 의료 시
스템 내 여러 환자를 대상으로 어린 시절 트라우마를 경험한 사람이
얼마나 되는지를 조사하기로 결정했습니다.

연구자들은 설문조사를 통해 성, 신체, 정서적 학대, 신체적 및
정서적 방임, 그리고 가족 구성원 중 폭력적인 행동, 약물 또는 알코
올 남용, 수감 또는 정신 질환 진단을 받은 사람, 별거 또는 이혼한
부모 등 5가지 유형의 가족 기능 장애를 포함한 10가지 유형의 트라
우마를 확인했습니다. 조사 대상자의 64%는 어린 시절 한 가지 이
상의 부정적인 사건을 경험한 적이 있다고 응답했습니다(Felitti et
al., 1998).

또한 ACEs 점수[1]는 경험 횟수에 관계없이 1점을 부여했습니다.

---

1   [역주] ACEs 점수(Adverse Childhood Experiences Score)는 어린 시절(18세

연구자들은 ACEs 점수와 의료 서비스 이용률 사이의 상관관계를 확인하고자 했으며, 그 결과 ACEs와 성인의 만성 질환 발병 사이에 강력한 연관성이 있음을 발견했습니다. 예를 들어, ACEs 점수가 4점 이상인 사람은 0점인 사람보다 심장병과 당뇨병 발병률이 훨씬 높았습니다. 또한 4점 이상 그룹에서는 만성 폐질환 발생률이 390%, 간염은 240%, 우울증은 460%, 자살 시도는 1,220% 증가했습니다. ACEs 점수가 6점 이상인 사람은 정맥을 통해 약물을 직접투여하는 사용자가 될 가능성이 4,600% 증가했으며, 평균 수명이 60.6년으로, ACEs 점수 0점인 사람의 평균 수명 79.1년보다 약 20년 짧았습니다.

연구자들은 이후 카이저에 내원한 환자들을 대상으로 더 광범위한 심리사회적 평가를 실시했습니다. 그들은 개인이 겪은 충격적인 경험을 추적하고, 이러한 경험이 현재에 미치는 영향을 물었습니다. 그 결과, 이 짧은 개입 이후 1년 동안 1차 진료 이용률이 35% 감소하고 응급실 방문이 11% 감소했으며, 입원이 3% 감소하는 등 놀라운 결과가 나타났습니다.

ACEs 연구 결과는 트라우마가 생물학적으로 개인에게 영향을 미친다는 커뮤니티 리질리언스 모델 트라우마 리질리언스 모델의 핵심 개념을 뒷받침합니다. 트라우마나 스트레스가 심한 사건을 경험한 많은 사람들이 치료를 받지 않기 때문에, 공중 보건 시스템 내에

이전)에 겪은 학대, 방임, 가정불화, 부모의 정신질환이나 중독 등 부정적 경험 10가지의 개수를 합산한 지표로, 점수가 높을수록 성인이 된 후 신체적·정신적 건강 문제의 위험이 커진다. 그러나 ACEs 점수가 높더라도 지지적인 관계, 자기이해, 안정된 환경 같은 회복요인이 있으면 부정적 영향을 완화하고 리질리언스를 기를 수 있다.

트라우마 관련 증상이 있는 사람들의 요구를 해결하기 위한 더 많은 센터가 필요합니다. 이러한 서비스는 접근성과 적응성이 뛰어나고 저렴한 비용으로 제공되어야 합니다.

이 연구는 아동기의 부정적인 경험이 인간에게 미치는 영향을 설명하는 과학 지식을 바탕으로, 커뮤니티 리질리언스 모델과 트라우마 리질리언스 모델과 같은 신체 중심 접근법을 개입의 일부로 통합하는 것이 중요하다는 것을 보여줍니다. 대부분의 심리학적 접근 방식은 인지적 기반(하향식 접근)이며, 약화된 신념을 바꾸거나 통찰을 제공하고 문제 해결 전략을 개발하는 데 중점을 둡니다. 그러나 이러한 접근 방식은 스트레스에 대한 생물학적 반응과 관련된 신체적 경험을 진정시키는 데는 효과적이지 않을 수 있습니다.

원래의 ACEs 연구는 참가자의 75.8%가 백인, 11.2%가 히스패닉, 7.2%가 아시아/태평양 섬 주민, 4.5%가 흑인, 2.3%가 기타 인종으로 밝혀져, 표본이 편향되었음을 유의해야 합니다. 또한 참가자의 46.4%는 60세 이상, 39.3%는 대학 학력 이상을 보유하고 있었습니다. 전 세계의 인류는 스트레스와 외상 경험에 대해 공통적인 반응을 보입니다. 생존반응 종결은 이러한 전 세계적인 공통점을 인정하는 동시에, 우리의 민족성, 문화, 성 정체성, 성적 지향, 종교적 차이를 존중합니다.

원래의 ACEs 연구는 어린 시절 경험과 성인기의 불안정한 형편 사이의 연관성을 강조했지만, ACEs의 항목을 10개로 제한하고 주로 가정 내 요인에 초점을 맞췄습니다. 그러나 가정 외부에서도 유사한 영향을 미칠 수 있는 ACEs가 더 존재할 수 있습니다. 2013년에 실시된 필라델피아 도시 ACEs 연구는 기존 ACEs 지표에 이웃의 안전성 및 신뢰, 괴롭힘, 폭력 목격, 인종차별 경험, 위탁 보호 기간과 같은 추가 요소를 포함했을 때 ACEs 점수가 크게 상승한다는 사실을 보여줍니다. 이는 가정 외부의 환경적 스트레스 요인도 ACEs의 중요한 요소임을 시사합니다.

커뮤니티 리질리언스 모델과 트라우마 리질리언스 모델은 신경계가 균형 잡힌 상태로 돌아가는 데 도움을 줄 수 있는 생물학적 개입으로, 웰니스 기술을 배우는 데 효과적입니다. 어린이와 돌봄 제공자가 이러한 기술을 익힌다면, ACEs의 부정적 영향을 줄이는 데 기여할 수 있을 것입니다.

트라우마에 중심 치료 접근법은 개인이 자신의 경험에 대해 이야기하도록 돕는 데 중점을 둡니다. 예를 들어, 우리가 의료 시스템에서 일할 경우, 이러한 트라우마 중심 치료 접근법을 실천하는 가장 좋은 방법은 팀 차원의 대응을 도입하는 것입니다. 이는 정신건강 및 의료팀의 모든 구성원이 이 트라우마 중심 치료 접근법을 이해하고 이를 적용하는 데 협력하는 것을 의미합니다. 이는 개인과 커뮤니티를 더 안전하고, 자비롭고, 힘을 실어주는 환경으로 만드는 데 기여합니다. 또한 리질리언스에 초점을 둔 질문을 통해 사람들의 강점과 극복 능력을 강조하는 방식으로 패러다임 전환을 촉진합니다.

커뮤니티 리질리언스 모델과 트라우마 리질리언스 모델에서의 트라우마 중심 치료 접근법은 패러다임의 전환을 강조합니다. 기존의 사고방식은 사람들이 호소하는 병리적인 상태를 개인의 문제로 간주합니다. 반면, 트라우마 중심 접근법은 개인에게 어떤 일이 있었는지에 민감하게 반응하고, 그들이 겪은 트라우마를 극복할 수 있도록 돕는 개입이 필요하다고 말합니다. 리질리언스 중심 접근법은 한 걸음 더 나아가, 전 세계 모든 개인이 웰빙을 위한 기술을 배울 수 있다고 주장합니다. 이 접근법은 트라우마를 중심 접근법을 넘어서 리질

리언스에 초점을 맞춘 질문을 던져야 한다고 봅니다. 예를 들면,

"어떻게 이겨낼 수 있었나요?"
"당신의 강점은 무엇인가요?"
"어려운 시기에 도움을 준 사람이 있었나요?"

따라서, 패러다임의 전환은 기존의 사고방식에서 트라우마 중심 접근으로, 그리고 더욱 나아가 리질리언스 중심 접근으로 옮겨가는 것을 의미합니다.

베델 외(Bethell et al., 2014)는 6세에서 17세 사이의 아동을 대상으로 건강과 학교 참여에 대한 영향, 그리고 리질리언스의 완화 역할을 연구했습니다. 연구 결과, 도전 상황에 직면했을 때 침착함을 유지할 수 있는 아동은 ACEs의 부정적 영향을 줄일 수 있다는 사실을 발견했습니다. 즉, ACEs 점수가 높더라도 리질리언스를 보인 아동들은 학교 참여율이 더 높았습니다. 이 연구의 중요한 점은 커뮤니티 리질리언스 모델과 트라우마 리질리언스 모델이 사람들에게 신경계를 이해하고 조절하는 방법을 돕는다는 데 있습니다. 이를 통해 개인은 고통 상태에서 안정 상태로 전환할 수 있습니다. 그러나 모든 아동이 도전적인 상황에서 침착함을 유지할 능력을 갖추고 있는 것은 아닙니다. 따라서, 커뮤니티 리질리언스 모델과 트라우마 리질리언스 모델의 웰니스 기술을 배우게 되면, 도전 상황에서 침착함을 유지하기 어려운 아동들도 자신의 신경계를 조절하는 기술을 습득할 수 있을 것이라는 가설을 제기하고 있습니다. 이는 리질리언스 향상을 통해 ACEs의 부정적인 영향을 완화하고, 더 나은 삶의 질과 참여도를 달성할 가능성을 보여줍니다.

ACEs의 생물학적 영향은 트라우마로 인한 스트레스를 경험한 사람들을 돕는 접근 방식을 재설계할 필요성을 강조해 왔습니다. 또한, 보난노(Bonanno, 2009)는 트라우마 사건 이후 개인이 회복과 회복력을 보이는 상태에 있을 때, 인지 기반 모델로 개입하는 것이 오히려 트라우마 스트레스 반응을 증가시킬 수 있다고 지적했습니다. 따라서, 공공 및 정신 건강 전략에는 인지적 접근법(하향식 접근)보다는 인간 신경계의 생물학적 측면(상향식 처리)에 초점을 맞춘 개입이 포함되어야 합니다.

역사 및 세대 간 트라우마

누적(Cumulative) 트라우마에는 세대 간 트라우마라고도 불리는 역사적 트라우마가 포함됩니다. 트라우마의 정의는 종종 개인의 경험에 초점을 맞추고 있습니다. 그러나 문화, 종교, 성적 지향, 성 정체성, 민족성 등으로 인해 전체 인구가 선거권 박탈과 같은 억압을 경험한 경우의 트라우마는 포함되지 않는 경우가 많습니다. 역사적 트라우마는 노예제, 대량 학살, 강제 이주, 동성애 혹은 트렌스젠더 억압, 원주민에 대한 폭력적 식민화 등과 같은 사건과 관련이 있을 수 있습니다. 소테로(Sotero, 2006)는 역사적 트라우마를 설명하기 위한 개념적 틀을 제시하며, 이는 군사력, 생물학전, 대량 학살, 인종 청소, 감금, 노예화, 이동의 자유 제한, 경제적 억압 및 문화적 표현 금지와 같은 방식으로 지배적인 집단이 특정 인구를 정복하는 데서 비롯된다고 설명합니다. 정복의 정당화가 시간이 지나 철회될 수는 있지만, 그 유산은 인종차별, 차별, 사회적·경제적 불이익의 형태로 남아 있습니다. 이러한 공동의 경험은 영향을 받은 사람들에게 심각한 신체적, 심리적 트라우마를 초래하며, 그 영향은 여러 세대에 걸쳐 지속될 수 있습니다. 이 트라우마는 마음뿐만 아니라 몸에서도 경험되며, 겉으로 드러나지 않고 다루어지지 않은 정신적 신체적 돌봄의 요구가 충족되지 않으면, 고통의 대물림은 계속될 수 있습니다.

세대 간 트라우마는 부모의 트라우마 또는 스트레스 노출이 자손에게 영향을 미친다는 이론을 설명하는 데 사용됩니다. 초기에는 일화적으로 언급되었으나, 현재 홀로코스트 및 기타 생존자의 자손 데이터를 통해 실증적으로 연구되고 있습니다. 부모의 스트레스 노출로 인한 생물학적 변화는 자궁 환경의 변화를 통해 자손에게 직접적인 영향을 미칠 수 있으며, 이는 '세대 간 전이(intergenerational transmission)'라고 불리는 개념입니다. 이는 또한 출생 후 초기 양육을 통해 자손에게 스트레스가 전달되는 경우를 포함합니다. 예후다와 러너(Yehuda & Lehrner, 2018)는 홀로코스트 생존자의 자녀에게서 나타난 세대 간 트라우마의 후성유전학적 전파를 연구했습니다. 예후다 외(Yehuda et al., 2014)는 홀로코스트 생존자와 그 자녀가 PTSD 및 우울증과 관련된 동일한 유전자에서 스트레스 관련 변화를 보였음을 밝혔습니다. 표본 규모는 작았지만 추가 연구가 필요함을 시사합니다.

세계보건기구(WHO) 권고 사항

정신 건강 관리에는 인권 기반 접근이 바탕이 되어야 하며, 지역

사회가 이를 구현하는 데 적극적으로 참여해야 합니다. 이는 2021년 5월 세계보건총회에서 승인된 WHO 종합 정신 건강 행동 계획 2020~2030에서 권장한 사항입니다. WHO는 대부분의 정신 건강 관리가 여전히 정신병원에서 제공되고 있으며, 인권 침해와 차별적 관행이 여전히 빈번하다고 보고했습니다. WHO는 지역 사회 기반 정신 건강 프로그램을 통해 서비스를 제공할 것을 권장하며, 여기에는 위기 지원, 일반 병원 내 정신 건강 서비스, 외부 지원 서비스, 지원 생활 접근법, 그리고 또래 그룹이 제공하는 지원이 포함됩니다. WHO는 강력히 다음과 같이 명시했습니다. "이러한 변화가 이루어지지 않는 한, 정신 건강 상태를 가진 사람들이 온전하고 생산적인 삶을 사는 것을 막는 차별은 계속될 것이다." 커뮤니티 리질리언스 모델의 성장과 이를 지역 사회 기반 정신 건강 프로그램에 통합하는 접근법은 인권을 존중하고, 개인 및 지역 사회의 웰빙에 초점을 맞추며, 성공적이고 비용 효과적인 것으로 입증되고 있다는 점에서 긍정적인 평가를 받고 있습니다.

WHO는 2013년에 트라우마와 상실에 노출된 성인 및 아동을 위한 효과적인 정신 건강 관리를 촉진하기 위해 임상 프로토콜과 지침을 발표했습니다. WHO 보고서에 따르면, "정신 장애는 흔하고, 장애를 유발하며, 보통 치료받지 못한다." 보고서는 1차 의료 제공자가 정신 건강 관리 지원을 제공해야 한다고 권장하며, 인지 행동 치료(CBT)와 안구 운동 둔감화 및 재처리 치료(EMDR)를 가능한 두 가지 개입법으로 언급하고 있습니다. 인지 행동 치료와 안구 운동 둔감화 및 재처리 치료는 모두 근거 기반 실천법으로, 숙련된 전문가가 되기 위해 상당한 훈련이 필요합니다. 그러나 인지적 접근법의 한계를 보여주는 연구 증거가 점점 늘어나고 있습니다. 우리는 WHO의 보고서가

PTSD 및 우울증으로 영향을 받는 수많은 전 세계 사람들에게 주목하려는 노력을 높이 평가하면서도, 트라우마를 경험한 방대한 인구로 인해 전 세계적으로 충분한 1차 의료 제공자를 훈련시키는 것이 매우 어렵거나 불가능할 것이라는 점을 지적합니다.

결론

뷔란트 외(Bryant et al., 2008)는 외상 사건 중 또는 직후 측정된 급성 생리적 반응이 추후 PTSD 발병을 예측한다고 보고했습니다. 일부 사람들은 트라우마 사건 이후 심박수 및 호흡수 증가와 같은 증상을 경험합니다. 이러한 증상은 종종 '말'로만 해결하기 어려운 경우가 많습니다. 예를 들면 아무리 설명해도 심박수가 느려지지 않는 경우처럼. 그러나 개인이 자신의 신경계를 추적하여 이러한 고통스러운 감각을 인식하고, 웰빙 감각에 주의를 기울이는 방법을 배울 수 있다면, 이러한 증상을 조기에 감지하고 신경계의 균형을 되찾아 유해한 스트레스 반응을 줄이거나 없앨 수 있습니다.

재난 중 또는 재난 직후 누가 회복력이 있고 누가 회복력이 부족한지 평가하기는 쉽지 않습니다. 이는 전쟁을 겪고 있는 우크라이나 사람들처럼, 개인이 충격적인 사건을 경험하거나 현재 고통을 겪고 있는 경우 어떻게 개입해야 하는지에 대한 중요한 질문을 제기합니다. 우리의 견해는 커뮤니티 리질리언스 모델과 트라우마 리질리언스 모델과 같은 생물학적 개입을 더 빨리 적용할수록 외상성 스트레스 반응을 줄이거나 제거할 가능성이 높아진다는 것입니다. 타고난 리질리언스를 지닌 개인에게 웰빙 기술은 웰빙을 더욱 향상시키는 추가적인 도구가 될 수 있습니다.

심리적 응급처치 및 인지 행동 치료와 같은 인지적 접근 방식과 커뮤니티 리질리언스 모델과 트라우마 리질리언스 모델 사이에는 중요한 차이점이 있습니다. 이는 트라우마에 있어 인지적 또는 심리적 측면의 접근이 필요하지 않다는 뜻이 아닙니다. 커뮤니티 리질리언스 모델과 트라우마 리질리언스 모델은 치유를 촉진하는 주요 진입점으로 생물학적 반응 자체에 초점을 맞춘다는 점에서 차별화됩니다. 그 이유는 간단합니다. 트라우마로 인해 정상적인 생체 리듬이 교란되면, 이는 인지적 및 심리적 측면을 악화시키기 때문입니다. 트라우마는 언어 처리와 인지 기능을 담당하는 뇌 영역에 영향을 미칠 수 있습니다. 트라우마가 발생하면 그 경험은 명시적으로는 개인의 이야기 역사 일부로, 암묵적으로는 신체적 경험의 일부로 남게 됩니다. 인지적 접근 방식은 이러한 경험을 되돌아보며 통찰력을 제공할 수는 있지만, 신경계 반응 자체를 바꾸지는 못할 수 있습니다.

언어 처리와 인지 기능을 담당하는 뇌 부위는 트라우마 시건을 겪는 과정에서나 그 직후에는 접근하기 어려운 경우가 많기 때문에, 커뮤니티 리질리언스 모델과 트라우마 리질리언스 모델은 위협과 공포의 생물학적 근거에 초점을 맞춥니다. 마음 연구에 따르면, PTSD가 있는 사람들은 그렇지 않은 사람들보다 처리 속도, 유창성, 언어 학습 및 재인지, 실행 기능에서 유의미하게 낮은 점수를 받았습니다(Cohen et al., 2013). 아이나마니 외(Ainamani et al., 2021)는 아동 학대 트라우마가 해당 아동과 청소년의 낮은 수행 기억 및 실행 기능과 관련이 있다고 보고했습니다. 커뮤니티 리질리언스 모델과 트라우마 리질리언스 모델은 위협과 공포에 대한 생존 기반 반응에서 벗어나 웰빙과 관련된 감각을 확장하는 신체의 타고난 능력에 중점을 둡니다. 이처럼 웰빙 기술은 신경계 안정화를 목표로 합니다.

커뮤니티 리질리언스 모델과 트라우마 리질리언스 모델은 모든 생존자가 심각한 정신건강 문제나 장기적인 어려움을 겪는다고 가정하지 않습니다. 다만, 일부 개인은 외상성 사건으로부터 회복하는 데 어려움을 겪으며, 동반 질환이 증폭될 수 있습니다. 이 두 모델은 트라우마 사건 이후 자연스럽게 기본 기능으로 돌아가는 사람들뿐만 아니라, 병 이전의 기능으로 빠르게 회복되지 못하고 더 심각한 어려움을 겪는 사람들에게 웰니스 기술을 가르치는 것을 강조합니다.

참고문헌

Ainamani, H., Rukundo, G., Nduhukire, T., Ndyareba, E., & Hecker, T. (2021). Child maltreatment, cognitive functions, and the mediating role of mental health problems among maltreated children and adolescents in Uganda. *Child and Adolescent Psychiatry and Mental Health, 15*(1), 22. https://doi.org/10.1186/s13034-021-00373-7

American Psychiatric Association. (2013). *Diagnostic and statistical manual of mental disorders*(5th ed.). American Psychiatric Association. http://www.dsm5.org/Documents/PTSD%20Fact%20Sheet.pdf

Auerbach, J., & Miller, B. (2020). COVID-19 exposes the cracks in our already fragile mental health system. *American Journal of Public Health, 110*(7), 969-970. https://doi.org/10.2105/AJPH.2020.305699

Baird, K., & Kracen, A. (2006). Vicarious traumatization and secondary traumatic stress: A research synthesis. *Counselling Psychology Quarterly, 19*(2), 181-188.

Bethell, C., Newacheck, P., Hawes, E., & Halfon, N. (2014). Adverse childhood experiences: Assessing the impact on health and school engagement and the mitigating role of resilience. *Health Affairs, 33*(12), 2106-2115. https://doi.org/10.1377/hlthaff.2014.0914

Bloom, D., Cafiero, E., Jane-Llopis, E., Abrahams-Gessel, S., Bloom, L. R.,

Fathima, S., Feigl, A., Gaziano, T., Mowafi, M., Pandya, A., Prettner, K., Rosenberg, L., Seligman, B., Stein, A., & Weinstein, C. (2011). *The global economic burden of non-communicable diseases.* World Economic Forum.

Bonanno, G. (2009). *The other side of sadness: What the new science of bereavement tells us about life after a loss.* Basic Books.

Boscarino, J., Adams, R., & Figley, C. (2010). Secondary trauma issues for psychiatrists. *Psychiatric Times, 27*(4), 24-26.

Bryant, R., Creamer, M., O'Donnell, M., Silove, D., & McFarlane, A. (2008). A multisite study of initial respiration rate and heart rate as predictors of posttraumatic stress disorder. *The Journal of Clinical Psychiatry, 69*(11), 1694-1701.

Cianconi, P., Betrò, S., & Janiri, L. (2020). The impact of climate change on mental health: A systematic descriptive review. *Frontiers in Psychiatry, 11*, 74. https://doi.org/10.3389/fpsyt.2020.00074

Cohen, B., Neylan, T., Yaffe, K., Samuelson, K., Li, Y., & Barnes, D. (2013). Posttraumatic stress disorder and cognitive function: Findings from the Mind Your Heart Study. *The Journal of Clinical Psychiatry, 74*(11), 1063-1070. https://doi.org/10.4088/JCP.12m08291

Felitti, V., Anda, R., Nordenberg, D., Williamson, D., Spitz, A., Edwards, V., Koss, M., & Marks, J. (1998). Relationship of childhood abuse and household dysfunction to many of the leading causes of death in adults: The Adverse Childhood Experiences (ACE) Study. *American Journal of Preventive Medicine, 14*(4), 245-258. https://doi.org/10.1016/S0749-3797(98)00017-8

Gilleen, J., Santaolalla, A., Valdearenas, L., Salice, C., & Fuste, M. (2021). Impact of the COVID-19 pandemic on the mental health and well-being of UK healthcare workers. *BJPsych Open, 7*(3), e88. https://doi.org/10.1192/bjo.2021.42

The Lancet Psychiatry.(2021). COVID-19 and mental health. *The Lancet Psychiatry, 8*(2), 87. https://doi.org/10.1016/S2215-0366(21)00005-5

Livingston, N., Berke, D., Scholl, J., & et al. (2020). Addressing diversity in PTSD treatment: Clinical considerations and guidance for the treatment of PTSD in LGBTQ populations. *Current Treatment Options in Psychiatry, 7*(2), 53-69. https://doi.org/10.1007/s40501-020-00204-0

Patel, V., Saxena, S., Lund, C., et al. (2018). The Lancet Commission on global mental health and sustainable development. *The Lancet, 392*(10157), 1553

- 1598.

Rytwinski, N., Avena, J., Echiverri-Cohen, A., Zoellner, L., & Feeny, N. (2014). The relationships between posttraumatic stress disorder severity, depression severity, and physical health. *Journal of Health Psychology, 19*(4), 509 – 520.

Sapiezynska, E. (2021). *Weapon of war: Sexual violence against children in conflict.*Save the Children. https://www.savethechildren.org/content/dam/usa/reports/ed-cp/weapon-of-war-report-2021.pdf

Sennesh, E., Theriault, J., Brooks, D., van de Meent, J., Barrett, L., & Quigley, K. (2022). Interoception as modeling, allostasis as control. *Biological Psychology, 167*, 108242. https://doi.org/10.1016/j.biopsycho.2021.108242

Shapiro, E. (1987). *What is EMDR* Institute. https://www.emdr.com/general-information/what-is-emdr

Shim, R., & Starks, S. (2021). COVID-19, structural racism, and mental health inequities: Policy implications for an emerging syndemic. *Psychiatric Services, 72*(10), 1193 – 1198. https://doi.org/10.1176/appi.ps.202000725

Sotero, M. (2006). Conceptual model of historical trauma: Implications for public health practice and research. *Journal of Health Disparities Research and Practice, 1*(1), 93 – 108.

Substance Abuse and Mental Health Services Administration. (2022). *Understanding childhood trauma.*https://www.samhsa.gov/child-trauma/understanding-child-trauma

The Trevor Project. (2020). *National survey on LGBTQ youth mental health 2020. https://www.thetrevorproject.org/survey-2020*

United Nations. (2020). *Policy brief: COVID-19 and the need for action in mental health.https://unsdg.un.org/sites/default/files/2020-05/UN-Policy-Brief-COVID-19-and-mental-health.pdf*

Williams, C., & Vermund, S. (2021). Syndemic framework evaluation of severe COVID-19 outcomes in the United States: Factors associated with race and ethnicity. *Frontiers in Public Health, 9*, 720264. https://doi.org/10.3389/fpubh.2021.720264

Yehuda, R., Daskalakis, N., Lehrner, A., et al. (2014). Influences of maternal and paternal PTSD on epigenetic regulation of the glucocorticoid receptor gene in Holocaust survivor offspring. *American Journal of Psychiatry, 171*(8), 872 – 880. https://doi.org/10.1176/appi.ajp.2014.13121571

Yehuda, R., & Lehrner, A. (2018). Intergenerational transmission of trauma effects: Putative role of epigenetic mechanisms. *World Psychiatry, 17*(3), 243–257. https://doi.org/10.1002/wps.20568

World Health Organization. (2013). *WHO releases guidance on mental health care after trauma*[News release]. https://www.who.int/mediacentre/news/releases/2013/trauma_mental_health_20130806/en/

World Health Organization. (2021). *Coronavirus disease (COVID-19) pandemic.https://www.who.int/emergencies/diseases/novel-coronavirus-2019*

World Health Organization. (2022). *Weekly epidemiological update on COVID-19-8 March 2022.https://www.who.int/publications/i/item/weekly-epidemiological-update-on-covid-19-8-march-2022*

3장

커뮤니티 리질리언스 모델의 6가지 웰니스 기술

일레인 밀러-카라스

이 장에서는 다음 내용을 다룹니다.

1. 커뮤니티 리질리언스 모델의 웰니스 기술을 정의합니다.
2. 기술을 연습하고 가르치는 데 활용하는 활동을 제공합니다.

커뮤니티 리질리언스 모델은 6가지 웰니스 기술로 구성된 모델입니다. 4장에서 설명하는 트라우마 리질리언스 모델은 스트레스와 트라우마 경험과 관련된 증상을 치료하기 위해 9가지 기술을 활용합니다. 트라우마 리질리언스 모델의 처음 6가지 기술은 커뮤니티 리질리언스 모델의 6가지 기술입니다. 이 기술들은 웰니스 활동으로 사용되며, 개인의 트라우마나 스트레스와 관련된 감각을 관리하는 능력을 향상시켜 더 나은 정서 조절로 이어지도록 안내합니다. 커뮤니티 리질리언스 모델은 워크숍에서 가르쳐지거나, 커뮤니티 리질리언스 모델 지도자에 의해 개별적으로 공유됩니다. 이들은 전문가일 수도 있고 지역사회의 지도자일 수도 있습니다. 그들의 배경은 지역사회 지도자, 교사, 목사, 간호사, 치료사, 의사, 지역사회 보건 종사자, 그리고 응급 구조 대원 등 다양합니다. 트라우마 리질리언스 모델 치료사들은 치료 개입의 일환으로 내담자에게 6가지 웰니스 기술을 가르칩니다.

기술 1) 신경계 읽기－탐색하기

탐색하기는 신체 내부의 감각에 주의를 기울이는 것을 의미합니다. 감각은 몸에서 경험되는 물리적 현상입니다. 탐색하기는 이러한 감각을 알아차리고, 그 감각이 편안한지, 불편한지, 중립적인지를 구별하는 것을 배우는 과정입니다. 트라우마 리질리언스 모델 치료사와 커뮤니티 리질리언스 모델 지도자는 참가자가 불편한 감각과 웰빙 상태의 감각을 구별하는 방법을 배우도록 돕습니다. 탐색하기는 우리가 자신의 어떤 감각에 주의를 기울일지 - 즉, 불편한 감각 또는 웰빙 상태의 감각 - 결정할 수 있도록 선택의 폭을 제공합니다. 사람이 중립적이거나 편안한 감각에 더 많이 주의를 기울일수록 웰빙 상태는 더욱 강화됩니다. 편안한 감각에는 느려진 심박수, 깊은 호흡, 이완된 근육 등이 포함될 수 있습니다. 젠들린(Gendlin, 2007)은 "생각과 기억 바로 아래에서, 그리고 익숙한 감정 아래에서 살아있는 신체를 직접 감지할 수 있다."라고 언급했습니다. 탐색하기를 통해 우리는 젠들린이 말하는 '신체 감각의 의미'를 얻을 수 있습니다. 탐색하기는 우리가 신체라는 감각의 관문을 사용하여 삶의 경험에 대한 정보를 의식적으로 인식하도록 돕습니다. 생각과 감정과 연결된 신체 감각은 아직 활용되지 않은 방대한 지식의 바다와 같으며, 이는 참가자가 삶의 경험을 더 잘 탐색하도록 돕는 데 유용할 수 있습니다.

탐색하기 기술은 우리의 감각 인식 능력, 즉 내수용감각을 강화시켜 더 나은 정서 조절과 웰빙 상태를 개발하도록 돕습니다. 내수용감각에 대한 연구가 점점 늘어나고 있으며(Paulus & Stein, 2006), 이는 우리가 생각하고, 느끼고, 움직이는 방식과 관련된 신체 감각을 관찰하는 것으로 정의됩니다. 뇌의 뇌섬(insula)은 신체와 마음이 서로 소통하도록 돕는 역할을 합니다. 이 부분은 통증, 가려움, 체온 등 신체의 물리적 상태인 감각을 읽어냅니다. 그런 다음 해당 정보를 바탕으로 신체를 내적 균형 상태로 유지하기 위한 조치를 취하도록 대뇌 피질과 소통합니다.

파브 외(Farb et al., 2015)는 내수용감각을 신체 내부에서 발생하는 신호에 대한 감각으로 설명하며, 이는 구체화된 경험, 동기 부여, 그리고 웰빙에 매우 중요하다고 주장합니다. 내수용감각은 자기 조절과 연결되어 있으며, 인간이 항상성을 유지하도록 돕기 때문에 웰빙과 밀접하게 관련되어 있습니다. 파브(Farb et al., 2015)는 또한 정서적으로 균형 잡힌 신체 신호가 더 넓은 기분 상태에 기여하여 정서적 균형을 지원한다고 언급했습니다. 우리가 여섯 가지 웰니스 기술을 배우는 것과 내수용적 인식(interoceptive awareness)에 주의를 기울이는 것을 돕는 것은 웰빙과 관련된 감각을 함께 확장합니다 (Grabbe et al., 2020). 이 모델은 웰빙 감각과 관련이 있는 신체 감각에 주의를 모으는 간단한 방식으로 내수용적 인식을 배울 수 있도록 돕습니다. 커뮤니티 리질리언스 모델과 트라우마 리질리언스 모델이 '상향식(bottom-up)' 모델로 불리는 이유는 신체적 감각에 대한 인식을 중점적으로 다루기 때문입니다.

탐색하기: 단계별 설명

가. 자율신경계에 대한 교육 제공

탐색하기 기술을 가르칠 때, 자율신경계(교감신경계와 부교감신경계)의 감각 차이를 이해하는 것이 중요합니다. 이는 자기 이해와 자조력을 위한 추가적인 정보 관문 역할을 합니다. 모든 생각과 감정에는 편안함, 불편함, 중립적인 감각이 동반됩니다. 트라우마를 경험한 사람은 냄새, 소리, 이미지와 같은 다중 감각적 자극으로 인해 신체 감각이 과각성되어 웰빙과 현재 순간에 대한 인식을 방해받을 수 있습니다. 이러한 감각을 탐색하고 모니터링하는 방법을 배우면, 사람들은 중립적이거나 편안한 감각에 주의를 집중할 수 있습니다. 탐색하기 기술의 목표는 우리가 신경계를 가장 잘 탐색하는 사람이 되는 것입니다. 예를 들어, 발표를 앞두고 불안해하는 사람은 심박수가 증가하며 이를 불편한 감각으로 경험할 수 있습니다. 반면, 평화로운 자연의 장소를 떠올리면 심박수와 호흡이 느려지면서 차분해질 수 있습니다. 유쾌한 경험 중에도 심박수가 증가할 수 있으나, 핵심은 편안한 감각과 불편한 감각을 구별하는 것입니다. 화가 나거나 불안할 때 신경계를 탐색하고 주의를 유쾌하거나 중립적인 감각으로 전환하는 방법을 배우는 것은 사람들이 현재 순간에 더 충만하게 머물도록 도와줍니다([그림 3]).

나. 탐색하기 기술 가르치기

커뮤니티 리질리언스 모델 지도자와 트라우마 리질리언스 모델 치료사는 먼저 자신의 신경계를 탐색하고, 자원화(Resourcing)와 접촉하기(Grounding) 기술을 사용할 수 있어야 합니다. 트라우마 경험에 대한 가슴 아픈 이야기를 들을 때, 공감적 청취자인 치료사와 지도자는 회복력 영역에서 벗어날 수 있습니다. 커뮤니티 리질리언스

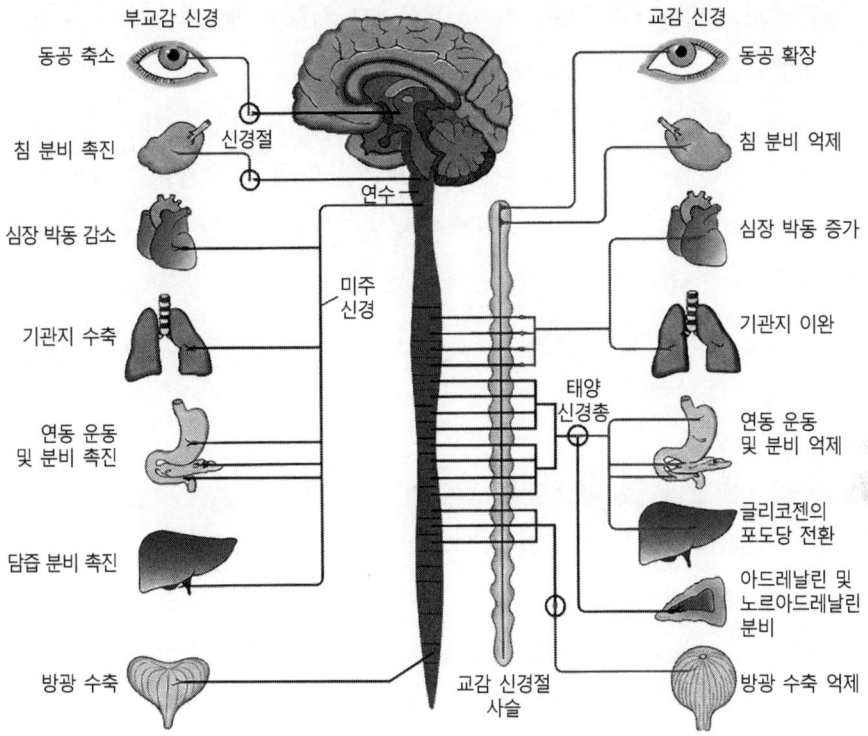

[그림 3] 자율신경계(Autonomic Nervous System)

모델 지도자와 트라우마 리질리언스 모델 치료사가 자기 관리 기술
에 대한 지식이 많을수록, 도움을 받는 사람도 균형을 유지하며 회
복력 영역 내에 머물 수 있습니다. 따라서 관계는 두 마음뿐 아니라
두 몸 사이에서도 형성됩니다(Schore, 2009).

탐색하기를 지도할 때, 지도자와 치료사는 학습자의 몸동작과 자
세를 미러링해서 피드백해줍니다. 미러링은 웰니스 기술을 배우는
사람에게 더 많은 지지를 받는 느낌을 줄 수 있습니다. 탐색하기를
배우는 사람에게 자연스럽게 일어나는 동작을 자신도 따라할 수 있
음을 알리는 것이 유용할 수 있습니다. 웰빙을 경험하면 몸동작과

자세도 변합니다. 그러나 일부 사람들은 미러링을 불쾌하게 느낄 수 있으므로, 이 경우 주의 깊게 관찰하면서 미러링을 피해야 합니다.

목소리의 톤과 음량에 대한 인식도 중요합니다. 목소리가 지나치게 날카롭거나 크면 신체 감각 작업 시 혼란을 줄 수 있습니다. 부드러운 목소리로 안내하면서 신체의 웰빙 감각을 더 잘 경험하도록 도울 수 있습니다. 예를 들어, 조산사로서 나는 산모가 출산 중에 몸의 고통을 다룰 수 있도록 부드러운 목소리로 안내할 때 지지할 수 있음을 배웠습니다.

다. 신체 감각에 주의를 기울이기

개별적인 치유과정을 진행할 때, 먼저 내담자에게 공간적 경계를 설정하도록 합니다. 예를 들어, "어디에 앉고 싶으신가요?" 또는 "의자를 얼마나 가까이 또는 멀리 두고 싶으신가요?"와 같은 질문을 할 수 있습니다. 일부 사람들은 몸을 앞으로 기울이는 자세가 과거의 고통스러운 경험과 연결된 감각을 불러일으킬 수 있습니다. 또한, 일부 사람들은 '안전함'을 느껴본 적이 없는 경우도 있습니다. 이때 "그게 더 안전하게 느껴지시나요?"와 같은 질문을 통해 신체적 안정감을 확인하는 것이 도움이 될 수 있습니다. 쥬디스 허먼(Judith Herman, 1992)은 "몸의 안전과 안정감을 확립하는 것"이 트라우마를 경험한 사람들을 돕는 데 있어 가장 중요한 요소 중 하나라고 말합니다.

트라우마 리질리언스 모델 치료사와 커뮤니티 리질리언스 모델 지도자는 탐색하기 과정에서 지시적(directive)이지 않습니다. 이들은 '반 발짝 뒤에서(one-half step behind)' 함께하며, 관찰된 움직임이나 감각, 또는 학습자가 보고한 감각에 대해 질문을 통해 탐구합니다. 참가자의 경험을 해석하려 하지 않고, 대신 개방형 질문을 사용해 내담자가 경험하고 있는 것을 부드럽게 탐구하도록 돕습니다.

예시로 다음과 같은 질문이 사용됩니다. "그 감각은 편안한가요, 불편한가요, 아니면 중립적인가요?" 개방형 질문으로는 "지금 무엇을 알아차리셨나요?" "지금 무엇을 느끼고 있나요?"와 같은 형식을 사용하는 것은 필수적입니다. 이러한 질문들은 탐색하기를 학습하는 사람이 자신의 감각 경험에 있어 친숙해지도록 유도합니다. 학습자는 감정, 생각, 신념과 연결된 감각을 판단 없이 탐구하도록 격려받습니다.

다음과 같은 지지적 문구를 사용할 수 있습니다.

"감각에는 옳고 그름이 없습니다. 단지 감각에 주의를 기울이는 것이 중요하다는 점을 배우는 중입니다." 이러한 문구는 학습자의 호기심을 자극하고 자신에 대한 과도한 의식을 줄이는 데 도움이 됩니다.

감각을 탐색할 때 참가자가 응답할 시간을 충분히 제공하세요. 감각이 발달하고 학습자가 몸 안에서 일어나는 일을 인식하는 데는 시간이 걸립니다. 이는 특히 탐색하기를 처음 배우는 단계에서 더욱 중요합니다. 적절한 시간의 균형을 유지하는 것이 중요합니다. 너무 적은 시간을 주면 충분히 감각을 느끼기 어렵고, 너무 많은 시간이 주어지면 참가자가 방치되었다는 느낌을 받을 수 있습니다. 참가자가 자신의 감각을 온전히 경험할 수 있도록 침묵의 시간을 조절하기 위한 적절한 리듬을 찾아내는 데 시간이 걸릴 수 있습니다.

트라우마 리질리언스 모델 치료사를 위한 탐색하기 팁

-관찰에 대한 부담 줄이기

일부 사람들은 관찰하는 것에 대해 어려움을 겪을 수 있으므로, 생물학적 모델을 사용하는 이론적인 근거를 설명하는 몸-마음 교육으로 시작하는 것이 좋습니다. 트라우마 리질리언스 모델 치료사는 내담자를 바로 마주 보지 않고 옆으로 시선을 돌린 채 감각을 관찰할 수 있습니다. 이는 신체 자세나 감각에 대해 정면으로 관찰받는 것이 부담스러운 내담자에게 유용합니다. 치료사는 자신의 신체 감각을 탐색하며 이를 내담자와 공유할 수 있습니다. 예를 들어, 내담자가 자원화 기술을 사용하며 자연 속 아름다운 장소를 묘사하면서 깊은 숨을 들이 쉬는 것을 치료사도 깊은 숨을 들이쉬면서 미러링을 할 수 있습니다. 예를 들면 "당신이 아름다운 장소에 대해 말씀하셨을 때 저도 숨을 더 깊이 들이마셨습니다." 이러한 전략은 내담자가 관찰받는 부담 없이 자신의 신경계 변화를 알아차리도록 돕습니다.

-감각 언어 사용 및 내담자의 속도 존중

트라우마 리질리언스 모델 치료사는 탐색하기를 배우는 내담자를 돕기 위해 감각 언어를 사용합니다. 그러나 감각 언어는 자연스럽게 익혀지지 않을 수 있으며, 내담자에게 교육과 경험을 통해 익숙해질 시간을 제공해야 합니다. 편안하거나 중립적인 감각조차도 일부 사람들에게는 불편하게 하거나 고통스러운 기억을 떠올릴 수 있습니다. 내담자가 지나치게 많은 불편한 감각을 경험할 경우, 나중에 습득할 지금 도와줘(Help Now!) 기술을 사용해 현재 순간으로 돌아오도록 도와야 합니다.

모든 내담자가 감각 관찰을 수행할 수 있는 것은 아니므로, 내담자가 편안하거나 중립적인 감각을 감지하지 못하면 트라우마 리질리언스 모델을 중단하고 기존의 방식으로 내담자를 지원합니다. 모든 개입 방법이 모든 내담자에게 효과적이지 않을 수 있음을 인지하고 있는 것이 중요합니다.

-감각 탐색하기 및 신경계 해소

처음에는 편안한 감각조차도 탐색하기 어려울 수 있습니다. 그러나 학습자가 경험을 쌓아가면서 중립적이거나 편안한 감각을 탐색하는 것이 점차 쉬워집니다.

신경계 해소(Nervous System Release)는 신체가 긴장을 풀고 균형을 되찾을 때 자동으로 발생하는 생물학적 과정입니다. 예를 들면 '털어내다(shake it out)'와 같은 표현은 이러한 해소 과정을 나타냅니다. 이러한 해소 감각은 처음에는 낯설고 불편할 수 있지만, 이는 신경계가 스스로 균형을 회복하는 자연스러운 과정입니다. 치료사는 내담자가 해소하면서 드러나는 감각을 알아차릴 수 있도록 안내해야 합니다.

도표([표 1])와 같은 도구를 사용하여 내담자가 감각을 묘사하는 데 도움을 줄 수 있습니다. 연습을 통해 내담자는 점차 더 풍부한 감각 어휘를 개발하게 됩니다.

감각 단어 학습

떨림	크기/위치	온도	고통	근육들
흔들리는 경련 떨리는 빠른/느린	작은 중간의 큰 위/아래 중심	추운 더운 따뜻한 적당한	격렬한 견딜만한 가벼운 욱신욱신 쑤시는	긴장한 풀린 차분한 경직된

호흡	심장	맛	밀도	체중
몰아쉬는 깊은 얕은 가벼운	빠른 느린 리듬감 있는 널뛰는 초조한	매운 달콤한 시큼한 밋밋한	촘촘한 느슨한 두꺼운 얇은	무거운 가벼운 단단한 온화한

[표 1] 감각 차트(Sensations Chart)

탐색하기 실습

탐색하기 실습 1) 실내 공간에서의 감각 산책

실내 공간을 걸어다니며 감각 언어를 연습할 수 있는 다양한 물건을 찾아보세요. 예를 들어, 과일 한 조각, 베개, 펜, 클립, 동전, 베갯잇 등을 찾아보세요. 물건을 만지거나 바라보면서 감각 언어로 묘사해보세요. 예를 들어, 테이블을 만질 때 부드러운지, 단단한지, 말랑말랑한지, 아니면 다른 질감인지 생각해보세요. 온도가 느껴지나요? 시원한가요, 따뜻한가요, 차가운가요, 아니면 뜨거운가요? 냄새를 맡을 수 있는 물건을 찾아보세요. 예를 들어 과일, 로션, 꽃 등을 찾아보세요. 냄새를 맡으면서 향기로운지 아닌지, 향기가 편안한지, 중립적인지, 아니면 불편한지 알아보세요. 당신이 경험하고 있는 감각을 어떻게 분류하고 있는지 주의를 기울이세요. 이 감각이 편안한지, 중립적인지, 아니면 불편한지 확인하세요.

탐색하기 실습 2) 손 문지르기

두 손바닥을 서로 마주 보게 한 상태로 잡으세요. 두 손바닥을 서로 문지르면서 속도를 천천히 올려보세요. 속도가 빨라질수록 손바닥의 체온에 주목하세요. 손이 따뜻해지고 있나요? 손 문지르기를 멈추세요. 그다음, 다음의 사항을 관찰하세요. 손이 여전히 따뜻한가요? 손이 식어가고 있나요? 손이 따끔거리나요? 다른 무엇이 느껴지나요? 추가로 관찰되는 감각을 확인해보세요.

탐색하기 실습 3) 감각 인식 멈춤-감각 인식 레시피

일상생활에서 하는 일을 수행하면서 잠시 멈추고, 느껴지는 감각에 주의를 기울이세요.

감각 인식 레시피

일상생활의 일반적인 활동이나 과제를 정하세요.

당신이 하는 일상적인 활동이나 과제의 몇 가지 예를 적어보세요.

활동이나 과제를 수행하면서 감각을 알아차리세요.

감각이 편안한지, 불편한지, 아니면 중립적인지 알아보세요.

예를 들면 설거지, 목욕이나 샤워, 야외 산책, 좋아하는 음식 먹기 등이 있습니다.

일상 생활에서 여러분이 실제로 하는 활동을 몇 가지 말해보세요.

_____

_____

_____

예시: 설거지를 할 때 따뜻한 물이 손에 닿는 것을 느낍니다. 이 감각은 편안하거나 유쾌합니다.

기술 2) 자원화 및 자원 강화

기술 2는 자원화(Resourceing) 및 자원 강화(Resource Intensification)라고 불립니다. 자원(Resource)이란 개인의 삶에서 기쁨, 위안, 힘, 평화, 행복을 가져다주는 모든 것을 의미합니다. 자원은 과거, 현재, 또는 상상에서 나올 수 있으며, 이는 인간 삶의 질을 향상시키는 자연적 특징이나 현상으로 정의됩니다. 여기에는 세 가지 자원의 유형이 있습니다.

외부 자원(External Resources): 사람, 장소, 음악, 동물, 기술, 취미, 영적 신념, 삶의 경험 등.

내부 자원(Internal Resources): 유머, 연민, 친절과 같은 개인적 특성, 가치, 신념 등.

상상의 자원(Imagined Resources): 슈퍼히어로, 책, TV 프로그램, 영화 속 인물, 상상의 사람이나 장소 등.

자원을 발견하기 위한 질문들

"무엇이 또는 누가 당신을 북돋아 줍니까?"

"무엇이 또는 누가 당신에게 평화나 기쁨을 가져다줍니까?"

"무엇이 또는 누가 당신에게 힘을 줍니까?"

"어려운 시기를 극복하도록 도와준 것은 무엇이며, 누구입니까?"

자원을 개발하면 우리의 내적인 안녕감과 자신의 능력에 대한 새로운 인식을 키울 수 있습니다. 자원과 관련된 안녕감에 대한 감각적 인식은 신경계를 안정화시키는 데 도움을 줍니다. 내담자가 자신의 자원을 확인할 때, 자원과 연관된 편안하거나 중립적인 감각에 집중하도록 유도됩니다. 과거 자원과 관련된 다감각적 경험을 떠올리면, 이를 현재 순간의 의식으로 가져올 수 있습니다.

자원 강화는 자원에 대해 더 많은 질문을 던지는 것을 의미하며, 이를 통해 자원에 대한 설명이 확장됩니다. 내담자가 자원에 대해 더 자세히 설명하고, 이에 관련된 감각을 느낄 때, 다중 감각적 요소가 감각적 경험을 강화합니다. 한슨(Hanson, 2010)은 편도체(Amygdala)가 뇌 뉴런의 약 3분의 2를 사용하여 부정적인 소식을 찾는다고 설명합니다. 감정적으로 강렬한 부정적인 경험은 기억에 빠르게 저장되며, 이는 '부정성 편향(Negativity Bias)'이라고 불립니다(Vaish et al., 2008). 베이쉬(Vaish)는 긍정적인 경험이 단기 기억 버퍼에서 장기 기억 저장소로 전환되기 위해 최소 12초 동안 의식 속에 머물러야 한다고 말합니다. '부정성 편향'을 극복하려면, 자원을 더 자세히 설명하여 자원을 강화하는 것이 필수적입니다. 자원을 더 상세히 묘사하는 과정에서, 우리는 감각을 알아차리도록 안내 받습니다. 더 구체적으로 묘사된 자원과 연결된 즐거운 감각을 인식하면, 신체 내에 새로운 감각적 형틀이 형성됩니다. 이는 행복감과 웰빙의 향상으로 이어질 수 있습니다.

자원을 식별하여 탐색하는 능력은 이 자원화 기술을 처음 배우는 과정에서 가장 중요한 요소 중 하나입니다. 사람이 자원에 대해 설명을 시작하면, 이는 신체 내에 이미 저장되어 있는 긍정적인 암묵 기억(Implicit Memory)에 접근하는 과정이 됩니다.

자원의 다양한 성격

자원은 여러 가지 특성을 가질 수 있습니다. 자원을 설명할 때, 어떤 사람들은 자원에 대한 기억과 관련된 다양한 특성 때문에 슬퍼하거나 괴로워할 수 있습니다. 예를 들어, 한 커뮤니티 리질리언스 모델 워크숍 참가자는 할머니를 설명하다가 그녀가 돌아가셨다는 이유로 울기 시작했습니다. 트라우마 리질리언스 모델 치료사와 커뮤니티 리질리언스 모델 지도자는 이 상황에서 반드시 다른 자원을 요청할 필요는 없습니다. 대신, 먼저 그 사람의 눈물과 슬픔에 함께 하며 공감할 수 있습니다. 그 사람은 눈물의 촉촉함을 알아차리도록 안내받을 수 있습니다. 잠시 멈춘 후, 부드럽게 자원에 대한 긍정적인 기억을 공유하도록 요청할 수 있습니다. 긍정적인 기억이 확장됨에 따라, 그 사람은 점차 더 즐겁거나 중립적인 감각을 느낄 수 있습니다. 대부분의 경우, 그 사람은 자원의 두 부분(슬픔과 기쁨)을 동시에 수용하는 법을 배울 수 있으며, 이는 자원의 감각적 경험을 강화할 수 있습니다.

위에서 언급한 사례에서, 그 사람은 할머니가 동물 모양의 팬케이크를 만들어 주셨던 기억을 떠올렸습니다. 그녀는 미소를 지으며 깊은 숨을 들이쉬었고, 이러한 변화를 알아차리도록 안내받았습니다. 이후 그녀는 자원을 활용한 경험이 상심에 압도되지 않고 할머니에 대해 이야기할 수 있었던 첫 번째 경험이었다고 말했습니다. 그녀는 할머니와의 긍정적인 경험과 관련된 강렬한 감각을 경험하며 안도감을 느꼈습니다.

대화형 자원

강점 기반 질문은 사람이 괴로운 경험을 이야기할 때 자연스럽게 대화 속에 섞여 들어갈 수 있습니다. 대화형 자원(Conversational Resourcing)은 힘든 삶의 사건을 이야기할 때, 그 사람으로 하여금 사건과 관련된 다른 측면들을 떠올릴 수 있도록 돕습니다. 대화형 자원은 위기 중/위기 후 자원과 상실 중/상실 후 자원의 두 가지 범주로 나눌 수 있습니다.

대화형 자원은 또한 '리질리언스 멈춤(Resiliency Pause)'을 제공하는 데 사용될 수 있습니다. 대화 속에 리질리언스 관련 질문이 통합되면, 이는 개인이 괴롭거나 외상적인 경험과 관련된 감각을 다룰 수 있는 능력을 향상시킬 수 있습니다.

괴로운 사건에 대한 대화를 시작할 때, 사람들은 종종 기분이 나아지기 위해 사건의 모든 세부 사항을 다시 이야기해야 한다고 생각합니다. 그러나 트라우마 리질리언스 모델과 커뮤니티 리질리언스 모델 접근법에서는 사람에게 경험을 공유하는 방법에 대해 선택권을 줍니다.

첫 번째로 도움이 되는 질문은 다음과 같습니다.

"당신은 그 경험에 대해 저에게 일부만 이야기하셔도 좋고, 원하시는 만큼 이야기하셔도 됩니다. 이야기를 하시면서, 그 경험이 기억 속에서 펼쳐질 때 신경계에 휴식을 주기 위해 가끔 멈추는 것도 도움이 될 수 있습니다. 괜찮으실까요?"

위기 상황에서의 대화형 자원 활용

"지금 당신에게 가장 큰 도움을 주는 사람은 누구인가요?"

"지금 이 상황을 극복할 수 있는 힘을 주는 사람은 누구 또는 무엇인가요?"

"인생에서 또 다른 어려운 시기를 겪었을 때, 무엇이 혹은 누가 당신을 도와줬나요?"

위기 이후 대화형 자원 활용

"처음에 가장 큰 도움을 준 사람은 누구였나요?"

"도움이 되었던 순간을 기억하시나요?"

"당신이 살아남을 것이라고 알게 된 순간을 기억하시나요? 다른 사람도 살아남았나요?"

위 질문들 중 하나 이상의 질문을 받으면, 종종 그 사람이 점점 더 차분해지는 모습을 관찰할 수 있습니다. 그 사람이 차분해질수록, 그들은 종종 당시 존재했던 자원을 포함하여 자신이 경험한 더욱 풍부한 경험을 보고합니다. 이 질문들은 현재 순간에 주의를 집중하도록 돕고, 그 사람이 자신의 회복력 영역과 연결된 감각, 생각, 감정에 접근할 수 있도록 지원합니다.

대화형 자원 활용: 상실 중이거나 상실 이후에 기술 활용

일부 생존자는 외상적 사건 중 또는 이후에 일어난 일에 대해 이야기하고 싶어 할 수도 있고, 그렇지 않을 수도 있습니다. 가족, 친구, 또는 지역 사회 구성원이 사망한 경우, 그들은 사랑하는 사람에 대해 이야기하고 싶어 할 수 있지만, 이를 듣고 싶어 하지 않는 사람들도 많을 수 있습니다. 트라우마 리질리언스 모델 치료사나 커뮤니티 리질리언스 모델 지도자는 유족에게 사랑하는 사람에 대해 이야기하도록 초대한 첫 번째 사람이 될 수 있습니다. 아래 질문들은 그 사람이 자신이 아끼는 사람이 사망했다고 밝힐 때 통합될 수 있습니다.

그들이 죽음을 목격했다면, 사랑하는 사람을 구하고 싶었지만 무력했을 때의 복잡한 감정을 느낄 수 있습니다. 생존 반응으로 인해 도망쳤거나 얼어붙었던 자신을 부끄러워할 수도 있습니다. 대규모 사상자가 발생한 경우, 자신은 살아남았지만 다른 사람들은 살아남지 못했다는 죄책감을 느낄 수도 있습니다. 동시에, 다른 사람들이 살아남지 못했음에도 불구하고 자신이 살아남았다는 안도감을 느끼는 경우도 있을 수 있습니다. 트라우마 리질리언스 모델과 커뮤니티 리질리언스 모델에서는 신경과학적 정보(neuroscience nuggets)를 제공합니다.

예를 들면 "얼어붙거나 도망치는 생존 반응은 자동적으로 발생하며, 이는 이성적 판단과 무관하게 일어나는 반응입니다. 이것은 생존 본능과 관련된 뇌의 작용입니다." 이와 같은 자동적인 생물학적 반응에 대한 교육은 개인의 부끄러움과 비난을 줄이는 데 도움을 줍니다.

유족은 사랑하는 사람에 대해 원하는 대로 이야기하도록 안내받을 수 있습니다. 만약 그들이 쇼크 상태에 있다면, 담요가 필요한지, 마실 것을 원하는지 물어보세요. 이는 신경계를 깨우기 시작하는 데 도움을 줄 수 있습니다. 상실과 관련된 자원이 이 과정에서 개발될 수 있습니다. 눈물은 종종 이 경험의 일부가 됩니다. 트라우마 리질리언스 모델과 커뮤니티 리질리언스 모델에서는 눈물을 인지하고, 그 사람에게 눈물의 촉촉함이나 따뜻함을 알아차리도록 안내합니다.

상실 후 대화형 자원 질문은

"긍정적인 추억을 몇 가지 말씀해 주시겠습니까?"

"함께 무엇을 하며 즐거운 시간을 보냈나요?"

"힘든 시기에 그들은 당신에게 어떤 격려의 말을 해주곤 했나요?"

"만약 그들이 당신이 살아남았다는 사실을 알고 자신은 그렇지 못했더라도, 당신에게 어떤 지혜로운 말을 했을 것 같나요?"

사례: 쓰촨성 지진 이후의 지원

중국 쓰촨성 지진 이후, 학교 붕괴에서 살아남은 한 청소년이 우리에게 도움을 요청했습니다. 그 소년은 지진 이후로 잠을 잘 수 없었습니다. 우리가 그의 경험에 대해 이야기하기 시작했을 때, 그는 지진에서 살아남았다는 것을 알게 된 순간을 이야기해달라는 요청을 받았습니다.

그는 학교를 나와 걷다가 어머니를 본 순간을 설명하기 시작했습니다. 그들은 서로에게 달려가 울었습니다. 그는 큰 안도감을 느꼈고, 그 순간 자신이 살아남았다는 것을 알게 되었다고 보고했습니다. 그는 미소를 짓고 웃을 수 있었습니다.

우리는 그의 경험에 대해 이야기하다가도 그날 어머니를 처음 본 순간으로 주의를 돌렸습니다. 그가 어머니를 본 순간을 기억할 때 신체의 변화를 알아차리도록 권했습니다.

그의 신경계는 지진 이후 처음으로 더 차분해졌습니다. 그날의 고통은 결코 잊을 수 없지만, 그날의 다른 요소를 기억하는 능력은 그날 있었던 다른 진실을 기억하는 데 도움을 주었습니다. 세션 이후, 그는 마침내 잠을 잘 수 있었다고 들었습니다.

한 개인의 다양한 공식적, 비공식적 방법으로 자원을 식별하도록 돕는 것은 회복력 영역의 대역폭을 확장하는 데 도움을 줄 수 있습니다. 기질적으로나 삶의 어려움을 겪은 이후에, 누군가는 좁은 회복성 영역 대역폭을 가질 수 있습니다. 그러나 자원화 기술을 연습하면, 이 회복성 영역을 넓히는 데 도움을 줄 수 있습니다.

자원 구축 연습

자원은 사람이 자신을 더 잘 대처할 수 있도록 돕는 사람이나 어떤 사물 또는 장소 무엇이든 될 수 있습니다. 자원은 그 사람이 자신에 대해 좋아하는 점, 긍정적인 기억, 사람, 장소, 동물, 영적 가이드, 자신의 신앙, 또는 위안을 주는 모든 것을 포함합니다. 또한, 자원은 상상의 자원이 될 수도 있습니다. 자원을 식별하는 데 도움이 되는 질문들은 다음과 같습니다.

"무엇이 당신을 고양시킵니까?"
"무엇이 당신에게 기쁨을 가져다줍니까?"
"무엇이 당신에게 평화나 평온을 가져다줍니까?"

세 가지 자원 작성하기.

1. _____

2. _____

3. _____

선택한 자원의 세부 정보 작성하기

위에서 적은 자원 중 하나에 동그라미를 칩니다. 선택한 자원에 대해 더 구체적으로 묘사하세요. 예를 들면 이 자원이 당신에게 왜 중요한지, 또는 이 자원과 관련된 특정 기억이나 느낌.

1. _____

2. _____

3. _____

자원과 연결하기

1. 스스로 읽어보기.

위에서 적어 놓은 자원과 관련된 세 가지 세부 사항을 조용히 읽어보세요.

2. 내부 감각 주의하기.

자원에 대해 생각할 때, 당신의 몸과 마음에서 일어나는 일을 주의 깊게 살펴보세요.

3. 감각에 주의하기.

이 자원이 떠오를 때, 편안하거나 중립적인 감각이 느껴지나요? 호흡이 어떻게 변하나요? 심박수는 어떻게 느껴지나요? 근육 긴장도는 어떤가요? 만약 중립적이거나 편안하다면 몇 분 동안 이 상태를 유지하세요.

긍정적인 감정 기록하기

자원과 연결되었을 때 느껴지는 기분 좋은 감정을 적어보세요.

1. _____

2. _____

3. _____

기술 3) 접촉하기

접촉하기(Grounding)는 우리의 신체와 현재 순간 사이의 관계를 의미합니다. 중력 안정감(gravitational security)[2]은 우리가 대인관계를 구축하는 기초이며, 접촉하기는 '지금, 여기'에 존재하기 위한 느낌을 만드는 핵심입니다(Ayres, 2005). 필요한 안전감이 없으면 지금 현재의 시간과 공간에 연결되지 못하기 때문에 긍정적인 사회적 상호작용이 어려워질 수 있습니다. 접촉하기는 우리를 현재 순간에 머무르게 도와줍니다. 이 감각을 경험할 때 사람은 과거의 문제나 미래의 도전적 과제를 생각하지 않고, 지금 이 순간에서 벌어지는 일에 집중할 수 있습니다.

접촉하기는 신체의 일부 또는 전체가 사물의 표면과 접촉하는 감각을 느끼는 것으로 이루어집니다. 모든 사람이 앉은 자세에서 접촉하기

---

2 [역주] 중력 안정감은 균형 및 중력에 대한 신체적 안정감이다. 이와 반대로 중력 불안정성(Gravitational Insecurity)은 아이의 뇌가 전정계(vestibular system)로부터 들어오는 정보에 과도하게 반응하여 발생하는 감각 통합 문제이다. 전정계는 균형과 중력을 조절하는 역할을 한다. 이로 인해 아이는 발이 땅에서 떨어질 때나 머리 위치가 변할 때 불안하거나 괴로움을 느낄 수 있다.

를 할 수 있는 것은 아니므로, 내담자가 접촉하기 연습을 시작할 자세를 스스로 선택하도록 초대하는 것이 중요합니다. 참가자는 벽에 기대어 서 있거나, 누워 있거나, 물 위에 떠 있거나, 걸으면서 접촉하기를 경험할 수 있습니다. 일부 사람들은 손, 발, 또는 다른 신체 부위가 표면과 접촉하는 것을 인식함으로써 접촉하기를 할 수 있습니다. 사지 마비가 있는 내담자와 작업하던 한 트라우마 리질리언스 모델 치료사 는 그가 머리와 베개가 닿는 감각을 통해 접촉하기를 할 수 있도록 도왔습니다. 필리핀에서 태풍 욜란다 이후, 많은 사람들이 바다 위에 떠 있을 때 가장 접촉된 느낌을 받았다고 보고했습니다. 따라서 접촉하 는 방법은 매우 다양할 수 있으며, 접촉하기 기술을 배우는 사람을 돕는 과정에서 청유형 접근법(Invitation-Based Approach)을 사용하는 것이 중요합니다.

다음은 사람들에게 접촉하기 기술을 가르칠 때 사용할 수 있는 지시문입니다.

- 앉거나, 눕거나, 서 있는 편안한 자세를 찾으세요.
- 등을 의자, 소파, 바닥, 벽, 침대 또는 땅과 접촉하는 느낌에 주의를 기울이세요.
- 만약 앉아 있다면, 소파나 의자와 접촉하는 엉덩이의 느낌을 인식해 보세요. 이제 허벅지, 다리, 그리고 발이 단단한 표면과 닿는 것을 느껴보세요.
- 몸에서 느껴지는 더 즐겁거나 중립적인 감각에 주의를 기울이 세요. "시간을 충분히 가지세요… 호흡, 심박수, 그리고 근육 이 이완되는 것을 느껴보세요."
- 불편한 감각이 느껴진다면, 중립적이거나 더 편안한 감각이

느껴지는 곳으로 주의를 옮기세요.

- 중립적이거나 편안한 감각에 주의를 기울이며, 호흡, 심박수, 근육의 이완 상태를 느껴보세요.
- 몇 분 동안 즐겁거나 중립적인 감각에 집중하세요.
- 끝낼 준비를 하면서 천천히 몸을 스캔하며, 모든 즐겁거나 중립적인 감각에 주의를 기울이세요.

접촉하기의 어려움

특히 키가 작은 사람들에게는 특별한 주의를 기울여야 합니다. 키가 작은 사람들은 발이 땅에 닿지 않는 것에 익숙할 수 있습니다. 그들의 안정감은 발이 단단한 표면에 닿는지에 따라 달라질 수 있습니다. 이 경우 쿠션, 책 또는 발판을 제공하여 발이 단단한 표면과 접촉할 수 있도록 도와주세요.

접촉하기가 도움이 되지 않는다고 느끼는 사람들에게는 다른 기술로 전환하거나 접촉하기를 중단할 수 있는 선택권을 제공해야 합니다. 그러나 내담자가 자원 활용 기술을 통해 긍정적인 감각에 대한 인식을 키운다면, 그들은 접촉하기 기술을 더 잘 활용할 수 있게 될 것입니다.

한 노인은 전립선암과 퇴행성 디스크 질환을 앓고 있었습니다. 그는 만성 통증에 너무 익숙해져 있었고, 몸, 특히 심박수에 주의를 기울이는 것이 부정적인 경험으로 느껴졌습니다. 하지만 자원 활용 기술을 배우고 난 후, 그는 접촉하기 기술을 배울 수 있었습니다.

그 후, 그는 세 가지 기술(탐색하기, 자원화, 접촉하기)를 모두 사용하여 통증을 줄이는 데 성공했습니다. 그는 의사에게 더 명확하게 통증의 위치를 설명할 수 있었다고 말했습니다. 예전에는 '몸 전체가 아프다'고만 표현했지만, 이제는 '특정 부위에 통증이 있다'고 설명할 수 있었습니다.

그는 또한 자신의 몸에서 중립적이거나 편안한 부분을 인식하는 능력이 전체 신체 인식을 증가시켰으며, 통증이 몸 전체가 아닌 일부에 국한된 것임을 깨닫게 했다고 공유했습니다.

트라우마 리질리언스 모델 치료사를 위한 접촉하기 팁

접촉하기는 해리(Dissociation) 증상을 겪는 사람들에게 유용합니다. 트라우마 리질리언스 모델 치료사는 내담자가 해리 전에 나타나는 감각을 탐색하도록 안내합니다. 예를 들어, 내담자가 '떠다니는(floating away)' 느낌을 인식하게 되면, 치료사는 접촉하기를 사용하여 내담자가 현재 순간에 신체적으로 연결되도록 도울 수 있습니다. 때때로 치료사는 자신이 졸리거나 내담자에게 집중하지 못하는 것을 알아차릴 수 있습니다. 이러한 경험은 내담자가 해리 상태에 있다는 것을 나타내는 신호일 수 있습니다. 치료사는 내담자의 해리 증상을 감지하고 이를 동조적으로 경험하는 것일 수 있습니다. 치료사는 부드럽고 따뜻한 뉘앙스로 "지금 몸 안에 머물러 있는 것처럼 느껴지나요, 아니면 떠오르는 것 같나요?"라고 물어볼 수 있습니다.

해리 증상을 보이는 일부 내담자는 신체의 무게를 물리적으로 느낄 필요가 있을 수 있습니다. 무거운 베개, 빈백(beanbag), 또는 가중 담요(weighted blanket)와 같은 물건이 필요할 수 있습니다. 또한, 일부 내담자는 치료사가 손이나 어깨를 부드럽게 만지거나 발과 접촉하지 않으면 접촉하기가 어려울 수 있습니다. 간단하지만 효과적인 전략은 트라우마 리질리언스 모델 치료사가 자신의 발을 내담자의 발 위에 살짝 올려놓는 것입니다. 반면, 일부 내담자는 치료사가 너무 가까이 있으면 접촉하기를 할 수 없을 수도 있습니다. 이 경우, 치료사는 내담자에게 다음과 같이 물어볼 수 있습니다. "제가 의자에서 얼마나 멀리 있으면 좋을까요?" 때로는 이러한 청유형 질문만으로도 내담자가 접촉하기를 할 수 있도록 도울 수 있습니다.

일부 내담자는 지원적이고 존중하는 접촉을 오해할 수 있습니다. 접촉을 통합적으로 사용하는 트라우마 리질리언스 모델 치료사는 접촉 사용 전에 그 목적을 설명하고, 내담자가 언제든지 거부할 수 있다는 것을 알게 해야 합니다. 우리는 치료사가 접촉을 포함하는 동의서를 사용하도록 권장합니다. 이 동의서는 접촉 관련 조항을 포함해야 합니다.

접촉하기는 일부 사람들에게 불편할 수 있습니다. 특히 발에 집중하고 '발을 바닥에 밀착시켜라'는 안내는 주의를 기울여야 합니다. 트라우마 리질리언스 모델과 커뮤니티 리질리언스 모델에서는 '발을 바닥에 밀착시켜라'고 지시하기보다는 발이 바닥과 접촉하는 느낌을 인식하라고 안내합니다. 과속으로 인한 자동차 사고, 학대, 또는 폭발 장치를 경험한 사람들은 이러한 사건 발생 시 발을 고정(bracing)했을 수 있습니다. 따라서 '발을 바닥에 밀착시켜라'는 안내는 그들이 발을 고정했던 당시의 외상적 기억을 떠올리게 할 수 있습니다. 한 여성은 다른 프로그램으로 접촉하기를 배울 때 '발을 바닥에 밀착시켜라'는 지시를 받았습니다. 이 지시는 그녀가 학교에서 엄격한 선생님에게 굴욕을 당했던 외상적 기억을 떠올리게 했습니다. 접촉하기 기술을 사용할 때는 이러한 상황을 고려하여 주의를 기울여야 합니다. 일부 사람들은 그 경험이 괴롭다는 것을 공유하지 않을 수 있으며, 자신이 접촉하기를 편안하게 느끼지 못한다는 이유로 자신에게 문제가 있다고 내면화할 수도 있습니다.

온라인 학습 환경에서 접촉하기를 소개할 때, 내담자에게 담요, 베개, 또는 가방이나 배낭과 같은 무거운 물건을 가까이 두도록 안내하면 좋습니다. 이러한 물건 중 하나를 무릎이나 발 위에 올려놓는 것도 접촉하기를 돕는 데 유용할 수 있습니다.

기술 4) 제스처

제스처(Gesturing)는 네 번째 웰니스 기술입니다. 제스처는 자발적으로 나타나며 보통 무의식적으로 이루어지는 행동입니다. Merriam-Webster 사전은 제스처를 다음과 같이 정의합니다. "아이디어, 감정, 태도를 표현하거나 강조하기 위해 보통 신체나 팔다리의 움직임으로 이루어진 행동이며, 표현 수단으로 신체나 팔다리의 움직임을 사용하는 것." 켈리 외(Kelly et al., 2008)는 모든 연령, 문화, 배경을 가진 사람들이 말을 할 때 제스처를 사용한다고 설명합니다. 손 움직임은 매우 자연스럽고 보편적이어서 언어학, 심리학, 신경과학 등 여러 분야의 연구자들이 말과 제스처가 언어 생성과 이해 과정에서 의미를 통합적으로 형성한다고 주장해왔습니다. 또한, 제스처는 동반하는 단어에 특별한 의미를 부여합니다. 전 세계적으로 관찰된 바에 따르면, 문화와 민족에 관계없이 사람들은 삶에서 치유 경험을 이야기할 때 제스처를 사용합니다. 추가적으로, 자기 진정(self-soothing)을 위한 제스처도 있으며, 이는 자기 조절(self-regulation)을 위한 개인의 루틴 일부가 될 수 있습니다.

드리소미어 외(Dreisoemer et al., 2021)는 타인으로부터의 접촉이 스트레스 대처를 개선한다고 보고했습니다. 그러나 타인과의 접촉이 불가능하거나 불편하게 느껴지거나 안전하지 않다고 여겨질 때 예를 들면 COVID-19 팬데믹 동안, 가슴 위에 손을 얹는 행동 같은 자가 접촉(self-touch) 제스처는 긴장을 줄이는 대안이 될 수 있습니다. 자기 진정 제스처는 종종 의식하지 못한 채로 이루어집니다. 우리가 전 세계 사람들에게 제스처 기술을 가르치면서 관찰한 바에 따르면, 누군가가 의미 있는 강력한 경험을 묘사하거나 사랑하는 사람에 대해 이야기할 때, 손을 가슴 위에 얹는 행동이 자발적으로 나타납니다. 그 사람은 손을 가슴에 얹었을 때 느껴지는 감각을 알아차리도록 안내받습니다. 이 감각에 대한 인식을 심화하면 웰빙의 경험이 깊어집니다.

우리는 자기 진정을 돕는 제스처를 식별하고 이를 현재 순간으로 가져와 신경계를 균형 상태, 즉 회복력 영역으로 되돌릴 수 있습니다. 다양한 자기 진정 제스처와 움직임이 있으며, 여기에는 다음이 포함됩니다.

- 자기 진정 제스처(Self-calming gestures)는 편안함과 안전감을 주는 움직임으로 예를 들면 머리카락을 꼬으는 행동, 손·얼굴·수염 등을 부드럽게 문지르는 행동, 다리를 특정 리듬으로 움직이는 행동입니다.
- 해소의 제스처(Gestures of release)는 신체가 균형을 되찾고 고통스러운 감각이 신체에서 떠나는 것을 표현하는 움직임으로 예를 들면 '털어내다(Shake it out)'와 같은 일상적인 표현이 손과 다리의 움직임을 통해 스트레스를 해소하는 신체의 지혜를 상기시켜줍니다.
- 보편적인 움직임(Universal movements)은 통합성, 영적 신념,

또는 깊은 개인적 의미를 나타내는 움직임으로 예를 들면 손을 가슴에 얹기, 손끝을 부드럽게 맞대기, 기도하듯 손바닥을 맞대기가 있습니다.

- 보호 제스처(Protective movements)는 손과 팔다리를 사용하여 보호하려는 움직임입니다.

일부 사람들에게 제스처에 주의를 기울이도록 권하는 것은 선을 넘는 경험이 될 수 있습니다. 따라서 왜 제스처에 주의를 기울이는지에 대한 이유를 설명하는 것이 중요합니다. 트라우마 리질리언스 모델 치료사나 커뮤니티 리질리언스 모델 지도자 또는 리더들은 다음과 같이 말할 수 있습니다.

"동의해 주신다면, 우리가 무의식적으로 하고 있는 자기 진정을 돕는 제스처에 주의를 기울이도록 도와드리겠습니다. 때때로, 저는 당신이 자발적으로 취하는 제스처에 주의를 기울이도록 안내할 것입니다. 이는 당신이 회복력 영역으로 돌아가도록 돕는 제스처를 배우는 데 도움이 될 수 있습니다."

편안한 제스처에 주의를 기울일 때, 제스처의 속도를 늦추도록 제안하는 것이 유용할 수 있습니다. 이는 제스처의 신체적 감각을 심화하는 데 도움을 줍니다. 치료사나 지도자는 다음과 같이 말할 수 있습니다. "때로는 제스처를 천천히 반복해 보시라고 제안 드리겠습니다. 이는 당신의 신경계가 더 큰 균형을 이루는 데 도움을 줄 것입니다."

제스쳐 수련

다음 수련은 제스쳐의 힘을 느끼는 데 도움이 될 수 있습니다.

(1) 사람들이 자신만의 독특한 움직임을 식별하도록 돕기 위해 다음을 안내할 수 있습니다.

- 몇 초 동안 자신을 진정시키는 제스쳐를 생각해 보세요... 1, 2, 3을 세고 몸동작이나 움직임을 하세요. 자신을 진정시키는 몸동작이나 움직임을 할 때, 내면에서 무슨 일이 일어나는지 주목하세요.

- 몇 초 동안 자신을 강건하게 하는 몸동작이나 움직임에 대해 생각해 보세요... 1, 2, 3을 세고 자신을 강건하게 하는 몸동작이나 움직임을 만들어 보세요. 몸동작이나 움직임을 만들어 가면서, 내면에서 무슨 일이 일어나는지 주의하세요.

- 자신을 기쁘게 하는 몸동작이나 움직임에 대해 몇 초 동안 생각해 보세요... 1, 2, 3을 세고 몸동작이나 움직임을 하세요. 자신을 기쁘게 하는 몸동작이나 움직임을 할 때, 내면에서 무슨 일이 일어나는지 주목하세요.

(2) 예를 들어, 누군가가 연민심을 베푸는 능력을 확장하고 싶어 한다면, 연민심을 표현하는 움직임이나 몸동작에 대해 떠올려 보도록 권할 수 있습니다. 또한 그 사람이 실제로 그 움직임이나 몸동작을 시도해보고, 그 움직임이나 몸동작과 연결된 신체 감각을 알아차려 보도록 안내할 수 있습니다.

트라우마 리질리언스 모델 치료사 또는 커뮤니티 리질리언스 모델 지도자는 신경계가 균형을 회복하도록 돕는 몸동작을 식별하도록 도와줍니다. 신경계의 균형을 회복하는 데 도움이 되는 또 다른 방법으로 움직임이나 몸동작을 하도록 격려할 수 있습니다. 예를 들어, 한 내담자가 괴로울 때 알아차린 스스로를 진정시키는 몸동작을 공유했습니다. 그녀는 손을 모으고 오른쪽 엄지손가락으로 왼쪽 엄지손가락을 쓰다듬습니다. 그녀가 손동작을 만들 때, 그녀는 자발적으로 더 깊이 숨을 쉬고 몸 전체에 평온함을 느낀다고 보고합니다. 그녀는 이제 이 손동작을 사용하여 인생의 스트레스가 많은 상황에서 자신을 진정시킬 수 있습니다.

기술 5) 지금 도와줘(Help Now)! 전략

지금 도와줘! 전략은 우리가 하이존이나 로우존 상태에 갇혔을 때 신경계를 재설정할 수 있습니다. 10가지 전략은 간단하며 어린이와 성인에게 가르칠 수 있습니다. 우리가 회복력 영역에 머무를 때 전략을 가르치는 것이 가장 좋습니다. 그러나 이러한 접근이 항상 가능한 것은 아닙니다만, 많은 교사가 이러한 기술이 어린이와 성인에게 위기 상황에서 유익하다고 말합니다. 특히 지금 도와줘! 전략은 신경계의 균형을 맞추는 데 도움이 되는 위기 상황에서 유용합니다.

트라우마 리질리언스 모델 치료사와 커뮤니티 리질리언스 모델 지도자도 지금 도와줘! 전략을 가족 구성원과 공유할 수 있으며, 가족은 이 기술을 사용하여 스스로를 돕고 회복력 영역에서 크게 벗어났을 때 일상 생활 활동을 하는 동안 가족 구성원을 도울 수 있습니다.

지금 도와줘! 전략은 다음과 같습니다.

- 물 한 잔, 차 한 잔, 주스 한 잔을 마시세요.
- 방 안이나 어디에 있든 주변을 둘러보면서 주의를 끄는 것이 있으면 주의 깊게 살펴보세요.
- 방(또는 실외)에서 보이는 색깔 여섯 가지를 말해 보세요.
- 눈을 꼭 감고 있다면 눈을 뜨고 시선을 부드럽게 하세요.
- 방 안을 돌아다니면서 10부터 거꾸로 세어보세요.
- 실내 또는 실외에 있을 때 사물의 표면을 만져보세요. 딱딱한지, 부드러운지, 차가운지, 따뜻한지?
- 방의 온도를 살펴보세요.
- 방 안과 밖의 소리를 들어보세요.
- 걸으면서 팔과 다리의 움직임과 발이 땅에 어떻게 닿는지 주의 깊게 살펴보세요.
- 손을 천천히 벽이나 문에 대고, 벽을 밀거나 벽에 기대어 선 몸 안의 움직임을 느껴보세요. 정면을 바라보고 등을 벽에 살짝 밀어보세요.

지금 도와줘! 전략을 대화 형식으로 구성해 다음과 같이 물어볼 수 있습니다.

- 당신이 머무는 실내를 돌아다니며 발이 땅에 닿는 것을 보는 것이 도움이 될 수 있습니다. 또한 내담자에게 함께 걸을 것을 권할 수도 있습니다. "도움이 될 수 있는 산책을 함께 해 볼래요?"
- 때로는 손으로 벽을 밀거나 등을 벽에 대고 밀면 불안의 에너지를 완화하는 데 도움이 됩니다. "나랑 같이 해 볼래요?"

- 물 한 모금 마시기를 도와줄 수 있습니다. "마실 물을 가져다 줄까요?"
- 가끔 방을 둘러보고 무엇이 당신의 관심을 끄는지 보는 것이 도움이 될 수 있습니다. "지금, 당신이 좋아하는 색이 있나요?"
- 기분이 좋지 않을 때는 잠시 멈추어 방 안의 소리에 주의를 기울이는 것이 도움이 되곤 합니다.
- 불안할 때 가끔 20부터 세는 게 도움이 됩니다. "저와 함께 해 보시겠어요?"
- 걷는 동안 눈길을 끄는 것을 만지십시오. "거친가요, 부드러운 가요, 아니면 까칠까칠한가요?"
- "방이나 실내의 온도는 얼마입니까? 더운가요, 차가운가요, 따뜻한가요?"
- iChill이라는 앱을 발견했는데, 힘들 때 듣습니다. 휴대전화에 다운로드할 수 있습니다.

여러분이 가장 좋아하는 지금 도와줘! 전략 3가지를 적어보세요.

1. _____
2. _____
3. _____

지금 도와줘! 전략을 사용할 수 있는 상황은 무엇입니까?

지금 도와줘! 전략을 반복해 익혀두면 하이존 또는 로우존 영역에 갇혔을 때 다시 사용해야 할 경우를 기억해 낼 수 있습니다.

기술 6) 주의 전환하여 머물기

주의전환하여 머물기(Shift and Stay)는 여섯 번째이자 마지막 웰니스 기술입니다. 주의전환하여 머물기는 지금까지 배운 다섯 가지 기술을 모두 통합합니다. 이 기술은 우리가 트라우마와 스트레스 관련 반응이 예기치 않게 발생할 때 일상 생활 활동 전반에 걸쳐 연습해 온 기술 중 하나로 주의를 전환할 수 있다는 것을 강조합니다. 두려움, 불안, 고통, 슬픔 및 기타 감정을 유발할 수 있는 많은 내부 및 외부 알림이 있습니다. 이제 우리는 고통과 웰빙의 감각을 구별하는 법을 배웠습니다. 우리는 주의전환하여 머물기 기술을 사용하여 신체의 고통스러운 감각에서 자원, 접촉하기, 자기 진정 제스쳐, 지금 도와줘! 전략 또는 단순히 더 차분하거나 중립적으로 느껴지는 신체 부위로 주의를 전환할 수 있습니다. 그런 다음 내담자는 안정될 때까지 이러한 감각과 함께 머물러 있습니다. 따라서 탐색하기는 주의전환하여 머물기의 기본적인 부분입니다. 이것은 종종 그 사람이 리질리언스를 추구하고 웰빙의 감각과 함께 머물도록 독려하는 기술이라고 합니다.

주의전환하여 머물기 훈련

이 훈련은 우리가 세션 간 일상생활 활동 중에 주의전환하여 머물기를 어떻게 사용할 수 있는지 이해하는 데 도움이 되는 구체적인 방법이 될 수 있습니다.

- 일상생활 중 일부 활동을 탐색하여 그 사람이 감각 인식을 통합하도록 격려합니다.

- 고통의 감각을 탐색하고 알아차리면 그 사람에게 웰빙 기술 중 하나를 시도하거나 덜 고통스럽거나 중립적인 신체 부위에 대한 주의를 전환하도록 안내하십시오.
- 고통스러운 감각에서 편안한 감각이나 중립적인 감각으로 바뀌는 감각에 주의를 기울이도록 그 사람을 안내하고, 편안한 감각과 중립적인 감각을 계속 알아차리도록 하십시오.

우리가 방금 설명한 6가지 기술은 커뮤니티 리질리언스 모델과 트라우마 리질리언스 모델의 웰니스 기술입니다.

참고문헌

Ayres, A. J. (2005). *Sensory integration and the child*(25th anniversary ed.). Los Angeles, CA: Western Psychological Services.

Dreisoerner, A., Junker, N., Schlotz, W., & others. (2021). Self-soothing touch and being hugged reduce cortisol responses to stress: A randomized contro lled trial on stress, physical touch, and social identity. *Comprehensive Psych oneuroendocrinology, 8,*100091. https://doi.org/10.1016/j.cpnec.2021.10 0091

Farb, N. A. S., Segal, Z. V., & Anderson, A. K. (2015). Interoception, contemplativ e practice, and health. *Frontiers in Psychology, 6,*763. https://doi.org/10.3 389/fpsyg.2015.00763

Gendlin, E. T. (2007). *Focusing.* New York, NY: Bantam Books.

Grabbe, L., Higgins, M. K., Baird, M., Craven, P., & San Fratello, S. (2020). The Community Resiliency Model® to promote nurse well-being. *Nursing Outlook, 68*(3), 324–336. https://doi.org/10.1016/j.outlook.2019.11.002

Hanson, R. (2010, October 26). Confronting the negativity bias. *Your Wise Brain Newsletter. http://www.rickhanson.net/your-wise-brain/how-your -brain-makes-you-easily-intimidated*

Herman, J. L. (1992). *Trauma and recovery.* New York, NY: Basic Books.

Kelly, S. D., Manning, S. M., & Rodak, S. (2008). Gesture gives a hand to language and learning: Perspectives from cognitive neuroscience, developmental psy chology, and education. *Language and Linguistics Compass, 2*(4), 538-568. https://doi.org/10.1111/j.1749-818X.2008.00067.x

Paulus, M. P., & Stein, M. B. (2006). An insular view of anxiety. *Biological Psychiatry, 60*(4), 383-387. https://doi.org/10.1016/j.biopsych.2006.03.0 42

Schore, A. N. (2009). *Working in the right brain: A regulation model of clinical expertise for treatment of attachment trauma*[Slide presentation].

Vaish, A., Grossmann, T., & Woodward, A. (2008). Not all emotions are created equal: The negativity bias in social-emotional development. *Psychological Bulletin, 134*(3), 383-403. https://doi.org/10.1037/0033-2909.134.3.383

4장

트라우마 리질리언스 모델의 재처리 기술들

일레인 밀러-카라스

이 장에서는 다음 내용을 다룹니다.

1. 트라우마 리질리언스 모델 정의하기
2. 세 가지 재처리 기술 정의하기: 적정화(Titration), 진정(Pendulation), 생존반응 종결(Completing Survival Responses)
3. 트라우마 리질리언스 모델 기술을 임상 실습에 통합한 사례 제공하기

트라우마 리질리언스 모델은 스트레스와 트라우마 사건에 대한 생물학적 반응이 존재한다는 최신 뇌과학 연구를 기반으로 한 임상적 개입 모듈입니다. 트라우마 리질리언스 모델의 아홉 가지 기술은 치료사가 내담자에게 전달하도록 설계되었습니다. 트라우마 리질리언스 모델 치료사는 결혼·가족치료사, 학교 상담사, 약물·알코올 상담사, 사회복지사, 심리학자, 정신건강 전문 간호사, 정신과 의사, 전문 상담사 등 다양한 배경을 가지고 있습니다.

트라우마 리질리언스 모델은 트라우마 재처리 치료 모델이자 자

기 돌봄을 촉진하는 모델로서도 활용 가능합니다. 트라우마 리질리언스 모델은 심신 통합적 접근 방식을 사용하여 트라우마 치료에서 패러다임의 전환으로, 증상을 병리학적 결함이나 정신적 약점이 아니라 보편적인 생물학적 반응으로 다룹니다. 이 기술은 독립적인 개입으로 적용할 수도 있고, 다른 치료 방식과 통합해서 사용할 수도 있습니다.

트라우마 리질리언스 모델은 개인이 자신의 신경계를 추적하고, 웰빙과 연결된 신체 감각에 집중하는 방법을 배우도록 안내합니다. 우리가 행복감이나 안정감 같은 긍정적인 감각에 주의를 기울이기 시작하면 신경계는 균형 상태로 돌아갈 수 있습니다. 스트레스와 트라우마 반응에 관한 신경생물학적 정보는 우리들이 신경계의 구조를 이해하고, 삶에서 경험한 스트레스와 트라우마 반응을 더 깊이 해소하는 데 도움이 됩니다.

커뮤니티 리질리언스 모델이라고도 불리는 트라우마 리질리언스 모델의 처음 6가지 기술은 3장에서 설명하고 있습니다. 앞선 6가지 기술은 우리가 감각을 모니터링하는 방법을 배우는 데 도움 됩니다. 트라우마 리질리언스 모델 치료사는 먼저 내담자가 자기 돌봄을 위한 웰니스 기술을 배울 수 있도록 돕고, 내담자가 몸과 마음의 균형을 회복할 수 있는 자신감을 갖도록 유도합니다. 내담자가 고통 속에서도 자신의 신경계를 조절할 수 있다는 것을 알게 되면 치료사는 내담자가 트라우마 경험을 재처리하도록 돕는 데 집중할 수 있습니다.

트라우마 리질리언스 모델의 세 가지 기술은 이러한 트라우마 재처리를 촉진하도록 설계되었습니다. 이러한 기술은 적정화, 진정, 그리고 및 생존반응 종결입니다. 이 세 가지 기술은 피터 레빈(Peter Levine)과 '신체치료(somatic therapy)' 분야의 다른 선구자들 연구에서 채택되었습니다. 이 장에서는 이 세 가지 기술에 대해 자세히 설명합니다. 트라우마 리질리언스 모델은 우리가 감정을 표현할 수 있는 정서적 존재일 뿐만 아니라 감각적인 존재임을 이해하도록 도와줍니다. 트라우마 리질리언스 모델은 인간 경험의 세 가지(감각, 인지, 감정)을 통합하여 내담자가 트라우마 사건 이후 자신의 생활 경험을 재구성하도록 돕습니다.

많은 혁신이 여러 개인의 아이디어와 작업에 의해 이루어지는 것처럼, 트라우마 리질리언스 모델의 기초 뿌리도 많은 배경 개념과 함께하고 있습니다. 이하의 개념들은 이 모델의 본질을 이해하는 데 도움이 될 것입니다.

라마즈 출산 교육

트라우마 리질리언스 모델의 근본적 뿌리 중 하나는 라마즈 출산 교육과 초기 산파 경험을 통해 형성된 여성주의적 관점에서 비롯되었습니다. 저는 1980년대에 산파로 활동하면서 여성이 인생에서 가장 스트레스가 큰 생물학적 사건 중 하나인 출산을 겪을 때 나타나는 신체의 자연스러운 리듬에 대해 배웠습니다. 출산 과정에서 제가 제공한 지원은 신체의 자연스러운 리듬에 주의를 기울이고, 이를 안내하며 추적하도록 돕는 것이었습니다. 저는 산모로 하여금 자신의 감각을 관찰하도록 하고, 출산 과정에서 그 감각을 따라가도록 돕는 방법을 배웠습니다. 이 과정에서 고통스러운 경험과 연결된 반응이 치유적인 리듬과 공존할 수 있다는 사실을 알게 되었습니다. 이와 유사하게 트라우마 리질리언스 모델 치료사도 친절과 연민의 마음을 가지고 내담자를 안내합니다. 마치 산파가 산모를 돕는 것처럼 치료사는 내담자가 충격적인 경험에 수반되는 고통을 견뎌낼 수 있도록 친절하게 인도합니다. 이 과정에서 내담자는 종종 자기 연민, 치유, 용서로 표현되는 변혁적인 회복을 경험합니다.

출산 과정에서 함께한다는 것은 단순히 절차를 연출하는 것이 아니라, 여성과 함께 그 경험을 '동행(being with)'하는 것이었습니다. 마찬가지로 트라우마 리질리언스 모델 치료사는 트라우마 경험과 관련된 통각을 가진 내담자에게 신체의 자연스러운 리듬에 주의를 기울이도록 안내합니다. 내담자가 긍정적인 감각에 주의를 기울일 수 있다는 사실을 알게 되면, 신경계가 변화하기 시작하고 트라우마와 연결된 통각이 점차 줄어들거나 사라질 수 있습니다.

신체감각 기반 접근법

피터 레빈, 팻 오그던(Pat Ogden), 주디스 허먼(Judith Herman), 바베트 로스차일드(Babette Rothschild)를 비롯한 여러 신체감각 기반 치료 분야의 선구자들이 있습니다. 우리는 레빈(Levine, 2014)의 연구와 그의 신체적 접근 방식이 트라우마 치유에 미친 영향에서 많은 영감을 받았습니다. 그는 스트레스 생리학, 심리학, 동물행동학, 생물학, 신경과학, 민간치유법, 의생물물리학 등 다양한 분야를 연구하여, 개인이 트라우마로부터 치유될 수 있도록 신체가 지닌 충격을 완화하는 데 초점을 둔 개입 모델을 만들었습니다. 트라우마 리질리언스 모델을 개발할 때 우리는 레빈(Levine, 2014)의 SE(somatic experiencing)의 몇 가지 개념을 통합하였습니다. 그러나 트라우마 리질리언스 모델은 몇 가지 근본적인 차별성을 가지고 있습니다. 이 모델에서는 자기조절을 실천하기 위해 내담자에게 먼저 여섯 가지 웰니스 기술을 가르치고, 생물학적 패러다임의 관점을 적용하여 증상을 이해하면서 개입을 설계합니다. 트라우마 리질리언스 모델 치료사는 내담자와의 관계에서 '반 발짝 뒤에서' 관찰하는 태도를 유지하며 안내합니다. 내담자를 끌고 가거나 주도하지 않습니다. 이 모델에서는 내담자의 해석과 개인적인 의미를 존중하고 질문하지만, 치료사가 내담자의 경험을 대신 해석하지는 않습니다. 트라우마 리질리언스 모델 교육은 레벨 1과 레벨 2의 두 가지 모듈로 제공됩니다. 치료사가 되는 교육은 6일간의 상담과 트라우마 리질리언스 모델을 임상 실무에 통합하는 훈련을 통해 인증과정을 마칠 수 있습니다. 다른 많은 신체감각 기반 훈련은 수년이 걸려야 이수할 수 있습니다만, 이 모델은 비용 문제로 인해 혁신적 모델에서 배제되곤 했던 치료사들에게도 접근성을 제공합니다. 이 모델은 트라우마 자원 연구소를 통해 제공됩니다.

자연의 법칙—정교한 설계

자연계에는 계절의 변화, 달의 주기, 파도의 밀물과 썰물이 있습니다. 밝고 화창한 날이 있는가 하면 폭우가 내리기도 합니다. 인간은 자연의 일부이며, 우리 몸에도 고유한 리듬이 있습니다. 우리는 행복을 경험할 뿐 아니라 고통스러운 감각도 경험합니다. 이러한 과정은 자율신경계에서 관찰됩니다. 우리 몸속의 생물학적 시스템은 위협과 장애를 극복하고, 위험이 지나간 후 우리를 진정시키는 데 필요한 에너지를 제공하도록 설계되어 있습니다. 우리는 이러한 자연의 정교한 설계의 일부임을 알아차릴 때 희망을 발견합니다. 우리 인류는 폭풍으로부터 피난처를 마련하는 법을 찾아냈듯이, 트라우마 경험과 관련된 감각이 계절의 변화처럼 변할 수 있다는 사실을 이해할 수 있으며, 행복과 연결된 감각·생각·감정에 주의를 기울이는 법을 알아내고 습득할 수 있습니다. 우리가 웰빙에 주의를 기울이면 웰빙은 확장됩니다.

트라우마 리질리언스 모델에서는 정원의 비유를 사용합니다. 우리가 정원을 가꾸고 흙에 영양을 공급하며 채소와 꽃에 물을 주면, 우리 정원에는 웰빙의 꽃이 피어납니다. 정원에 여전히 잡초가 있을 수는 있지만 그 수는 많지 않습니다. 잡초 역시 삶을 의미 있게 재구성하도록 영감을 줄 수 있습니다. 이러한 생생한 경험은 우리가 존재한다는 사실을 잊지 않게 합니다.

유진 젠들린의 포커싱

유진 젠들린(Eugene Gendlin)은 개인의 내적 신체 인식을 묘사하는 개념인 '느껴진 감각(felt sense)'을 제시했습니다. 느껴진 감각은 새로운 정보로 들어가는 또 다른 관문입니다. 한 사람이 경험에서 느껴진 감각에 집중하기 시작하면 문제 해결에 관한 아이디어가 자연스럽게 떠오를 수 있습니다. 젠들린은 또한 느껴진 감각은 변화한다고 설명했습니다. 트라우마 리질리언스 모델에서는 사람들이 느껴진 감각을 인식하도록 돕습니다. 트라우마 리질리언스 모델 치료사가 내담자에게 웰빙과 관련된 감각을 자각하도록 권유하면, 그 과정에서 새로운 의미, 신념, 감정이 자연스럽게 드러납니다.

신경과학

신경과학은 트라우마 경험과 리질리언스에 대한 일반적 반응의 생물학적 토대를 이해하는 데 도움을 줍니다. 인간은 과거의 충격적인 사건과 관련된 생각, 감정, 신념, 감각 속에 갇혀 있을 필요가 없습니다. 러그네타(Rugnetta, 2020)는 신경가소성을 '새로운 정보, 감각 자극, 발달, 손상 또는 기능 장애에 반응하여 뉴런과 신경망의 연결을 변화시키고, 그 결과 행동을 변화시키는 뇌의 능력'으로 설명합니다. 과거에는 뇌의 특정 부위가 손상되면 그 영역이 담당하는 기능이 영원히 상실된다고 믿었습니다. 일부 신경 과정은 특정 국소 영역에 국한되어 있는 것처럼 보이지만, 다른 신경망은 적응이 가능합니다. 이러한 적응형 신경망은 특정 기능을 수행할 수 있을 뿐 아니라 스스로 재구성하여 새로운 기능을 제공하기도 합니다. 신경가소성(neuroplasticity)은 이제 복잡하고 다면적인 뇌의 기본 속성으로 간주됩니다. 트라우마 리질리언스 모델의 처음 여섯 가지 기술은 웰니스 기술을 습득하기 위해 설계되었습니다. 트라우마 리질리언스 모델 치료사는 내담자가 자기 돌봄 기술을 배우고 웰빙 감각에 집중하는 새로운 능력을 강화할 수 있도록 돕습니다. 이 과정에서 내담자는 느껴진 감각을 통한 경험을 하게 됩니다.

감각통합 이론

진 에어스(Jean Ayres)는 캘리포니아 대학교 로스앤젤레스 캠퍼스의 작업치료사이자 신경과학자였습니다. 그녀의 연구는 주의(attention)에 어려움을 겪는 아동과의 작업에서 비롯되었으며, 트라우마 리질리언스 모델의 중요한 기반 중 하나가 되었습니다. 에어스는 많은 아동들이 세상이 자신을 중심으로 돌아간다고 느끼는 경향이 있음을 발견했습니다. 아동은 자신의 신체 안에서 안전을 경험하고 접촉하기는 기본 운동을 통해서 더 잘 배울 수 있습니다. 트라우마가 어떻게 우리를 무너뜨릴 수 있는지를 생각할 때, 개인이 지금-여기에서 완전히 현존할 수 있도록 돕는 접촉하기 기법은 필수적입니다. 작업치료사인 윌리엄스와 셸렌버거(Williams & Shellenberger, 1996)는 *How Does My Engine Run*에서 집, 학교, 운동장에서 감각 인식을 통합하기 위한 간단한 운동을 제시했습니다. 또한 어린 시절 트라우마를 경험한 많은 사람들이 자신의 몸을 벗어나 '떠다니는' 경험을 보고합니다. 내담자가 현재의 순간에 뿌리내리는 법을 배우면, 그들의 삶의 경험은 근본적으로 변화합니다.

해결중심 심리치료

해결중심 심리치료(Solution-Focused Psychotherapy)는 현재에 초점을 맞추며, 내담자가 삶의 문제에 대한 최선의 해결책을 스스로 알고 있다는 전제를 가지고 있습니다. 트라우마 리질리언스 모델도 이와 동일한 신념을 공유합니다. 트라우마 리질리언스 모델 치료사는 해결중심 심리치료와 마찬가지로 내담자의 경험을 해석하거나 맞서지 않습니다. 비지시적이고 '모른다'는 입장을 취함으로써 치료사는 내담자가 자신의 내부 감각 경험에 대해 호기심을 가질 수 있도록 돕습니다. 트라우마 리질리언스 모델은 해결중심 심리치료와 같이 강점 기반 접근입니다. 치료사는 내담자에게 개인적 강점이나 자원에 대해 질문하고, 내담자가 이를 설명할 때 감각을 알아차리도록 유도합니다. 해결중심 심리치료와 트라우마 리질리언스 모델 모두 리질리언스를 확장합니다. 해결중심 심리치료 치료사는 내담자의 삶에서 옳은 것이 무엇인지 질문함으로써 내담자와 조우합니다. 트라우마 리질리언스 모델 치료사는 내담자에게 무엇이 기쁨·안정·의미를 주는지 질문함으로써 그들과의 대화에 참여합니다. 내담자는 자신의 웰빙을 향상시키는 경험이 감각적으로 포착될 수 있고, 또 그것에 집중할 수 있다는 사실을 배우기 시작합니다.

리질리언스에 기반한 개입

공중보건과 정신건강 분야에서는 조직과 기관이 트라우마에 관한 정보를 이해할 수 있도록 지원하는 데 많은 관심을 기울이고 있습니다. 그러나 우리는 트라우마에 관한 정보뿐 아니라 리질리언스에 관한 정보도 습득하는 것이 필수적이라고 봅니다. 리질리언스에 대해 잘 아는 개인, 시스템, 공동체를 어떻게 만들 수 있을까요? 첫 번째 목표는 개인이 자신의 웰빙을 온전히 경험할 수 있는 능력을 심화시키는 것입니다. 그런 다음, 개인은 삶의 기복 속에서 더 건강한 방식으로 기능적이며 유연하게 스트레스 요인에 적응할 수 있습니다. 개인이 웰빙을 강화할 때, 그들은 개인적·체계적 트라우마를 치유하기 위한 새로운 아이디어를 제시하며, 보다 적응적인 해결 중심의 접근을 갖추게 됩니다.

영역

트라우마 리질리언스 모델 치료사는 내담자와 회복력 영역 개념을 공유합니다(자세한 설명은 1장 참조). 비판단적 입장에서 영역을 설명하는 것은 치료사가 트라우마 경험의 효과를 병리화하지 않고 설명하는 방법 중 하나입니다. 치료사는 충격적이고 스트레스가 많은 사건이 발생하면 신경계의 자연스러운 리듬이 균형을 잃을 수 있음을 내담자에게 교육합니다. 우리 모두는 때때로 회복력 영역에서 벗어나 작은 스트레스 요인도 처리하기 힘들 때가 있습니다.

트라우마 리질리언스 모델 치료사들은 회복력 영역이 다니엘 시겔(Daniel J. Siegel)의 '수용의 창(window of tolerance)'과 동일한지 자주 묻습니다. 시겔(Siegel, 2010)은 수용의 창을 개인이 기능할 수 있는 각성의 범위로 설명합니다. 이 수용의 창 개념은 어떤 상황이나 감정에는 더 많은 수용력을 보이지만, 수용의 창밖을 벗어나면 혼돈으로 이어질 수 있음을 의미합니다. 이 창의 한쪽 끝은 하이존 상태, 다른 쪽 끝은 로우존 상태입니다.

문제는 '수용(tolerance)'의 의미에 있습니다. 옥스퍼드 사전에서는 수용을 "무언가를 견디는 능력, 동의하지 않는 의견이나 행동의 상태를 용인할 수 있는 능력 또는 의지"로 정의합니다. 반면 트라우마 리질리언스 모델에서 말하는 회복력 영역은 모든 인간에게 내재된 활력과 웰빙의 역동적 조건입니다. 이 영역은 감각·감정·생각을 통합합니다.

회복력 영역은 슬픔, 분노, 기쁨, 행복과 같은 감정과 그와 연관된 신체 감각이 공존할 수 있는 에너지 리듬을 포함합니다. 따라서 회복력 영역은 단순한 수용이 아니라 체화된 웰빙을 담보합니다. 회복력 영역과 연결된 행동에는 역동적인 옹호(dynamic advocacy) 예를 들어 어떤 사람이 세계의 현 상황에 분노하며 정의를 추구할 때나, 사랑하는 가족을 기리는 추모식에 참여할 때 경험하는 자연스러운 슬픔(organic sadness)과 같은 것이 포함될 수 있습니다.

트라우마 리질리언스 모델 재처리 기술들: 적정화, 진정 및 생존반응 종결

트라우마 리질리언스 모델은 아홉 가지 기술로 구성됩니다. 처음 여섯 가지 기술은 3장에서 이미 설명하였습니다. 이 장에서는 트라우마 재처리에 초점을 맞춘 나머지 세 가지 기술을 다룹니다.

기술 7) 적정화

적정화(Titration)는 내담자가 트라우마 경험을 회상하거나 신체·정신적으로 불편함을 주는 다감각적 단서가 나타났을 때, 감각 이미지를 더 작고 관리 가능한 단위로 나누어 인식하도록 돕는 트라우마 리질리언스 모델의 기술입니다. 고통스러운 감각을 작은 부분으로 나누어 다루면 불쾌한 감각을 줄이거나 완화하는 데 도움이 됩니다.

트라우마 리질리언스 모델 치료사는 내담자에게 다음과 같은 질문을 던집니다.

"지금 무엇을 알아차리고 있나요?"

"그것은 작습니까, 중간입니까, 아니면 큽니까?"

"그것의 형상과 색깔은 어떻습니까?"

"그 형상의 가장자리에 갈 수 있으실까요?"

"그 형상의 작은 부분을 느낄 수 있습니까?"

"고통을 줄이기 위해 그 형상 위에 다른 색을 추가하면 도움이 될까요?"

이러한 질문은 내담자가 트라우마 사건 이후 지속적으로 안고 살아온 불편한 감각에 덜 압도당하는 경험을 하도록 돕습니다. 모든 내담자가 이미지를 사용하여 감각을 설명할 수 있는 것은 아니므로, 이 경우에는 감각의 크기를 묻거나 작은 부분으로 느낄 수 있는지를 질문할 수 있습니다.

적정화를 설명하는 좋은 비유는 사과 전체를 먹는 것과 같습니다. 사과 하나를 통째로 입에 넣으라고 하면 불가능하지는 않지만 소화하기는 어렵습니다. 그러나 얇게 잘라 한 조각씩 먹는다면 훨씬 더 쉽게 먹고 소화할 수 있습니다. 트라우마 리질리언스 모델 치료사는 내담자에게 트라우마 경험 전체를 한꺼번에 다가가도록 요구하지 않습니다. 이는 내담자의 신경계를 압도하거나 견딜 수 없게 만들 수 있기 때문입니다.

적정화는 트라우마의 다감각적 경험을 보다 온화하고 점진적으로 다루는 접근을 허용합니다. 내담자가 감각을 작은 단위로 경험하고 해소할 수 있다는 사실을 깨달으면 자신감이 높아집니다. 감각이 작은 조각으로 변화함에 따라 트라우마 기억의 전체 경험은 점차 소화되고 방출될 수 있습니다.

적정화는 별도의 기술로 설명되지만, 종종 진정과 함께 사용됩니다. 치료사가 적정화를 통해 신경계의 과도한 활성화를 줄이면, 자발적이고 유기적인 진정이 자연스럽게 일어나는 경우가 많습니다.

기술 8) 진정

괘종시계의 추처럼 트라우마 리질리언스 모델 치료사는 진정 (Pendulation) 기술을 사용하여 내담자가 불편하고 고통스러운 감각과 즐겁거나 중립적이거나 덜 고통스러운 감각 사이를 오갈 수 있도록 돕습니다. 진정은 신체 안에서 고통스러운 감각과 더 큰 안정·행복의 감각 사이의 왕래하는 접근법입니다. 이는 자발적으로 나타나기도 하고, 치료사의 안내에 따라 이루어지기도 합니다. 트라우마 리질리언스 모델 치료사는 내담자가 이러한 감각 사이를 앞뒤로 이동할 수 있도록 돕고, 내담자가 변화 자체를 스스로 알아차리게 합니다. 이때 신경계는 더욱 균형을 이루게 되며, 고통스러운 감각은 완전히 줄어들거나 사라집니다.

내담자가 고통스러운 감각을 경험할 때, 치료사는 내담자가 덜 긴장되고 덜 고통스럽거나 중립적이고 즐거운 신체 감각에 주의를 기울이도록 안내합니다. 오그던(Ogden, 2006)은 이를 왕복운동과 같은 과정이라고 설명하며, 주의를 번갈아 이동시키는 것이 내담자가 트라우마로 인한 활성화 상태(traumatic activation)에서 자원에 연결된 상태나 현재의 경험(resourced or present-time experiences)으로 주의를 전환하도록 돕는다고 말합니다. 이 자연스러운 유기적 리듬은 내담자가 괴로움 외에도 내면에서 다른 경험이 가능하다는 사실을 깨닫게 하여 심오한 변화를 불러올 수 있습니다. 때로는 안내가 단지 고통스럽지 않은 신체의 작은 부분을 인식하는 것에 그치기도 하지만, 내담자가 편안하거나 중립적인 감각에 머무르며 더 안정적인 균형감을 경험할 때 꽤 놀라게 되기도 합니다.

트라우마 리질리언스 모델은 신체와 정신을 통합하는 모델입니다. 활성화가 일어나는 동안 적정화와 진정을 통해 신체적 긴장이 점차 해소되면, 치료사는 내담자에게서 더 깊은 호흡과 이완된 근육을 관찰할 수 있습니다. 그러면 내담자는 더욱 사회적 관계와 일상생활에 참여할 수 있게 됩니다. 또한 치료사는 내담자에게 트라우마 경험에 대한 새로운 인지적 의미나 감정의 변화를 질문할 수 있으며, 종종 이 순간 내담자는 몸 안의 여러 신호가 조화로워지면서 깊고 때로는 신성한 의미를 발견하게 됩니다.

기술 9) 생존반응 종결

우리가 위협에 직면했을 때 취할 수 있는 생존 전략은 네 가지가 있습니다. 돌보고 친구되기(tend and befriend), 투쟁(fight), 도피(flight), 경직(freeze)입니다. 인간 신경계의 정교한 설계는 위협이 감지되면 이러한 생존 반응을 자동적으로 시작합니다. 그러나 실존적 트라우마 사건 이후에는 거의 모든 일상적인 단서가 그 사건을 연상시키며 다중 감각적 반응을 불러일으킬 수 있습니다. 반 더 하르트와 스틸(Van der Hart & Steele, 1997)은 감각적 데이터, 시간 단서, 일상 사건, 치료 과정에서 사건들, 정서 상태, 신체 상태, 가해자를 떠올리게 하는 자극, 현재의 스트레스 상황 등이 모두 트라우마 사건을 상기시키는 단서가 될 수 있다고 설명합니다. 이러한 단서를 이해하는 것은 내담자가 수치심이나 자기비난에서 벗어나도록 돕습니다.

레빈(Levine, 1997)은 위협 상황에서 신체가 자기 방어를 위해 엄청난 양의 에너지를 동원한다고 설명했습니다. 만약 사람이 이러한 방어 반응을 끝까지 완수할 수 있다면 에너지는 자연스럽게 방출됩니다. 이때 떨림, 흔들림, 깊은 자발적 호흡 같은 움직임이 나타납니다. 레빈은 이러한 방출 과정이 자율신경계를 재설정하여 균형을 회복한다고 보았습니다. 우리가 이러한 감각의 자연스러운 방출을 멈추면, 방어 반응을 위해 쓰였어야 할 에너지가 몸에 '고착(stuck)'됩니다. 이 고착된 에너지는 신체적·행동적·인지적·심리적 증상을 유발합니다. 레빈의 방법론은 트라우마 사건 동안 차단된 방어 반응을 완료하도록 내담자를 지원합니다. 신체기반 치료의 목표 중 하나는 몸에 갇힌 차단된 에너지의 방출입니다. 에너지가 방출되면 신경계가 재설정되어 평형(equilibrium) 상태로 돌아갈 수 있습니다.

생존반응 과정은 트라우마 리질리언스 모델 치료사가 트라우마 경험을 재처리하기 위한 개입을 개념화하는 데 도움이 됩니다. 내담자가 트라우마 사건을 묘사하거나 그와 연결된 감각을 알아차릴 때, 치료사는 어떤 단계가 완료되지 못했는지 평가할 수 있습니다.

생존반응 종결 1단계: 정향 반응(Orienting Response)

정향 반응은 위협적일 수도 있고 그렇지 않을 수도 있는 새로운 환경 자극에 자동적으로 반응하는 과정입니다. 이는 "저게 뭐지?" "나는 안전한가?"라는 질문에 답하도록 설계된 보호적 반사작용입니다. 즉 이 반응은 자율신경계성 감각운동 반사입니다. 정향 반응은 척수에서 기원하며 중추신경계에 이미 배선되어 있습니다. 파블로프(Pavlov, 1927)는 고전적 조건화 연구에서 정향 반응을 기술했으며, 이는 세체노프(Sechenov, 1863)의 연구에 영향을 받은 것이었습니다.

외부 정향이란 머리와 몸을 돌리고 눈을 특정 방향에 고정하는 행위가 외부를 향하는 정향 반응입니다. 예컨대, 쓰나미 당시 사람들은 생존을 위협하는 거대한 파도에 시선을 고정했습니다. 사람들은 파도의 시각적 이미지뿐 아니라, 귀청이 터질 듯한 파도 소리까지 묘사했습니다. 정향 반응 동안에는 근긴장이 증가하고, 심박수와 호흡이 빨라지는 등 생리적 변화가 나타납니다. 정향 반응은 무의식적이며 자동적으로 일어나, 즉각적인 조치를 요구하는 사건에 신속히 대응하도록 돕는 적응적 반응입니다. 또한 본능적이며, 위협에 직면했을 때 생존 가능성을 높이는 데 중요합니다.

내부 정향은 내부를 향하는 정향 반응입니다. 위협으로 인식되는 신체 감각에 과도하게 집중하거나 집착할 수 있습니다.

사례: 여러 차례의 교통사고로 인해 운전에 대한 두려움을 호소한 내담자가 있었습니다. 첫 번째 사고에서 내담자의 차량은 고속도로 주행 중 오른쪽 측면을 들이받혔습니다. 그는 오른쪽으로 정향할 시간이 충분하지 않았습니다. 사고는 너무 빠르게 일어났습니다. 그 사건 이후 그는 오른쪽에서 차선을 바꾸는 차량을 보지 못해 두 차례 더 사고를 당했습니다. 첫 사고의 결과로 그는 오른쪽을 쳐다보지 못하고 있었습니다. 트라우마 리질리언

스 모델 치료사와의 작업에서, 치료사가 그의 고개를 오른쪽에서 왼쪽으로 부드럽게 움직이도록 도와주자, 내담자는 불편함이 없이 오른쪽으로 고개를 돌려 외부정향을 하자 점차 인식이 확장되었습니다.

사람들은 트라우마 사건을 떠올리게 하는 단서에 과민해지기도 합니다. 필리핀에서는 재앙적 태풍 욜란다 이후 비 오는 날에 공포 반응이 일어난다고 말하는 사람이 많았습니다. 과경계(hypervigilance)는 다감각적 단서에 대한 과도한 정향입니다. 소리·냄새·시각 이미지 같은 외부 자극에 대한 반응이 과도해질 수 있습니다. 또한 신체 변화에 대한 과민성이 동반되어, 사소한 호흡 변화조차 잠재적 위협으로 오해될 수 있습니다. 예를 들어, 트라우마 사건 중에는 빠른 호흡이 흔히 나타나므로, 운동으로 인해 심장이 빨라지기만 해도 두려움을 느낄 수 있습니다. 더 나아가 사람은 분별력이 떨어져, 환경적 단서가 위협인지 아닌지를 구별하지 못할 수 있습니다. 그 결과, 위험 평가 시스템이 잠재적 위협을 정확히 해석하지 못해 자기도 모르게 위험한 상황에 자신을 놓을 수 있습니다. 일부 내담자는 방향감 상실(disorientation)을 호소하며, 집중하기 어려움, 머리가 멍함, 주변이 초점이 흐릿하게 느껴지는 증상을 보고합니다.

내담자에게 정향 반응이 차단되어 있다면, 트라우마 리질리언스 모델 치료사는 현재 순간에서 정향 반응을 다시 세우도록 트라우마 리질리언스 모델 기술을 사용할 수 있습니다. 트라우마 리질리언스 모델은 암묵기억의 영역에서 작업합니다. 암묵기억은 몸에 갇혀있으며 시간과 공간 감각이 없습니다. 따라서 트라우마 이미지를 다룰 때, 치료사는 내담자가 현재 순간의 시간 인식을 천천히 자각하도록 제안합니다. 내담자는 지금 필요한 만큼의 모든 시간을 가지고 정향 반응을 완수할 수 있습니다. 현재 순간의 인식 속에서 재정향 전략을 적용하면, 몸이 지금 정향하고 있다는 감각을 가질 수 있습니다. 이는 신경계를 재설정하고 내담자를 회복력 영역으로 되돌리는 데 도움이 됩니다. 이렇게 해서 완전한 정향 반응이 재구축될 수 있습니다.

생존반응 종결 2단계: 투쟁, 도피, 돌보고 친구되기 위한 동화

위협을 인식하면 코르티솔과 아드레날린이 방출되어 사람은 싸우거나 도망치기 위한 강렬한 에너지를 느낍니다. 또한 일부는 돌보고 친구되기 반응을 보입니다(Baumgartner et al., 2008). 이는 옥시토신의 분비와 관련이 있으며, 다른 사람에 대한 신뢰와 관대함을 증가시키고 불안과 두려움을 감소시킵니다(Patin et al., 2018).

캐넌(Cannon, 1915)은 '투쟁-도피(fight and flight)' 반응을 최초로 기술했습니다. 그는 동물이 강하게 각성될 때 자율신경계의 교감신경계가 호르몬 아드레날린과 결합하여 '도피 또는 투쟁'이라는 비상 대응을 위해 동원된다고 설명했습니다. 또한 그는 자율신경계가 혈액 공급의 변화를 자극해 신체 자원을 모으고, 그 결과 자신이 '격렬한 에너지의 발현(violent display of energy)'이라 부른 반응을 만들어낸다는 점을 처음으로 개념화했습니다.

트라우마 리질리언스 모델에서는 일부 내담자가 트라우마 사건 동안 자신의 반응을 더 온전히 이해하도록 돕는 데 네 번째 생존전략, '돌보고 친구되기(tend and befriend)'가 필수적임을 확인했습니다. 테일러 외(Taylor et al., 2006)와 테일러(Taylor, 2007)는 여성이 도망치거나 싸울 능력뿐 아니라 돌보고 친구되기의 능력도 지니고 있다는 사실을 보고했습니다. 여성은 스트레스 반응의 일부로 옥시토신을 분비합니다. 따라서 옥시토신은 투쟁·도피 반응을 넘어 아이를 돌보고 다른 여성들과 연대하여 보호막을 만들 수 있습니다. 더불어 가해자가 이러한 상태의 여성을 마주할 때 가해자에게도 옥시토신이 분비되어, 여성의 생존 가능성이 높아질 수 있습니다. 이 글을 쓰는 시점에는 성별 유동성과 전통적 성별로 규정하지 않는 개인에 관한 정보는 없습니다. 테일러는 자신의 연구에서 돌보고 친구되기가 여성에게 더 흔하다고 주장하지만, 이는 다른 성 정체성을 가진 사람이 이 전략을 사용할 수 없다는 뜻은 아닙니다.

피터 워커(Peter Walker)는 '비위맞추기(fawning)'라는 용어를 대중화했는데, 이는 '돌보고 친구되기'와 동일하지 않습니다. 워커(Walker, 2020)는 비위맞추기를 타인을 기쁘게 하여 갈등을 무마하고, 관계에서 더 큰 안전감을 느끼며 타인의 인정을 얻기 위한 전략으로 설명합니다. 그는 이어, 이것이 '타인의 상상된 기대와 욕구를 거울처럼 반영함으로써 관계에서 안전을 만드는 부적응적 방식'이라고 말합니다.

트라우마 리질리언스 모델은 생존 전략을 신체적 생존뿐 아니라 정서적 생존의 가능성을 높이기 위해 생물학적으로 나타난 반응으로 봅니다. 우리는 생존자에게 "당신은 돌보고 친구되기를 했으니 부적응적이다"라고 말하지 않습니다. 투쟁·도피·경직과 마찬가지로, 타인 유화(people-pleasing) 전략은 고통과 자기손상, 타인에게 해를 끼칠 수 있지만, 이 모든 반응의 근원은 '생존을 향한 추구'입니다. 이 관점을 비판단적으로 사용할 때, 우리는 내담자를 부끄럽게 하거나 비난하지 않고, 행동이 어떻게 시작되었는지에 대한 설명을 제공합니다. 이는 개인이 자기 해석을 재구성하고 행동 변화를 이루는 데 도움이 됩니다. 또한 비위맞추기는 여성적 특성을 설명하는 데 사용되어, 여성에게 더 흔할 수 있는 반응을 병리화하는 의도치 않은 결과를 낳을 수 있습니다. 일부 치료자는 4F(fight, flight, freeze, fawn)를 사용하지만, 우리 모델에서는 '4F'를 투쟁, 도피, 경직, 친구되기(fight, flight, freeze, friend)로 봅니다.

생존반응 종결 3단계

이 단계에서는 사람이 고조된 에너지를 사용해 싸우거나 도망치거나, 혹은 진정 효과를 사용해 돌보고 친구되기를 실행합니다. 생존반응이 완료되면, 신경계는 균형 상태로 돌아갑니다. 반대로 피할 수 없는 공격과 결합된 극심한 공포를 경험하면 경직되어 반응을 완료하지 못할 수 있습니다. 이때 투쟁, 도피, 경직, 친구되기를 위해 쓰였어야 할 에너지는 방출되지 않습니다.

경직 반응, 즉 긴장성 부동화(tonic immobility)는 심한 운동 억제를 특징으로 하며, 인간을 포함한 많은 종에서 피할 수 없는 위협의 결과로 나타납니다. 포식자의 공격에 직면하면 어떤 동물은 얼어붙거나 '죽은 척'을 합니다. 동물에게 탈출 가능성이나 성공적으로 싸울 가능성이 거의 없다고 판단될 때 긴장성 부동화가 최선의 선택이 될 수 있습니다(Korte et al., 2005). 또한 움직이면 공격이 계속될 수 있는 상황이거나, 움직이지 않음으로써 포식자가 먹이가 죽었다고 믿고 놓아줄 가능성이 커지는 상황에서는 긴장성 부동화가 도움이 될 수 있습니다. 험프리스 외(Humphreys et al., 2010)는 아동기 성폭력 중에 경험한 긴장성 부동화가 이후 성인기의 외상 후 스트레스 장애(PTSD) 증상에 중요한 역할을 할 수 있다고 보고했습니다. 볼찬 외(Volchan et al., 2011)는 PTSD를 가진 사람들에서 긴장성 부동화 보고가 다른 정신건강 장애보다 더 두드러진다고 하였으며, 이는 일부 개인이 일상에서 재경험 에피소드 동안 긴장성 부동화를 다시 경험한다는 점을 시사합니다.

생존반응 종결 4단계: 회복력 영역으로 복귀

생존반응이 성공적으로 완료되면, 신경계는 다시 평형 상태, 즉 회복력 영역으로 돌아갑니다. 이 과정에서 흔들림, 떨림, 하품, 트림과 같은 신체적 방출이 일어납니다. 그러나 만약 생존 반응이 완료되지 않으면, 개인은 트라우마 스트레스 반응에 취약해지고 PTSD와 같은 증상을 경험할 위험에 놓입니다.

생존반응 프로토콜 완성

교육: 트라우마 리질리언스 모델 치료사는 내담자에게 트라우마 리질리언스 모델의 핵심 개념을 교육하고, 회복력 영역과 자율신경계를 설명합니다. 치료사는 초기 세션에서 아홉 가지 기술에 대한 개요를 안내합니다. 이 모델은 증상을 병리학의 렌즈가 아니라 생물학의 렌즈로 설명하므로, 트라우마와 리질리언스의 신경과학을 쉬운 언어로 설명하는 것이 필수적입니다.

자기 조절: 웰니스 기술을 가르친 뒤, 트라우마 리질리언스 모델 치료사는 트라우마 재처리를 시작하기 전에 내담자가 편안하거나 중립적인 감각을 느낄 수 있는지 평가합니다. 내담자의 자기 조절 수준에 따라 웰니스 기술을 충분히 체화하기까지 여러 차례 세션이 필요할 수 있습니다.

표적 식별하기: 어떤 내담자는 트라우마 경험을 말로 설명할 수 있지만, 다른 내담자는 자신의 경험을 말로 표현하지 못하거나 원하지 않을 수 있습니다. 치유를 위해 트라우마 경험의 이야기를 반드시 구두로 공유할 필요는 없습니다. 내담자는 그 경험을 생각만 해

도 되고, 트라우마 리질리언스 모델 치료사는 그 생각이나 이미지와 연결된 감각을 추적하여 내담자가 경험을 재처리하도록 도울 수 있습니다. 치료사는 이렇게 말합니다. "원하시는 만큼만, 혹은 원하시는 대로 이야기해 주세요."

트라우마 리질리언스 모델에서는 내담자가 트라우마 경험을 공유하길 원한다면 그 경험을 다른 방식으로 공유하도록 안내합니다. 원래의 트라우마 경험이 '너무 빠르게, 너무 강렬하게(too much too fast)' 혹은 '너무 지속적이면서 너무 작게(too little for too long)' 일어난 일이었기 때문에, 이야기를 나누는 지금 순간에 내담자의 신경계가 다른 감각 경험을 갖는 것이 중요합니다. 트라우마 리질리언스 모델 치료사는 내담자가 과도한 불안인 하이존 또는 지나치게 단절된 상태인 로우존이 되면 때때로 이야기를 잠시 멈추도록 요청합니다. 이 리질리언스 멈춤(resiliency pause)을 하는 동안 치료사는 내담자의 주의를 웰니스 기술 중 하나로 전환하여, 계속하기 전에 현재 순간에서 신경계가 가라앉도록 돕습니다. 치료사가 내담자와 함께 감각을 모니터링하는 과정에서, 이야기 재구성의 어느 시점에는 생존 반응을 완료하려는 충동이 있는지 묻게 됩니다. 생존 반응을 완료하려면 내담자가 고조된 각성 상태에 있어야 합니다.

멕시코 후아레스의 상담사들은, 도시에서 벌어지는 폭력의 생존자에게 세부적인 내용을 공유하지 않는 것이 매우 중요하다고 보고했습니다. 많은 개인이 마약 조직의 보복 때문에 세부적인 내용을 말하기 두려워했습니다. 그러나 보복이 두려운 사람들의 경우에 자세하게 말하지 않고 트라우마를 재처리할 수 있습니다. 이 접근은 군 복무 중 트라우마를 경험한 개인과의 작업에서도 유용했습니다. 예컨대 특수부대 복무자는 자신의 경험을 공유할 수 없지만, 외상

후 스트레스 반응으로 큰 고통을 겪을 수 있습니다. 많은 내담자는
여러 대화 치료(talk therapy)를 시도한 끝에 신체기반 치료사를 찾
습니다. 그들은 무슨 일이 있었는지에 대한 통찰은 늘었지만, 사건
을 떠올릴 때의 파괴적 감정과 신체 감각은 변하지 않았다고 흔히
보고합니다. 내담자가 자신의 세부적인 경험을 말하지 않아도 된다
는 사실을 알게 되면, 종종 큰 안도감을 느낍니다. 내담자가 자세하
게 진술을 원하지 않으면, 트라우마 리질리언스 모델 치료사는 내담
자는 이야기의 구성 요소를 마음속으로 떠올리도록 안내하고, 그 사
건과 연결된 감각을 추적하면서 몸이 이야기를 하도록 반발짝 뒤에
머뭅니다.

표적에 연결된 특정 생존 반응

투쟁·도피 반응: 투쟁 반응이 중단된 적이 있는 개인은 짜증, 분노,
과경계를 보이거나 공격적 행동을 보일 수 있습니다. 타인과의 경험
을 왜곡된 렌즈로 읽어, 상대의 시선과 의도를 위협적으로 오해할
수 있습니다. 인내력이 낮아져 사소한 상황에도 과잉 반응할 수 있
습니다. 반대로 우울, 무감각(무관심), 절망감 같은 반응을 보이기도
합니다.

트라우마 리질리언스 모델 치료사는 내담자가 생존 반응을 완료하
는 과정에서 움직임을 천천히 하도록 유도하여 온전히 신체 감각을
자각하도록 안내합니다. 트라우마 당시에는 신경계가 압도되어 있었
습니다. 그때 할 수 없었던 반응을 지금 이 순간에 신체가 경험하도록
격려하면, 내담자는 상담 상황에서 생존 반응을 종결할 수 있습니다.

그러면 신경계가 재설정되어 회복력 영역으로 돌아갈 수 있습니다. 또한 암묵기억 안에서 '그 반응을 생물학적으로 완료했다'는 새로운 메시지가 만들어질 수 있습니다. 암묵기억은 시간·공간 감각이 희박하므로, 신경계가 변화할 수 있고 트라우마와 연결된 증상은 감소하거나 어떤 경우에는 완전히 사라질 수도 있습니다.

트라우마 리질리언스 모델 치료사의 탐색하기 기술은 내담자의 생존반응 종결을 돕는 역동적 활동입니다. 신체의 미세한 움직임에 주의를 기울이고, 내담자의 주의를 그 움직임으로 전환하면 생존 반응을 완료하는 데 필요한 에너지를 내담자가 감지하게 됩니다. 치료사는 손·팔·다리·발·입·턱·안면 근육의 움직임을 추적하고, 생존반응 종결과 연결된 감각을 알아차리도록 돕습니다. 다음과 같은 청유형 질문을 제시할 수 있습니다.

"무엇을 하고 싶은 충동이 있습니까? 그 충동을 느낄 때 몸의 어느 부분이 먼저 움직이고 싶습니까? 지금 몸이 움직이도록 조금 허용하면서, 몸 안에서 어떤 일이 일어나는지 알아차려 보세요."

"지금 하고 싶은 동작이 있나요?"

"움직이고 싶은 충동을 느껴 보고, 몸이 원하는 동작을 해보도록 충분한 여유를 가지세요. 그다음 몸 안에서 어떤 변화가 일어나는지 살펴보겠습니다."

"당신의 손/팔/다리가 어느 방향으로든 움직이고 싶나요? 동작을 천천히 한 뒤에, 그다음 몸 안에서 어떤 변화가 있는지 알아차려 보세요."

"지금 동작이 자신이 원하는 동작이라고 느껴질 때까지 여러 번 반복하세요. 가능하면 더 천천히, 몸과 마음이 그 동작을 완전히 주시하고 의식할 수 있도록 해 주세요."

생존반응의 완료에는 트라우마 당시 표현하지 못했던 소리나 말이 포함될 수도 있습니다. 어떤 사람은 너무 두려워, 하고 싶은 말을 하지 못했을 수 있고, 겁에 질려 말문이 막혔을 수 있습니다. 트라우마 리질리언스 모델 치료사는 내담자의 입술·턱의 조임이나 턱 떨림을 알아차릴 수 있습니다. 내담자는 침 삼키는 동작, 기침, 목 가다듬기를 하거나, 목의 경직감과 호흡곤란을 보고할 수 있습니다. 이는 말하지 못한 말이 남아 있다는 사실을 알려 주는 생물학적 신호입니다. 목 경직감 보고는 '나는 죽을지도 모른다'고 느꼈던 실존적 사건과 연결되기도 합니다. 예컨대 수술 중 삽관, 따돌림·모욕 등 언어적 학대, 교살로 인한 목·경부 손상의 결과일 수 있습니다.

트라우마 리질리언스 모델 치료사는 내담자의 고통을 줄이기 위해 이러한 반응에 신속히 대응합니다. 적정화, 진정, 생존반응 완료를 적절히 적용합니다.

1단계: 적정화을 사용해 감각의 크기·모양을 물어 구체화합니다. 감각을 구체화하면 즉각적으로 완화되는 경우가 많습니다.

2단계: 진정으로, 덜 긴장하거나 더 편안한 신체 부위로 주의를 전환하도록 안내합니다(필요 시 자원화, 접촉하기, 지금 도와줘 전략도 도움 됩니다).

감각이 달라지고 긴장이나 경직감이 풀리기 시작하면 내담자는 감각이 더 작아졌다/덜 조밀해졌다고 보고할 수 있고, 자발적으로 깊은 호흡을 하며 목에 공간이 생겼다고 말하기도 합니다.

3단계: 내담자에게 생존반응 종결을 안내합니다. 예를 들어 이렇게 물을 수 있습니다.

"지금 내고 싶은 소리나 하고 싶은 말이 있나요, 혹은 없나요? 소리를 실제로 내셔도 좋고, 마음의 눈으로 자신이 말하는 것을 듣는 방식도 좋습니다. 그렇게 하면서 내부에서 어떤 변화가 일어나는지 알아차려 보세요."

또한 치료사는 말이나 소리를 내뱉는 속도를 늦추어, 말하지 못했던 표현을 내담자가 충분히 재인지하도록 안내합니다. 사람들은 분노의 말이나 충동의 강도에 놀랄 수 있습니다. 내담자에게 분노의 충동이 있다고 해서 폭력적인 사람이 된 것은 아니라고 안심시키는 것이 중요합니다. 분노의 말·소리를 표현하고 싸우거나 도망치고 싶은 욕구를 경험하는 것은 어떤 내담자에게는 자신의 도덕적 규범과 충돌할 수도 있습니다. 그러나 우리는 폭력적이거나 비겁해지려는 것이 아니라, 안전한 환경에서 신체가 반응을 완료하도록 도와 신경계를 재설정하고 트라우마 스트레스 반응이 약화되거나 경우에 따라 소실되게 돕고 있습니다. 우리는 정상적인 생물학적 반응을 다루고 있으며, 감각을 통해 신체가 트라우마 경험이 끝났다는 점을 알도록 돕습니다.

사례: 메리

메리는 어린 시절 대부분을 양아버지에게 성폭력을 당했습니다. 트라우마 재처리 과정에서 생존 반응을 완료할 때, 메리는 트라우마 리질리언스 모델 치료사의 손바닥을 밀어내는 동작(마치 양아버지를 밀어내는 것처럼)이 도움이 된다고 느꼈습니다. 치료사는 그녀의 턱이 떨리는 것을 알아차렸고, "지금 하고 싶은 말이 있나요, 혹은 없나요?"라고 물었습니다. 강렬한 에너지가 관찰되었고, 메리는 "나한테서 떨어져! 여기서 나가!"라고 외쳤습니다. 이어 턱과 팔·다리에서 큰 방출을 경험했습니다. 메리는 "그 사람은 다시는 나를 해치지 못해요."라고 말했습니다.

치료사는 새롭게 생긴 의미와 연결된 몸의 감각을 다시 추적하도록 안내했습니다. 그러자 메리는 어른이 된 자신이 어린 시절의 자신을 품고, "너는 살아남을 거야, 그리고 다른 사람들을 돕는 의미 있는 삶을 살게 될 거야."라고 말해 주는 이미지를 묘사했습니다. 그녀는 "무언가가 내게서 떠나간 것 같아요."라고 말했습니다. 치료사는 그 새로운 의미와 연결된 감각을 알아차리라고 요청했습니다. 메리는 깊게 숨을 들이쉬고, 태어나서 처음으로 몸과 마음 전체가 그에게서 깨끗이 씻겨 나간 느낌이라고 말했습니다.

일부 내담자에게는 생존 반응을 관념적으로만 진행하는 것으로는 충분하지 않을 수 있습니다. 이 경우 저항이 도움이 됩니다. 내담자는 치료 세션에서 누군가를 밀어내고 싶은 충동을 표현하는 것이 적절한지 판단할 수 없습니다. 따라서 트라우마 리질리언스 모델 치료사가 저항을 할 수 있도록 안내하는 것은, 메리의 경우처럼 내담자가 생존 반응을 완료하도록 돕는 과정의 일부입니다. 가능한 방법으로는 치료사의 손바닥을 미는 것, 치료사가 단단히 쥔 베개를 미는 것, 혹은 벽을 미는 것 등이 있습니다. 일부 내담자는 에너지가 매우 크거나, 자신이 너무 힘이 세서 치료사가 받아내지 못할까 두려워할 수 있습니다. 부상을 예방하기 위해서는 치료사도 올바른 자세로 내담자의 저항을 받아주는 것이 중요합니다.

생존 반응을 다룰 때는, 경험과 관련한 기억 속 사건 이미지를 확대하거나 축소하는 것이 활성화를 줄이는 데 도움이 될 수 있습니다. 개입 속에 다음과 같은 안내 질문·문장을 통합할 수 있습니다. "그 이미지에서 필요한 만큼 멀리 물러날 수 있습니다." "그 이미지의 한 부분만 가져와서 주의를 기울일 수 있나요?" 이러한 초대는 내담자가 위협에 대응하는 선택지를 더 많이 열어 주기도 합니다. "지금은 시간이 충분하게 있습니다."와 같은 문장은 내담자가 생존반응 종결을 위한 다양한 선택지를 탐색할 시간을 충분히 갖도록 합니다.

켄은 스카이다이빙 사고를 당했습니다. 그는 추락에서 살아 남았지만 처음에는 몸을 움직일 수 없었습니다. 이후 점차 움직임을 회복했습니다. 트라우마 사건을 재처리(reprocessing) 하는 과정에서 켄이 들판에 누워 있었던 기억을 떠올렸을 때, 그는 움직이지 못했던 신체 감각과 홀로 남겨진 외로움에 집중하고 있었습니다.

트라우마 리질리언스 모델 치료사는 먼저 켄에게 "다시 걸을 수 있겠다고 알게 된 순간"을 묘사해 보도록 요청했습니다. 켄은 그날을 마치 보스턴 마라톤에서 우승한 날처럼 느꼈다고 말했습니다.

치료사는 그 순간과 연결된 몸의 감각에 주의를 기울이도록 격려했습니다. 그러자 켄은 다리에 가벼운 떨림(light shaking)이 일어나며 해방감(release)을 느꼈다고 보고했습니다. 이후 치료사는 켄에게 계속해서 경험을 자세히 다루고 싶은지 물었습니다. 켄은 다시 들판에 누워 있었던 장면을 묘사했고, 치료사는 천천히 주변을 둘러보라(look around)고 안내했습니다.

켄이 들판의 풍경에 주의를 기울이자, 그의 시야가 확장되면서 사람들이 자신을 향해 달려오는 모습, 구급대원의 목소리, 그리고 소방차가 도착하는 장면이 보이기 시작했습니다. 그가 그 경험 속에서 다른 사실들(what else was true)을 인식하기 시작하자, 전신이 점차 이완되었고 몸 안에서 해방감의 감각을 다시 느꼈다고 말했습니다.

그리고 켄은 이렇게 말했습니다.

"나는 혼자가 아니었어요. 구조는 내가 생각한 것보다 훨씬 빨리 도착했어요. 그땐 몰랐지만, 나는 살아남았고, 지금 걸을 수 있어요."

켄의 생존에 대한 통찰(wisdom about his survival)이 자연스럽게 흘러나왔습니다.

치료사는 켄에게 그 확장된 의미(expanded meaning)와 연결된 모든 감각에 주의를 기울이도록 안내했고, 켄은 추락 이후 자신이 받았던 도움(support)을 깊이 느낄 수 있었습니다. 무엇보다도 그는 다음의 문장을 온전히 몸으로 체감했습니다.

"나는 살아남았고, 걸을 수 있다."

불완전한 도피 반응을 가진 사람들은 불안, 공황, 그리고 회피 패턴(avoidance patterns)의 증상을 보일 수 있습니다. 이들은 스트레스나 갈등을 일으키는 상황에서 그 자리에서 벗어나고 싶은 충동을 지속적으로 느낍니다. 이들이 괴로움을 느낄 때 가장 먼저 떠오르는 생각은 '여기서 나가야겠어'일 수 있습니다. 이러한 태도는 관계를 유지하는 데 어려움을 주거나, 해결되지 않은 삶의 문제들로 이어지는 회피적 행동 패턴을 만들 수 있습니다.

트라우마 사건 당시 움직임이 부상이나 죽음을 의미했던 경우, 내담자는 움직이기를 꺼릴 수도 있습니다. 이럴 때 치료사는 내담자의 시야(visual field)를 확장할 수 있도록 다음과 같은 방법을 제안할 수 있습니다. 내담자의 상상 속에 보호적 동반자(protective allies)를 등장시키도록 하거나, 안전을 상징하는 무언가를 향해 달려가는 모습을 그려보도록 안내합니다. 다음과 같은 질문들이 도움이 될 수 있습니다.

"지지해 주는 친구들이나 수호신, 혹은 당신의 더 성숙한 모습과 함께 달리는 장면을 상상할 수 있을까요?"

"조금 더 안전하다고 느껴지는 방향으로 움직일 수 있을까요?"

"원하신다면, 당신이 누구 또는 무엇을 향해 달리고 있는지 한번 볼 수 있을까요?"

"지금 이 순간, 더 안전하게 달릴 수 있는 장소를 상상할 수 있다면, 그 이미지를 마음속 눈(mind's eye)에 떠올리고 다리의 움직임을 몸에서 느껴보시겠어요?"

사례: 퇴역 군인(급조폭발물 생존자)

한 퇴역 군인은 가족과의 재회 후 적응에 어려움을 겪고 있었습니다. 그는 이라크에서 여러 차례 죽을 고비를 넘겼고, 험비를 타고 가다 급조폭발물(IED) 폭발을 겪었지만 살아남았습니다. 우리가 그와 함께 생존 반응을 완료하는 작업을 시작했을 때, 그가 처음 한 말은 도망치고 싶은 충동이 든다는 것이었습니다. 그러나 그는 곧바로 "난 절대 전우들을 두고 떠나지 않았을 거예요."라고 자신의 말을 정정했습니다.

우리는 그에게 이라크에서 하지 못했던 일을 지금 그의 몸이 할 수 있도록 기회를 주고 있다고 설명했습니다. 그리고 이것은 사건이 끝났다는 사실을 그의 몸의 생물학적 체계(biology)가 아직 인식하지 못했기 때문임을 알려주었습니다.

그는 자리에서 일어섰고, 몸 안에 있는 막대한 에너지(immense energy)를 스스로 인식하고 조절할 수 있었습니다. 그의 다리가 제자리에서 움직이기 시작했고, 그는 이렇게 외쳤습니다

"이건 정말 말도 안 되게 이상해요!(This is F!!!!!!ING WEIRD!)

지금 그곳에 다시 있는 것 같아요. 그런데 이번에는 정말로 도망치고 있어요!"

치료사는 그에게 달리는 움직임(running movement)을 계속 추적하도

록 안내했습니다. 그러자 그는 해방감의 감각(release sensations) 을 경험했습니다. 세션이 끝날 무렵, 그는 이라크에 있던 이후 처음으로 자신이 '진짜 자신'처럼 느껴졌다고 말했습니다. 이 새로운 경험이 그를 온전히 감싸자, 치료사는 그에게 "다시 자신처럼 느낀다는 것은 어떤 감각인가요?"라고 물었습니다.

그는 감사의 눈물(tears of gratitude)을 흘리기 시작했습니다.

경직 반응: 피할 수 없는 공격 때문에 돌보고 친구되기, 투쟁, 도피를 할 수 없으면 경직 반응을 경험할 수 있습니다. 경직 반응은 모든 생존 반응 중 가장 조절이 어려운 반응입니다. 사람이 경직 상태에 들어가면, 시동이 걸린 채 주차(P)로 설정한 자동차에서 가속 페달을 밟고 있는 것과 같습니다. 엔진은 고회전으로 돌아가지만 차는 움직이지 않습니다.

때로는 내담자가 감각을 탐색하기 시작하면서 신체의 일부가 경직되는 경험을 할 수 있습니다. 이는 과거의 신체적 또는 심리적 부상의 결과일 수 있습니다. 치료사는 내담자에게 감각에 주의를 기울이는 법을 배우는 과정에서 이런 일이 가끔 일어날 수 있다는 사실을 알려 미리 안심시킵니다. 그다음 치료사는 신경계의 움직임에 주의를 기울이게 하여 내담자가 경직 상태에서 벗어나도록 돕습니다. 움직임이 돌아오면 방출이 일어납니다. 이 방출과 관련한 감각을 추적하면 신경계의 균형에 도움이 됩니다. 아래 질문들은 개인이 경직 상태에서 벗어나기 시작하도록 돕습니다.

"몸이 아주 조금 움직일 수 있다면, 어디부터 움직이고 싶습니까?"
"몸 어디에서라도 아주 미세한 움직임이 느껴지나요? 그 움직임을 허용하면서 내부에서 무슨 일이 일어나는지 알아차려 보세요."

"제 손의 온기가 느껴지는지 보기 위해 당신의 손을 가볍게 만져봐도 괜찮을까요?"

"마음의 눈으로, 원하는 방식으로 움직이는 자신의 모습을 볼 수 있나요?"

항상 허락을 전제로 한 '접촉하기' 기술은 내담자의 신경계가 회복력 영역으로 되돌아오도록 돕습니다. 반대로, 트라우마로 인해 사적 공간을 침범 당한 경험이 있는 내담자에게 접촉하기 기술은 신경계를 과활성화시킬 수 있습니다. 핵심은 허락을 구하고, 지금은 선택권이 내담자에게 있음을 알리는 것입니다.

트라우마를 겪을 때 우리는 선택권을 잃습니다. 따라서 청유형 질문을 쓰고 선택지를 제공하는 것은 안전 형성에 필수입니다.

"제 손을 당신의 손 위에 올려도 괜찮을까요, 아니면 제 의자를 당신에게서 더 멀리 옮겨드릴까요? 지금 선택하실 수 있습니다."

경직 반응은 내담자와 치료사 모두에게 가장 도전적일 수 있습니다. 내담자가 경직에서 벗어나기 시작하면, 경직 상태에 들어가기 직전 느꼈던 공포와 두려움이 다시 떠오를 수 있습니다. 그러므로 경직을 포함하는 트라우마 작업에 들어가기 전, 내담자가 트라우마 리질리언스 모델의 웰니스 기술을 충분히 숙지하는 것이 중요합니다. 또한 트라우마 리질리언스 모델 치료사 역시, 내담자의 강도 높은 경험 때문에 자신에게도 고통과 관련한 신체 신호가 올라오는지 지속적으로 추적해야 합니다. 웰니스 기술 가운데 하나를 사용해 현재 순간으로 주의를 가져오면, 치료사도 자신의 웰니스 영역으로 복귀하는 데 도움이 됩니다.

보호적 동반자 연대: 일부 내담자는 신체 안에서 생존 반응을 완료할 만큼의 에너지를 충분히 경험하려면 보호적 동반자의 감각이 필요할 수 있습니다. 많은 내담자는 자연스럽게 보호적 동반자를 떠올리며, 트라우마 리질리언스 모델 치료사는 이렇게 물을 수 있습니다.

"지금, 당신의 몸이 하려는 일을 하도록 돕는 데 보호적 동반자가 도움이 될까요?" 도움이 되는 보호적 동반자에는 슈퍼히어로, 영화·TV 캐릭터, 지지적인 가족과 친구, 혹은 내담자의 성인 자아가 포함됩니다. 성인 자아가 지금 이 순간 내담자를 보호하는 모습을 상상할 수 있습니다. 이는 어린 시절이나 성인기에 가해자 앞에서 무력하다고 느꼈던 경험과 달리, 지금 치료현장에서 자신의 힘과 강인함을 느끼게 하는 삶을 바꾸는 신체화된 경험이 될 수 있습니다.

돌보고 친구되기 반응: 트라우마 경험에 아이나 다른 중요한 사회적 관계가 연루되어 있었다면, 성인 보호자는 자신의 투쟁 또는 도피 생존 반응을 완료하기에 앞서 아이를 돌보고, 사회적 지지를 모으려는 원초적 욕구를 가질 수 있습니다.

한 여성은 교통사고를 당해 자신과 아들이 심각한 부상을 입었습니다. 사고 당시 구급대원이 아들을 차에서 꺼내는 사이 몇 분 동안 아들의 행방을 알 수 없었습니다. 그녀는 자신의 충동을 알아차리고, 신체를 추적하여 몸이 무엇을 하려 하는지 모니터링하도록 요청받았습니다. 그녀는 말했습니다.

"아들을 꼭 안아야 해요. 그리고 그가 안전한지 확인해야 해요." 그녀는 마음의 눈으로 아들을 껴안는 자신의 모습을 보았고, 그 결과 에너지 방출이 일어났습니다. 이어서 "그는 살아남았어요."라고 말했습니다. 그녀는 처음으로 울 수 있었습니다. 그리고 "안도됩니다."라고 말했습니다. 트라우마 리질리언스 모델 치료사는 그녀가 방출 감각에 주의를 기울이도록 초대했습니다. 그다음 그녀는 자신에게도 주의를 돌릴 수 있었습니다. 우리는 다음 세션을 아들이 살아남았다는 자발적 자원을 사용하며 시작했습니다. 그녀가 아들이 살아남았음을 알게 된 순간을 떠올리자, 그녀의 몸은 이완되었습니다. 우리는 이어서 그녀의 실존적 경험을 다루기 시작할 수 있었습니다.

생존반응 종결 활동을 하면서 그녀는 이렇게 말했습니다. "왼쪽에서 차가 오는 걸 봤다면, 길을 비키려고 핸들을 꺾었을 거예요." 그녀는 지금-여기에서 몸이 하려는 일을 하도록 안내받았습니다. 그녀는 사고 당시에는 할 수 없었던 차로의 외부정향을 할 수 있었습니다. 몸과 머리를 차 쪽으로 돌리자, 그녀는 마치 운전대를 잡은 것처럼 손을 움직여 차를 빼낼 수 있었습니다. 그러자 그녀는 큰 숨을 내쉬었고, 손과 다리가 떨리기 시작했습니다. 트라우마 리질리언스 모델 치료사는 그녀의 주의를 방출 감각에 다시 옮겨오게 했고, 그녀의 몸은 재설정되며 회복력 영역으로 돌아가기 시작했습니다. 그러자 새로운 의미가 자발적으로 떠올랐습니다. 그녀는 말했습니다. "내 아들만이 아니라, 나도 살아남았어요." 트라우마 리질리언스 모델 치료사는 그 진술과 연결된 모든 감각을 알아차리도록 제안했습니다. 내담자는 눈물을 흘리기 시작했고, 그 눈물이 다르다고 보고했습니다. 그 눈물은 감사의 눈물이었습니다.

트라우마 경험에 자녀나 다른 중요한 사람들이 연루되어 있었다면, 내담자가 그들을 위한 생존 전략을 먼저 완성하도록 돕는 질문을 제시하는 것이, 개인적 트라우마 경험을 재처리하기에 앞서 필수입니다. 예시는 다음과 같습니다.

"만약 할 수 있었다면, 자녀(또는 다른 사람)를 보호하기 위해 가장 먼저 무엇을 했겠습니까?"

"보호 행동을 취하는 자신의 모습을 볼 때, 몸에서 무엇이 알아차려지나요?"

"지금-여기에서 자녀와 당신이 아끼는 사람들이 안전하다는 것을 알 때, 몸에서 어떤 반응이 일어납니까?"

"그때 자녀와 다른 사람들이 알았으면 좋았던 것이 있다면 무엇입니까?"

"지금 자녀와 다른 이들에게 하고 싶은 말이 있나요, 혹은 없나요?"

트라우마 리질리언스 모델 통합적 개입 요소

내담자가 트라우마 경험에 갇혀 현재로 돌아오지 못한 채 계속 재경험할 때 트라우마 리질리언스 모델 치료사는 다음과 같이 물을 수 있습니다.

"갇혀 있다고 말할 때, 몸 안에서는 어떤 일이 일어나고 있나요?"

"몸의 다른 부위보다 덜 갑갑한 곳이 있나요?"

"그 생각이 계속 반복될 때, 몸 안에서는 어떤 일이 일어나고 있나요?"

내담자가 해리를 경험하거나 트라우마 플래시백(traumatic flash-back)을 겪기 시작하면, 치료사는 다음 중 하나 또는 여러 가지를 시도할 수 있습니다.

- 내담자의 눈이 감겨 있다면, 눈을 뜨도록 안내하고 지금 도와 줘 전략을 사용합니다.
- 내담자가 접촉하기를 하도록 돕습니다. 내담자는 몸 위에 무게 감 있는 것을 올릴 필요가 있을 수 있습니다. 무게 담요(weighted blanket), 베개, 혹은 봉제인형을 무릎 위에 올려보라고 제안할 수 있습니다.
- 내담자를 감각적 인식(sensory awareness)으로 부드럽게 이끌 수 있습니다. 예를 들어 이렇게 말할 수 있습니다.
  "눈물의 촉촉함을 느껴보세요. 그 온도는 어떤가요?"
  "몸에서 편안하거나 중립적으로 느껴지는 곳이 있나요?"
- 내담자가 더 넓은 물리적 공간을 필요로 할 수도 있으며, 치료 사는 내담자의 고통을 줄이기 위해 약간 더 떨어져 있을 필요 가 있습니다.
- 동의와 허락(consent and permission)을 얻은 경우, 내담자의 손을 가볍게 터치하는 것이 도움이 될 수 있습니다.

의미의 출현

내담자는 새로운 의미, 통찰, 감정, 이미지를 자발적으로 보고할 수 있습니다. 트라우마 리질리언스 모델 치료사는 내담자의 신체 감각으로 주의를 가져오게 하여, 새롭게 떠오른 의미·통찰·감정·이미지와 연결된 몸 내부의 변화를 탐색하도록 안내합니다. 치료사의 목표는 전체 감각 체계를 보다 통합된 인지와 감정에 연결하는 것입니다. 종종 영적인 의미가 떠오르기도 합니다. 치료사들은 내담자들이 자기 자신과 타인에 대한 연민이 커졌다고 묘사한다고 보고합니다. 또한 삶의 우선순위를 새롭게 정리하고, 삶과 사랑하는 사람들에 대한 감사 능력이 확장되었다고 설명하는 경우가 많습니다.

세션 종료

내담자의 주의를 몸 전체로 확장하고, 세션 시작 이후 일어난 중립적이거나 즐거운 변화를 모두 느껴보도록 안내합니다. 세션 종료 시간이 다가오면, 웰니스 기술을 사용하여 내담자가 회복력 영역으로 완전히 돌아올 시간을 충분히 확보합니다. 이렇게 하면 내담자는 치료에서 어려운 주제를 다룬 뒤에도, 일상으로 돌아가면서 다시 회복력 영역으로 복귀할 수 있습니다.

이 장은 트라우마 리질리언스 모델의 아홉 가지 기술을 개관했습니다. 아홉 가지 기술을 사용할 때는 비계(scaffolding)를 떠올리면 도움이 됩니다. 비계는 공사 현장이나 건물을 보수하는 상황에서 쓰이는 구조물로서 인부가 일할 수 있도록 지지하는 역할을 합니다. 비계는 작업자의 안전을 높이고, 닿기 어려운 곳에 접근할 수 있게 해 줍니다. 비계 위에서는 위·아래·옆으로 이동할 수 있습니다. 트라우마 리질리언스 모델 기술도 마찬가지입니다. 때로는 자원화로 전환하고, 다른 때에는 내담자에게 생존반응 종결을 제안할 수 있습니다. 활성화가 내담자의 신경계에 과도하면, 내담자의 주의를 접촉하기로 되돌릴 수 있습니다.

트라우마 리질리언스 모델 치료사로서 우리는 종종 간결한 단계별 절차를 원하지만, 생물학과 함께 일할 때는 '판에 박힌(cookie cutter)' 접근을 쓰지 않습니다. 내담자의 감각을 지속적으로 모니터링하는 것이 최우선입니다. 치료사는 비계 안에서 내담자의 신경계를 안정시켜 회복력 영역으로 돌아오게 돕는 어느 기술이든 유연하게 통합할 수 있습니다.

참고문헌

Baumgartner, T., Heinrichs, M., Vonlanthen, A., Fischbacher, U., & Fehr, E. (2008). "Oxytocin shapes the neural circuitry of trust and trust adaptation in humans". *Neuron*, 58, 639–650.

Cannon, W. B. (1915). *Bodily changes in pain, hunger, fear and rage*. New York: D. Appleton & Company.

Humphreys, K., Sauder, N., Martin, J., & Marx, B. (2010). "Tonic immobility in childhood sexual abuse survivors and its relationship to posttraumatic stress symptomatology". *Journal of Interpersonal Violence*, 25(2), 358–373.

Korte, S. M., Koolhaas, J. M., Wingfield, J. C., & McEwen, B. S. (2005). "The Darwinian concept of stress: Benefits of allostasis and costs of allostatic load and the trade-offs in health and disease". *Neuroscience & Biobehavioral Reviews*, 29(1), 3–38.

Levine, P. (1997). *Waking the tiger: Healing trauma*. Berkeley, CA: North Atlantic Books.

Levine, P. (2014). *Somatic experiencing*. Retrieved from http://www.traumahealing.org

Ogden, P., Minton, K., & Pain, C. (2006). *Trauma and the body: A sensorimotor approach to psychotherapy*. New York: W. W. Norton & Company.

Patin, A., Scheele, D., & Hurlemann, R. (2018). "Oxytocin and interpersonal relationships". *Current Topics in Behavioral Neurosciences*, 35, 389 – 420.

Pavlov, I. P. (1927). *Conditioned reflexes: An investigation of the physiological activity of the cerebral cortex*. Oxford: Oxford University Press.

Rugnetta, M. (2020). "Neuroplasticity". *Encyclopedia Britannica*. Retrieved from https://www.britannica.com/science/neuroplasticity

Sechenov, I. M. (1863). *Reflexes of the brain*. Cambridge, MA: The MIT Press.

Siegel, D. J. (2010). *The mindful therapist: A clinician's guide to mindsight and neural integration*. New York: W. W. Norton & Company.

Taylor, S. E. (2007). "Social support". In H. S. Friedman & R. C. Silver (Eds.), *Foundations of health psychology* (pp. 145 – 171). New York: Oxford University Press.

Taylor, S. E., Gonzaga, G. C., Klein, L. C., Hu, P., Greendale, G. A., & Seeman, T. E. (2006). "Relation of oxytocin to psychological stress responses and hypothalamic-pituitary-adrenocortical axis activity in older women". *Psychosomatic Medicine*, 68(2), 238 – 245.

Van der Hart, O., & Steele, K. (1997). "Time distortions in dissociative identity disorder". *Dissociation*, 10(2), 91 – 103.

Volchan, E., Souza, G. G. L., Franklin, C. M., Norte, C. E., Rocha-Rego, V., Oliveira, J. M., ... & Figueira, I. (2011). "Is there tonic immobility in humans? Biological evidence from victims of traumatic stress". *Biological Psychology*, 88(1), 13 – 19. https://doi.org/10.1016/j.biopsycho.2011.06.002

Walker, P. (2020). "The 4Fs: A trauma typology in complex PTSD". Retrieved from https://pete-walker.com/fourFs_TraumaTypologyComplexPTSD.htm

Williams, M. S., & Shellenberger, S. (1996). *How does your engine run: A leader's guide to the Alert Program® for self-regulation*. Albuquerque, NM: Therapy Works.

5장   신경계, 기억력 그리고 트라우마

마이클 새프·일레인 밀러-카라스

이 장에서는 다음 내용을 다룹니다.

1. 트라우마 리질리언스 모델과 커뮤니티 리질리언스 모델의 신경과학적 기반을 설명합니다.
2. 암묵기억과 외현기억을 설명합니다.

트라우마 리질리언스 모델과 커뮤니티 리질리언스 모델의 핵심 목표는 웰빙 혹은 리질리언스를 높이고 외상성 스트레스의 기능 저하 효과를 줄이는 생물학적 기반 기술을 교육하는 데 있습니다. 두 모델은 실제적이거나 혹은 가상의 위협에 대한 우리의 반응이 생물학적 기반이자 주로 자율적 반응이라고 전제합니다. 따라서 트라우마의 인지적·심리적 양상은 두려움에 대한 일차적 생물학적 반응에서 파생하는 부차적 양상으로 간주합니다.

이는 인지적·심리적 측면이 중요하지 않다는 뜻이 아닙니다. 다만 전통적 치료는 외상 반응의 증상을 완화하기 위한 진입점으로 이 두 측면에 주로 초점을 둡니다. 반대로 트라우마 리질리언스 모델과 커뮤니티 리질리언스 모델은 치유를 촉진하는 주요 진입점을 몸에 기반한 생물학적 반응 그 자체에 둡니다. 이유는 단순합니다. 트라우마가 정상적인 생물학적 리듬을 붕괴시키고, 그 결과로 인지적·심리적 측면의 증상이 발현하기 때문입니다.

전자 보안 시스템이 있는 집을 떠올려 보겠습니다. 잠자리에 들기 전 알람을 설정하고, 이완 후 잠이 들려는 순간 누군가의 침입 시도로 알람이 울립니다. 침입자는 달아났고 위협은 피했습니다. 하지만 알람 소리 자체가 집주인을 깨워 심장은 두근거리고, 눈은 침입자를 찾고, 근육은 긴장하여 즉시 행동할 준비를 합니다. 그 순간 '무서웠다'고 말할 것입니다. 이 반응은 알람 이전에 이미 있던 것이 아니라 알람이 유발한 생물학적 각성입니다.

다음 몇 분 동안 그 집주인이 어떤 상태일지 상상해 보세요. 침입자가 이미 떠났다는 사실을 모르기 때문에, 집이 안전한지 확인하려고 각 방을 점검하는 동안도 경보는 계속 울립니다. 침입자가 없고 자신이 안전하다는 것을 확인했다면, 그다음에는 무엇을 해야 할까요? 경보를 끄고 재설정해야 합니다. 그 작업을 마치기 전에는 다시 잠을 자거나 책을 읽거나 사실상 어떤 일을 하기도 매우 어렵습니다. 경보가 계속 울리는 상황에서는 인지적·심리적 에너지를 다른 데 집중하기가 몹시 힘듭니다.

이와 매우 비슷하게, 외상적 사건은 생존을 위해 정상적인 생물학적 리듬을 조절 장애 상태로 만드는 '생물학적 경보'를 울릴 수 있습니다. 트라우마 리질리언스 모델과 커뮤니티 리질리언스 모델 웰니스 기술은 그 생물학적 경보를 '재설정(reset)'하고 신경계의 자연스러운 생물학적 리듬을 회복하도록 설계되었습니다. 그렇게 되면, 트라우마의 인지적·심리적 후유증은 종종 자가 수정되는 경향이 있습니다.

전자 보안 시스템의 기본을 집주인이 이해하는 것이 도움이 되듯, 신경계에 대해 배우고 뇌과학을 쉬운 말로 전달하는 일은 내담자가 자기 증상의 생물학적 양상을 이해하도록 돕습니다. 짐작하시듯 인간의 신경계는 매우 정교하고 복잡한 체계입니다. 그러나 이를 간단히 설명해 주면, 사람들은 인지적·심리적 후유증을 개인적인 연약함으로 인식하다가 생물학적 관점으로 나아갈 수 있습니다. 트라우마 리질리언스 모델과 커뮤니티 리질리언스 모델에서는 인간의 증상과 행동, 그리고 무엇보다 치유로 가는 경로를 이해하는 데 도움이 되는 신경계의 특정 기능들을 강조합니다.

가장 기본적으로 우리는 신체를 통해 세상과 상호작용합니다. 우리는 감각 수용기를 통해 외부 세계로부터 정보를 받아들이고, 그 정보는 기억이나 현재의 내적 감각 같은 내부 세계의 다른 정보원과 상호작용하면서 뇌에서 처리됩니다. 우리는 그 상호작용의 결과에 기초해 의식적·무의식적으로 결정을 내리고, 그 결정을 신체의 근육과 조직을 통해 실행합니다. 이 모든 것은 신체의 신경계 덕분에 가능해집니다.

우리의 신경계는 전통적으로 중추신경계(Central Nervous System, CNS)와 말초신경계(Peripheral Nervous System, PNS)라는 두 가지 주요 구성 요소로 개념화되어 왔습니다. 중추신경계는 뇌와 척수로 이루어져 있으며, 신체의 의사결정자(decision maker)로 볼 수 있습니다. 말초신경계는 신체에서 정보를 수집하고 중추신경계의 결정을 신체로 전달하는 모든 신경으로 이루어집니다. 다만, 우리가 두 체계를 마치 별개의 시스템인 것처럼 개념화하더라도, 실제로는 분리할 수 없습니다. 마음과 몸은 하나로 작동합니다. 그렇긴 해도, 인간 신경계의 몇 가지 특수 기능은 트라우마의 영향과 신체가 매우 다양한 상황에 적응하는 능력을 이해하는 데 도움을 줄 수 있습니다.

먼저 말초신경계에 초점을 맞춰 봅시다. 말초신경계는 체성신경계와 자율신경계의 두 구성 요소로 이루어져 있다고 봅니다. 체성신경계에는 우리 몸의 근육을 제어할 수 있게 해주는 모든 신경이 포함됩니다. 예를 들어, 꽤 오랫동안 같은 자세로 앉아 있었다고 느낄 수 있습니다. 더 편안한 자세로 몸을 바꾸고 싶은 충동은, 체성 신경계가 여러 근육에 실제로 움직여 몸의 위치를 바꾸어 편안해지도록 지시할 때 실행됩니다.

자율신경계는 우리 땀샘과 내장 근육을 조절하는 모든 신경을 포함합니다. 예컨대 산들바람이 좋아하는 음식 냄새를 실어 온다고 상상해 보세요. 그 음식에 대한 생각이 떠오르고, 심장 박동이 빨라지며, 약간의 허기가 느껴질 수도 있습니다. 이러한 변화는 주로 자율신경계가 심장에 속도를 올리고, 소화를 시작하라고 지시하기 때문입니다.

이 예에서 당신은 소화를 '시작하라'고 적극적으로 지시하지 않았습니다. 바깥세계의 정보인 향기가 내부 세계의 정보로서 좋아하는 음식에 대한 기억과 상호작용한 결과로 저절로 일어난 것입니다. 따라서 자율신경계는 대체로 비자발적인 것으로 간주됩니다. 이에 반해, 신체 근육이 때때로 반사적으로 거의 또는 전혀 통제 없이 반응하는 경우가 있기는 하지만, 체성신경계는 대체로 자발적인 것으로 여겨집니다. 이를테면, 더 편안한 자세로 자세를 옮기는 것은 몸에 그렇게 하라고 '지시'하는 행위가 수반되며, 이러한 생물학적 작용은 자발적입니다. 반면, 심장 박동을 더 빨리 뛰게 하라고 지시하거나 소화 시스템을 가동하게 만드는 일은 전혀 다른 문제입니다. 이러한 생물학적 작용은 대체로 비자발적입니다.

자율신경계는 교감신경계(Sympathetic Nervous System, SNS)와 부교감신경계(Parasympathetic Nervous System, PSNS)를 포함합니다. 스트레스나 도전에 직면하면 교감신경계가 몸을 각성시키고 행동에 나설 준비를 유도합니다. 교감신경계는 부신에 아드레날린과 노르아드레날린 같은 스트레스 호르몬을 분비하라고 지시하여 몸이 행동할 수 있도록 대비시킵니다. 간이 혈류로 추가 당분을 공급해 에너지를 높이고, 호흡을 증가시켜 더 많은 산소를 들이마시게 합니다. 또한 교감신경계는 혈액을 내부 장기에서 근육으로 돌려 소화를 늦추고 면역 체계를 억제합니다. 심박수와 혈압이 상승하면서 필요한 근육으로 혈액이 더 잘 공급되어 몸이 더 쉽게, 더 빠르게 움직일 수 있게 됩니다. 동공은 더 많은 빛을 받아들이도록 확장되고, 침 분비는 줄지만 활성화된 몸을 식히기 위해 발한은 증가합니다.

이는 흔히 '투쟁 혹은 도피(fight or flight)' 반응이라 불리며, 놀라울 만큼 적응적인 과정입니다. 위협이 감지되면, 교감신경계는 의식적 노력 없이 이러한 일을 수행하여 위협을 극복하기 쉽게 준비합니다. 최근에 특히 스트레스를 받았던 순간으로 가령 발표하기나 아슬아슬하게 교통사고를 피했던 때를 떠올려 보세요. 심장이 얼마나 빨리 뛰었나요? 예민하고 곤두선 느낌이 들었나요? 손바닥에 땀이 났나요? 입이 마르지 않았나요? 교감신경계가 행동을 준비하고 있었던 것입니다. 이런 생물학적 과정은 적응적입니다.

자동차에 가속 페달과 브레이크가 모두 필요하듯, 우리 몸에도 교감신경계에 대응하는 체계가 필요합니다. 그 상대역이 바로 부교감신경계로, 몸을 진정시키고 휴식을 준비합니다. 스트레스의 요인이 사라지면 '휴식과 소화(rest and digest)' 반응이 주도권을 잡습니다. 스트레스 호르몬이 서서히 혈류에서 빠져나가면서, 부교감신경계는 에너지를 보존하고 몸을 보다 균형 잡힌 상태로 회복시키려 작동합니다. 호흡을 늦추고, 혈당을 낮추며, 심박수와 혈압을 떨어뜨리고, 소화와 면역 기능을 높이고, 동공을 수축시키며, 침 분비를 늘리고, 땀은 줄입니다. 그 결과, 각성된 몸은 다시 차분해집니다.

이 두 시스템은 함께 작동하여 신체 내부의 안정되고 균형 잡힌 상태를 유지합니다. 충전(SNS)과 방출(PSNS)의 자연스러운 생물학적 리듬은 '회복력 영역'의 리듬과 맞닿아 있습니다. 우리가 회복력 영역 안에 있을 때 자율신경계는 리듬을 유지하고, 이 리듬이 제대로 작동하면 우리는 직면한 도전을 가장 잘 다룰 수 있습니다. 그러나 어떤 요구는 압도적일 수 있어 그 리듬에 큰 혼란을 일으킵니다.

2장에서 정의한 '견딜 수 있는(tolerable) 스트레스' 또는 '유해한(toxic) 스트레스'를 유발하는 요구는 자율신경계의 자연 리듬을 조절 불능 상태로 만들 수 있는 유형들입니다. 트라우마 리질리언스 모델과 커뮤니티 리질리언스 모델의 언어로 말하면, 이런 스트레스 요인은 우리를 회복력 영역 밖으로 '튀어나가게' 만듭니다. 이런 경우 우리는 하이존 상태로 밀려나 교감신경계 과각성과 비슷한 상태를 경험할 수 있습니다. 교감신경계 각성에서 흔한 감각과 더불어, 예민하고 짜증이 나며, 쉽게 화를 내거나 분노가 폭발할 수 있습니다. 공황, 불안, 통증을 경험하기도 하고, 과도한 경계심과 예민함이 나타나기도 합니다.

반대로 로우존 상태로 밀려나면 과활성화된 부교감신경계의 반응처럼 보이는 상태를 경험할 수 있습니다. 감각을 잘 못 느끼고, 타인과의 연결이 잘 안되는 듯 고립감을 느끼거나, 자신과의 연결이 끊어진 듯 해리 반응을 겪을 수 있습니다. 슬픔이나 우울감이 들고, 지치고 피곤함을 자주 느낄 수 있습니다. 혹은 과흥분영역과 무기력 영역 사이를 오가며 붙잡힌 듯한 느낌을 번갈아 경험할 수도 있습니다. 일부는 두 영역에 동시에 갇힌 듯 느낀다고 보고합니다. 이는 마치 가속 페달과 브레이크를 동시에 밟는 것과 같아 마치 엔진은 굉음을 내지만 차는 나아가지 않는 상태처럼, 겉으로는 마비된 듯하지만 내면에서는 불안이 요동치고 있는 상태입니다.

트라우마 리질리언스 모델과 커뮤니티 리질리언스 모델 기술은 조절 장애가 생긴 신경계를 자연스러운 리듬, 곧 회복력 영역으로 되돌리도록 설계되어 있습니다. 사람이 회복력 영역으로 다시 들어오면, 종종 동반되는 생물학적 이완/방출 감각이 나타납니다. 신경계의 방출은, 몸이 고통스러운 감각을 놓아 균형으로 돌아올 때 자동으로 일어나는 생물학적 과정입니다. 방출 감각에는 떨림, 따끔거림, 위장의 꾸르륵거림, 트림, 따뜻함, 체온이 떨어짐, 목 가다듬기, 몸 떨림, 가려움, 웃음, 울음, 하품 등이 포함될 수 있습니다. 치료사가 신경계 방출에 대해 묻고 이러한 감각에 주의를 기울이도록 안내하게 되면 내담자는 방출이 강화되어, 몸과 마음이 회복력 영역으로 돌아오는 데 도움이 됩니다.

특히 포유류의 생존 관련 행동을 조절하는 가장 중요한 기제 중 하나로 보이는 하품에 관한 연구가 주목할 만합니다. 뉴버그(Newberg, 2009)에 따르면, 하품은 신경 기능을 재조정하여 증상을 없애려는 뇌의 시도일 수 있습니다. 하품 경험에는 수많은 신경화학 물질이 관여하는데, 그중 도파민은 시상하부와 기억 회상, 자발적 조절, 체온 조절에 필수적인 영역인 해마에서 옥시토신 생성을 활성화합니다. 하품은 특히 전두엽 영역의 과활성화된 피질을 '식히는' 방법일 수 있습니다. 대부분의 척추동물이 하품을 하지만, 현재까지 전염성이 확인된 것은 인간, 유인원, 마카크원숭이, 침팬지뿐입니다.

이제 중추신경계, 특히 트라우마와 관련된 뇌의 특수 기능으로 시선을 돌려 봅시다. 뇌 전체의 정교한 기능을 철저히 이해하는 일은 이 책의 범위를 벗어납니다. 대신, 스트레스에 반응할 때 뇌가 어떻게 작동하는지, 그 과정에서 몸과 어떻게 상호작용하는지, 그리고 회복력 상태에서 뇌가 어떻게 더 잘 기능할 수 있는지에 대한 간단한 이해를 목표로 합니다. 이를 내담자에게 전달할 수 있다는 것은 특히 중요하며, 대체로 내담자들의 큰 호응을 얻습니다.

신경계 전체는 뉴런이라 불리는 수십억 개의 미세한 신경 세포로 이루어져 있습니다. 어떤 보고서에 따르면, 뇌에는 1,000억 개 이상의 신경 세포와 1조 개가 넘는 지지 세포가 있습니다. 뉴런의 작동은 상당히 단순합니다. 발화하든지, 하지 않든지입니다. 하지만 각 뉴런은 다른 신경 세포와 최대 10,000개까지 연결될 수 있어, 총 연결 수는 천조 개를 넘는다는 추정도 있습니다. 뇌 기능의 복잡성은 바로 이러한 교차 연결 속에 있습니다.

잠시 시야를 좁혀 뉴런 수준에서 뇌를 이해하는 것은 '뇌 가소성(brain plasticity)'이라는 중요한 개념을 이해하는 데 도움이 됩니다. 구조적으로 견고하면서도 성형 가능한 플라스틱처럼, 뇌는 변화 가능한 물리적 구조를 지닙니다. 그리고 플라스틱과 마찬가지로, 뇌의 형태 변화는 흔히 기능 변화와 맞물려 일어나며 그 반대의 경우도 성립합니다. 환경의 영향으로 구조와 기능이 변화하는 뇌의 능력을 신경 가소성이라 부릅니다. 신경 가소성은 매우 복잡하고 다양한 과정을 포함하지만, 치료적 개입과 관련하여 간단히 말하면 적어도 두 가지 과정을 주목할 수 있습니다.

첫째는 '조율(tuning)' 과정입니다(Barrett, 2021). 뉴런들이 서로 강한 연결을 맺으면 신경망(작은 작업 그룹의 군집)으로 발달하는 경향이 있습니다. 본질적으로, 신경망은 그 네트워크를 이루는 개별 뉴런들 간의 복잡한 상호작용을 바탕으로 특수한 기능을 수행합니다. 이것이 바로 "함께 발화하는 뉴런은 함께 연결된다(neurons that fire together wire together)."는 원리입니다. 따라서 행동이나 사고의 변화는 반드시 새로운 뉴런이 생겨서가 아니라, 뉴런들 사이의 연결 방식이 바뀌기 때문일 수 있습니다. 더 나아가 신경망은 다른 신경망들과도 강한 연결을 형성합니다. 자전거 타기나 시 암기 같은 어떤 학습도 여러 신경망 간의 복잡한 상호작용이 강화되는 과정을 포함합니다.

조율의 원리는 다양한 삶의 경험이 뇌의 실제 '구조'에 어떻게 영향을 미치는지 보여줍니다. 예컨대 콜브와 위쇼(Kolb & Whishaw, 1998)는 1940년대 후반부터 이어진, 서로 다른 환경이 쥐의 뇌 발달에 미치는 영향에 관한 주요 연구들을 정리했습니다. 그들의 일부 연구에서는 혼자 우리에 있고 놀잇감이 없는 빈곤한 환경에서 자란 쥐와 다른 쥐들과 함께 지내고 놀잇감이 많은 풍요로운 환경에서 자란 쥐를 비교했는데, 풍요로운 환경에서 자란 쥐는 60일 무렵 유의하게 더 건강한 뇌 발달을 보였습니다. 특히 주목할 점은, 풍요로운 환경의 쥐가 빈곤한 환경의 쥐에 비해 뇌의 일부 영역에서 뉴런 간 연결이 최대 20% 더 많았다는 발견이었습니다. 이 결과는 긍정적인 경험이 뉴런 사이의 연결 수를 늘려 뇌의 실제 구조를 바꿀 수 있다는 점을 보여주는 사례입니다.

이에 대비적으로, 뇌 발달에 관여하는 두 번째 주요 과정은 '가지치기(pruning)'라고 부릅니다. 사용하지 않는 신경 연결은 약해지고 종종 사라지는데, 이를 "사용하지 않으면 잃는다(use it or lose it)." 원리라고 합니다. 이 원리는 영아가 어떤 언어에 노출되느냐에 따라 특정 소리를 구별하는 능력을 잃는 이유를 설명할 때 자주 인용됩니다. 예를 들어, 생후 6~8개월 미만의 영아는 문화와 관계없이 /r/과 /l/ 소리를 구별할 수 있지만, 10~12개월이 되면 그러한 구별을 하지 않는 문화권(예: 일본)에서 자란 영아는 /r/과 /l/을 구분하는 데 어려움을 보입니다. 워커와 티스(Werker & Tees, 1999)는 영아가 처음에는 이런 구별 능력을 '탑재'하고 태어나지만, "이후의 경험이 지각적 민감성을 좁히거나 '가지치기'를 한다."라고 지적했습니다. 이 능력이 회복 불가능하게 사라지는지는(Rivera-Gaxiola et al., 2005 참조) 별개로, 이러한 결과는 경험이 신경 연결을 강화할 수 있을 뿐 아니라, 경험의 결핍은 어떤 신경 연결을 쓸모없게 만들어 기능 상실로 이어질 수 있음을 시사합니다.

조율(tuning)과 가지치기(pruning)를 설명하기 위해, 어떤 사람들이 목적지를 오가기 위해 가로질러야 하는 들판을 상상해 보세요. 사람들이 들판을 오가다 보면 길이 생깁니다. 자주 사용되는 길은 넓어지고 점점 영구적인 길이 됩니다. 이를 조율의 예시라고 볼 수 있습니다. 반면 왕래가 끊어진 길은 점점 눈에 띄지 않게 되고 종종 사라집니다. 이를 가지치기의 사례라고 부를 수 있습니다.

이제 외상성 스트레스와 연결된 오래된 신경 경로를 떠올려 보십시오. 특정 냄새가 침투적 생각·공포·회피를 촉발할 수 있습니다. 이런 경로는 이미 잘 닦여 있어 내담자에게 영구적인 것처럼 느껴집니다. 트라우마 리질리언스 모델과 커뮤니티 리질리언스 모델은 더 건강한 반응 즉 더 건강한 신경 경로를 강화하는 기술을 가르치는 데 초점을 둡니다. 이런 기술을 많이 사용할수록, 그것들은 리질리언스의 통합된 신경망을 조율할 가능성이 커집니다. 마찬가지로, 우리가 리질리언스의 경로를 따라 '여행'하는 시간이 늘수록, 오래된

역기능적 경로에 머무는 시간은 줄어듭니다. 그리고 '사용하지 않으면 잃는다' 원리가 적용된다면, 건강하지 않은 경로를 덜 사용할수록 그 경로는 퇴화하는 가지치기가 이루어져 증상이 줄어들 것입니다. 그러므로 "신경과학의 관점에서 심리치료사는 뇌를 다시 구조화하는 일을 한다."(Cozolino, 2017)라고 할 수 있습니다. 이것이 두 모델이 웰니스 스킬의 반복적인 사용을 강조하는 이유입니다.

이제 뉴런과 신경망 수준을 넘어, 특정 뇌 네트워크의 특수 기능에 주목해 보겠습니다. 뇌를 세 부분의 시스템(MacLean, 1990) 곧 피질(사고 네트워크), 변연계(감정 네트워크), 뇌간(생존 네트워크)으로 생각하는 것이 유용할 수 있습니다. 물론, 천조가 넘는 연결망을 가질 수 있는 복잡한 체계를 단 세 가지 네트워크로 환원하는 발상에 불쾌함을 느낄 수도 있습니다. 최소한 지나친 단순화임은 사실입니다. 더구나 '삼위일체 뇌' 이론에 대한 비판도 많이 제기되어 왔습니다(Barrett, 2021). 다만 그 비판들은 주로 현재 인간 뇌의 물리적 구조가 특정 층으로 시간에 따라 진화했다는 주장에 대한 의문에 초점을 맞춥니다. 이 책은 타 동물과 비교해 우리 뇌가 수천 년에 걸쳐 어떻게 구조와 복잡성을 발달시켰는지를 설명하려는 것이 아닙니다. 대신, 일반적 기능이 특정 신경망에 대략 국소화되어 있으며, 이것이 특정 경험과도 대응한다는 생각에 초점을 둡니다. 그리고 사고·감정·생존 반응과 같은 세 가지 일반적 경험 사이에서 뇌가 어떻게 상호작용하는지 이야기하는 것은 신경과학 전문학위가 없어도 치료자와 내담자가 외상에 대한 뇌의 반응을 더 잘 이해하도록 돕는 유용한 개념화 방식입니다.

위에서부터 살펴보자면, 피질, 즉 '사고 네트워크'는 뇌의 바깥 껍질입니다. 뇌 무게의 최대 85%를 차지하며, 양측 반구는 전두엽·두

정엽·후두엽·측두엽의 네 엽으로 나눌 수 있습니다. 옆에서 본 복싱 글러브를 떠올리면 이해가 쉬운데, 글러브의 '엄지'에 해당하는 부분이 측두엽(귀 바로 위, 청각 정보를 처리하는 청각피질이 위치), 글러브 '손목' 위쪽의 뒤통수 쪽이 후두엽(시각 정보를 처리하는 시각피질), 그 위로 '주먹' 방향이 두정엽(피부 감각과 신체 부위 움직임에서 오는 감각 정보를 받는 체감각피질로 유명)입니다. 마지막으로 '손가락이 있는 부분이 전두엽으로, 이마 바로 뒤에 위치하며 매우 중요하고 다양한 기능을 담당합니다.

전두엽 안에는 글러브의 첫 번째 '주먹' 부근에 해당하는 위치 정도에 운동 띠(motor strip)가 있어, 운동 계획·조절·실행에 중요합니다. 손가락 끝 쪽으로 이동하면 운동 띠 바로 옆에 운동 전 영역(premotor area)이 있어, 운동의 공간·감각적 안내에 관여합니다. 두 영역 모두 '수의근(隨意筋, voluntary muscle)' 조절에 중요합니다.

이어서 전대상피질(Anterior Cingulate Cortex, ACC)과 뇌섬엽(insula)이 있습니다. 이 두 영역의 활성화는 타인의 고통을 관찰할 때 공감과 연관되어 있다는 사실이 여러 연구에서 반복적으로 확인되었습니다(Rameson 외, 2012). 고통받는 이들을 돕는 사람을 두고 '따뜻한 마음을 지닌 사람'이라고 말하곤 하지만, 보다 정확히는 전대상피질과 뇌섬엽이 매우 활성화되어 있다고 보는 편이 맞겠습니다.

뇌섬엽과 관련해 파울루스와 스타인(Paulus & Stein, 2010)은 뇌섬엽이 '내수용 인식(interoceptive awareness)', 즉 신체 내부 감각의 주관적 인식을 담당한다고 보고합니다. 뇌섬엽은 신체 전체의 생리적 상태를 읽어들이는 수용 영역(receiving zone)으로, 이를 바탕으로 주관적인 느낌을 생성합니다. 통증의 주관적 감각은 뇌섬엽의 활성화를 포함하며, 이는 뇌섬엽이 공감에서 중요한 역할을 하는 이유를 설명해 주기도 합니다. 또한 이러한 주관적 느낌은 신체가 내적 균형 상태(internal balance)를 유지하도록 행동을 유도할 수 있습니다. 3장에서 언급했듯이, 탐색하기라는 기본 기술은 자신의 감각 인식, 즉 내수용감각을 높여 정서 조절 능력과 체화된(embodied) 행복 상태를 키우는 데 사용됩니다. 뇌섬엽은 신체의 물리적 상태를 읽고, 대뇌피질(cortex)에 신호를 보내 신체가 내적 균형 상태를 유지하도록 합니다. 즉, 마음과 몸, 생각과 감정의 주관적 감각은 뇌섬엽에서 중요한 방식으로 통합됩니다.

티베트 승려들의 자애(loving kindness) 명상과 프란치스코(Franciscan)와 카르멜(Carmelite) 수녀들의 반복 기도를 조사한 연구에 따르면, 가장 깊은 수준의 공감과 연민심을 경험했다고 보고한 참가자들에서 뇌섬엽이 가장 활발했습니다(Sternberg, 2009). 스턴버그 (Sternberg)는 기도하는 수녀들과 명상하는 수도승들의 뇌에서 활성화된 영역이 보상 회로(reward circuits)와 전두엽, 두정엽라고 덧붙였습니다. 그녀는 이러한 뇌 부위들이 긍정적인 정서 반응과 리질리언스에 중요한 역할을 한다고 강조했습니다. 수녀들과 승려들이 내적 평화와 사랑의 상태에 도달했을 때, 그들의 뇌에서는 열정적이고 자비로운 사랑을 관장하는 뇌 영역이 활성화되었습니다. 또한 이들은 부교감신경계(PSNS, 즉 '휴식과 소화' 체계)의 활성화가 증가하였으며, 비명상자·비기도자(non-meditators/non-prayers)에 비해 뇌섬엽의 두께가 유의미하게 두꺼운 것으로 나타났습니다. 뇌의 가소성을 고려할 때, 트라우마 리질리언스 모델과 커뮤니티 리질리언스 모델 기술이 실제로 뇌섬엽을 두껍게 하여 회복력 영역에 머무는 역량을 높일 수 있다는 가설을 제기할 수 있습니다.

마지막으로 전두엽 안의 전전두피질(prefrontal cortex)은 우리의 생각과 행동을 조율하기 때문에 흔히 뇌의 CEO로 불립니다. 피질을 '사고 네트워크'라 할 때, 대부분 전전두피질을 가리킵니다. 전전두 피질의 특정 부위는 우리가 추론하고, 전략을 세우고, 계획하며, 도 덕적 판단을 내릴 때 활성화됩니다.

경험을 통해 성장하면서 전전두피질은 하부 피질(변연계)의 활성 화를 억제·조절하는 법을 배우고, 그 결과 우리가 정서적 경험을 조 절할 수 있게 됩니다. 신경과학의 관점에서 보면, 인지치료는 본질적 으로 전전두피질의 변화를 표적으로 삼습니다. 즉, 더 나은 정서 조절 을 위해 변연계에 자극을 주는 전전두피질이 관장하는 부적응적 사 고를 식별하고 변화시키도록 돕는 이 개입은 '하향식(top-down)' 개입으로 개념화할 수 있습니다. 이 개입의 목표는 전전두피질의 기 능을 강화해 그 아래에 있는 변연계(limbic system)를 더 잘 조절하는 것입니다. 전전두피질의 정서 조절 역할을 고려하면, 이런 치료가 효과적일 수 있는 이유도 이해됩니다. 하지만 언제나 일방통행만 있 는 것은 아닙니다. 때로는 하향식이 아닌 '상향식(bottom-up)' 과정 이 발생해 정서나 생존 반응이 '사고 네트워크'를 장악하는 경우도 있습니다.

이제 뇌의 세 가지 시스템 모델 중 두 번째 부분으로 넘어갑니다. 피질 바로 아래에서 척수 쪽으로 내려가는 영역을 변연계, 즉 '감정 네트워크'라고 부릅니다. 변연계는 애착, 우정, 사랑, 공격성, 애정, 기분 표현 같은 주요 정서 활동의 매개와 조절에 중요한 역할을 합 니다. 또한 자기 보존 기능으로서 투쟁·도피·경직을 매개하는 데도 매우 중요합니다. 변연계는 여러 구조로 이루어지지만, 이 책에서는 해마, 편도체, 시상하부에 초점을 맞추겠습니다.

해마는 사실과 사건의 기억으로서 '외현기억(explicit memories)'

의 처리를 담당합니다. 해마는 이런 기억을 '보관'하는 서랍장이라 기보다, 저장될 곳으로 옮기기 전에 분류·정리하는 책상에 더 가깝 습니다. 해마는 또한 공간·시간 정보와 같은 맥락 단서를 기억에 부 여하는 데 중요합니다(Bonnici at al., 2012; Sekeres at al., 2018). 이 에 관한 중요성은 뒤에서 다시 다룹니다.

편도체(amygdala)는 공격성과 공포 특히 공포와 관련있는 지각과 연결된 핵심 부위입니다. 이 부위는 우리의 위험 평가 시스템으로, 화재 경보기처럼 작동한다고 볼 수 있습니다. 위험을 지각하면 편도 체가 경보를 울려 생존 반응에 관련된 생물학적 연쇄 반응을 시작합 니다. 편도체는 심지어 우리가 의식적으로 알아차리지 못한 채로도 위험을 평가할 수 있으며(Ohman at al., 2007), 이는 뚜렷한 이유가 없어도 목덜미의 털이 곤두서는 듯한 느낌을 설명해 줍니다.

변연계의 마지막 영역은 시상하부(hypothalamus)로 배고픔·갈증, 체온, 성 기능 등 유지 활동에 영향을 주어 체내 평형을 유지하도록 돕습니다. 또한 자율신경계 조절에도 관여합니다. 시상하부는 뇌하 수체를 통해 내분비계(혈류로 호르몬을 분비하는 샘)에 영향을 미쳐 이러한 기능 대부분을 관장합니다. 뒤에서 보겠지만, 시상하부는 위 기 시 경험하는 주요 생리 반응 가운데 하나에서 핵심 역할을 합니다.

세 번째이자 마지막 부분은 뇌간(brainstem), 곧 '생존 네트워크' 입니다. 뇌간은 척수가 두개골로 들어오며 불룩해지는 지점에서 시 작되고, 몸과 뇌 사이의 정보 교환을 담당합니다. 몸에서 뇌로, 혹은 그 반대로 이동하는 모든 정보는 뇌간을 거칩니다. 또 뇌간은 호흡· 심장박동, 통증 민감도, 각성·자각·의식 같은 자동 생존 기능을 조 절합니다. 따라서 이 '생존 네트워크'는 지각된 위협에 따라 실신, 쇼크 등의 생존 반응으로 자동 진입하기도 합니다.

뇌간 위에는 시상(thalamus)이 있어 감각 배전반(switchboard) 역할을 합니다. 시상은 후각을 제외한 모든 감각 정보를 받아, 시각·청각·미각·촉각을 담당하는 적절한 뇌 영역으로 전달합니다. 덧붙이면, 후각은 전전두피질 바로 아래 전두부에 위치한 후각망울(olfactory bulb)에서 먼저 처리됩니다. 흥미롭게도 후각망울은 편도체와 해마에 직접 연결되어 있어, 후각이 정서와 기억에 미치는 '패스트트랙' 효과를 잘 보여 줍니다. 다시 뇌간으로 돌아가면, 소뇌(cerebellum)가 뇌간 뒤쪽에 위치해 비언어적 암묵기억을 처리하고 자발적 움직임과 협응하는 데 기여합니다.

뇌간의 기능은 의식적 사고와 무관하게 일어납니다. 깨어 있든 자는 동안이든 활동합니다. 다행한 일이죠! 심장에게 계속 뛰라고, 폐에게 공기를 들이마시라고 밤새 깨어 지시해야 한다고 상상해 보세요. 한밤중에 깨어보니 다섯 살 아이가 당신을 보고 서 있던 경험이 있나요? 왜 깼을까 궁금했던 적도 있을 겁니다. 이는 당신의 명시적 허락 없이도 아이가 당신 이름을 부르는 소리를 시상이 감각 정보로 받아들이고, 당신을 깨우는 뇌 영역과 소통했기 때문입니다. 요컨대, 뇌간은 언어와 의식적 사고가 아니라, 감각과 신체 기억에 반응합니다.

이제 기본을 정리했으니, 트라우마가 신경계 전체에 미치는 영향으로 가 보겠습니다. 앞서 말했듯, 편도체는 잠재적 위협을 지각하면 경보를 울리는 평가 시스템입니다. 그 시점에 편도체는 시상하부·뇌하수체·부신을 포함하는 화학적 소통의 연쇄 작용을 가동합니다. 이것이 바로 우리의 중심 스트레스 반응 체계인 시상하부 - 뇌하수체 - 부신(hypothalamic pituitary adrenal, HPA) 축입니다. 위협이 평가되면 편도체는 시상하부에 CRH(corticotropin-releasing hormone, 부신

피질자극호르몬 방출 호르몬) 분비를 요청합니다. CRH는 뇌하수체로 이동해 ACTH(adrenocortico tropic hormone, 부신피질자극호르몬) 분비를 촉발하고, ACTH는 다시 부신을 자극해 스트레스 호르몬인 코르티솔, 아드레날린을 만들게 합니다. 코르티솔과 아드레날린이 몸으로 퍼지며 심박수·혈압·호흡수를 조절해 생존 반응에 대비하게 합니다.

이 과정을 조절하기 위한 되먹임(feedback) 시스템도 있습니다. 해마의 뉴런에는 스트레스 호르몬 상승을 인지하는 수용체가 있어, 시상하부에 '이제 더는 분비할 필요 없어'라는 신호를 보냅니다. 동시에 편도체의 경보는 뇌의 CEO인 전전두피질의 특정 부위에 자극을 줌으로써, 실제 위험인지 거짓 경보인지를 평가하게 합니다. 전전두피질이 실제 위험이라고 판단하면 경보는 더 커지고, 거짓 경보라고 판단하면 모든 것이 진정됩니다. 예를 들어, 밤에 할 일을 하다가 바로 뒤에서 소리가 난다고 상상해 보세요. 즉시 뇌의 경보시스템인 편도체가 경보를 울리고 부신에 아드레날린 분비를 직접 지시해 주의를 끌어올립니다. 동시에 뇌하수체를 통해 시상하부에도 전달되어 스트레스 호르몬 분비 신호가 갑니다. 이에 따라 부신은 코르티솔과 아드레날린을 전신에 방출합니다. 그러면 심박수와 혈압이 오르고, 소화·면역은 일시 중지되어 혈액이 근육으로, 포도당이 혈류로 쏟아집니다. 땀이 나기 시작합니다. 익숙하죠? 이것이 교감신경 반응이며, 당신의 몸은 투쟁 또는 도피에 완전히 대비된 상태입니다.

이제 당신이 소리 나는 쪽으로 몸을 돌려 보려고 할 때, 신체는 반응할 준비가 갖추어집니다. 그런데 보니, 그 소리는 고양이가 책상에서 떨어뜨린 책을 태연히 갖고 노는 소리였습니다. 이때 전전두피질이 개입해 거짓 경보라고 판정합니다. "내가 왜 이런 고양이를…" 같은 생각과 감정이 스칠 수도 있겠지만, 위협과 관련있는 소음이 고양이 소리였다는 사실을 알게 되면 위험하지 않다는 결론에 이릅니다. 그러면 편도체의 발화가 멈추고, 스트레스 호르몬 분비가 중단되며, 부교감신경계가 가동되어 몸이 진정하기 시작합니다. 결국 고양이를 얼마나 사랑하는지까지 떠올릴지도 모릅니다. 그런데 몸을 돌려보니 고양이는 보이지 않고, 대신 그림자 같은 형체가 순식간에 시야 밖으로 사라진다고 상상해 보세요. 이 경우 전전두피질은 이것이 거짓 경보가 아니라고 결론 내립니다. 실제 위험이 있는 것입니다. 그러면 편도체가 더 크게 경보를 울려 더 많은 스트레스 호르몬을 요구하고, 그 결과 아드레날린과 코르티솔이 몸속에 더 많이 분비될 수 있습니다. 이것이 바로 작동 중인 시상하부-뇌하수체-부신 축입니다. 그리고 이는 좋은 일입니다. 우리 몸의 경보 시스템이 제대로 작동할 때 우리는 온갖 위협에 대처할 수 있습니다. 문제는 이 시스템이 제대로 작동하지 않거나, 위협이 사라진 뒤에도 꺼지지 않을 때 발생하며, 그때 우리는 다양한 정서적 어려움과 관련된 여러 증상들을 겪게 됩니다.

예를 들어, 편도체와 그 정신병리에서의 역할에 초점을 맞춘 수많은 연구들이 있습니다. 편도체의 과활성화는 여러 불안장애(Davies et al., 2017; Etkin & Wager, 2007), 단극성 우울증(Barbour et al., 2020), 경계선 성격장애(Cremers et al., 2021)와 연관되어 있습니다. 반대로, 사이코패스 특성을 지닌 개인은 보통 공포를 유발해야 하는 자극에 노출될 때 편도체 활동이 감소하여 자율신경계 반응이 줄어드는 경향을 보입니다(Blair, 2008 참조).

손상된 뇌 구조와 관련해 흔히 보고되는 또 다른 소견은 해마 용적의 감소입니다. 예컨대 길버트슨 외(Gilbertson et al., 2002)는 PTSD가 있는 전투 참전 군인의 해마 용적이 PTSD가 없는 전투 참전 군인보다 더 작다고 보고했습니다. 이 연구에서 특히 중요한 점은 연구 대상이 100% 동일한 유전자를 가진 일란성 쌍둥이였다는 것입니다. PTSD를 가진 참전 군인의 비전투 쌍둥이 형제 역시 그 형제와 마찬가지로 해마의 부피가 작았으며, 반대로 PTSD가 없는 참전 군인의 비전투 쌍둥이 형제는 그 형제처럼 해마의 부피가 더 컸습니다. 이러한 결과는 해마의 부피가 작을수록 외상적 스트레스에 노출될 때 PTSD가 발병할 가능성이 더 높다는 점을 시사합니다. 해마의 특정 신경세포들은 편도체가 활성화될 때 증가하는 스트레스 호르몬의 수치를 되먹임하는 역할을 하며, 편도체가 더 이상 신호를 보내지 않도록 멈추게 하는 기능을 담당합니다. 따라서 해마의 부피가 작을 경우 이러한 되먹임 기능이 손상되어 시상하부에 제대로 된 신호를 보내지 못하고, 그 결과 스트레스 상황에서 코르티솔이 과도하게 분비되어 PTSD 발병에 대한 취약성이 높아질 수 있습니다.

물론 PTSD 발병의 원인은 이보다 훨씬 복잡하지만, 이러한 뇌 해부학·기능의 차이는 스트레스에 대한 우리의 반응에서 뇌가 수행하는 역할을 이해하는 일이 얼마나 중요한지를 강조합니다. 기억과 그 기능에 대한 기초적 이해는 외상성 스트레스 경험을 더욱 명료하게 들여다보도록 안내하며, 개인의 연약함이라는 인식에서 생물학적 관점으로 우리를 나아가도록 도와줍니다. 기억은 본질적으로 시간이 흐르면서 정보를 저장하고 다시 꺼내는 우리의 능력을 뜻합니다. 어휘 하나, 어머니의 목소리, 장미 향기, 자동차 운전법 등 무엇이든 배울 때 우리는 기억을 형성합니다. 정보를 뇌에 불러와 저장해 두었다가 다시 꺼내 쓰는 것이죠. 간단해 보이지만, 여기서부터 흥미로워집니다. 앞서 말했듯, 우리 뇌가 관장하는 기능에는 자발적으로 수행하는 수의적 기능과 심장 박동과 같은 불수의적 기능이 있고, 의식적 기능과 무의식적 기능이 있습니다. 기억도 마찬가지로 두 가지 유형으로 외현기억과 암묵기억이 있습니다.

외현기억은 사실과 사건 같은 정보를 의식적으로 보유하는 것입니다. 이러한 기억은 사실적·자서전적이며, 자기감과 시간을 의식합니다(Cozolino, 2017). 보통 의도적(자발적)으로 접속하는 기억이죠. "기억력이 좋은가?"라는 질문에 우리가 떠올리는 것도 대개 외현기억입니다. 엘살바도르의 수도, 방금 만난 사람의 이름, 지난 목요일에 무엇을 했는지 기억나지 않으면 우리는 흔히 '기억력이 나쁘다'고 결론짓습니다. 하지만 더 정확히는 일부 외현기억을 의식적으로, 의도적으로 회상하는 데 능숙하지 않다고 말하는 편이 맞습니다. 사실 자신의 이름, 사각형의 모양, 어린 시절 살던 마을, 읽었던 책의 내용 등을 기억할 수 있다면 외현기억은 꽤 좋은 편입니다.

암묵기억은 정보를 무의식적으로 처리하는 것입니다. 의도 없이(비자발적으로) 처리되거나 접근되는 정보가 흔하며, 자동화된 절차와 내부 상태를 포함합니다. 그래서 암묵기억을 절차기억(procedural memory)이라고도 부릅니다. 외현기억과 달리 암묵기억에는 선형적 시간·공간감이나 자기감이 없습니다. 대신 기술과 조건 형성된 연합에 대한 기억인 경우가 많아, 학습 당시의 맥락에서 벗어나 존재합니다. 따라서 신체·감각·운동·정서 요소를 수반한 경험으로부터, 우리가 의식적으로 자각하지 못한 사이에 정신 모형이 형성될 수 있습니다.

자전거 타기 예시는 외현기억과 암묵기억의 차이를 잘 보여줍니다. 처음 자전거를 배운 날, 누가 가르쳐 주었는지, 자전거의 색깔을 기억할 수도 있습니다. 이는 외현기억입니다. 반면 균형 잡기, 페달 밟기, 핸들 조작은 암묵기억입니다. 자전거를 탈 때마다 우리는 이 암묵기억 속 기술에 접속합니다. 그래서 배우던 날의 외현기억이 떠오르지 않아도 자전거 타는 암묵기억은 되살아납니다. 내가 당신에게 "마지막으로 자전거를 탔던 때에 대해 이야기해 달라"라고 요청한다면, 당신은 그것을 떠올리기 위해 외현기억을 활용하게 됩니다. 반대로 내가 당신에게 자전거를 건네주며 "이 길을 따라 타고 가보라"라고 말한다면, 당신은 암묵기억을 사용하게 됩니다. 이 예시는 기억이 트라우마와 어떻게 관련되는지를 보여주는 중요한 원리를 설명합니다. 즉, 암묵적인 기억과 명시적 기억은 항상 함께 작동하지 않는다는 것입니다. 자세한 내용은 뒤에서 다룹니다.

두 기억 체계의 차이는 그것을 처리하는 뇌 네트워크에서도 드러납니다. 외현기억은 주로 해마와 전두엽에서 처리됩니다. 해마는 외현기억을 우리 삶의 타임라인 속 적절한 맥락과 위치에 배치하는 데 도움을 줍니다. 앞서 본 것처럼 신경가소성 때문에 해마의 실제 구조는 경험에 따라 변할 수 있습니다. 예컨대 런던 택시 운전사가 택시를 몰았던 기간이 길수록 공간 기억과 관련된 해마 영역이 더 큰 것으로 보고되었습니다(Maguire et al., 2003). 스트레스는 해마의 기능과 구조에 부정적 영향을 미치는 듯합니다. 편도체가 과도하게 활성화되면 분비되는 코르티솔 스트레스 호르몬이 해마의 원활한 기능을 방해해, 외상 경험이 명확히 기억되지 않거나 파편적으로 기억될 수 있습니다(Van der Kolk & Fisler, 1995). 마찬가지로, 높은 수준의 코르티솔에 장기간 노출되면 해마에 상당한 손상이 생길 수 있습니다(Kim et al., 2015).

반대로, 암묵기억은 주로 소뇌와 운동에 관여하며 시상 근처에 위치한 기저핵에서 처리됩니다. 소뇌는 고전적 조건형성으로 생성된 기억을 형성·저장하는 핵심 역할을 합니다. 좋아하는 음식 냄새에 침이 고인다면, 소뇌가 관여하는 암묵기억 때문입니다. 기저핵은 기술에 대한 절차기억에 관여합니다. 자전거를 타고 블록을 내려가는 일 또한 기저핵이 관여합니다. 암묵기억 체계가 외현기억 체계와 다른 방식으로, 뇌의 다른 부위에서 처리된다는 사실은 여러 '이상해 보이는' 현상을 설명하는 데 도움이 됩니다.

예를 들어, 소뇌와 기저핵은 출생 이전에도 이미 충분히 발달해 있어 우리가 첫 숨을 쉬기 전부터 암묵기억 형성이 가능합니다. 반면 해마는 가장 늦게 발달하는 구조 중 하나(대략 생후 18~24개월)라서, 세 살 이전에는 의식적인 외현기억이 거의 없거나 전혀 없는 유아기 기억상실 현상이 나타납니다. 마찬가지로 소뇌와 기저핵에서 처리되는 신체 기억에는 외상 경험과 연관된 감각이 포함될 수 있습니다. 이들은 해마와는 별도로 처리되기 때문에, 명시적 이해 없이도 신체적 단서가 암묵기억을 촉발할 수 있습니다.

십 대에 성폭행을 당했던 한 내담자는 30대 후반의 일상적 물리치료 중 공황발작을 겪었다고 보고했습니다. 이 공황발작은 '단서 없이(uncued)' 일어났는데, 회상이나 외현기억 같은 뚜렷한 촉발 요인이 없었다는 뜻입니다. 그녀의 말로는 "완전히 갑자기 찾아왔다"였습니다. 공황이 십 대 시절의 폭행과 관련이 있을 것이라고 인지적으로는 확신했지만, 서사적 연결고리는 없었습니다. 그녀가 회복력 영역으로 돌아가도록 몇 가지 트라우마 리질리언스 모델 기술을 사용했고, 두 기억 체계가 어떻게 작동하는지 간단히 설명했습니다. 때로는 의식적 영역 밖의 감각 정보가 몸에 포착되어 트라우마와 연관된 암묵기억과 묶여서 함께 저장될 수 있음을 강조했습니다.

실제로, 그 물리치료 세션의 정황을 다시 들려주던 중 처음에는 언급하지 않았던 섬세한 기억 하나를 떠올렸습니다. 발목을 고정하는 장치가 제대로 잠기지 않아 물리치료사가 덕트 테이프로 감아 고정했다는 것입니다. 그녀의 공황 발작을 촉발한 것은 덕트 테이프가 찢어지는 소리와 묶이는 동작에 대한 근육 기억이 결합된 것이었습니다. 이 에피소드를 다시 이야기하는 과정에서, 그녀는 약 20년 전 폭행 당시 가해자가 덕트 테이프로 발목을 결박했다는 사실을 명시적으로 떠올렸습니다. 이 경우는 성폭행 사건의 암묵적 신체·감각 기억이 외현적 기억의 도움 없이 활성화되었던 것입니다. 내담자는 자신이 "미친 게 아니었다"라는 사실에 큰 안도를 느꼈고, 두 가지 기억 체계에 대해 알게 되면서 왜 공황발작이 일어났는지 이해할 수 있었습니다.

그런데 왜 하필 덕트 테이프였을까요? 아주 흔한 물건이지만, 바로 그 상황에서는 훨씬 불길한 신호로 작용했습니다. 기억하다시피 편도체는 우리의 평가 시스템, 곧 화재경보기 역할을 합니다. 사건 때문에 위협 경보가 울리면, 편도체는 스트레스 호르몬 분비 신호를 보냅니다. 그러면 편도체는 다시 전두엽(외현기억)과 기저핵(암묵기억)에 기억 흔적(memory trace)을 만들게 하여, 특정 기억에 감정적 상징이 부여되도록 유도합니다(Buchanan, 2007; Kensinger & Ford, 2020). 강렬한 감정이 수반된 기억으로부터 정서적으로 강하게 각인된 기억의 틀이 형성됩니다.

이러한 기억의 틀 중 일부를 섬광 기억(flashbulb memories)이라고 부릅니다. "9·11 때 어디에 있었나요?", "첫 키스를 기억하나요?" 트라우마 생존자에게는 외상적 사건의 생생한 기억이 반복해서 침투하곤 합니다. 매우 정서적으로 강렬한 기억이라 또렷하게 회상되는 듯 보이죠. 우리는 흔히 "무슨 일이 있었는가"라는 서사에 초점을 맞춰 정서적으로 충만한 외현기억을 이야기합니다. 하지만 편도체는 암묵기억에도 기억 흔적을 만들 수 있습니다. 위의 예시에서 원래의 폭행이 편도체를 자극해 다양한 정서 관련 기억이 형성되었습니다. 발목 결박의 신체 기억과 덕트 테이프 소리는 편도체 활성화의 상징을 간직한 암묵기억이었습니다. 이러한 정보 조각들은 사건의 서사만큼이나 기억 속에 깊이 새겨졌습니다. 실제로 처음에는 이러한 외현적 서사 내용이 내담자의 의식적 회상을 벗어났더라도, '몸'은 기억하고 있었고, 편도체는 다시 활성화되었습니다.

이는 우리 몸의 정교한 설계입니다. 외부 세계의 특정 데이터인 덕트 테이프 소리, 결박 당시의 촉감이 저장된 내부 정보(암묵기억)와 상호작용하여 내부 경보 시스템(공황발작)을 울리고, 우리가 왜 그런지 모르는 순간에도 신경계가 우리를 보호하기 위해 움직이게 만든다는 사실은 놀랍습니다. 마치 몸이 "지난번 비슷한 정보에 노출되었을 때 우리에게 좋지 않았어."라고 말하는 것과 같습니다. 그리고 신경계는 왜 경보가 울리는지 몰라도 생존 반응을 촉진하는 '보호 규약(protection protocol)'을 먼저 가동할 수 있습니다. 여기서 핵심은 저장된 내부 정보(기억)가 어떻게 이러한 보호 규약의 작동을 개시하게 하는가 하는 과정입니다.

스케어(Scaer, 2014)는 기억의 구획을 기억 캡슐(memory capsules)이라고 부릅니다. 이러한 기억 캡슐에는 과거 트라우마의 외현적·암묵적 세부가 담겨 있으며, 아직 방출되지 않은 생존 에너지가 포함될 수도 있습니다. 따라서 외상 사건의 기억 캡슐이 활성화되면 통증, 무감각, 어지럼, 떨림, 마비, 메스꺼움, 심계항진, 불안, 공포, 수치심, 분노, 격노, 플래시백, 악몽, 침투적 사고 등 불편한 결과가 줄줄이

나타날 수 있습니다. 이때 트라우마는 현재 일어나는 일로 지각됩니다. (분명히 하자면, 우리 뇌 속에 '톡' 하고 터지는 실제 작은 '캡슐'이 있는 것은 아닙니다. 기억 캡슐은 감각 정보가 기억과 상호작용하는 방식을 개념화하기 위한 은유일 뿐입니다.)

기억 캡슐에는 사람·장소·사물 같은 시각 자극, 냄새, 소리 등 외적 신호가 있을 수 있습니다. 또는 근육 긴장, 두통, 복통, 심박수 상승과 같은 내적 신체 감각이라는 내적 신호가 있을 수도 있습니다. 이는 왜 일부 공황장애 환자들이 운동과 같은 격렬한 신체 활동으로도 공황발작이 촉발되는지를 설명해 줍니다. 운동 중에 겪는 심박 상승, 숨가쁨, 발한이 과거 공황발작의 기억 캡슐에 담긴 심박 상승, 숨가쁨, 발한의 기억을 터뜨리는 내부 단서로 작용할 수 있기 때문입니다.

궁극적으로 기억은 우리가 세상을 이해하고, 미래를 예측하며, 잠재적 위험을 경고하는 데 기여합니다. 뇌에는 삶의 경험 정보를 기록·저장할 수 있는 다양한 체계가 있습니다. 어떤 네트워크는 경험에 대한 기록을 보존하여 나중에 과거를 의식적으로 회상할 수 있게 하는 외현기억을 만듭니다. 또 다른 네트워크는 정보를 암묵적으로 처리합니다. 피질의 감각 처리 영역은 특정 감각 경험에 대한 정보를 저장하고, 또 다른 네트워크는 학습된 움직임을 저장할 수 있게 합니다.

정서적으로 강렬한 사건이 일어나면 편도체가 발화하여, 그 사건의 서사적 기억과 신체/감각 기억에 "이걸 기억해! 다음에는 조심해!"라는 듯 감정적 흔적을 남기도록 뇌 시스템을 지원합니다. 그러나 외상성 기억이 항상 일관된 외현기억으로 남는 것은 아닙니다. 어떤 외상성 기억은 이미지와 감각의 파편으로만 나타나거나 플래시백(개인적 외상 사건의 섬광 기억)으로 나타날 수 있습니다. 어떤 외상성 기억은 시간감을 잃은 듯 보여, 그 다중감각적 암묵기억 전체가 마치 그 외상이 지금 이 순간 일어나는 것처럼 경험되기도 합니다. 즉 외현기억과 암묵기억의 정렬이 어긋나, 비디오 재생에서 대사의 소리와 입 모양이 맞지 않는 것처럼 느껴지는 것입니다. 실제로 덕트 테이프 사례처럼, 다중감각적 암묵기억이 특정 원천 기억과 완전히 분리되어 있을 수도 있습니다.

이는 내담자와 치료사 모두에게 매우 좌절감을 줄 수 있지만, 왜 이것을 좋은 점으로 봐도 괜찮을까요? 조지프 르두(Joseph LeDoux, 1996)는 새로운 외현기억을 형성하지 못할 정도로 해마 손상이 있었던 환자 사례를 소개했습니다. 그녀는 매일 자신을 소개하며 악수하는 의사를 알아보지 못했습니다. 어느 날 의사는 손에 압정을 쥐고 평소처럼 인사를 나눈 뒤 악수를 했고, 그녀는 아파서 손을 뺐습니다. 다음 날 그는 다시 자신을 소개했지만, 그녀는 이유를 설명하지 못한 채 악수를 거부했습니다. 불친절한 실험이지만 매우 중요합니다. 외현기억은 접근할 수 없었지만 암묵기억은 작동했습니다. 그 덕분에 그녀는 왜인지는 몰라도 위험을 감지할 수 있었습니다. 뇌의 한 구조(해마)는 더 이상 제대로 작동하지 않았지만, 다른 구조들(편도체, 소뇌)은 그녀를 안전하게 지키려 노력했습니다. 이것이야말로 정교한 설계입니다!

이제 기억이 우리의 반응에 어떤 영향을 주는지 볼 수 있습니다. 예를 들어 외부 세계의 감각 정보가 들어오면, 우리는 그것을 두 가지 체계 중 하나로 처리합니다. 느린 체계에서는 소리·이미지 같은 감각 입력이 먼저 시상(감각 배전반)에서 처리되고, 그 정보가 편도체를 거쳐 위험이 없다고 평가되면 해마와 다른 피질 회로가 추가로 처리합니다. 이때 정보는 시간·공간 맥락화되고 인지적 의미가 부여된 뒤 피질의 다른 영역으로 전달됩니다. 피질이 차단되지 않았기 때문에, 사람은 의식적 사고와 조직화된 복합적 생존 행동으로 행동할 수 있습니다.

빠른 체계도 초기 단계는 같습니다. 감각 정보가 시상에서 처리되고 편도체가 평가합니다. 그러나 편도체가 과거 경험에 비추어 그것을 위협으로 평가하면, 공포 반응 즉 시상하부 – 뇌하수체 – 부신(HPA) 축이 활성화되어 느린 사고를 차단하는 화학물질이 피질에 범람합니다. 피질의 기능이 차단되면서 사람은 의식적 사고 없이 행동합니다. 이것이 흔한 투쟁·도피·경직이라는 생존 반응을 설명합니다. 이러한 행동은 대개 반사적으로, 의식적 사고 없이 수행됩니다.

헤링가 외(Herringa et al., 2013)의 연구는 외상성 스트레스로 인해 이 체계들이 어떻게 붕괴될 수 있는지를 보여줍니다. 연구에 따르면 아동기 학대는 뇌의 공포 회로 조절 능력을 방해하여, 청소년기 후반에 내재화 증상이 증가하게 만드는 것으로 보입니다. 뇌 영상에서는 학대 경험이 남녀 청소년 모두에서 전전두피질 – 해마 연결성 약화를 예측했지만, 전전두피질 – 편도체 연결성 저하는 여성 청소년에서만 관찰되었습니다. 그 결과 일부 남녀 청소년에게서는 '모든 것이 위협'처럼 지각되는 반면, 다른 일부(이 연구에서는 여성)에게서는 위협에 대한 '사각지대'가 생겨 오히려 더 위험에 처하게 되었습니다.

"하나 이상의 신경망이 최적의 기능을 위해 충분히 발달되지 않았거나, 적절히 조절되지 않았거나, 다른 신경망과 통합되지 못한 상태로 남아 있을 때, 우리는 사람들이 치료를 요구하는 증상들과 불편함을 경험하게 됩니다. 이제 우리는 심리치료가 증상의 감소나 경험적 변화를 가져올 때, 뇌가 어떤 방식으로든 변화했다는 것을 전제로 하고 있습니다." (Cozolino, 2017, p.15)

커뮤니티 리질리언스 모델과 트라우마 리질리언스 모델은 감각이라는 통로를 통해 신경계의 자연스러운 리듬을 다시 확립하는 데 초점을 둡니다. 우리가 회복력 영역에 있을 때, 신경망은 잘 통합되고, 기억 체계는 동기화되며, 몸과 마음은 하나로 작동한다고 말할 수 있습니다. 내담자가 자신의 회복력 영역에 머무는 능력을 키워 외상성 스트레스든 다른 스트레스든 더 잘 다루도록 돕는 것은, 신체의 자연스러운 회복력을 최대화하게 하여 뇌 – 신체 통합을 향상시킵니다.

참고문헌

Barbour, T., Holmes, A. J., Farabaugh, A. H., DeCross, S. N., Coombs, G., Boeke, E. A., Wolthusen, R. P. E., Nyer, M., Pedrelli, P., Fava, M., & Holt, D. J. (2020). "Elevated amygdala activity in young adults with familial risk for depression: A potential marker of low resilience." *Biological Psychiatry: Cognitive Neuroscience and Neuroimaging*, 5(2), 194–202.

Barrett, L. F. (2021). Seven and a half lessons about the brain. Mariner Books.

Blair, R. J. R. (2008). "The amygdala and ventromedial prefrontal cortex: Functional contributions and dysfunction in psychopathy." *Philosophical Transactions of the Royal Society B: Biological Sciences*, 363(1503), 2557–2565.

Bonnici, H. M., Chadwick, M. J., Lutti, A., Hassabis, D., Weiskopf, N., & Maguire, E. A. (2012). "Detecting representations of recent and remote autobiographical memories in vmPFC and hippocampus." *The Journal of Neuroscience*, 32(47), 16982–16991.

Buchanan, T. W. (2007). "Retrieval of emotional memories." *Psychological Bulle tin*, 133(5), 761–779.

Cozolino, L. J. (2017). *The neuroscience of psychotherapy: Healing the social brain* (3rd ed.). W. W. Norton & Company.

Cremers, H., van Zutphen, L., Duken, S., Domes, G., Sprenger, A., Waldorp, L., & Arntz, A. (2021). "Borderline personality disorder classification based on brain network measures during emotion regulation." *European Archives of Psychiatry and Clinical Neuroscience*, 271(6), 1169–1178.

Davies, C. D., Young, K., Torre, J. B., Burklund, L. J., Goldin, P. R., Brown, L. A., Niles, A. N., Lieberman, M. D., & Craske, M. G. (2017). "Altered time course of amygdala activation during speech anticipation in social anxiety disorder." *Journal of Affective Disorders*, 209, 23–29.

Etkin, A., & Wager, T. D. (2007). "Functional neuroimaging of anxiety: A meta-a nalysis of emotional processing in PTSD, social anxiety disorder, and specifi c phobia." *American Journal of Psychiatry*, 164(10), 1476–1488.

Gilbertson, M. W., Shenton, M. E., Ciszewski, A., Kasai, K., Lasko, N. B., Orr, S. P., & Pitman, R. K. (2002). "Smaller hippocampal volume predicts patholo gic vulnerability to psychological trauma." *Nature Neuroscience*, 5(11), 1242–1247.

Herringa, R. J., Birn, R. M., Ruttle, P. L., Burghy, C. A., Stodola, D. E., Davidson, R. J., & Essex, M. J. (2013). "Childhood maltreatment is associated with altered fear circuitry and increased internalizing symptoms by late adolesce nce." *Proceedings of the National Academy of Sciences of the United States of America*, 110(47), 19119–19124.

Kensinger, E. A., & Ford, J. H. (2020). "Retrieval of emotional events from memory." *Annual Review of Psychology*, 71, 251–272.

Kim, E. J., Pellman, B., & Kim, J. J. (2015). "Stress effects on the hippocampus: A critical review." *Learning & Memory*, 22(9), 411–416.

Kolb, B., & Whishaw, I. Q. (1998). "Brain plasticity and behavior." *Annual Review of Psychology*, 49(1), 43–64.

LeDoux, J. (1996). *The emotional brain: The mysterious underpinnings of emoti onal life*. Simon & Schuster.

MacLean, P. D. (1990). *The triune brain in evolution: Role in paleocerebral functions*. Plenum Press.

Maguire, E. A., Spiers, H. J., Good, C. D., Hartley, T., Frackowiak, R. S., &

Burgess, N. (2003). "Navigation expertise and the human hippocampus: A structural brain imaging analysis." *Hippocampus*, 13(2), 250‒259.

Newberg, A. (2009). *How God changes your brain.* Ballantine Books.

Öhman, A., Carlsson, K., Lundqvist, D., & Ingvar, M. (2007). "On the unconscious subcortical origin of human fear." *Physiology & Behavior*, 92(1‒2), 180‒185.

Paulus, M., & Stein, M. B. (2010). "Interoception in anxiety and depression." *Brain Structure and Function*, 214(5‒6), 451‒463.

Rameson, L. T., Morelli, S. A., & Lieberman, M. D. (2012). "The neural correlates of empathy: Experience, automaticity, and prosocial behavior." *Journal of Cognitive Neuroscience*, 24(1), 235‒245.

Rivera-Gaxiola, M., Silva-Pereyra, J., & Kuhl, P. K. (2005). "Brain potentials to native and non-native speech contrasts in 7- and 11-month-old American infants." *Developmental Science*, 8(2), 162‒172.

Scaer, R. (2014). *The body bears the burden: Trauma, dissociation, and disease* (3rd ed.). Routledge.

Sekeres, M. J., Winocur, G., & Moscovitch, M. (2018). "The hippocampus and related neocortical structures in memory transformation." *Neuroscience Letters*, 680, 39‒53.

Sternberg, E. M. (2009). *Healing spaces: The science of place and well-being.* Harvard University Press.

Van der Kolk, B. A., & Fisler, R. (1995). "Dissociation and the fragmentary nature of traumatic memories: Overview and exploratory study." *Journal of Traumatic Stress*, 8(4), 505‒525.

Werker, J. F., & Tees, R. C. (1999). "Influences on infant speech processing: Toward a new synthesis." *Annual Review of Psychology*, 50, 509‒535.

6장　　타자성을 우리 안에 체화하기
: 다양성, 형평성, 포용, 그리고 정의

리나 파텔·일레인 밀러-카라스

이 장에서는 다음 내용을 다룹니다.

1. 커뮤니티 리질리언스 모델의 틀을 바탕으로 형평성·평등·사회 정의의 원칙에 따라 공감과 연민심에 기반한 대화로 차이와 공통점을 탐색하는 방법을 제시합니다.
2. 정신건강 개입의 탈식민화를 설명합니다.
3. 트라우마 리질리언스 모델과 커뮤니티 리질리언스 모델 접근이 LGBTQIA2S+ 커뮤니티 안에서 포괄적이고 초대하는 언어를 통해 접근성을 어떻게 높일 수 있는지 설명합니다.

이 장에서 사용하는 용어 LGBTQIA2S+는 레즈비언(Lesbian), 게이(Gay), 양성애자(Bisexual), 트랜스젠더(Transgender), 퀘스처닝(Questioning), 간성(Intersex), 무성애자(Asexual), 투-스피릿(Two-Spirit)을 뜻합니다. 투 스피릿이라는 용어는 일부 원주민 공동체에서 사용되는 말로, 문화적·영적·성적·성별 정체성을 모두 포괄합니다. 이 용어는 성 역할과 영성에 대한 복합적인 원주민의 이해, 그리고 원주민 문화 속에서 오랜 역사에 걸쳐 존재해 온 성적·성별 다양성을 반영합니다.

제도적 인종차별(institutional racism)은 기관 내부와 기관 상호 간에 발생합니다. 이 차별은 학교나 대중매체 등과 같은 제도가 만들어 내고 지속시키는 인종 기반의 차별적 대우와 불공정한 정책, 그리고 불평등한 기회와 영향을 말합니다. 또한 기관 안의 개인이 인종을 근거로 어떤 사람들에게는 이익을, 다른 사람들에게는 불이익을 주는 방식으로 행동할 때, 그 개인은 기관의 권력을 행사하고 있는 것입니다(Keleher & Lawrence, 2004).

구조적 인종차별(structural racism)은 사회의 밑바탕에 깔려 있으며, 일상 곳곳과 사회 전반에 걸쳐 존재합니다. 이는 다음과 같습니다. (1) 미국의 백인 우월주의에 토대를 제공해 온 역사; (2) 우리의 일상생활 전반에 퍼져 있어 인종차별을 정상적인 것으로 간주하여 반복 재생산하는 문화; (3) 사회 전반의 핵심적 관계와 규칙으로서 인종차별을 유지하고 영속시키기 위한 정당성과 강화 수단을 제공하는 제도와 정책(Keleher & Lawrence, 2004).

만성적 차별(chronic discrimination)은 사회가 '타자'로 대하는 이들이 매일 겪는 미시·거시적 공격을 말합니다. 일상적인 차별은 인종/민족적 소수자가 겪는 스트레스에 기여하며, 만성 질환으로 이어질 수 있습니다(Gee et al., 2007).

서론

트라우마 자원 연구소는 인간의 생물학적 몸과 신경계의 보편적 구조가 인류를 연결하는 공통의 고리로서 작용한다는 점을 강조합니다. 전 세계 사람들은 트라우마적 경험에 대해 유사한 반응을 보이면서도, 모두가 웰빙을 확장할 수 있는 잠재력을 지니고 있습니다. 그러나 동시에, 우리가 자신을 인식하는 방식과 타인이 우리를 인식하는 방식에는 깊은 차이가 존재하며, 이러한 인식의 차이는 우리 공동체 안에서 포용, 역량 강화, 정의를 실현할 가능성에 영향을 미칩니다. 이러한 이해를 바탕으로 트라우마 자원 연구소 커뮤니티에서는 '타자성(Otherness)에서 우리(Us)로' 나아갈 수 있다는 모토가 자리 잡았습니다.

우리의 비전은 역사적·누적적 트라우마와 관련하여 일상의 활동 속에 커뮤니티 리질리언스 모델과 트라우마 리질리언스 모델 기술을 통합하고, 우리 공동체 구성원들 안에서 발전해 온 강인함과 용기를 인정하는 것입니다. 우리는 다음과 같은 공간을 만들고자 합니다.

- 특권이나 억압으로 인해 촉발되는 신체적·정서적 반응을 인식하고 조절하는 자기인식과 기술 제공
- 리질리언스 중심의 성찰적 대화를 통해 공동체 안에서 각자의 목소리를 강화하는 역량 갖기

트라우마 자원 연구소는 모든 종교, 인종, 연령, 능력, 성적 지향, 성별 정체성을 가진 사람들이 평등하게 존중받고 환영받는 세상을 만드는 데 헌신하고 있습니다. 형평성(equity), 정의(justice), 다양성(diversity), 포용(inclusion)을 논의할 때는 평등(equality)과 형평성(equity)의 차이를 이해하는 것이 필수적입니다. 우리는 흔히 모두

에게 평등을 보장한다고 믿지만, 평등이 곧 형평성 있는 대우로 이어지지는 않습니다. 예를 들어, 미국의 모든 아동은 교육을 받을 동등한 권리를 갖지만, 그 시스템이 항상 형평성 있게 제공되지는 않습니다. 어떤 아동에게 학습상의 어려움이 있고 필요한 편의가 제공되지 않는다면, 그 시스템은 형평적이지 않습니다. 정의(Justice)란 사람들을 옳게 대우하는 것으로, 사람들의 필요를 충족하도록 시스템을 변경하는 것을 의미합니다. 따라서 필요한 편의를 제공받은 아동은, 모든 학생이 자원에 공정하게 접근할 수 있도록 시스템이 바뀌었을 때 정의가 실현된 것입니다.

우리는 모두 생물학의 언어와 인간 경험을 이해하는 데 도움이 되는 하나의 틀에 접근할 수 있습니다. 이것이 무슨 뜻일까요? 형평성과 정의를 증진하는 개입과 기술을 논의할 때, 우리는 접근성을 살펴봐야 합니다. 우리의 몸과 신경계가 지닌 역량과 내적 지혜를 바탕으로 작업하면, 인종·민족·종교·사회적 계층·연령·능력·성별을 아우르는 모든 사람에게 본질적으로 닿아 있는 것이 무엇인지 자각하게 됩니다. 우리는 그런 방식으로 설계되어 있기 때문입니다.

커뮤니티 리질리언스 모델과 트라우마 리질리언스 모델은 전 세계 곳곳에서, 서로 교차하는 다양한 삶의 경험을 지닌 수많은 사람들에게 영향을 미쳐 왔습니다. 이 장에서는 그 모든 경험을 다 다룰 수 없기에, 이 틀이 집단 내부와 집단 간에 권력, 연민, 존중을 나누는 매개로 어떻게 작동할 수 있는지를 보여 주는 몇 가지 사례만을 소개합니다.

제도·구조적 인종차별: 미시간주 플린트

미시간(Michigan)주 플린트(Flint)의 식수가 납으로 오염된 뒤, 트라우마 자원 연구소는 커뮤니티 리질리언스 모델의 웰니스 기술을 지역사회와 나누기 위해 초청받았습니다. 지역 구성원들은 공동체를 돕는 개입 중 하나로 커뮤니티 리질리언스 모델 지도자 양성과정을 선택했습니다. 커뮤니티 리질리언스 모델 지도자이자 트레이너인 케빈 맥레오드(Kevin McLeod)는 플린트로 간 교육팀의 일원이었습니다. 케빈은 이렇게 말했습니다. "이 지역사회는 환경적 인종차별과 불의의 가장 극심한 사례 중 하나를 겪었습니다. 주민들은 정부 관리들에 의해 은폐된 납과 기타 박테리아에 지속적으로 노출되어 있었기 때문입니다." 케빈은 교육 과정에서 플린트에 존재하는 차별과 인종주의의 구조에 대해 토론을 주도했습니다. 그리고 트라우마 자원 연구소 팀은 이러한 대화를 환영했고, 지역민들이 겪은 유해한 스트레스(toxic stress)를 완화하는 데 웰니스 스킬이 어떻게 도움이 될 수 있는지를 함께 나누었습니다.

케빈은 인종과 차이에 관한 어려운 대화를 해낼 수 있는 역량을 갖추고, 그와 관련된 스트레스와 트라우마를 인정하며, 웰빙을 유지하기 위한 실용적 기술을 사용하는 일이 얼마나 효과적인지 강조했습니다. 기술을 배우고 연습할수록, 플린트 주민들은 유해한 스트레스의 영향을 스스로 줄일 수 있는 수단을 갖게 됩니다. 앨라배마 주 몽고메리(Montgomery)의 인권단체 EJI(Equal Justice Initiative) 설립자이자 전무이사인 브라이언 스티븐슨(Bryan Stevenson)은 이렇게 말합니다. "우리는 모두 인종적 불평등의 역사라는 짐을 지고 살아가고 있습니다. 그것은 마치 우리 모두가 들이마시는 스모그와 같아서,

우리가 건강하게 살아가는 것을 막고 있습니다."

형평성·다양성·포용 위원회의 탄생

2016년, 트라우마 자원 연구소의 직원과 자원봉사자들로 구성된 한 모임이 일레인 밀러-카라스의 집에 모여, 형평성·다양성·포용 (Equity, Diversity, and Inclusion, EDI)의 관점을 트라우마 자원 연구소에 더 집중적으로 도입하는 방안을 논의했습니다. 리나 파텔 (Reena Patel)이 초기 리더십을 맡아 위원회가 구성되었고, 케빈의 리더십 아래 하위 위원회가 트라우마 자원 연구소 공동체의 인식을 높이기 위해 헌신적으로 활동했습니다. 형평성·다양성·포용 하위 위원회 구성원들의 삶의 경험은, 그들이 인종차별과 차별에 얽힌 가장 어려운 삶의 경험이 진행 중일때도 그 이후에도 내적 균형을 만들 수 있는 기술을 사람들에게 전할 수 있는 형평성·다양성·포용 위원회의 일원임을 자각하게 했습니다. 여기에서는 불평등, 평등, 형평성, 정의가 논의되었습니다. 커뮤니티 리질리언스 모델 기술은 플린트의 경험을 비추어, 차별과 인종차별의 경험을 목도하고 경청할 때 연민 어린 대화와 성찰을 가능하게 했습니다. 이러한 체화된 존중과 인정은 치유로 나아가는 새로운 경로를 열었습니다.

타자성에서 우리로: 사회적 배제 이해와 보편적 인간성의 힘

브라질의 교육자이자 활동가인 파울로 프레이리(Paulo Friere)는 이렇게 말합니다. "비인간화는 분명한 역사적 사실이지만, 피할 수 없는 숙명이 아니라 불의한 질서의 산물입니다. 이러한 불의한 질서는 억압자가 폭력을 생산하고 그 폭력이 다시 피억압자를 비인간화합니다(Friere, 1968)." 비인간화는 억압을 지속시키고 '타자'라는 개념을 강화하는 가장 강력한 도구입니다. 서로 다른 개인들에게 생명, 이름, 이야기를 부여하는 일은 전쟁을 해체하고 나라들을 하나로 모을 수 있습니다. 사회적 배제와 '타자화'의 영향은 인류의 미래를 매우 위태롭게 합니다. 사회적 배제(social exclusion)가 우리의 생물학적 체계에 미치는 영향을 연결해서 이해하는 것은 매우 중요합니다. 이러한 이해를 통해 커뮤니티 리질리언스 모델이나 트라우마 리질리언스 모델 같은 생물학적 기반의 개입이 개인의 실제 삶을 진지하게 바라보는 새로운 인식의 틀을 만들고, 포용으로 나아가는 첫걸음을 내딛게 하는 데 어떻게 도움이 되는지를 알 수 있습니다.

우리 뇌의 전대상피질(Anterior Circular Cortex, ACC)은 바라는 목표와 현실의 갈등 사이에 불일치를 감지하면 몸에 '무언가 잘못됐다'는 신호를 보냅니다. 이런 '신경 경보 시스템'의 작동은 사회적 배제와 고립에서 촉발되며, 인종 기반 차별을 평가하고 대응하는 데 핵심적 역할을 합니다. 인종 기반 차별의 사회적 배제란, 개인이 '원하는 사회적 집단(desired social groups)'으로부터 소외되거나 배제되는 결과, 그리고 그 배제가 어떻게 발생하는가를 의미합니다(Mays et al., 2007). 사회적 배제와 차별을 경험한 사람들은 인종차별과 사회적 거절을 반영하는 부정적 사회 신호에 대한 과도한 경계를 보입니다(Mays et al., 2007). 커뮤니티 리질리언스 모델의 언어로 말하면, 이는 사람을 '하이존'으로 밀어 올려 신경계의 가속 페달만 밟게 만들고, 몸과 마음의 긴장을 풀 브레이크를 찾는 법을 모르는 상태일 수 있습니다. 체화된 커뮤니티 리질리언스 모델 기술은 차별과 거절과 관련된 신체 감각 '탐색하기'를 하도록 돕고, 신경계의 생물학적 브레이크를 밟는 법을 배우게 합니다.

자기조절은 전대상피질이 사회적 수용(social acceptance)과 관련된 정보를 더 잘 저장하도록 도울 수 있습니다. 반대로 자기조절이 부족하면, 우리는 부정적 사건이나 사회적 배제의 세부적인 경험을 더 생생하게 기억하게 됩니다. 특히 BIPOC(Black, Indigenous, and People of Color) 공동체 구성원들과 다른 주변화된 집단의 경우 생존을 위해 과각성(hypervigilance)과 위험 감지에 맞춰진 신경계를 스스로 조절하는 것이 큰 도전이 될 수 있습니다. 인종 기반 차별에 대한 인지적 평가(cognitive appraisal)를 다시 구성하는 데 활용될 수 있으며, 이를 통해 편도체(amygdala)의 조기 활성화를 막고, 신체의 불필요한 소모(wear and tear)를 줄일 수 있습니다. 이것이 바로 일상생활 속에서 신체감각 '탐색하기'와 웰니스 스킬을 활용하는 본질입니다. 이러한 자기조절 기술은 정신적·정서적·신체적 고통을 줄이는 방법이며, 동시에 자신이 자신의 신경계를 주도할 수 있다는 통찰을 통해 자기 역량을 강화합니다. 한 참가자는 이렇게 표현했습니다.

"이 기술들은 내게 초능력(superpower)과 같아요. 인종차별이나 차별을 마주할 때, 나 자신과 내 사람들을 도와줄 수 있게 해주니까요."

인종차별과 같은 위협이 만성적으로 존재하는 상황에서는 전전두피질의 변연계 억제가 풀리며, 과경계, 심박변이도 감소, 혈압·코르티솔 증가 같은 스트레스 반응이 나타날 수 있습니다(Mays et al.,

2007; Torres-Harding & Turner, 2015). 이는 우리와 가족을 보호하도록 행동을 촉구하는 방어적 반응입니다. 그러나 차별이 만성화되면 2장에서 논의한 유해한 스트레스로 이어져 정신적·신체적 건강 문제를 야기합니다. 따라서 생물학 기반 기술을 배우면 부교감신경계를 활성화하여, 어려운 상황을 헤쳐 나갈 때 몸과 마음에 쉼을 제공합니다.

집단 차원에서 사회적 배제의 영향을 생각할 때, 우리와 외모가 다른 사람들과 만날 때의 어려움을 떠올려 보길 권합니다. 달라이 라마(Dalai Lama et al., 2016)에서 달라이 라마와 고(故) 데스몬드 투투 대주교는 인류의 생존을 위해 서로의 보편적 인간성을 이해하는 일이 필수적이라고 논했습니다. 우리는 생물학적으로 우리와 달라 보이는 이들에게 자동적으로 공감하도록 '배선'되어 있지 않을 수 있습니다. 이는 우리에게 '공유된 인간성(shared humanity)'에 대한 인식을 일깨우기 위해 타인을 향해 어떤 의도적 행동을 실천할 수 있을까라는 질문을 던집니다. 단순히 차별이나 증오의 행위에서 자신을 배제하는 것만으로는 충분하지 않습니다. 우리는 서로 다른 집단 간의 관계를 의도적으로 가꾸고, 연결을 키워가는 노력을 해야 합니다. 우리는 대화가 단지 가능할 뿐 아니라, 매우 필수적이라고 믿습니다. 그리고 우리가 회복력 영역 안에 있을 때, 즉 신경계가 안정되어 있을 때, 이러한 대화는 더욱 명료하고 깊이 있게 이루어질 수 있습니다.

우리는 트라우마가 우리의 사고, 감정, 그리고 신체 경험을 어떻게 변화시켰는가에 대해 질문해왔습니다. 공동체마다 고통의 양상은 달랐지만, 전 세계적인 반응은 놀라울 정도로 유사했습니다. 또한 우리는 트라우마적 경험 속에서 어떤 새로운 의미와 목적이 생겨났는가를 물었습니다. 이에 대해 사람들은 공통적으로 감사, 삶에 대한 깊은 소중함, 대변하기, 희망, 그리고 기쁨을 나누었습니다. 이처럼 우리의 보편적 인간성은 문화와 민족을 초월하여, 트라우마 이후의 삶 속에서도 - 그리고 감사와 기쁨의 순간을 경험할 때마다 - 공유된 인간의 경험으로 드러납니다.

권력 되찾기: 생물학적 기반 개입과 체현된 정의

"리질리언스는 우리 몸의 세포 하나 하나에 내재되어 있습니다. 트라우마가 그러하듯, 리질리언스도 전파되어 사람과 가족, 이웃, 그리고 공동체의 삶을 긍정적으로 변화시킬 수 있습니다. 그리고 트라우마가 세대를 넘어 전이 되듯이, 리질리언스또한 세대를 거쳐 전승될 수 있습니다." (레스마 메나켐(Resmaa Menakem), 2017)

파울로 프레이리(Paulo Freire)는 브라질에서 비인간화된 노동자 계급을 위한 해방 운동을 시작했습니다. 프레이리의 급진적 실천은 공장 노동자들에게 글 읽기를 가르친 것이었습니다(Freire, 1968). 커뮤니티 리질리언스 모델과 트라우마 리질리언스 모델은 사람들에게 자신의 신경계를 '읽는 법'을 가르치며, 특히 트라우마를 겪은 이들에게는 글 읽기를 알려주는 것 못지않게 선구적이라고 할 수 있습니다.

권력 구조의 작동 방식은 도움을 주는 전문 직종에 종사하는 우리에게 매우 익숙한 현상입니다. 그것은 통제되지 않은 기업의 탐욕과 착취, 불공정하고 차별적인 법률과 제도, 자연 환경과 자원의 상품화 등으로 드러납니다. 우리는 이러한 체계에 도전하기 위해 존재하고 행동할 수 있습니다. 그러나 권력 구조는 또 다른 방식으로도 드러납니다. 즉, 친밀한 관계에서의 폭력, 아동 학대, 방임, 성적 학대와 착취, 그리고 차별을 통해 우리의 공동체를 오염시키는 방식입니다. 또한 공동체를 지원하는 사람으로서 우리가 입은 상처는, 이러한 고착화된 틀을 해체하는 것이 도전적으로 느껴집니다. 부당한 권력이나 차별 구조 속에서 자신의 고통이나 요구, 진실이 전혀 받아들여지지 않는다고 느끼는 상황에서 우리는 '수평적 폭력(horizontal violence)'을 통해 서로를 해치게 됩니다. 이런 맥락에서, 자신의 신경계를 읽는 법을 배우는 생물학적 선택권을 되찾는 것은 근본적이고 선구적입니다. 자신의 ACEs(Adverse Childhood Experience) 점수를 완화하는 것도 선구적입니다. 그리고 이 지구상의 모든 사람이 트라우마를 치유할 도구를 갖도록 힘을 실어주는 것, 그것이야말로 진정으로 변혁적인 변화입니다.

누군가의 치유 여정에 동행할 때 우리는, 그 사람을 단순히 개인으로만 보지 않고, 그의 삶 속에서 권력이 어떻게 작동하고 있는지를 함께 살펴보는 것이 중요합니다. 이 과정에서 신경계를 다루는 일은 핵심 수단이며, 생물학이 어떻게 영향을 받는지를 이해하면 권력을 즉각 재분배할 언어를 얻게 됩니다. 우리가 "우리 모두는 신경계를 가지고 있습니다(We all have a nervous system)"라고 말할 때, 그 말은 곧 권력의 불균형을 완화하고, 인간적 평등성을 회복하는 첫걸음이 됩니다.

이 접근은, 치유 과정에서 돕는 사람이 답을 주는 것이 아니라, 당사자 스스로가 체화된 자신(embodied self) 안에서 답을 찾아가도록 안내하며, 그 사람의 내적 지혜와 주체성을 신뢰하고 강화하는 것을 의미합니다.

억압 체제의 변화

활동가이자 작가인 오드리 로드(Audre Lorde)는 이렇게 말했습니다. "어떤 여성이라도 자유롭지 못한 한, 나 또한 자유롭지 않다. 비록 그 여성이 매인 사슬(shackles)이 나의 것과는 전혀 다르다 하더라도 말이다."(Lorde 1981). 리나 파텔은 트라우마를 겪고 인종차별을 경험한 사람들에게 정신건강 서비스를 제공해 온 사람인 동시에, 트라우마 생존자로서 그러한 서비스를 받아 온 사람의 시각에서 말합니다. 파텔의 삶은 성폭력을 견뎌 살아남은 여정, 여러 가족 관계에서 수년간의 친밀한 파트너 폭력을 목격한 경험, 외국인 혐오를 겪은 일, 그리고 미국의 가정에서 세대에 걸쳐 이어져 온 보수적 문화 관행의 교차 지점에서 부딪히는 문제를 완화하며 살아온 과정으로 점철되어 있습니다. 그녀는 권력 구조의 여러 층위와 그것이 뇌와 몸에 미치는 영향을 익히 알고 있습니다. 여기에는 특히 그녀의 여성 가족구성원들이 세대에 걸쳐 견뎌야 했던 폭력과 외국인 혐오에 대한 체감적 앎도 포함됩니다. 리나는 치유의 작업이 그들을 위해서도 - 그리고 자녀와 손주들을 위해서도 - 필요하다고 믿습니다. 이 현실은 그녀의 생물학적 구조, 곧 세포 수준에까지 새겨져 있습니다. 고통의 흔적과 전해 내려온 리질리언스 - 그 둘 모두가 그녀 안에 실재합니다.

리나는 대학에 들어간 뒤 여러 환경에서 치료를 받았지만, 트라우마 리질리언스 모델의 생물학적 기반 기술을 실천하는 치료사를 만나고서야 비로소 안도감을 느꼈다고 설명합니다. 그녀의 트라우마를 생물학적으로 접근한 일은 변혁적이었습니다. 그 밖의 치료들은 인지 기반이었지만, 그런 접근은 그녀의 몸 안에 남아 있는 수세기에 걸친 여성 대상 폭력의 흔적을 지우지 못했습니다.

　남아시아 출신 이민 1세대 여성인 리나는 인종주의·성차별·불평등 구조를 몸소 겪은 경험을 바탕으로, 그것이 개인과 공동체에 미치는 영향을 더 깊이 이해하고자 했습니다. 그녀는 행동건강 팀에서 가장 어렸고 유일한 유색인종 여성 임상의였던 탓에 공격받는 느낌을 받았던 어느 회의를 떠올립니다. 그 상황에서 그녀는 '경직(freeze)' 상태로 들어갔다고 회상합니다. 이후 며칠간 커뮤니티 리질리언스 모델 웰니스 기술을 활용해 회복력 영역으로 되돌아오는 데 주력했다고 말합니다. 리질리언스와 최적 기능 역량이 생겨나자, 그녀는 조절력을 잃은 신경계의 반응적 과흥분을 진정시킬 수 있었고, 자신을 위한 책임 있고 온전한 행동을 취할 수 있었습니다. 그녀는 자기 효능감과 자기 통제감을 느꼈다고 말합니다. 자신의 생물학적 층위에 주의를 기울이자 삶의 경험을 보는 새로운 인식이 생겼습니다. 이제 와 돌아보니, 그 초기 반응은 전문 환경에서 '타자'로 느껴져 온 수십 년의 감각에서 비롯되었음을 깨달았습니다. 동료에게 악의가 없었을 수도 있지만, 이제 그녀는 '인식'이 관건임을 알며 당시 상황을 위협적으로 지각했다고 말합니다. 사건과 관련된 지속적 스트레스 요인과 단서가 이어졌음에도 직장에 남아 근무할 수 있었습니다. 웰니스 기술로 자기조절을 돕자 더 높은 역량을 발휘할 수 있었고, 내담자의 요구와 자신의 욕구를 모두 존중하며 계속 일할 수 있었습니다. 무엇보다, 다른 부서의 여성 직원들과 이야기를 나눈 끝에 해당 문제가 지속적이었다는 사실을 알게 되었습니다. 회복력 영역에 머무는 가운데 그녀는 공식적인 서면 진정서를 작성해 자신과 작업 환경을 위해 목소리를 냈고, 그 결과 해당 동료는 자리에서 물러나게 되었습니다.

웰빙 개념화

커뮤니티 심리학자 넬슨과 프릴레텐스키(Nelson & Prilleltensky)는 웰빙을 개인적·관계적·공동체적 세 가지 핵심 요소로 개념화합니다. 개인적 웰빙은 더 큰 공동체와 세계의 일원으로서 자기 돌봄을 실천하고 내적 조화를 이루는 상태를 의미합니다. 관계적 웰빙은 개인이 고립된 존재가 아니라 타인과의 관계 속에서 존재한다는 점에 초점을 둡니다. 우리의 웰빙은 주변 사람들과의 상호 연결 속에서 형성되며, 이러한 관계적 차원은 타인의 다양성을 인정하고 존중함으로써 자기 자신에 대한 수용감을 키우도록 돕습니다. 공동체적 웰빙은 개인적 웰빙과 관계적 웰빙을 모두 포괄하며, 이 두 차원을 넘어 개인이 살아가는 환경과 사회적 구조까지 포함하는 전체적 건강의 확장된 형태를 의미합니다. 우리가 체화된 웰빙을 경험하면 자기연민(self-compassion)이 자라나며, 동시에 공동체적 웰빙도 함께 증진됩니다. 이는 우리 안에서 비롯된 체화된 웰빙이 삶 전반으로 퍼져나가는 긍정적 전염(contagion)과 같습니다. 집단적 웰빙은 개인적 목표와 공동체적 목표를 통해 웰빙을 촉진하는 공동체 구조의 형성을 지향합니다. 또한 집단적 웰빙에는 사회정의와 책임, 그리고 특히 억압받는 사람들을 위한 자원의 공정하고 평등한 분배가 포함됩니다(Nelson & Prilleltensky, 2010).

속박된 해방: 교차성을 존중하는 것의 의미

릴라 왓슨(Lilia Watson)에 따르면 "당신이 나를 도우러 왔다면,

당신의 시간은 헛되이 쓰일 것입니다. 그러나 당신의 해방이 나의 해방과 얽혀 있기 때문에 왔다면, 우리 함께 일합시다(Watson, 1985)."는 우리로 하여금 우리의 교차성과 문화적 겸손을 면밀히 성찰하도록 영감을 줍니다.

정신건강 개입과 접근 방식을 탈식민화(decolonization)하는 것은 매우 중요합니다. 생물학적 기반의 개입을 활용하는 것은 도움을 구하는 사람들과 권한을 공유하고, 소외와 박탈의 무게를 지닐 수 있는 서사에 희망과 존엄을 회복시키는 길이 됩니다. 탈식민화는 또한 치료자가 전문가로 군림하는 가부장적 체계(patriarchal systems)에 의해 구성되지 않은 정신건강 개입을 새롭게 설계하는 것을 의미합니다. 이는 정신건강을 증진할 수 있는 추가적인 도구와 자원들을 공동체의 자연스러운 리더들, 즉 신뢰받는 지역의 조력자들(trusted ambassadors)과 함께 나누는 것을 포함합니다.

탈식민화에는 교차성(intersectionality)에 대한 이해와 문화적 겸손(cultural humility)이 포함됩니다. 모든 사람은 자신이 세상 속에서 누구인지를 형성하는 정체성과 삶의 경험이 교차하는 고유한 지점을 지니고 있습니다. 이러한 교차점들은 우리가 세상을 인식하는 방식과 세상이 우리를 인식하는 방식이 서로 영향을 주고받는 양방향적 관계를 이룹니다. 커뮤니티 리질리언스 모델이나 트라우마 리질리언스 모델과 같은 생물학적 기반 모델은 감각과 몸의 언어를 통해 이러한 현실이 스스로를 표현할 수 있도록 하며, 이는 말로 설명할 수 없는 보다 깊은 앎을 가능하게 합니다.

트라우마에 대한 인식이 점차 확산되고 주류 담론으로 자리 잡으면서, 효과적이고 실제적인 트라우마 개입에 대한 필요성이 커지고 있습니다. 특히 소수집단을 위해서는 트라우마 개입이 접근 가능하고(accessible), 적응 가능하며(adaptable), 경제적으로 실행 가능한 (economically resourceful) 것이어야 합니다. 취약계층과 소외된 집단이 기존 치료에 접근하는 데 겪는 장벽을 이해하는 것은 미래의 트라우마 치료 접근 방식을 설계하는 데 반드시 반영되어야 합니다.

공중보건적 관점(public health lens)에서 개인뿐만 아니라 가족과 공동체 수준의 트라우마 개입을 설계하는 것은 훨씬 더 깊고 지속 가능한 영향을 가져올 수 있습니다(Helms et al., 2012). 커뮤니티 리질리언스 모델과 같은 공중보건 접근법은 미시(micro), 중간(mezzo), 거시(macro) 수준의 개입을 모두 포괄하며, 대규모 시스템이 만들어 내는 유해한 스트레스와 질병을 다루는 데 이상적입니다.

커뮤니티 리질리언스 모델과 트라우마 리질리언스 모델은 단순한 대처 전략이 아닙니다. 이 모델은 억압자의 이익을 위한 것이 아니라, 억압받는 사람들의 역량 강화를 위한 전인적 웰빙(holistic wellbeing)을 촉진합니다. 폭력과 차별의 영향을 받은 이들을 위한 행동 건강 개입(behavioral health interventions)은 선택의 자유, 개인 및 공동체의 안전, 낙인 감소를 보장해야 합니다. 인지 기반 대응 전략 (cognitive-based coping strategies)으로는 미시적 공격과 차별로 인한 체화된 트라우마의 영향을 충분히 다룰 수 없습니다. 두 모델의 웰니스 기술을 배우는 것은 언제나 자발적 선택이며, 이러한 생물학적 기반 기술은 개인과 공동체 수준에서 더 큰 안전감과 체화된 회복 경험을 가능하게 합니다. 우리는 스트레스와 트라우마에 대한 일반 적인 반응이 생물학적 기제(biological underpinnings)에 뿌리를 두고 있음을 강조함으로써 낙인을 줄여갑니다.

트라우마 리질리언스 모델과 커뮤니티 리질리언스 모델의 정신은 정의와 형평성 중심의 가치를 내포하고 있으며, 트라우마 개입을 다양한 학문 분야에 통합하는 논의에 이러한 관점을 불어넣습니다. 사회 문제는 상호 관계적이고 상호 영향적인 생태학적 체계(ecological systems) 안에서 이해되므로, 빈곤과 분리를 유지하는 제도적·구조적 인종주의는 유색인뿐 아니라 모든 사람에게 트라우마를 지속적으로 가하는 구조로 보아야 합니다. 이는 트라우마 치료를 필요로 하는 개인과 공동체의 접근성을 높이는 것과, 인종차별과 미시적 공격으로 인한 누적 트라우마(cumulative trauma)와 유해한 스트레스를 보편적 치유가 필요한 주요 스트레스 요인으로 인식하는 데 중요한 의미를 가집니다.

인종과 관련된 고통(race-related distress)을 보고한 개인들은 불안, 수치심, 신체적 증상, 우울감, 대인관계의 부정적 영향 등 다양한 증상을 경험한다고 합니다(Torres-Harding & Turner, 2015). 이러한 트라우마성 스트레스에 대한 전형적인 반응은 종종 트라우마에 근거하지 않은 다른 진단으로 오진 받기도 합니다. 차별로 인한 만성적 스트레스에 대한 생물학적 반응은 흔히 병리화(pathologized)되어 해석됩니다. 사람들이 비교적 경미한 수준의 고통을 호소할 경우, 이들은 트라우마 진단을 받지 못하는 경우가 많습니다. 그러나 이러한 경미한 증상들조차도 인종차별과 그에 수반되는 환경적 요인들로 인해 장기적인 부정적 건강 결과(long-term adverse health outcomes)를 초래할 수 있는 만성적 반응으로 나타날 수 있습니다(Torres-Harding & Turner, 2015; Anderson, 2013). 따라서 차별로 인해 트라우마 진단을 받았든, 혹은 경미한 증상으로 나타나든, 웰니스 기술을 학습하는 것은 유해한 스트레스 반응을 완화하고, 그것이 심각한 정신적·신체적 건강 문제로 발전하는 것을 예방하는 데 도움을 줄 수 있습니다.

문화적으로 토착화된 접근을 활용한다는 것은 트라우마 리질리언스 모델 치료사와 커뮤니티 리질리언스 모델 지도자가 권력과 특권을 이해하기 위한 도구로서 자신의 이야기(narrative)를 인식해야 함을 의미합니다. 이는 우리의 교차성을 이해하고, 그것이 우리가 세상을 바라보는 방식과 세상이 우리를 인식하는 방식에 어떻게 영향을 미치는지를 아는 것을 담보합니다. 인종차별이 누적적으로 미치는 영향을 이해하는 것은 매우 중요하며, 이는 기존의 트라우마 경험을 더욱 심화시킬 수 있습니다. 미시적 공격이 명확하게 정의되지 않은 탓에, 치료자들은 유색인 내담자의 경험이 '얼마나 불편하고 고통스러울 수 있는지'를 간과하거나 과소평가할 수 있습니다 (Torres-Harding & Turner, 2015, p.483). 따라서 문화적으로 유능하고 뿌리 깊은 조력자를 양성하는 것은 소외된 모든 사람들에게 최적의 치료 환경을 조성하는 데 필수적입니다.

　인종차별과 미시적 공격이 생물학적으로 누적되어 나타나는 영향에 대한 이해가 깊어지면, 이러한 경험을 단순한 불편이 아니라 일상적인 유해한 스트레스로 인식하게 되어, 문화적 역량에 대한 새로운 접근이 가능해집니다. 만약 유색인 내담자가 자신의 '인종적 현실(racial realities)'이 존중받지 못한다고 느낀다면, 치료자와 내담자 간의 치료 관계(therapeutic relationship)는 손상될 수 있으며, 이는 신뢰 상실과 회피로 이어져 치료의 질을 떨어뜨릴 수 있습니다(Torres-Harding & Turner, 2015; Huynh, 2012). 인종차별과 미시적 공격의 생물학적 기제가 이해되고, 개인이 신체 감각 탐색하기를 통해 내수용 인식(interoceptive awareness)을 키워갈 때, 깊은 수준의 자기치유(self-healing)가 체화되어 내적 균형을 회복할 수 있습니다.

다양한 집단이 경험하는 만성적 차별의 체화된 경험은 신체적 증상(somatic complaints), 영향, 그리고 건강 결과에 서로 다른 양상으로 나타날 수 있습니다. 따라서 연구에서 인종 및 민족적 다양성의 대표성을 높이는 것뿐 아니라, 교차성의 관점을 적용하여 성별, 성적 지향, 종교, 장애, 계급이 교차하는 누적 트라우마를 구체적으로 분석하는 것은 취약 집단에 대한 이해를 더욱 심화시킬 수 있습니다.

이와 같은 인종적 불의(racial injustice)를 체화된 트라우마로 이해하는 관점은 개인적이고 주관적인 경험에서 벗어나, 억압이 만들어 내는 사회적·구조적·세계적 수준의 문제로 확장됩니다. 이러한 억압 구조는 유색인에게 부정적 건강 결과의 위험 요인을 증가시킬 뿐 아니라, 만성적 차별을 경험하는 다른 집단에게도 적용됩니다. 다음은 커뮤니티 리질리언스 모델과 트라우마 리질리언스 모델 치료사이자 트레이너들이 LGBTQIA2S+ 공동체와 함께 일하면서 경험한 개인적·전문적 사례를 통해 보여주는 예시들입니다.

언어 표현은 문화적 겸손을 바탕으로 한 출발점이 될 수 있습니다. 이는 내담자에게 선택권을 부여함으로써 권력 구조가 강화되지 않도록 하고, 이 공간 안에서 권한이 지속적으로 공유되도록 하는 것입니다. 또한 전통적인 성별 이분법(gender binary)에 속하지 않는 사람들과 함께할 때, 비이분법적 대명사(non-binary pronouns)의 의미를 인식하고 확장하는 것도 중요합니다. 예를 들어, 자신을 'they/them'으로 지칭받기를 원하는 개인의 선택을 존중하며, 그들의 존재를 인정하고 존중을 표현하는 것입니다.

캐슬린 토머스(Kathleen Thomas), LPCC, NCC 자격을 갖춘 커뮤니티 리질리언스 모델 지도자이자 트라우마 리질리언스 모델 공인 치료사 겸 트레이너는 다음과 같이 말합니다.

"트라우마 리질리언스 모델과 커뮤니티 리질리언스 모델의 가장 큰 강점 중 하나는 LGBTQIA2S+ 공동체의 포용과 관련된 적응성입니다. 이 정체성 스펙트럼에 속한 많은 사람들은 이성애자나 시스젠더(cisgender) 동료들보다 신체적, 정서적, 성적 학대의 비율이 훨씬 더 높습니다. 이로 인해 그들은 트라우마에 대한 대처뿐 아니라, 이성애주의(heterosexism), 시스젠더 중심주의(cisgenderism), 인종차별(racism), 장애차별(ableism)이 만연한 공간 속에서 생존을 위한 방법으로 몸으로부터의 단절이나 감각 마비를 시도하기도 합니다. 기존의 전통적 치료 틀은 '무엇(what)'을 묻고, 트라우마 인식 틀은 '왜(why)'를 묻지만, 트라우마 리질리언스 모델/커뮤니티 리질리언스 모델은 '어떻게(how)'를 묻습니다. '당신은 이 세상을 어떻게 살아가고 있습니까?' '당신을 받아들이지 않는 세상 속에서 어떻게 의미를 찾아가고 있습니까?' '가족으로부터 자신이 부정된 이후, 당신은 어떻게 공동체와 가족, 그리고 소속감을 만들어가고 있습니까?' 우리가 비판하지 않고, 개인과 문화가 지닌 고유한 강점을 인정할 때, 우리는 LGBTQIA2S+ 공동체를 위한 문화적으로 반응적이며 리질리언스 중심(resiliency-informed)인 개입의 여지를 만들어갈 수 있습니다." (K. Thomas, 개인 통신, 2022년 4월 27일)

타라 스미스(Tara Smith, LCSW)는 커뮤니티 리질리언스 모델 지도자이자 트라우마 리질리언스 모델 치료사 및 트레이너로서 다음과 같이 덧붙입니다.

"청유형 표현은 우리 모델의 핵심 요소 중 하나이며, 공동체 구성원에게 포용성을 제공하는 언어입니다. 우리 공동체의 구성원들은 새로운 사람을 만날 때마다, 심지어 치료자와 만나는 상황에서도 '커밍아웃(coming out)'해야 하는 경우가 많습니다. 청유형 표현은 이 과정을 자율적으로 선택할 수 있게 하여 안전감을 만들어 줍니다. 또한 트라우마 리질리언스 모델 치료사나 커뮤니티 리질리언스 모델 지도자는 참가자에게 그들의 상태를 관찰하거나 신체 감각을 탐색해도 괜찮은지를 먼저 묻습니다. 이 '묻는 행위' 자체가 매우 중요합니다. 우리 공동체의 일부 사람들, 특히 트랜스젠더나 논바이너리 정체성을 가진 사람들은 자신의 몸이 관찰되는 상황에 불편함을 느낄 수 있습니다. 따라서 의도적으로 관찰하거나 탐색하기 전에 허락을 구하는 것은 우리의 치유 과정에서 자율성을 회복할 수 있게 해줍니다. 물론, 우리는 획일적인 집단(monolith)이 아니며, 각 개인의 특성과 경험에 맞게 과정을 조정하는 것이 표준이 되어야 합니다. 우리가 자신의 이야기를 원하는 만큼만 공유할 수 있도록 허용받을 때, 그곳은 안전한 환경이 됩니다."(T. Smith, 개인 통신, 2022년 4월 26일)

킴벌리 C. 웡(Kimberly C. Wong, LCSW)은 공인 커뮤니티 리질리언스 모델 지도자이자 트라우마 리질리언스 모델 치료사 및 트레이너로서 트라우마 자원 연구소 커뮤니티에서의 개인적 경험과 함께, 이 모델들이 자신의 사회정의 가치와 어떻게 맞닿아 있는지에 대해 다음과 같이 말합니다.

"저는 트라우마 리질리언스 모델과 커뮤니티 리질리언스 모델의 철학과 접근 방식-즉, 내담자 중심(client-centered), 역량 강화, 그리고 사회정의적 가치-에 즉시 끌렸습니다. 이 모델들은 제가 일하는 방식과 완전히 일치합니다. 트라우마 자원 연구소 설립자 일레인(Elaine)은 따뜻함, 개방성, 존중, 그리고 수용의 태도를 모델 안에 불어넣었습니다. LGBTQ 구성원들은 억압으로부터 비롯된 수치심과 존재의 투명성을 자주 경험합니다. 그래서 공동체를 만드는 일은 매우 중요합니다. 대부분의 우리는 인종, 민족, 종교 또는 영성 공동체와 같은 기존의 소속 기반 없이 성장하기 때문입니다. 저는 유색인 레즈비언 여성으로서 아시아 커뮤니티 안에서도, 더 넓은 LGBTQ 공동체 안에서도 완전히 받아들여지거나, 소속감을 느끼지 못했던 순간들이 있었습니다. 하지만 트라우마 자원 연구소 커뮤니티 안에서는 제 존재의 모든 측면이 존중되고 수용되는 소속감을 느꼈습니다. 저의 정체성을 이루는 이 두 가지 중요한 부분이 인정되고 가치 있게 여겨지는 것은 매우 의미 있는 경험이었습니다."(K. Wong, 개인 통신, 2022년 4월 28일)

이들 치료사들은 또한 커뮤니티 리질리언스 모델과 트라우마 리질리언스 모델이 "또한 무엇이 진실인가?"라는 질문을 통해 개인적·집단적 서사 속에서 역량 강화와 웰빙을 촉진한다고 설명합니다. 이러한 접근은 교차하는 정체성(intersecting identities)의 복잡성을 이해하고 존중함으로써 타인의 삶을 향한 더 깊은 연민을 가능하게 합니다. 이 이해는 불평등과 트라우마를 다루는 개입을 설계하고 실행할 때, 형평성과 정의를 실천할 수 있습니다.

K. 토머스는 고통과 리질리언스를 함께 포용하는 것의 중요성에 대해 다음과 같이 덧붙입니다.

"트라우마 리질리언스 모델과 커뮤니티 리질리언스 모델의 틀은 '또한 무엇이 진실인가?'라는 지속적인 탐구를 위한 공간을 만듭니다. 이 질문은 비판 없는 호기심의 태도로 현실을 재구성하도록 이끌며, LGBTQIA2S+ 공동체의 개인들이 자신의 존재 속 고통과 아름다움 모두를 인정할 수 있도록 돕습니다. 당신이 트라우마와 고통을 경험했을 수도 있습니다. 그러나 동시에 당신은 자신만의 공동체, 가족, 그리고 정체성을 만들어 왔을 수도 있습니다. 당신은 태어난 가족에게서 거절당했을 수도 있지만, 선택한 가족(chosen family) 안에서 풍요롭고 깊이 있는 관계를 발견했을 수도 있습니다. 이러한 재구성은 트라우마가 우리의 관점을 지배하는 힘을 해체하도록 돕습니다. 그것은 우리가 본래 지닌 리질리언스, 적응력, 그리고 생동감을 다시 기억하게 하는 과정입니다." (K. Thomas, 개인 통신, 2022년 4월 27일)

이어서 스미스는 LGBTQIA2S+ 공동체와 함께 일할 때 "또한 무엇이 진실인가?"의 의미를 확장하여 다음과 같이 설명합니다.

"공동체의 일원으로 존재한다는 것이 언제나 우리의 트라우마의 일부인 것은 아닙니다. 혹은 그것이 우리의 가장 중요한 트라우마 사건의 일부가 아닐 수도 있습니다. 치유의 여정에서 우리의 우선순위를 존중하는 것은 자율성과 존엄성을 유지할 수 있게 해줍니다." (T. Smith, 개인 통신, 2022년 4월 26일)

결론

커뮤니티 리질리언스 모델과 트라우마 리질리언스 모델은 모든 개인이 자신의 생물학적 언어와 삶의 경험에 대한 이해의 틀에 접근할 수 있도록 돕는 교육 및 웰니스 기술을 제공합니다. 이를 통해 개인은 변화를 위한 자기 변호를 더 잘 수행하고, 사회 체계를 이해하며, 자신의 몸과 마음에 대한 통제력을 강화할 수 있습니다. 이러한 웰니스 기술의 실천은 불평등과 불공정한 사회적 조건 속에서 자라나는 많은 사람들이 겪는 아동기 부정적 경험(ACEs)이 초래하는 건강상의 악영향을 완화할 수 있습니다. 우리는 이미 알고 있습니다 - 우리가 사는 우편번호가 유전적 코드보다 삶의 기대수명(life expectancy)을 더 정확히 예측한다는 사실을.

생물학적 기반 개입은 대인적·구조적 인종차별과 소외집단의 차별을 유해한 스트레스의 경험으로 인정합니다. 우리가 '타자화'된 이들의 고통과 아픔에 깊이 귀 기울이려는 의지로 다가설 때, 우리는 보편적 인간성을 기르고 성장시킬 기회를 얻습니다. 우리는 고통을 끌어안고, 동시에 "또한 무엇이 진실인가?"라는 질문을 던지며 치유의 환경을 만들어가기 위해 여기에 있습니다.

말로 다할 수 없는 체화된 슬픔과 고통 앞에서도, 우리는 여전히 기쁨과 행복의 가능성을 기억할 수 있습니다. 우리는 어려운 대화를 나누면서도, 동시에 체화된 웰빙을 키워갈 수 있습니다. 우리가 자신으로 존재할 때, 가능성은 무한합니다. 우리는 '나'를 넘어 '우리(Us)'를 체현할 수 있습니다. 넬슨 만델라(Nelson Mandela)의 말은 우리 지구 공동체에 희망의 메시지를 전합니다.

> "사람은 피부색, 출신, 종교 때문에 다른 사람을 미워하도록 태어나지 않습니다. 사람들은 미워하는 법을 배워야 한다면 우리는 사랑하는 법도 배울 수 있습니다. 왜냐하면 사랑은 인간의 마음에 미움보다 훨씬 더 자연스럽게 스며드는 것이기 때문입니다."
>
> 넬슨 만델라(Nelson Mandela, 1994)

사랑이 체화될 때, 그 자매인 연민은 세상을 향해 흘러갑니다.

참고문헌

Anderson, K. E. (2013). "Diagnosing discrimination: Stress from perceived racis m and the mental and physical health effects." *Sociological Inquiry,* 83(1), 55–81.

Dalai Lama, & Tutu, D. (with Abrams, D.). (2016). *The book of joy: Lasting happiness in a changing world.* Avery.

Freire, P. (1968). *Pedagogy of the oppressed.* Seabury Press.

Gee, G. C., Spencer, M. S., Chen, J., & Takeuchi, D. (2007). "A nationwide study of discrimination and chronic health conditions among Asian America ns." *American Journal of Public Health,* 97(7), 1275–1282. https://doi.org/ 10.2105/AJPH.2006.091827

Helms, J. E., Nicolas, G., & Green, C. E. (2012). "Racism and ethnoviolence as trauma: Enhancing professional and research training." *Traumatology,* 18, 65–74.

Huynh, V. (2012). "Ethnic microaggressions and the depressive and somatic symptoms of Latino and Asian American adolescents." *Journal of Youth and Adolescence,* 41(7), 831–846.

Keleher, T., & Lawrence, K. (2004). "Chronic disparity: Strong and pervasive evidence of racial inequalities, poverty outcomes & structural racism." *Race and Public Policy Conference.* https://www.intergroupresources.com/rc/ Definitions%20of%20Racism

Lorde, A. (1981, June). "The uses of anger: Women responding to racism." Paper presented at the National Women's Studies Association Conference, Storrs, CT. Retrieved from https://www.blackpast.org/african-american-h istory/speeches-african-american-history/1981-audre-lorde-uses-ang er-women-responding-racism/

Mandela, N. (1994). *Long walk to freedom: The autobiography of Nelson Mandel a.* Little, Brown and Company.

Mays, V. M., Cochran, S. D., & Barnes, N. W. (2007). "Race, race-based discrimin ation, and health outcomes among African Americans." *Annual Review of Psychology,* 58, 201–225.

Menakem, R. (2017). *My grandmother's hands: Racialized trauma and the pathw ay to mending our hearts and bodies.* Central Recovery Press.

Nelson, G., & Prilleltensky, I. (2010). "Community psychology: In pursuit of liberation and well-being." Palgrave Macmillan.

Torres-Harding, S., & Turner, T. (2015). "Assessing racial microaggression distress in a diverse sample." *Evaluation & the Health Professions*, 38(4), 464–490.

Watson, L. (1985). *Statement at the United Nations Decade for Women Conferen ce*, Nairobi, Kenya.

제2부

커뮤니티 리질리언스 모델 적용

7장

공중보건에서의
커뮤니티 리질리언스 모델

일레인 밀러-카라스

이 장에서는 다음의 내용을 다룹니다.

1. 정신 건강을 공중보건 문제로서 논의합니다.
2. 문화적 겸손(Cultural Humility)을 정의합니다.
3. 커뮤니티 리질리언스 모델 지도자 교육 인증 과정을 위한 프로
   그램을 소개합니다.

2010년 포르토프랭스(Port au Prince)에서 발생한 참혹한 지진의 생존자 한 명은 트라우마 자원 연구소가 전 세계 사람들에게 웰빙을 회복하는 방법을 계속 가르쳐주기를 희망한다고 말했습니다. 아이티 출신 커뮤니티 리질리언스 모델 지도자로서 세상을 바꿀 수 있다고 믿었으며, 그녀의 희망은 현실이 되었습니다. 커뮤니티 리질리언스 모델은 전 세계인의 정신 건강과 웰빙을 다루는 공중 보건 전략으로 활용될 수 있는 개입 방법이 되었습니다. 우리는 이 모델이 상상하지 못했던 방식으로 전 세계에 확산되는 것을 목격해 왔습니다.

"질병통제예방센터(the Centers for Disease Control and Prevention, 2022)는 공중보건을 사람들과 지역사회의 건강을 보호하고 증진하는 학문이라고 설명합니다. 이 작업은 건강한 생활 방식을 촉진하고, 질병 및 부상 예방에 관한 연구를 수행하며, 감염병을 발견·예방·대응하는 것을 통해 이루어집니다. 전반적으로 공중보건은 전체 인구의 건강을 보호하는 데 중점을 둡니다. 공중 보건 분야는 근본적으로 사람들이 아프지 않도록 웰빙과 건강한 행동을 촉진하는 데 목적을 둡니다."

정신 건강을 공중보건의 문제로 인식하는 것은 더 건강하고 생산적인 공동체를 만드는 데 필수적입니다. 우리가 감염병에 걸려 신체적으로 아플 때, 그것은 우리 삶의 모든 측면에 영향을 미칩니다. 최소한 우리의 일할 능력을 방해하고 다른 사람들과의 상호작용에도 영향을 줍니다. 이와 마찬가지로, 정신 건강의 어려움 역시 한 개인의 삶의 모든 측면 - 학교, 직장, 가정의 책임과 관련된 일상 활동을 수행할 수 있는 능력 - 에 영향을 미칩니다. 인식되지 않거나 치료되지 않은 정신 건강 문제는 사회적 고립, 형사 사법 제도와 관련된 문제, 심신 건강을 해칠 수 있는 행동으로 이어질 수 있습니다.

튤레인 대학교 공중보건 및 열대의학대학원(Tulane University School of Public Health & Tropical Medicine, 2021)의 보고서는 다음과 같이 밝힙니다.

"공중 보건 전문가들은 정신 건강에 부정적으로 작용하는 요인을 해결하는 데 핵심적인 역할을 합니다. 공동체의 웰빙을 다루려면 포괄적인 접근이 필요합니다. 정신 건강을 증진하기 위해 공중 보건 전문가들은 정신 질환을 예방하고, 정신 건강 서비스 접근성을 개선하며, 회복을 지원하고, 정신 질환을 가진 사람들의 사망률, 질병률, 장애율을 낮추는 방법을 찾습니다. 정신 건강을 증진하는 개입을 활용하는 것은 전 세계적 정신 건강 문제에 대응하는 공중 보건 전략의 일부입니다."

커뮤니티 리질리언스 모델의 강점은 심신 건강에 기여하는 개입이라는 점입니다. 이 기술들은 개인과 공동체가 지닌 내적 지혜와 강점을 일깨워 웰빙을 증진합니다. 많은 사람들이 이렇게 물어왔습니다. "공중 보건의 관점에서 볼 때, 커뮤니티 리질리언스 모델 웰니스 기술을 통합함으로써 우리는 개인적·사회적으로 의미 있는 변화를 만들 수 있는가?" 실제로 우리는 내수용감각(interoceptive)과 외수용감각(exteroceptive) 인식을 통해 우리의 신경계를 조절하고, 정신·신체·영혼이 하나로 온전함을 느낄 수 있습니다. 다마지오(Damasio, 1999)는 핵심 자아(core self)는 외부 자극과 내부 자극이 합쳐져 하나의 통합된 실체로서의 자아 경험을 형성한 것이라고 말했습니다. 개인이 온전함의 감각을 경험할 때, 그는 자신의 삶과 공동체가 직면한 문제를 해결하는 데 더 집중하게 됩니다. 그러므로 우리는 단호하게 '그렇다'라고 답할 수 있습니다. 우리는 개인 안에서, 그리고 공동체와 더 넓은 사회 속에서 변화를 만들어낼 수 있습니다.

공중 보건 분야에서는 건강과 복지에 대한 위험을 줄이기 위한 개입을 개념화하는 데 도움이 되는 여러 예방 범주가 있습니다. 커뮤니티 리질리언스 모델은 1차, 2차, 3차, 4차 예방 전략에 통합되었습니다.[3]

---

3 [역주] https://tricitymhs.org/78-faq-root-category/mhfa-faqs/296-community-resiliency-model-CRM

1차 예방

1차 예방은 건강한 개인을 대상으로 하며, 위험 노출을 제한하는 활동을 권장합니다. 1차 예방의 관점에서 목표는 건강한 사람들이 정신 건강 문제를 겪거나 발병하는 것을 방지하는 것입니다. 커뮤니티 리질리언스 모델을 웰빙 실천활동으로 통합한 프로그램은 현재 학교, 지역사회 정신 건강 기관, 부모 지원 네트워크, 그리고 정신 및 신체 건강을 촉진하는 기관에서 운영되고 있습니다.

2차 예방

2차 예방은 조기 질병 발견에 중점을 두며, 대상은 건강해 보이는 개인들입니다. 2차 예방을 시행할 때는 불안증 및 우울증이 진단된 사람을 도와 증상을 감소시키거나 완전히 없애는 데 초점을 맞춥니다. 정신 건강 상태가 불안증 및 우울증 상태로 진단된 개인들은 개별 심리치료와 치료 그룹에서 증상을 줄이거나 없애기 위해 커뮤니티 리질리언스 모델의 핵심 개념과 기술을 배우고 있습니다.

3차 예방

3차 예방은 복잡하고 장기적인 정신 건강 문제를 관리하면서 전반적인 삶의 질을 최대화하는 데 목적을 둡니다. 3차 예방은 상태의 임상적 단계와 결과 단계를 모두 목표로 하며, 증상을 보이는 개인에게 시행됩니다. 이는 상태의 심각성과 관련된 후유증을 줄이는 것을 목표로 합니다. 만성적이고 지속적인 정신 질환을 가진 개인들 또한 커뮤니티 리질리언스 모델의 개념과 기술을 도입하여 증상을 줄이고 일상 생활 활동을 수행할 수 있도록 돕고 있습니다.

4차 예방

4차 예방은 의료 개입으로 인해 이익보다는 피해를 겪을 가능성이 있는 상황에서 개인을 보호하기 위한 조치입니다. 4차 예방은 정신 건강을 유지하는 사람들이 과도하게 약물 치료를 받지 않도록 돕는 것을 목표로 합니다. 애틀랜타의 그래디 병원(Grady Hospital)에서 시작된 이 프로그램은 환자들이 수술 후 오피오이드(opioid) 중독[4]에 빠질 가능성을 줄이기 위해 라이프 케어(Life Care) 전문가를 양성하고 있습니다. 이들은 환자들에게 오피오이드를 서서히 끊는 방법을 교육하고, 커뮤니티 리질리언스 모델의 개념과 기술을 가르쳐 통증 관리를 위한 새로운 전략을 배우도록 돕고 있습니다. 이 프로그램에 대한 더 자세한 설명은 14장에서 확인할 수 있습니다.

---

4 [역주] 오피오이드(opioid) 중독은 통증 완화제 등으로 쓰이는 오피오이드 약물에 대한 갈망, 지속적인 사용, 내성 증가, 그리고 중단 시 금단 증상(메스꺼움, 근육통, 설사, 수면 장애, 불안, 우울감 등)이 특징인 오피오이드 사용 장애(OUD)이다. 펜타닐, 옥시코돈, 메타돈 등이 오피오이드의 예시이며, 오피오이드 남용 및 과다복용 사망률 증가로 인해 전 세계적인 사회 문제로 대두되고 있다.

커뮤니티 리질리언스 모델의 실천

놀랍게도, 팬데믹의 비극과 도전은 트라우마 자원 연구소에 커뮤니티 리질리언스 모델 워크숍과 지도자 교육을 전 세계 커뮤니티에 더 쉽게 접근하고 저렴하게 제공할 수 있는 기회를 열어주었습니다. 커뮤니티 리질리언스 모델 기술이 그 어느 때보다 필요했으며, 우리는 줌과 웹엑스 같은 플랫폼을 사용하여 효과적이고 역동적인 온라인 교육을 설계할 수 있었습니다.

이 책의 초판을 집필한 이후로, 커뮤니티 리질리언스 모델이 전 세계에서 활용된 다양한 방식들에 영감을 받고 용기를 얻었습니다. 이 섹션에서는 이 모델이 실제로 사용된 몇 가지 프로젝트와 진행 중인 프로젝트를 드러내어 활용 가능한 영역에 대한 이해를 돕고자 합니다.

간호사, 정신과 간호사, 목사, 사회복지사, 의사, 심리학자들로 이루어진 의료 시스템은 커뮤니티 리질리언스 모델 개념과 웰니스 기술을 의료 현장과 병원에 도입했습니다. 데콕 외(De Kock et al., 2021)는 COVID-19 팬데믹의 직접적인 결과로 인해 일선 의료 종사자들이 상당한 심리적 고통에 노출되어 있다고 보고했으며, 연구 결과에 따르면 의료 인력 내에서 불안, 우울증, 불면증, 스트레스, 강박 장애 증상이 나타나고 있습니다. 선 외(Sun et. al., 2021)는 불안을 완화하고 전반적인 정신 건강을 개선하기 위해 시기적절한 심리 상담 및 중재 프로그램을 신속히 마련할 필요가 있다고 말합니다. 듀바 외(Duva et al., 2022)와 그래브 외(Grabbe et al., 2020)가 수행한 커뮤니티 리질리언스 모델 연구는 간호사와 기타 일선 근로자들의 불안, 우울증, 외상성 스트레스를 통계적으로 유의미한 수준으로 감소시키는 커뮤니티 리질리언스 모델의 효과를 입증하고 있습니다.

스티브 누아네스(Steve Nuanez)는 사회복지사(LCSW)로서 뉴멕시코 대학 병원(UNMH) 직원 복지 부서의 책임자입니다. 뉴멕시코 대학 병원 직원 복지 팀은 COVID-19 팬데믹 동안 병원 직원들을 위한 웰니스 프로그램 중 하나로 커뮤니티 리질리언스 모델을 도입했습니다. 2021년 4월에 교육을 받은 이후, 그들은 직원들을 대상으로 19회의 워크숍을 진행했으며, 평가 결과 프로그램이 매우 긍정적으로 받아들여졌음을 보여주고 있습니다. 누아네스는 교육에 참여한 사람들이 커뮤니티 리질리언스 모델이 어떻게 그들의 스트레스 반응을 이해하고 정상화하는 데 도움이 되는지, 그리고 어려운 업무 상황에서 스스로를 재정비하고 최적의 상태로 돌아가도록 돕는 기술을 습득하는지에 대해 인지했다고 언급했습니다(Nuanez, S., 개인 통신, 2022년 5월 6일).

2022년에 네 개의 보건분야 리질리언스 인력 상(Health Resiliency Workforce Awards)이 커뮤니티 리질리언스 모델을 도입하여 활용하는 기관들에게 수여되었습니다. 이 기관들은 에모리(Emory) 대학교, 로스앤젤레스 어린이 병원(LA Children's Hospital), 앨라배마 대학교, 뉴멕시코 대학교입니다. 보건분야 리질리언스 인력 상은 의료 인력의 소진을 줄이고 정신 건강을 증진시키기 위해 3년간 사용될 자금을 수여했습니다. 이 상들은 농촌 및 의료 서비스가 부족한 지역사회의 요구를 고려하여, 의료 기관이 보건분야 인력들에게 웰빙 문화를 구축하고, 보건분야 활동 초기 단계에 있는 이들의 리질리언스를 키우는 교육적 역할을 지원하는 데 도움을 줄 것입니다. 로마 린다(Loma Linda) 대학교, 에모리 대학교, 애틀랜타의 그래디병원

(Grady Memorial Hospital), 로스앤젤레스 어린이 병원(LA Children's Hospital)을 포함한 다른 병원 시스템에서도 다른 프로젝트들이 시작되었습니다.

노스캐롤라이나(North Carolina) 주(州)의 뉴하노버(New Hanover) 카운티는 커뮤니티 리질리언스 모델 개념과 기술을 통합한 커뮤니티 참여를 통해 새로운 시스템을 구축하고 웰빙을 증진시키고 있습니다. 허리케인 플로렌스(Florence) 이후, 저는 PACES(Positive & Adverse Childhood Experiences) 커넥션의 캐리 십(Carey Sipp)으로부터 커뮤니티를 위한 커뮤니티 리질리언스 모델 소개 요청을 받았습니다. 그 후 얼마 지나지 않아, 뉴하노버 카운티의 리질리언스 실무부서는 허리케인으로 인한 트라우마와 스트레스를 줄이기 위해 커뮤니티 리질리언스 모델 지도자 교육에 자금을 지원했습니다. 커뮤니티 리질리언스 모델을 커뮤니티에 통합하기 시작하면서 그들의 시야도 넓어졌고, 지금은 이 모델이 뉴하노버 카운티 전체의 웰빙을 확대하는 기초 역량 중 하나로 자리하게 되었습니다. 뉴하노버 카운티 전역에서 다양한 연령, 능력, 인종을 대상으로 커뮤니티 리질리언스 모델 워크숍이 제공되고 있습니다. 8장은 허리케인 플로렌스의 피해로부터 이를 극복하고 성장한 뉴하노버 카운티의 경과를 설명합니다.

태풍 하이엔(Haiyan) 이후 필리핀에서 우리의 첫 번째 작업은 타클로반(Tacloban)과 일로일로(Ilo Ilo)의 피해 지역에서 생존자들과 함께 일하는 다양한 NGO들에게 커뮤니티 리질리언스 모델 지도자 교육을 제공하는 것이었습니다. 지역 사회 활동가들은 웰니스 기술을 배우고 나서, 필리핀 내 다른 사회적 문제에도 커뮤니티 리질리언스 모델이 효과적이라는 것을 깨달았습니다. 그들은 이 모델을 네트워크를 통해 확산하기 위해 PhilActs를 설립했습니다. 사회복지학 교수인 로사리오 세킨틴(Rosario Sequintin, 2022)는 "팬데믹 이후 필리핀 커뮤니티 회복 모델 트레이너 협회(The Philippine Association of Community Resiliency Model Trainers)는 실질적인 사무실이 없지만, 회원들 간의 그룹 채팅을 통해 끊임없이 소통하고 있습니다. 우리는 학생들(대학 및 대학원, 사회복지사, 정부 직원, 이주 노동자, 교통 단속 요원, 재난 대응자, 그리고 Covid-19 대응자)에게 커뮤니티 리질리언스 모델 기술을 공유해 왔습니다. 우리는 2,000명 이상의 지역 사회 구성원들에게 다가갔습니다."라고 밝혔습니다(Sequintin, R., 개인 통신, 2022년 3월 27일).

애리조나 주립 대학교(Arizona State University, ASU)는 2021년에 사회복지학부가 미국 약물남용 및 정신건강서비스청(Substance Abuse and Mental Health Services Administration)으로부터 5년간의 보조금을 받아, 새로운 국가 커뮤니티 건강 및 리질리언스 센터(National Center for Community Health and Resiliency)를 설립했다고 발표했습니다. 이 센터는 전국에서 수백 명의 커뮤니티 의료 종사자들을 교육하게 됩니다. 2021년 가을에 개설된 이 센터는 커뮤니티 보건의료 종사자들에게 트라우마 스트레스를 겪고 있는 아동과 가족들을 위한 문화적 유연성에 기반한 전문 교육을 지원할 것입니다. 이러한 개입은 유색인종 커뮤니티에 속한 아동, 청소년, 가족, 특히 미국 원주민과 라틴계 인구를 대상으로 합니다. 국가 커뮤니티 건강 및 리질리언스 센터는 전국에서 수천 명의 커뮤니티 보건의료 종사자들을 교육할 예정입니다. 국가 커뮤니티 건강 및 리질리언스 센터 (The National Center for Community Health and Resiliency, CCHAR) 의 목표는 500명의 커뮤니티 보건의료 종사자를 커뮤니티 리질리언스 모델 공인 지도자로 양성하는 것입니다.

애리조나 주립 대학교의 국가 커뮤니티 건강 및 리질리언스 센터 사무국은 2021년 8월 31일에 질병통제예방센터와 협력 협정을 체결하여 4년에 걸쳐 8천만 달러 규모의 전국 COVID-19 연구를 시작했습니다. 이 사무국은 이 자금을 사용하여 커뮤니티 보건의료 종사자들이 공중 보건 인프라를 구축하고 COVID-19 관련 서비스에 대한 접근을 포함하여 의료 서비스가 부족한 지역에서 발생하는 건강 격차를 해결하는 다양한 접근 방식의 효과를 조사할 예정입니다. 이 연구는 68개의 지역 및 주립 공중 보건 기관와 미국 원주민 부족 정부, 그리고 괌이나 사모아 같은 미국 섬 지역을 포함합니다. 두 프로젝트 간에는 중복되는 부분이 있으며, 커뮤니티 리질리언스 모델 지도자들도 질병통제예방센터 프로젝트에서 활용될 예정입니다.

이 글을 쓰는 시점에, 아프리카의 앙골라는 청소년 보호 프로그램 (Safeguard Young People Program)이라는 프로젝트를 시작했습니다. 이 프로그램은 네덜란드 정부의 협력을 통해 4년간 자금을 지원받는 유엔 인구 기금(United Nations Population Fund)의 지역 프로젝트입니다. 이는 지역 내 불평등 지표를 줄이는 데 중요한 역할을 하는 UN 주도의 개발도상국 간의 협력(South-to-South cooperation)의 일환입니다. 청소년 보호 프로그램의 전체 목표는 청소년 임신과 젊은 여성의 원치 않는 임신을 줄이기 위하여 앙골라의 다섯 개 주에서 청소년들이 성 및 출산에 대한 정상적인 접근 및 출산과 관련한 권리를 실현하는 데 기여하는 것입니다. 이 프로그램은 보건 서비스 강화도 목표로 하는 다층적 개입입니다. 트라우마 자원연구소는 청소년과 젊은이들이 그들의 신체, 삶, 세상에 대해 정보에 기반한 결정을 내리고 긍정적인 행동을 취할 수 있는 지식, 기술, 주체성을 부여하는 더 큰 목표의 일부로서, 커뮤니티 리질리언스 모델 지도자 교육을 제공하고 결과를 평가하도록 초청받았습니다.

트라우마 자원 연구소는 앙골라에 기반을 둔 유엔 인구 기금 교육생 50명에게 커뮤니티 리질리언스 모델 지도자 교육을 제공하여, 커뮤니티 리질리언스 모델 커리큘럼을 180명의 청년 사회 활동가(Young Adult Social Mobilizers)들에게 전파할 예정입니다. 이 청년 사회 동원가들은 유엔 인구 기금 교육생들이 필요에 따라 다른 교육과 함께 1~2일간의 커뮤니티 리질리언스 모델 워크숍을 그들의 지역 주민들에게 제공하는 것을 도울 것이며, 4년 동안 6,000명의 청소년/청년들에게 전파할 것으로 기대됩니다. 트라우마 자원 연구소는 로마 린다 대학교의 팀과 함께, 다음 세 가지 측면에서 5일간의 집중적인 커뮤니티 리질리언스 모델 지도자 교육의 효과를 평가할 예정입니다. ①유엔 인구 기금 교육생들이 커뮤니티 리질리언스 모델 커리큘럼을 청년 사회 활동가에게 전파할 수 있는 능력, ②청년 사회 활동가들이 커뮤니티 리질리언스 모델을 다양한 청소년 개발 프로그램의 일환으로 기존 서비스에 통합하는 것, 그리고 ③앙골라 기반 유엔 인구 기금 교육생과 청년 사회 활동가들이 개인 리질리언스 개발 및 스트레스 조절을 위해 커뮤니티 리질리언스 모델을 활용하는 것입니다.

샘 하비마나(Sam Habimana, 2022)는 르완다 자원화 및 안정화 기구(Rwandan Resourcing and Grounding Organization)의 실무 이사입니다. 그는 트라우마 자원 연구소가 르완다에서 공동 후원한 프로젝트에서 커뮤니티 리질리언스 모델 지도자 교육을 받은 후 1994년 집단 학살의 장기적인 영향을 해결하기 위해 르완다 자원화 및 안정화 기구를 설립했습니다. 샘은 이렇게 말합니다.

"커뮤니티 리질리언스 모델은 정신 건강 위기에 대한 지역사회 기반 대응으로 르완다에 도입되었습니다. 이 모델은 르완다에서 리질리언스 강화와 치유에 기여했으며, 생존자와 가해자가 더 큰 조화, 평화, 그리고 연민 속에서 함께 살아갈 수 있도록 돕는 중요한 프로그램이기도 했습니다."

그는 르완다의 한 여성에 관한 다음 이야기를 통해 일어날 수 있는 변화를 공유했습니다.

저는 키베호(Kibeho)에서 12명의 가족 중 유일한 집단 학살 생존자였습니다. 후예(Huye) 지역에서 커뮤니티 리질리언스 모델 교육에 참여하기 전까지는 제 삶에서 저를 행복하게 해줄 무언가가 있다는 것을 몰랐습니다. 커뮤니티 리질리언스 모델 교육은 제가 키우고 있던 소 한 마리가 저의 자원이자, 제 내면을 자유롭고 평온하게 만드는 존재라는 것을 깨닫게 해주었습니다. 그 이후로 저는 개인적인 용서를 시작했고, 제 이웃들(학살을 저질렀던 사람들)도 용서했습니다. (Habimana, S., 개인 통신, 2022년 5월 5일)

성폭력 수사는 워싱턴 주 범죄 사법 훈련 위원회(Washington State Criminal Justice Training Commission, WSCJTC)가 만든 피해자 중심 참여 및 리질리언스(Victim-Centered Engagement and Resilienc, VCERT) 교육을 통해 변화하고 있습니다. WSCJTC는 성폭력 생존자들에게 세부적인 성폭력 인터뷰를 진행할 때 재트라우마를 유발하지 않으려는 의도를 가지고 진행하는 것에 집중하고 있으며, 그 결과 커뮤니티 리질리언스 모델을 그들의 교육 프로그램과 인터뷰 과정에 통합하게 되었습니다. 이제 그들은 법 집행관, 검사, 피해자 지원자들로 구성된 커뮤니티 리질리언스 모델 지도자 그룹을 보유하고 있습니다. 이는 이제 워싱턴 주 법 집행 훈련에서 필수적인 부분이 되었으며 이 프로그램은 9장에서 자세히 설명합니다.

커뮤니티 리질리언스 모델은 전 세계 여러 지역의 교도소 시스템과 피해자 지원 프로그램에 도입되었습니다. 그 예로, 북아일랜드에서는 법무부 장관이 교도소 옴부즈맨을 임명합니다. 현재 교도소 옴부즈맨은 커뮤니티 리질리언스 모델을 처음 북아일랜드에 도입한 레슬리 캐럴 목사이자 박사(Rev. Dr. Lesley Carroll)로, 커뮤니티 리질리언스 모델 지도자입니다. 북아일랜드 교도소 옴부즈맨 사무실은 커뮤니티 리질리언스 모델 워크숍을 후원했습니다. 또한, 북아일랜드의 피해자 및 생존자 네트워크는 직원들과 내담자를 위한 커뮤니티 리질리언스 모델 프로그램을 운영하고 있으며, 그들의 지역 사회에서 활동하는 커뮤니티 리질리언스 모델 지도자 그룹도 보유하고 있습니다. 이와 더불어, 우리의 지도자들은 조지아와 캘리포니아의 소년 사법 시스템에 웰니스 기술을 도입했습니다. 캘리포니아 여성 교정소와 조지아의 성인 교도소에서도 워크숍이 진행되었습니다.

아이들, 보호자, 교사들을 지원하는 프로그램들은 학교 내에서 커뮤니티 리질리언스 모델을 혁신적인 방식으로 통합해 왔습니다. 또한, 애틀랜타의 커버넌트 하우스(Covenant House)와 같은 '위험에 처한' 청소년과 노숙 청소년을 지원하는 프로그램들과 산타마리아 파이팅 백(Fighting Back Santa Maria)과 같은 프로그램들도 커뮤니티 리질리언스 모델을 개입 방법으로 사용하고 있습니다. 캘리포니아에서 가장 크고 성공적인 사회복지 기관 중 하나인 아스파이라넷(Aspiranet)와 같은 다른 프로그램들도 아이들, 청소년, 가족들이 가정, 학교, 지역사회에서 성장할 수 있도록 지원하는 것을 사명으로 하고 있습니다. 아스파이라넷은 커뮤니티 리질리언스 모델을 그들

의 직원들에게 적용하여, '커뮤니티 리질리언스 모델 시간'이라고
불리는 일일 활동 시간을 통해 웰니스 기술을 연습하고 체화하고
있습니다. 10장과 11장은 아이들, 교사, 보호자들과 함께 커뮤니티
리질리언스 모델을 사용하는 방법을 설명하며, 이 모델을 통합한 다
양한 프로그램들을 소개합니다.

노숙 청소년들과 함께 일하는 조지아의 커버넌트 하우스는 보건복
지부 가족 및 청소년 서비스국으로부터 3년간의 보조금을 받아 조지
아 시골 지역으로 활동을 확장할 예정입니다. 대상 그룹은 18세에서
21세의 청소년들과 그들의 가족입니다. 토드 윌처(Todd Wilcher,
2022), 조지아 커버넌트 하우스의 청소년 참여 디렉터는 이렇게 말했
습니다.

"이 보조금을 통한 제 모든 업무는 기본적으로 직원들이 받는 커뮤니티
리질리언스 모델 교육입니다. 커뮤니티 리질리언스 모델은 30년 넘게 이어
온 제 경력에서 저의 관점을 바꾸어 놓았습니다. 청소년들과 직원들 모두
커뮤니티 리질리언스 모델을 매우 잘 받아들이고 있습니다. 커뮤니티 리질리
언스 모델의 트라우마 인식과 리질리언스 중심 접근 방식은 우리 직원들과
내담자들에게 패러다임의 변화를 일으켰습니다."(Wilcher, T., 개인 통신,
2022년 4월 22일)

우리가 다 다룰 수 없을 정도로 더 많은 통합 사례들이 있으며,
커뮤니티 리질리언스 모델이 전 세계적으로 불러일으키는 혁신에
감명받고 있습니다. 더 많은 커뮤니티 리질리언스 모델이 적용된 프
로그램들에 대해 알아보시려면 트라우마 자원 연구소 웹사이트
(www.traumaresourceinstitute.com)를 방문하거나 VoiceAmerica에

서 Resiliency Within 팟캐스트를 청취하실 수 있습니다.

문화적 겸손-커뮤니티 리질리언스 모델의 관점

커뮤니티 리질리언스 모델이 전 세계의 많은 조직에 통합된 이유 중 하나는 문화적 겸손을 수용했기 때문입니다. 공중 보건의 관점은 문화적 겸손에 대한 지식을 포함합니다. 우리의 지도자 교육은 다양한 관점을 고려하고 있습니다. 정신 건강에 대한 문화적 인식은 모든 커뮤니티 내 구성원들이 접근할 수 있는 문화적으로 인식된 프로그램과 서비스를 개발하는 데 중요한 요소입니다.

문화는 종교, 법, 음악, 언어, 예술, 건강 신념, 관습 등을 통해 표현됩니다. 문화는 공식적, 비공식적으로 후손들에게 전해지며 우리가 무엇을 먹고, 어떻게 일하고 놀이를 즐기며, 아이들을 어떻게 키우고, 인생의 사건을 어떻게 받아들이며, 트라우마와 같은 힘든 사건을 어떻게 마주하고 대응하는지에도 영향을 미칩니다(Mead, 1928). 문화적 겸손은 전세계 커뮤니티의 치유를 목표로 하는 비영리 단체를 구상할 때부터 우리 트라우마 자원 연구소에 깊이 배어 있으며 뿌리에 내재되어 있습니다. 커뮤니티 리질리언스 모델 지도자들은 자신들의 독특한 문화적, 언어적 관점을 사용해 이 모델을 그들의 커뮤니티에 맞게 적용하도록 교육받고 있습니다. 미국 사회복지사 협회(National Association of Social Workers)는 문화적 겸손을 "내담자와 미시적, 중간적, 거시적 수준에서 일하면서 배우고, 소통하며, 도움을 제공하고, 결정을 내릴 때 겸손을 유지하는 태도와 실천"이라고 정의합니다(NASW, 2015). 문화적 겸손은 또한 개인과 커뮤니티와의 소통에서 존중을 바탕으로 하며, 모든 연령, 능력, 성 정체성, 성적 지향, 종교, 인종을 가진 사람들의 가치를 인정합니다.

개인, 가족, 그리고 커뮤니티는 문화적 관점을 통해 트라우마 사건과 정신 건강 상태에 관한 표현을 해석합니다. 문화와 경험은 원인과 결과에 대한 개념을 형성합니다. 각 문화는 다양한 질병과 민간 치료법을 가지고 있으며, 이는 증상이 '왜' 발생하는지에 대한 인식과 증상을 치료하는 방법을 안내합니다. 예를 들어, '악마의 눈'(문화 전반에 걸쳐 가장 널리 퍼진 신념 중 하나)은 신체 내부의 균형을 깨트려 건강을 해칩니다. 일부 라틴계 사람들은 'susto'(갑작스러운 예상치 못한 공포) 또는 'coraje'(분노의 감정)가 신체 내부의 균형을 깨트려 질병을 유발한다고 믿습니다. 많은 문화에서 죽은 사람의 영혼이 인간의 몸에 침입해 질병을 일으키고 악화시킨다고 믿습니다. 일부 문화에서는 돌아가신 분들의 영혼이 비극적 사건 이후에 가족을 치유의 길로 인도한다고 믿습니다. 각 문화는 이러한 유형의 질병을 치료하기 위한 고유한 민간 요법을 가지고 있습니다. 문화적 겸손의 관점에서 정신 건강 문제를 다루는 것은 정신 건강 문제에 관해 '과학적' 즉, 서구화된 방식으로 원인과 본질에 대한 '재교육'을 요구하는 것이 아니라, 이미 존재하는 문화적 신념과 틀을 존중하고 그 안에서 일하는 것을 의미합니다.

커뮤니티 리질리언스 모델 지도자들은 커뮤니티 구성원들의 관습과 실천을 존중하고 인정함으로써 오랜 문화적 신념을 존중합니다. 많은 커뮤니티 리질리언스 모델 지도자들은 다양한 문화적, 민족적 배경을 가지고 있으며, 이들은 우리에게 문화 간 정보 공유에서 중요한 문화적 뉘앙스를 이해하도록 도와줍니다. 우리가 실수했을 때, 겸손하게 어떻게 더 나은 표현이나 행동으로 무엇을 할 수 있을지 물어보았습니다. 새로운 나라에 방문했을 때, 우리는 열린 마음과 태도로 접근하며, 더 나은 서비스를 제공하기 위해 피드백을 감사히 받아들입니다. 지역 사회 구성원들은 우리를 환영해 주었고, 그들의 문화를 이해하는 방법을 가르쳐 주었습니다. 또한 우리는 한 문화 내에서도 많은 차이가 있을 수 있다는 점에서 문화적 정보를 지나치게 일반화하지 않도록 배웠습니다.

우리는 다양한 종교적 신념을 가진 사람들을 교육해 왔습니다. 트라우마 사건을 겪은 후에 '신앙의 위기'를 겪을 수 있지만, 신앙은 종종 인간 정신을 지탱하는 유일한 힘이 됩니다. "지금 무엇이 또는 누가 가장 당신을 돕고 있나요?"와 같은 열린 질문을 던지면 풍부한 반응을 이끌어 낼 수 있습니다. 아이티(Haiti)에서는 한 기독교 여성이 이 질문에 "예수님이 바로 제 마음속에 계세요!"라고 대답하며 손바닥을 가슴에 얹고 즉흥적으로 깊고 편안한 숨을 내쉬었습니다. 중국에서는 쓰촨 대지진 이후 한 여성이 같은 질문에 "부처님의 가르침이 지금 저를 돕고 있습니다."라고 대답하며 더 깊은 숨을 들이쉬고 근육이 이완되었습니다. 이처럼 우리는 전 세계에서 사람들이 깊이 간직한 영적 신념을 표현할 때, 깊은 부교감 신경 호흡과 함께 근육이 이완되는 보편적인 반응을 관찰했습니다. 자신의 신념과 연결된 감각에 대한 인식이 생길 때, 그 경험은 더욱 강해지고 깊이 느껴집니다. 마치 빛이 나는 건 숨길 수 없듯이, 사람들은 "하나님의 도움이 있으면 이겨낼 수 있을 거예요."와 같은 새로운 의미를 자발적으로 만들어냅니다. 사람들의 삶의 고난을 고려할 때, 이러한 내적 통제감과 힘이 솟아나는 것은 놀라운 일입니다. 만약 트라우마 경험으로 인해 신앙을 잃은 사람이 있다면, 우리는 "지금 누가 가장 당신을 돕고 있나요?" 또는 "지금 당신이 도울 수 있는 사람이 있나요?"와 같은 추가적인 리질리언스 질문을 던집니다. 받은 도움과 베푼 도움을 떠올리면 희망의 불씨가 다시 타오르는 경우가 많습니다.

우크라이나 인도주의적 회복 프로젝트를 시행하는 동안, 일상적인 지원 회의 중에 역사적 트라우마가 대화에 등장했습니다. 그룹을 이끌던 커뮤니티 리질리언스 모델 지도자는 외상 후 스트레스에 대해 언급한 뒤, 그녀가 우크라이나 정신에서 관찰한 강인함에 대해 이야기를 전환했습니다. 그러자 한 우크라이나 참가자가 감동적으로 자신의 조상들이 1차 세계대전, 2차 세계대전, 대기근, 그리고 현재의 전쟁을 통해 보여준 용기와 연민을 가족 구전을 통해 전해 들었다고 말했습니다. 그녀는 그녀의 가족이 오랜 세월 동안 견뎌온 것들을 알고 있다는 사실에서 힘을 얻었으며, 자신의 DNA에 강인함과 용기가 내재되어 있다고 믿었고, 이것이 자신의 딸과 그 딸에게도 전해질 것이라고 공유했습니다. 그 순간 그녀의 문화적 유산에 대한 표현은 깊이 공감되었고, 우리 중 많은 사람들이 자신의 조상들의 지혜와 용기에 대한 감사함으로 눈물을 흘렸습니다.

한 아프리카계 미국인 커뮤니티에서 커뮤니티 리질리언스 모델 워크숍을 준비할 때, 우리 팀은 헌신적인 목사님들과 집사님들을 만났습니다. 교육 첫날에는 약 다섯 명의 사람들이 참석했습니다. 둘째 날에는 거의 25명이 참석했습니다. 수업 규모가 커지자, 나는 혹시 사람들이 교육 시작 날짜를 잘못 알고 온 건 아닌지 물어보았습니다. 그러자 한 지역 사회 리더가 다가와 말했습니다.

"다들 당신이 커뮤니티 리질리언스 모델과 관련해서 무엇을 하려고 하는지 잘 몰랐습니다. 여기 있는 우리 교회들에서는 요가나 마음챙김 같은 것을 전혀 허용하지 않기 때문에, 당신이 그런 것을 할 생각은 아닌지

확실히 해야 했습니다."

그 그룹은 우리가 다시 와서 그들의 공동체에 커뮤니티 리질리언스 모델 지도자 교육을 제공해도 좋다고 말했습니다. 나는 그녀의 솔직함에 감사했고, 그녀와 다른 사람들이 이 모델이 그들의 신념에 반대되지 않는다고 결정했다는 점을 알았습니다. 이 사례는 '모든 것에 동일한 해결책은 없다'는 관점을 고려한 개입을 설계할 필요성을 강조합니다. 예를 들어, 연구에 따르면 마음챙김 수행이 유익하다고 하지만, 그것이 항상 환영받는 것은 아닙니다. 일부 사람들은 마음챙김을 불교 수행이라고 여기고, 그 이유만으로 거부합니다. 또한 목사와 집사들이 커뮤니티 리질리언스 모델 기술이 그들의 기독교 신앙과 일치하는지 확인하기 위해 성경을 읽고 확인하고 있다는 것도 들었습니다. 아프리카계 미국인 기독교 공동체의 활동가 중 한 명인 로이스틴 헌든(Loistine Herndon)은 성경 구절을 공유하며 이 모델의 웰니스 기술 중 하나인 자원화 활동을 지지하는 내용을 우리 교육 자료에 기고했습니다.

"마지막으로 형제자매 여러분, 무엇이든 참되며, 무엇이든 고귀하며, 무엇이든 옳으며, 무엇이든 순결하며, 무엇이든 사랑스럽고, 무엇이든 존경할 만한 것이며, 무슨 덕이 있든지 칭찬받을 만한 것이 있으면 이러한 것들을 생각하십시오. 여러분이 내게서 배운 것이나 받은 것, 들은 것이나 본 것을 실천하십시오. 그리하면 평강의 하나님께서 여러분과 함께하실 것입니다." (빌립보서(Philippians) 4:8)

사람들이 커뮤니티 리질리언스 모델 기술을 배우면서, 교육생들은 자신들의 독특한 문화적 관점을 반영하여 이 모델을 그들 공동체에 더 적합하게 만듭니다. 캘리포니아 29 팜스(Palms)에서 복무 중이었던 해병대원 벤 로메로(Ben Romero)는 나에게 커뮤니티 리질리언스 모델 슬라이드를 '해병대 스타일'로 변경해도 되는지 물었습니다. 비슷하게, 과테말라 솔랄라(Solola) 지역의 젊은 마야 여성 그룹은 회복력 영역을 은유적으로 지역 중심에 있는 아름다운 아티틀란 호수(Lake Atitlan)를 사용하여 재구성했습니다. 호수가 잔잔할 때는 그것이 회복력 영역이고, 폭풍이 칠 때는 하이존, 가뭄이 들어 물이 줄어들 때는 로우존이라는 비유로 표현했습니다. 이 젊은 여성들은 지역 사회의 교육자들로서, 아티틀란 호수를 커뮤니티 리질리언스 모델의 핵심 개념에 대한 은유로 사용하여 가족들이 스트레스를 줄이고 신경계를 안정시키는 방법을 이해할 수 있도록 도왔습니다. 이 젊은 마야 여성들은 이 모델의 개념을 그들의 문화에 맞게 적용하였습니다. 이들이 커뮤니티 리질리언스 모델을 통해 자신의 문화를 설명하며 보여준 열정은 변혁적이었고 매우 영감을 주는 것이었습니다.

문화는 언어를 탄생시킨다고 여겨지며, 번역과 문화는 밀접하게 연결되어 있습니다. 영어 단어의 의미는 그 문화적 맥락에 깊이 영향을 받습니다. 현재 커뮤니티 리질리언스 모델 워크숍 자료는 여러 언어로 번역되었습니다. 번역가를 찾는 일은 쉽지 않았는데, 각 나라의 문화적 맥락에서 커뮤니티 리질리언스 모델의 핵심 개념과 기술의 의미를 잘 표현하려고 했기 때문입니다. 최상의 번역은 문자 그대로가 아니라, 이 모델의 정신을 각 문화권의 언어에 불어넣는 것입니다. 또한, 많은 나라가 국경 안에서 다양한 방언과 언어를 가지고 있습니다. 예를 들어, 터키 국경의 시리아 난민을 돕기 위한 과정에서 우리는 아랍어, 터키어, 쿠르드어로 번역이 필요하다는 것을 깨달았습니다. 우리는 '감각'이라는 단어가 쉽게 번역되지 않으며, 일부 언어에서는 감각을 표현하는 단어가 없고 대신 여러 단어로 감각을 묘사하는 표현이 있다는 것을 배웠습니다. 우리가 교육한 사람들은 그들의 모국어로 번역된 자료와 그들의 문화를 대표하는 이미지가 들어간 자료에 대해 감사하다고 말합니다. 이는 존중의 표시로 받아들여집니다. 트라우마 자원 연구소는 각 나라 사람들이 승인한 문화적 요소가 담긴 자료를 제공함으로써 자료 접근성을 높이는 데 전념하고 있습니다.

커뮤니티 리질리언스 모델 지도자 인증 프로그램

트라우마 자원 연구소는 커뮤니티 리질리언스 모델 지도자 인증 프로그램(Teacher Training Certification program)을 공중보건 개입의 일환으로 제공합니다. 커뮤니티 리질리언스 모델 지도자 인증 프로그램은 공동체 내에서 커뮤니티 리질리언스 모델 지도자를 양성하며, 이를 통해 커뮤니티에서 더 잘 받아들여지고 확산됩니다. 커뮤니티 리질리언스 모델 지도자 인증 프로그램은 40시간의 교육 시간과 1년간의 후속 상담을 포함합니다. 40시간의 교육을 성공적으로 마치면 교육생은 임시로 커뮤니티 리질리언스 모델 지도자 자격을 받게 되며, 자신의 커뮤니티 리질리언스 모델 워크숍을 진행할 수 있습니다. 교육 이후, 트라우마 자원 연구소의 수석 강사진은 상담을 제공합니다. 상담은 교육 후 첫 3개월 동안 매월, 그 이후 첫 1년 동안은 분기별로 또는 필요에 따라 진행됩니다. 임시로 인증된 커뮤니티 리질리언스 모델 지도자는 교육 후 이 모델의 지식에 대한 과제 평가와 하나의 워크숍 평가서를 제출하는 등의 추가 요구 사항을 완료해야 합니다. 재인증은 2년마다 온라인 재인증 워크숍을 통해 이루어집니다.

커뮤니티 리질리언스 모델 지도자 인증 프로그램은 강의, 토론, 실습, 학생 가르치기가 결합된 형태입니다. 과정 동안 교육생들은 커뮤니티 리질리언스 모델의 핵심 개념, 트라우마나 스트레스 반응의 생물학적 원리, 웰니스 기술(3장을 참조), 그리고 교육 능력을 향상시키기 위한 교수 방법을 배우게 됩니다. 커뮤니티 리질리언스 모델 교육에는 지역사회 정신건강 시스템이 있을 경우, 그 시스템을 활용하는 방법에 대한 정보도 포함됩니다. 팬데믹 이후 커뮤니티 리질리언스 모델 지도자 교육은 Zoom을 통해 제공되고 있으며, 이를 통해 더 많은 사람들이 접근할 수 있게 되었습니다. 지도자가 되는 방법에 대해 더 알고 싶다면, 트라우마 자원 연구소 웹사이트 (www.traumaresourceinstitute.com)를 통해 문의할 수 있습니다.

결론

세계 공동체로서 우리는 건강한 삶을 추구하는 사회 구성원들의 웰빙을 증진시키기 위한 예방 인프라를 구축할 뿐만 아니라, 정신건강 문제를 겪고 있는 사람들을 위한 혁신적인 개입 방법을 모색해야 합니다. 커뮤니티 리질리언스 모델은 연민심, 공감, 그리고 역량을 강화하는 방법을 담았습니다. 세계 공동체로서 우리는 트라우마 경험에 대한 공통된 반응을 보일뿐만 아니라 치유의 과정에서도 동일하게 작동하도록 구조화되었다는 점을 소개합니다. 우리는 전문적으로 안내하는 개인 및 그룹 치료를 제공하는 모델뿐만 아니라, 동료 간에 이루어지는 지역 사회 기반 모델도 필요합니다. 문화적 겸손의 원칙에 따라 행동할 때, 우리의 개념과 기술은 더 많은 사람들에게 접근 가능합니다. 근본적으로 우리는 몸에 관한 내면적 지혜를 인식할 때, 웰빙을 증진할 수 있다는 사실을 깨달았습니다. 큰 고통 속에서도 감사의 순간을 발견하고 느낄 수 있습니다. 이는 모든 연령대에 해당하는 진리입니다. 아이들은 커뮤니티 리질리언스 모델 여정에서 우리에게 영감을 주었습니다. 인도의 빈민가에서 자란 한 소년은 웰니스 기술을 배운 후 자신의 경험을 이렇게 공유했습니다.

"형제들과 더 이상 함께 살지 못한다는 생각에 매우 슬펐을 때, 공부에 집중하기가 힘들었습니다. 이제 슬픔과 이어진 제 몸의 반응을 읽어 보았습니다. 팔이 매우 무거워집니다. '지금 도와줘!' 활동을 사용하고, 몇 초만에 그 무거움이 팔을 따라 천천히 내려가 손가락 끝으로 빠져나가는 것을 느낍니다. 슬픔이 어느 정도 사라져서 다시 친구들과 함께 공부할 수 있게 됩니다. 내 안에서 힘이 느껴집니다."

참고문헌

CDC Foundation. (n.d.). *What is public health?* Retrieved April 14, 2022, from https://www.cdcfoundation.org/what-public-health

Damasio, A. (1999). *The feeling of what happens: Body and emotion in the making of consciousness.* New York, NY: Harcourt College Publishers.

De Kock, J., Latham, H., Leslie, S., et al. (2021). "A rapid review of the impact of COVID-19 on the mental health of healthcare workers: Implications for supporting psychological well-being." *BMC Public Health,* 21, 104. http s://doi.org/10.1186/s12889-020-10070-3

Duva, I., et al. (2022). "A nurse-led, collaborative public health intervention to promote well-being using the Community Resiliency Model." *American Journal of Public Health,* 112, S271 – S274. https://doi.org/10.2105/AJPH.2 022.306821

Grabbe, L., Higgins, M., Baird, M., Craven, P., & San Fratello, S. (2020). "The Community Resiliency Model® to promote nurse well-being." *Nursing Outl ook,* 68(3), 324 – 336. https://doi.org/10.1016/j.outlook.2019.11.002

Mead, M. (1928). *Coming of age in Samoa.* New York, NY: William Morrow & Company.

NASW. (2015). *Standards and indicators for cultural competence in social work practice.* https://www.socialworkers.org/LinkClick.aspx?fileticket=PonPT DEBrn4%3D

Sun, P., Wang, M., Song, T., Wu, Y., Luo, J., Chen, L., & Yan, L. (2021). "The psychological impact of COVID-19 pandemic on health care workers: A systematic review and meta-analysis." *Frontiers in Psychology,* 12, 626547. https://doi.org/10.3389/fpsyg.2021.626547

Tulane University School of Public Health and Tropical Medicine. (2021). *Under standing mental health as a public health issue.* Retrieved April 14, 2022, from https://publichealth.tulane.edu/blog/mental-health-public-health/

8장   재난 구호 활동을 위한 커뮤니티 리질리언스 모델 준비 프로그램

일레인 밀러-카라스

이 장에서는 다음 내용을 다룹니다.

1. 재난 구호 활동(Disaster Relief Mobilization) 시 커뮤니티 리질리언스 모델의 네 가지 단계를 설명합니다.
2. 재난 전후 커뮤니티 리질리언스 모델 워크숍 기본 모듈의 구성 요소를 설명합니다.
3. 허리케인 플로렌스(Florence) 이후 노스캐롤라이나(North Carolina)주 뉴하노버(New Hanover) 카운티에서 구축된 '리질리언스 문화'를 설명합니다.

재난 구호 활동을 위한 커뮤니티 리질리언스 모델 준비 프로그램은 지역사회 재난에 대비한 트라우마 인식 및 리질리언스 중심의 예방 프로그램을 만들 수 있습니다. 재난 구호 활동을 위한 커뮤니티 리질리언스 모델 준비 프로그램은 또한 재난 중과 재난 후에 발생하는 트라우마 경험의 영향을 줄이는 체계적인 접근 방식을 제공할 수 있습니다. UN 재난위험경감사무국(United Nations Office for

Disaster Risk Reduction, UNDRR)은 재난을 다음과 같이 설명합니다.

"재난이란, 위험한 사건이 노출, 취약성, 대응역량 등의 조건과 상호작용하여, 어떤 규모로든 지역사회나 사회의 기능을 심각하게 마비되게 하는 현상을 말합니다. 이로 인해 인명, 물적 자원, 경제, 환경 측면에서 하나 이상의 손실이나 피해가 발생합니다."

재난 구호 활동을 위한 커뮤니티 리질리언스 모델 준비 프로그램은 트라우마 자원 연구소가 전 세계 여러 지역에서 재난 이후 초청을 받아 지역 주민들에게 워크숍과 지도자 훈련 프로그램(Teacher Training Program)을 제공한 경험에서 비롯되었습니다. 재난이라는 극한의 상황 속에서도 자신과 타인을 돕기 위해 인간다움을 보여준 사람들의 모습을 통해 우리는 늘 영감을 얻어왔습니다. 재난 이후 요청되는 재난 구호 활동을 위한 커뮤니티 리질리언스 모델 준비 프로그램은 지역사회 구성원이 내적인 힘과 자원을 기억하도록 안내하여 더 나은 회복과 재건을 시작하도록 돕는 것입니다.

2015년 12월 2일 캘리포니아(California)주 샌버너디노(San Bernardino)에서 발생한 테러 공격 이후, 우리는 지역사회 지원 미팅을 주관해 달라는 요청을 받았습니다. 한 기관은 특히 큰 피해를 입었고, 그 기관의 경우 한 직원의 남편이 테러로 사망하기도 했습니다. 우리는 강점 기반 관점에 초점을 맞추어, 테러 이후 무엇이 그들에게 도움이 되었는지 공유해 달라고 요청했습니다. 참여자인 마리아(Maria)는 사건 뒤 집으로 돌아왔을 때의 경험을 들려주었습니다. 그녀가 슬픔에 잠겨 소파에서 울고 있을 때, 네 살 딸이 방에 들어와 "엄마, 슬퍼요?"라고 물었습니다. 마리아가 "응, 아가. 힘든 하루였어."라고 답하자, 딸은 "엄마 기분 좋게 해줄까? 엄마한테 노래 불러줄 게!"라며 영화 겨울왕국의 〈Let It Go〉를 부르기 시작했습니다. 마리아와 그룹 구성원들은 동시에 탄성을 내었고, 방 안은 감사의 눈물로 가득 찼습니다. 마리아와 동료들은 방 안을 가득 채운 평온함 속에서 미소를 지었습니다. 이것은 대화형 자원화(conversational resourcing)의 한 예입니다. 이렇게 간단하게 고통 속에서도 함께 존재하는 내적 자원과 강점을 기억하는 것만으로도 사람들이 신경계를 안정시키고 웰빙을 회복할 수 있다는 점을 보여줍니다. 회의 말미에 동료들은 서로에게서 힘을 얻으며 더 안전하고 지지적인 직장 환경을 만들기 위한 구체적인 아이디어를 나누었습니다.

달라이 라마 외(Dalai Lama et al., 2016)는 "희망은 고통 속에서 발견되는 한줄기 빛입니다"라고 말합니다. 재난 중이거나 이후에 내적 고통을 가라앉히는 기술을 가르치면, 사람들이 자신의 삶과 공동체를 재건하는 데 필요한 활동을 수행하도록 돕는 것이 가능합니다. 이는 재난 때문에 보이지 않는 희망과 같은 웰빙의 감정과 감각을 다시 불러일으킬 수도 있습니다. 필리핀 태풍 욜란다(Yolanda) 이후 타클로반(Tacloban)에서 만난 한 남성의 말이 가슴에 남습니다. 그는 가족을 모두 잃었지만 이렇게 말했습니다.

"저기에 제 친구가 있습니다. 그도 가족을 잃었습니다. 우리는 함께 새로운 가족을 만들 것이며, 사랑하는 이들을 기리며 슬픔 속에서도 반드시 살아갈 것입니다."

시간이 흐르며 우리는 재난 상황에서 커뮤니티 리질리언스 모델을 체계적으로 도입하는 방안을 마련했습니다. 재난 전에 재난 계획의 일부로 지역사회 구성원을 커뮤니티 리질리언스 모델 지도자로 훈련하면, 그들이 지역사회에서 워크숍을 개설할 수 있다는 점을 확인했습니다. 이 접근은 준비와 예방 전략으로서, 자연재해나 인재가 불가피하게 발생했을 때 현장 인력이 지역사회가 직면한 심리사회적 과제에 대응하게 합니다.

지역사회 재난 프로그램은 대개 신체적 생존의 필수 요소인 임시 주거, 식량·물 배급, 장기 주거 지원을 위한 지역사회 서비스, 미국 연방재난관리청(Federal Emergency Management Agency, FEMA) 등 정부 및 시·군·주 기관을 중심으로 설계됩니다. 정신건강 서비스도 전문가들이 제공하는 계획의 일부이지만, 지역사회 웰니스 모델은 광범위하게 지역사회 복지에 기여할 수 있습니다. 또한 파괴와 인명 손실이 발생할 때는, 선진국이라 하더라도 정신건강 제공자 수가 충분하지 않은 경우가 많습니다. 따라서 재해 대응에 지역사회 웰니스를 포함하는 것이 필수적입니다. 커뮤니티 리질리언스 모델은 생애 전반에 걸쳐 접근 가능한 소수의 모델 중 하나로, 재난현장 대응인력들이 대화적으로 사용할 수 있고, 지역사회 워크숍에서 누구나 배울 수 있으며, 자연적 지역사회 리더가 맡아 운영할 수 있습니다. 위기 상황에서는 생리적 균형을 회복하는 전략이 필수적입니다.

재난 구호 활동을 위한 커뮤니티 리질리언스 모델 준비 프로그램의 목표는 다음과 같습니다.
- 재난 중이나 후에 발생하는 정신 건강 문제를 다루기 위한 지원 활동계획을 구상하여 주민들에게 나타나는 트라우마 스트레스, 불안, 우울의 영향을 줄이기
- 생애 전반, 다양한 능력 수준과 문화에서 사용할 수 있는 커뮤

니티 리질리언스 모델 기술을 지역사회 구성원들과 공유하기
- 자신의 문화적 관점을 커뮤니티 리질리언스 모델 워크숍에 반
  영할 전문가와 지역사회의 자연적 리더들로 구성된 커뮤니티
  리질리언스 모델 가이드 핵심그룹을 만들어 지역 사회에 참여
  하기. 이는 재해는 물론 재해 이후에 대한 준비로 지역사회에
  서 수행될 수 있습니다.
- 지역 사회 구성원과 생존자를 예방 전략, 정신 건강, 리질리언
  스 및 재건을 지원하는 지역 기반 프로그램과 정부 기관에 연
  결하기
- 재외상화 최소화를 위해 개인 및 지역사회의 강점 개발하기

커뮤니티 리질리언스 모델은 재난 구호 활동을 위한 커뮤니티 리질
리언스 모델 준비 프로그램의 핵심입니다. 많은 단체와 기관들이 커뮤
니티 리질리언스 모델을 재난 대응의 일부 프로그램으로 포함했습니
다. 예를 들어, 어드벤티스트 재난 구호 기구(Adventist Disaster Relief
Agency, ADRA) 국제 트라우마 팀은 전세계적으로 재난 이후 커뮤니티
리질리언스 모델을 주요 개입 방법으로 사용합니다. 적십자사는 캘리
포니아 버트(Butte) 카운티 산불에 대한 대응으로 트라우마 자원 연구
소의 활동을 지원했습니다. 이후 버트 카운티의 한 지역 재단이 자금
을 제공하여 자체 커뮤니티 리질리언스 모델 가이드 핵심그룹을 만들
었습니다. 노스캐롤라이나 주 뉴하노버 카운티는 허리케인 플로렌스
의 여파로 지역 사회 전반에 커뮤니티 리질리언스 모델을 도입했고,
이제는 카운티 전역의 시스템에 통합되어 '리질리언스의 문화'를 구
축했습니다.

자연적 리더들은 종종 재난 중과 재난 이후 지역 사회 구성원들을

돕는 첫 번째 대응 인력들입니다. 이러한 지역 사회의 자연적 리더들이 커뮤니티 리질리언스 모델 가이드(일반인, 목회자, 법 집행관, 교사, 응급 구조대원)가 되어 커뮤니티 리질리언스 모델 워크숍을 진행할 때, 재난의 영향을 받은 지역 전역의 주민들의 고통을 줄이는 데 더 큰 영향을 미칠 수 있습니다. 자연적 리더들은 자신들의 지역사회를 잘 알고 있으며, 지역사회를 가장 잘 지원할 수 있는 문화적 관점을 가지고 있습니다. '커뮤니티 리질리언스 모델 가이드'란, 커뮤니티 리질리언스 모델에 대해 정보를 알고 있거나 커뮤니티 리질리언스 모델 워크숍에 참여한 후 웰니스 기술을 배운 사람을 의미합니다. 이 가이드는 지도자 교육 인증을 받지 않았으며, 자신의 자발적 의지로 주변인들에게 커뮤니티 리질리언스 모델 기술을 가르치기로 결심한 사람입니다. 이 가이드는 커뮤니티 리질리언스 모델 가이드를 인증할 수 없습니다.

재난 구호 활동을 위한 커뮤니티 리질리언스 모델 준비 프로그램은 4단계가 있습니다.

1단계: 예방 및 지역사회 단위 준비

1단계는 잠재적인 재난에 대비한 전략적 계획을 수립하기 위해 조직화된 지역사회 목표를 설정하고, 공통의 언어를 만드는 데 중점을 둡니다.

- 지역사회 연합체가 없을 경우 이를 구축하기 위해 지역사회 이해관계자를 발굴합니다. 지역사회 이해관계자에는 신앙 기반 연합, 공공 보건, 정신 건강, 학교(공립 및 사립), 응급 의료요원

(소방, 법 집행), 비정부기구(예: 적십자, 가톨릭 자선단체, 소년 소녀 클럽)가 포함됩니다.

- 지역 도시 및 카운티 재난 대비 팀이 주도하는, 이미 마련되어 있는 체계를 확인합니다.
- 트라우마 자원 연구소 또는 인증된 커뮤니티 리질리언스 모델 지도자가 커뮤니티 리질리언스 모델 가이드가 되고자 하는 지역사회 구성원을 파악하기 위해 지역사회 이해관계자에게 오리엔테이션을 제공합니다. 커뮤니티 리질리언스 모델 가이드 훈련 자금 지원할 후원 기관을 연계합니다.
- 트라우마 자원 연구소는 지역 커뮤니티 리질리언스 모델 가이드 핵심그룹을 양성하기 위한 가이드 훈련을 진행합니다.
- 커뮤니티 리질리언스 모델 가이드들은 전략적 계획의 일환으로 그들의 지역사회 전역에서 워크숍을 진행하기 시작합니다.

2단계: 즉각적인 참여(재난 발생 후)

2단계는 재난 발생 중 또는 직후의 조정된 비상 대응(예: 기후 변화로 인한 재난, 전쟁)에 중점을 둡니다.
- 커뮤니티 리질리언스 모델 가이드들은 지역사회 이해관계자들과 만나 커뮤니티 리질리언스 모델 워크숍이 재난 후 발생하는 심리사회적 과제를 다루는 프로그램에 통합될 수 있는 방법을 논의하는 자리에 참석합니다.
- 커뮤니티 리질리언스 모델 가이드들은 지역사회 이해관계자들과 지역사회의 훈련의 요구수준을 평가합니다(예: 라틴계 인

구가 많으면 스페인어와 같은 다른 언어로 워크숍을 제공할 수 있습니다).

- 커뮤니티 리질리언스 모델 가이드들은 지역사회 전역에서 커뮤니티 리질리언스 모델 워크숍 및 오리엔테이션을 제공합니다. 한 가지 목표는 가이드가 되는 것에 관심이 있는 지역사회 구성원을 발굴하는 것입니다.
- 커뮤니티 리질리언스 모델 가이드가 되고자 하는 구성원이 확인되면, 가이드 또는 지역 기관이 트라우마 자원 연구소에 연락하여 비대면으로 진행하는 가이드 훈련 과정을 중개합니다.
- 커뮤니티 리질리언스 모델 가이드 훈련 과정을 완료한 후, 가이드 훈련을 후원하는 지역사회 기관이 가이드를 지역사회에 배치하기 위한 재난 구호 활동을 위한 커뮤니티 리질리언스 모델 준비 프로그램 운영자를 지정합니다.
- 인터넷이 작동된다면 온라인 웨비나를 제공할 수 있습니다. 온라인 학습 플랫폼을 사용할 경우 더 많은 그룹의 사람들이 교육받을 수 있습니다.

3단계: 커뮤니티 리질리언스 모델 웰빙 워크숍

3단계는 지역사회 전역에서 커뮤니티 리질리언스 모델 워크숍을 제공하는 데 중점을 둡니다. 더 많은 사람들이 워크숍에 참석할 수 있을수록 지역사회는 인재나 자연재해의 심리적 영향을 줄일 수 있는 기회를 가집니다. 재난 구호 활동을 위한 커뮤니티 리질리언스 모델 준비 프로그램이 재난이 발생하기 전에 지역사회에 시행된다면, 사람들은 재난 중과 후에 심리사회적 피해를 완화하는 데 도움이 될 수 있는 기술을 이미 가질 것입니다. 워크숍은 다양한 지역사회 이해관계자 네트워크에 제공될 수 있습니다. 지역사회 전역에서의 커뮤니티 리질리언스 모델 워크숍 시행을 계획할 때, 다음의 요인들을 신중하게 계획하고 고려해야 합니다.

1. 구성원

a) 워크숍에 참여할 구성원으로 누구를 선정할까요? 커뮤니티 리질리언스 모델 워크샵 참여 예정 그룹이 전체 커뮤니티에 개방되어 있는지, 아니면 다른 일부 그룹에게만 제공하는 것이 더 효과적인지 생각합니다. 예를 들어, 십대들로 구성된 특정 그룹이 지역사회 전체로 구성된 그룹보다 젊은 사람들에게 더 잘 전파될 수 있을지 판단하는 것입니다.

b) 재난 발생 후, 구성원으로는 전체 지역사회나 재난에 더 직접적인 영향을 받은 개인들이 포함될 수 있습니다. 예를 들어, 테러 공격 후 특정 카운티의 소규모 그룹을 지원하기 위한 회의를 가지기로 결정했습니다. 한 그룹은 학교 구역의 구성원들을 위한 것이고, 다른 그룹은 공격 후 의료 분류 센터가 설치된 골프장 직원들을 위한 것이었습니다.

2. 구조

커뮤니티 리질리언스 모델 워크숍은 다양한 방식으로 구성할 수 있습니다. 일부 기관은 핵심 개념과 기술을 간략히 소개하는 사전 교육 성격의 오리엔테이션을 제공한 뒤, 관심 있는 사람들을 대상으로 더 길고 심화된 교육을 진행합니다. 이 방식은 더 많은 대중이 기술에 대해 어느 정도 배우게 하면서, 더 배우고자 하는 이들이 여섯 가지 웰니스 기술 전체를 익힐 수 있도록 긴 교육을 수강하게 합니다. 러시아의 침공 초기 며칠 동안에는 우크라이나인을 대상으로 커뮤니티 리질리언스 모델의 핵심 개념과 웰니스 기술을 설명하는 워크숍이 웨비나로 나흘간 매일 1시간 30분씩 총 네 차례 제공되었습니다.

3. 내용

커뮤니티 리질리언스 모델 워크숍의 내용은 그룹의 요구수준에 따라 달라질 것입니다. 예방 전략으로 제공되는 워크숍의 내용과 재난 후 파괴와 인명 손실이 발생한 후 제공되는 워크숍은 다소 다를 것입니다. 워크숍에 할당된 시간에 따라 내용이 변경될 수 있습니다. 그러나 커뮤니티 리질리언스 모델 워크숍으로 불리기 위해서는 탐색하기, 자원화, 그리고 접촉하기 세 가지 기본 기술이 포함되어야 합니다.

4. 워크숍 규모

a) 폐쇄 그룹: 특정 기관이 준비하는 재난 예방을 위한 기술을 배우는 소규모 그룹을 위한 커뮤니티 리질리언스 모델 워크숍을 고려합니다. 예를 들어, 응급 구조원들은 오직 응급 구조원들로만 구성된 그룹을 선호할 수 있습니다. 이런 일은 재난 발생 중이나 후에 대응하기 위한 워크숍에도 있을 수 있습니다.

b) 재난 중 또는 후의 개방그룹: 대면 방식의 경우, 그룹은 지역사회의 두세 명부터 100명 이상의 대규모 그룹까지 구성합니다. 대규모 그룹에서는 현장에 커뮤니티 리질리언스 모델 가이드를 두어 의

사소통을 촉진하고 질문에 응답할 수 있도록 더 작은 소그룹으로 나누는 것이 도움이 될 수 있습니다. 페이스북 라이브나 유튜브 (Youtube) 라이브를 사용할 경우, 사람들은 라이브 방송 중이거나 이후에도 들을 수 있습니다. 지원을 위한 참조 번호를 페이스북 라이브의 채팅이나 응답에 넣으면 더 많은 지원을 제공할 수 있습니다.

5. 일정

어떤 그룹은 여러 주 동안 특정 날짜와 시간에 정기적으로 모입니다. 개방형 그룹 형식의 일부 조직에서는 단기간에 모든 기술을 가르치는 그룹 미팅을 한 번 진행한 후, 계속해서 기술을 연습하고 질문에 답변할 수 있도록 지속적인 자율 참여형 보강 세션을 제공하기도 합니다. 미팅 일정을 잡을 때는 유연성이 중요합니다. 일부 그룹은 이른 아침, 저녁, 또는 점심시간에만 만날 수 있습니다. 버트 카운티의 화재 이후, 지역 이해관계자들은 사람들이 일하러 가기 전의 아침, 낮 그리고 저녁에 대면 워크숍을 제공할 것을 제안했습니다. 덕분에 낮에 회복을 위해 일하는 사람들도 웰니스 기술을 익힐 수 있고 워크숍에 대한 접근성을 높일 수 있었습니다. 줌 또는 페이스북 라이브와 같은 플랫폼을 사용할 경우, 라이브 방송 중에 참석하지 않아도 인터넷만 연결되어 있다면 하루 24시간 시청할 수 있습니다.

6. 보강 세션 또는 점검 회의

일부 그룹은 기술을 배운 후 계속 모여 기술을 연습하고 일상 생활에서의 활용 능력을 높이고자 합니다. 이것을 보강 세션이라고 하며 어떤 시스템에서는 점검 회의이라고 부릅니다. 기술을 소개한 이후 매일 회의를 통해 즉각적인 심리사회적 요구에 대응할 수 있습니다. 예를 들어, 커뮤니티 리질리언스 모델 개념과 기술을 가르치는 워크숍을 제공하는 프로젝트인 우크라이나 인도주의적 리질리언스 프로젝트(Ukrainian Humanitarian Resiliency Project)의 출범 이후, 매일 Zoom 지원 미팅이 이어졌습니다. 우크라이나인들이 질문한 내용은 "'대피소에서 누군가가 공황 발작을 겪을 때 어떻게 해야 합니까?', '폭탄 소리가 들릴 때 사람들을 어떻게 진정시킬 수 있습니까?', '두려워하는 아이들을 도와줄 수 있는 방법은 무엇입니까?', '나는 강간을 당하거나 고문을 당할까봐 몹시 두렵습니다. 어떻게 해야합니까?'" 등이었습니다. 커뮤니티 리질리언스 모델 가이드들은 자연적인 지도자나 정신 건강 전문가들이기 때문에, 질문의 복잡성에 따라 팀의 다양한 구성원에게 분류될 수 있으며 더 필요한 지원과 가이드를 받을 수 있습니다. 정신 건강 치료가 필요한 사람들을 위한 치료를 받을 수 있도록 커뮤니티 리질리언스 모델 워크숍의 일부로 정신 건강 전문가를 포함하는 것이 중요합니다.

7. 커뮤니티 리질리언스 모델 워크숍 그룹 리더

그룹 리더는 웰니스 기술인 탐색하기에 대해 조예가 깊어야 합니다. 사람들이 기술을 배우도록 돕거나 그룹 구성원이 어려움을 겪고 있을 때 해결할 수 있도록 지원하기 위해서 웰니스 기술은 중요합니다. 큰 그룹과 기술을 공유하는 경우, 공동 리더와 다른 커뮤니티 리질리언스 모델 가이드를 두는 것을 추천합니다. 심지어 작은 폐쇄 그룹에서도 가능하다면 공동 리더가 워크숍을 지원하는 것을 권장합니다. 만약 커뮤니티 리질리언스 모델 지도자 또는 가이드인 정신 건강 서비스 제공자가 없다면, 그룹 리더는 지역 내 정신 건강 제공자를 추천할 수 있습니다. 또한 그룹 리더는 추가 지원을 위해 워크숍에 정신 건강 제공자를 초대할 수 있습니다.

8. 그룹 합의

그룹 합의는 사람들이 연민심과 존경심으로 함께 일할 수 있도록 도와줍니다. 각 조직은 워크숍을 진행하기 위한 고유한 지침이 있을 수 있습니다. 워크숍 리더는 커뮤니티 리질리언스 모델 워크숍 시작 시 구성원들의 의견을 반영하여 그룹 합의를 설정하는 토의를 주도할 수 있습니다. 예를 들어, 비밀 유지 문제는 중요한 사안입니다. 왜냐하면 개인들이 동일한 환경에서 일하거나 같은 커뮤니티에 살고 있을 수 있기 때문입니다. 페이스북 라이브에서는 비밀이 보장될 수 없으므로, 이를 명확히 언급해야 합니다. 줌 또는 웹엑스를 사용할 경우, 한 사람이 커뮤니티 리질리언스 모델 지도자, 커뮤니티 리질리언스 모델 가이드 또는 정신 건강 전문가에게 비밀리에 이야기해야 할 필요가 있을 때를 위해 별도의 회의 룸을 제공할 수 있습니다. 그룹 합의는 기술을 공유하고 토론에 참여할 수 있는 안전한 공간을 조성하는 데 기여할 수 있습니다.

9. 정신 건강 상담 추천

커뮤니티 리질리언스 모델 워크숍을 진행할 때, 일부 참가자들은 그들의 어려움을 깊이 공유할 수 있습니다. 추가 지원이 필요한 커뮤니티 구성원을 위해 지원 가능한 정신 건강 서비스 제공자의 목록을 준비하는 것이 중요합니다.

10. 위치

그룹 리더와 지역 사회 구성원은 커뮤니티 리질리언스 모델 워크숍이 진행될 장소를 결정해야 합니다. 예를 들어, 줌 및 웹엑스와 같은 플랫폼은 농촌 지역에 거주하는 개인들이 더 많은 접근성을 제공받을 수 있게 하였습니다. 게다가, 팬데믹이 계속되는 한, 많은 개인들은 사회적 거리 두기가 가능하거나 온라인 미팅 환경에서만 학습할 때 편안함을 느낄 것입니다. 재난이 발생한 후에는, 인터넷 접속이 어려울 수 있으며 따라서 대면 워크숍이 가능할 수 있습니다.

4단계: 선별하기

4단계는 커뮤니티 구성원들이 추가 평가, 지원 및 자원에 대한 지역사회 이해관계자와 연결될 수 있도록 설계되었습니다.

- 커뮤니티 리질리언스 모델 가이드는 더 심각한 정신 건강 상태의 가능성을 나타내는 경고 신호를 인식하도록 교육 받습니다.
- 커뮤니티 리질리언스 모델 가이드는 지역사회 구성원을 다른 지역사회 이해관계자, 공공 및 민간 부문에 추가 서비스를 제공하기 위해 선별합니다.
- 커뮤니티 리질리언스 모델 가이드는 웰니스 기술을 보급하기 위한 커뮤니티 리질리언스 모델 보강 및 점검 회의 세션을 제공합니다.
- 커뮤니티 리질리언스 모델 가이드는 공공 및 민간부문에서 제공하는 서비스와 워크숍을 통합하기 위해 지역사회 이해관계자들과 협력합니다.

- 지정된 커뮤니티 리질리언스 모델 가이드는 지역사회의 공공 및 민간의 이해관계자들과 협력적인 관계를 지속적으로 만듭니다.
- 지역사회의 이해관계자들은 지역사회의 웰빙을 지원하기 위한 더 강한 체계를 만들기 위하여 지속적으로 커뮤니티 리질리언스 모델 가이드들을 만납니다.
- 커뮤니티 리질리언스 모델 가이드들은 그들의 지역사회에 더 큰 수용력을 만들기 위해 지역사회가 가이드 교육 훈련을 지원할 수 있습니다.

재난 구호 활동를 위한 커뮤니티 리질리언스 모델 준비 프로그램 워크숍 도입

커뮤니티 리질리언스 모델 접근 방식은 생존자들에게 그들의 트라우마 경험을 공유하라고 강요하지 않습니다. 이러한 압박은 생존자의 고통을 증폭시키고 그들을 재트라우마화할 수 있습니다. 대신, 우리는 생존자들에게 그들이 경험에 대해 많거나 적거나 상관없이 공유하고 싶은 만큼 자유롭게 말하도록 안내합니다. 그들의 생존 경험을 격려하기 위해 강점 지향적인 질문을 합니다. 이러한 접근 방식은 생존자들이 자신의 이야기에서 생존 요소에 집중하면서 웰빙을 느끼기 시작하도록 도와줄 수 있습니다. 이는 이야기의 트라우마적인 부분을 듣고 목격하는 것과 반대되는 것이 아닙니다. 커뮤니티 리질리언스 모델 접근 방식은 경험에 대한 다른 진실이 무엇인지에 초점을 맞추고 생존자에게 그들의 강점을 상기시킵니다. 필리핀의

한 여성은 태풍 욜란다 이후, "예전에는 알았지만 잊고 있었던 것을 다시 기억하게 해줘서 고맙습니다."라고 전했습니다.

다음 내용은 커뮤니티 리질리언스 모델 지도자가 재난 중 또는 재난 후 커뮤니티 리질리언스 모델 워크숍을 소개하는 예시입니다.

- 우리는 이 어려운 시기에 지역 사회 구성원들을 지원하기 위해 왔습니다. 우리는 지금 여러분의 마음에 담아둔 것들을 나눌 기회를 드리고자 합니다. 우리는 여러분의 이야기를 듣고 지원하기 위해 여기에 있습니다. 우리는 말하고 싶은 모든 사람에게 기회를 주고 싶습니다. 어떤 사람들은 공유하는 것이 도움이 될 수 있고, 어떤 사람들은 듣는 것이 더 도움이 될 수 있습니다. 발언할 때 말을 하지 않고 듣기만 하고 싶다면, 순서가 되었을 때 그냥 '패스'라고 말씀해 주세요.
- 우리는 공유할 웰니스 기술 세트를 가지고 있습니다. 이 기술들은 생존자들에게 매우 유용하다고 알려져 있습니다. 저희가 시작하면, 지금 여러분이 재난을 극복하는 데 도움을 주고 있는 상황이나 사람을 알려주세요.

아래를 포함하여 다른 질문들이 대화에 통합될 수 있습니다.

- 여러분이 극복할 것이라는 사실을 알았던 순간을 기억할 수 있습니까? 누가 또는 무엇이 여러분을 도와주었거나 지금 여러분을 도와주고 있습니까?

워크숍이 시작 될 때 그룹의 참여를 유도할 수 있는 많은 방법이 있습니다. 그룹의 크기에 따라 접근 방식을 결정하는 것도 고려해야 합니다. 작은 그룹에서는 그룹 토론이 더 쉽게 진행될 수 있습니다. 그룹이 커지면 큰 그룹을 더 작은 소그룹으로 나눌 추가적인 커뮤니티 리질리언스 모델 가이드가 도움이 될 수 있습니다. 워크숍 시작 옵션에는 다음과 같은 것들이 있습니다:

- 팝콘 스타일: 시작할 때 공유하고 싶은 사람이 있습니까?
- 제 오른쪽부터 시작하여 방을 돌아가며 모든 사람에게 차례가 돌아갑니다. 여러분은 원하는 만큼 적게 또는 많이 공유할 수 있습니다. 아니면 그냥 패스하셔도 된다는 것을 기억해주세요.
- 시작할 때 여러분에게 도움이 될 수 있는 몇 가지 정보를 공유하겠습니다. 몇 가지 주요 개념을 공유하여 공통의 언어를 만들겠습니다.

참여자들은 대화형 방식으로 커뮤니티 리질리언스 모델 개념을 소개받고, 그 개념들이 토론에 엮어 질 수 있습니다. 예를 들어, 누군가가 트라우마 사건 이후 계속 불안을 느낀다고 보고하면, 이는 총격 사건, 토네이도, 허리케인 등과 같은 사건 후 흔히 있는 반응이라는 것을 인정할 수 있습니다. 우리는 이를 '하이존' 상태라고 부르며, 그러한 경험 후에 하이존에 갇히는 것은 문제가 될 수 있습니다. 반면, 때때로 슬프고 우울할 수도 있으며, 이를 '로우존' 상태라고 부릅니다. 우리가 공유하고자 하는 기술이 여러분이 우리가 부르는 회복력 영역, 즉 웰빙 영역으로 돌아가는 것을 도울 수 있습니다.

상황에 따라 위의 소개와 그룹 과정이 전체 시간 동안 진행될 수 있습니다. 따라서, 커뮤니티 리질리언스 모델의 주요 개념과 기술은 보다 비공식적으로 소개될 수 있습니다. 커뮤니티 리질리언스 모델 지도자는 커뮤니티 리질리언스 모델의 틀을 사용하여 질문을 할 수 있습니다. 이러한 접근 방식은 대화형 자원화(conversational resourcing)라고 합니다. 사람들이 그들의 고통에 대해 논의할 때, 우리는 회복력 영역의 개념을 대화에 엮어넣을 수 있습니다.

일부 생존자들은 트라우마 이야기에 관한 모든 끔직한 경험을 이야기하고 싶어 할 수 있습니다. 이는 그룹 내 다른 생존자들이 견디기 힘든 더 많은 고통을 초래할 수 있습니다. 한 사람이 경험과 정황을 자세히 설명할 때, 당신은 더 강점 중심의 질문을 제시할 수 있습니다. 예를 들어, "이만큼 공유했으니, 당신이 극복하리라는 것을 알았던 순간을 이야기해줄 수 있나요?"라고 물어볼 수 있습니다. 또한 "도움을 주러 왔던 순간을 기억할 수 있나요?"라고 말할 수 있습니다. 생존자들은 지지적이고 연민을 가진 사람들을 기억하며 생존과 관련된 다른 요소들을 회상하기 시작할 것입니다.

커뮤니티 리질리언스 모델의 요소들을 보다 공식적인 방법으로 소개하는 것도 도움이 될 수 있습니다. 커뮤니티 리질리언스 모델 기술에 대한 더 많은 정보는 3장에서 확인할 수 있습니다. 지난 몇 년 동안 이 모델에 대한 더 많은 연구가 진행됨에 따라, 짧은 시간 동안(1~3시간) 진행되는 워크숍이 웰빙을 향상하고 외상 스트레스 증상 및 2차 외상 스트레스를 줄이는 데 도움이 된다는 것이 밝혀졌습니다.

지역사회 사례: 노스캐롤라이나주 뉴하노버 카운티

재난 구호 활동을 위한 커뮤니티 리질리언스 모델 준비 과정은 노스캐롤라이나주 뉴하노버 카운티의 경험을 통해 확인할 수 있습니다. 뉴하노버 카운티 주민들은 2018년 허리케인 플로렌스의 피해로 이후에 행동에 나섰습니다. 그들의 커뮤니티 리질리언스 모델과의 협업은 뉴하노버 카운티 안에서 확장 가능성이 있는 웰빙 접근법을 찾으려는 시도에서 시작되었습니다. 그들의 초기 노력은 이제 미래의 기후 변화 사건과 기타 도전 과제가 발생할 때 지역사회 전체를 위한 확고한 준비 및 예방 전략으로 발전하였습니다. 2021년, 뉴하노버 카운티는 그들의 '뉴하노버 카운티 리질리언스 문화(New Hanover County Culture of Resiliency)' 프로그램으로 미국내 카운티 협회(National Association of Counties)로부터 교육 및 전문 개발 부문에서 성과상(Achievement Award)을 수상하였습니다. 그들은 5,000명 이상의 구성원들에게 커뮤니티 리질리언스 모델의 웰니스 기술을 교육했습니다.

그들의 리질리언스 관점은 카운티에 체계적인 방식으로 도입되어, 미국의 다른 지역 및 세계의 다른 지역에서도 도입할 수 있도록 하였습니다. 다음 정보는 뉴하노버 카운티 인사부의 선임 인사 분석가인 보 딘(Bo Dean)의 보고서 '뉴하노버 카운티 리질리언스 문화 - 교육 및 전문 개발(New Hanover County Culture of Resilience-Training and Professional Development)'에서 발췌한 것입니다. 그는 또한 커뮤니티 리질리언스 모델 공인 지도자입니다.

뉴하노버 카운티 리질리언스 문화 교육

허리케인 플로렌스는 장기간 지속된 폭풍으로 지역사회와 조직에 꽤 다양하게 지속적인 영향을 미쳤습니다. 정부 관계자들은 다음과 같이 밝혔습니다.

"허리케인 이후 우리 부서의 직원들이 겪은 어려움은 단순히 '문제가 있었다'고 표현하기엔 부족하다. 번아웃과 불안을 겪고 있으며, 이를 계기로 공공 서비스 영역에서 주민들을 지원하기 위해 앞으로 어떤 점을 바꿔야 할지에 대한 요구가 드러났다."

뉴하노버 카운티의 전략적 파트너십 중 하나를 활용하여, 본래 아동의 요구를 해결하기 위해 결성된 뉴하노버 카운티 리질리언스 실무부서(New Hanover County's Resiliency Task Force)는 무엇이 지역사회의 회복력에 기여하는지 탐구하기 시작했습니다. 리질리언스가 있는 커뮤니티의 한 가지 특징은 위기나 스트레스 상황에서 자신과 타인을 돌보며 현명한 선택을 내릴 수 있는 기술을 갖춘 주민들을 보유해야 한다는 것입니다. 이러한 관점에서 뉴하노버 카운티의 지역 사회 리더들을 위한 커뮤니티 리질리언스 모델 가이드 양성 기금을 지원하기 위한 보조금을 받았습니다. 훈련을 받은 사람들은 비영리 단체의 구성원, 아동 돌봄 제공자, 응급 구조원, 그리고 지역 정부 직원들이었습니다.

뉴하노버 카운티는 지역사회를 위해 최선을 다하기 위해 리질리언스 활동을 단순히 공공 서비스의 일상적 문제를 만족시키는 것뿐만 아니라, 비상시 대응력을 향상하고 지역사회 전체를 위한 리질리언스 문화를 창조하는 것으로 규정합니다. 카운티의 인사부 선임 분석가는 리질리언스 훈련을 받은 직원들로 구성된 그룹을 구성하고, 모든 시간제 및 정규직 직원들을 위한 90분 교육 과정을 설계하였습니다. 이 과정은 리질리언스 소개, 커뮤니티 리질리언스 모델의 개념, 뉴하노버 카운티와 관련된 트라우마 및 스트레스에 대한 분석 그리고 탐색하기, 자원화, 접촉하기라는 세 가지 웰니스 기술과 함께 커뮤니티 리질리언스 모델의 실천과 공유를 목표로 합니다.

90분 교육이 끝난 후, 직원과 스태프들은 주제에 대한 더 깊이 참여하기를 권장 받았습니다. 첫해 동안 매달, 8시간 교육이 직원들에게 제공되어 커뮤니티 리질리언스 모델 가이드를 양성하였습니다. 커뮤니티 리질리언스 모델 가이드들은 커뮤니티 리질리언스 모델 기술을 적용하고 이를 이용하여 다른 사람들을 도울 수 있었습니다. 카운티의 응급 관리 팀은 긴급 대피소와 기타 주요 서비스 장소에 동료 직원들과 대중들을 위해서 웰니스 기술을 운영할 수 있는 직원을 배치하기 위한 비상 인력 배치 계획 중 잠재적인 커뮤니티 리질리언스 모델 가이드를 선발하였습니다.

매달 8시간 교육 외에도, 8시간 과정을 수료한 사람들을 위한 '점심과 학습 시간(lunch and learns)'을 마련하여 직원들이 리질리언스 교육에서 논의된 아이디어를 더욱 확장할 수 있었습니다. 이는 현재 지속적으로 운영되고 있는 리질리언스 작업 그룹(Resiliency Working Group, RWG)의 월간 회의로 발전하였습니다.

그들은 리질리언스 교육을 지속하면서, 조직 전반에 걸쳐 리질리언스를 훈련 받은 직원들이 있다는 것을 알게 되었습니다. 이들은 동료 상호 지원(소방 서비스), 트라우마 전문 리더십 팀(사회복지), 사목부(보안관), 위기 사고 스트레스 관리(911) 등이 있습니다. 많은 직원들이 커뮤니티 리질리언스 모델 기술을 통합하여 함께 일하기를 원했습니다. 결과적으로, 그들은 카운티 전역에 리질리언스 훈련을 받은 모든 직원들이 하나의 우산 아래 모일 수 있도록 보다 큰 리질리언스 작업 그룹을 구성하기로 결정하였습니다. 이들은 현재 MS Teams를 통해 비대면으로 모여 정보를 배포하고, 자원을 공유하며, 직원들의 필요 요구를 다루고, 도움이 필요한 사람들을 지원하기 위해 무엇을 할 수 있는지에 대한 인식을 높이고 있습니다. 2021년 4월 기준으로, 그들은 81명의 커뮤니티 리질리언스 모델 가이드를 보유하고 있습니다. 현재까지 리질리언스 작업 그룹에는 카운티 내에서 전체 직원을 지원할 수 있는 97명이 넘는 직원이 있습니다.

교육의 지속성을 높이기 위해, 커뮤니티 리질리언스 모델 지도자와 가이드들은 직원들의 시설 관리팀과 함께 휴게실과 화장실에 커뮤니티 리질리언스 모델 기술을 담은 포스터를 배치하여 아이디어와 개념을 항상 상기할 수 있도록 했습니다. 또한 비상 구역에는 기술과 몇 가지 실습을 담은 얇은 판 모양의 카드를 비치했으며, 이 자료들은 코로나19 팬데믹 기간 동안 콜센터와 외진 현장에서 직원들을 지원하는 데 도움이 되었습니다. 이러한 이미지와 알림은 현장 대응 차량과 학교전담경찰관(school resource officers)에게도 배포되어, 그들이 수강한 8시간 교육을 기억하는 데 활용되고 있습니다.

뉴하노버 카운티의 모든 직원이 이 교육을 받을 수 있도록, 신규 직원들에게 90분 교육용 비디오를 제공하고, 오리엔테이션 첫날 신입사원교육 자료로 기본 세 가지 웰니스 기술을 제공합니다. 리질리언스는 뉴하노버 카운티의 공유 가치인 청지기 정신과 책임감의 일환으로 오리엔테이션 전반에 걸쳐 논의되고 시연됩니다. 또한, 그들은 직원들이 단지 웹사이트 메인 페이지에 있는 '리질리언스'라는 버튼만 누르면 자원을 찾을 수 있는 Shorelines라는 웹사이트를 개발했습니다. 클릭하면, 동료 상호지원 목록, 지역 정신 건강 서비스, 자원 라이브러리, 기사, 비디오 등을 수십 개의 자원들이 있습니다.

리질리언스 실천은 뉴하노버 카운티의 모든 교육, 학습 및 개발에서 어떤 방식이나 형태로든 통합되어 있습니다. 그들의 관리자 교육, 전문 개발 커리큘럼, 변화 관리, 안전, 비상 관리 및 규정 준수에서 리질리언스에 대한 의도를 가지고 접근하고 있습니다. 그들은 리질리언스를 바탕으로 일하고, 스트레스를 다루고 웰빙을 촉진하는 실천을 통해 집중할 수 있다면, 그들의 지역사회에 더 잘 봉사할 수 있다고 믿고 있습니다.(B. Dean, 개인 통신, 2021).

결론

2010년, 아이티 사람들은 우리에게 최악의 상황에서도 인간은 내면의 리질리언스에 기대어, 희망과 보람으로 서로를 품을 수 있다는 사실을 우리에게 일깨워 주었습니다. 우리가 세계 여러 곳에서 만난 이들처럼 아이티 사람들은 커뮤니티 리질리언스 모델 기술이 2010년 지진 이후 뿐만 아니라 정치적 불안, 허리케인, 그리고 2021년의 또 다른 지진 같은 삶의 여러 폭풍을 견뎌내는 데에도 계속 도움이 되고 있다고 공유해 왔습니다. 2010년에 우리가 만난 아가트 장 바티스트(Agathe Jean Baptiste, 현재 스위스의 글로벌 펀드 근무)는 최근 커뮤니티 리질리언스 모델의 웰니스 기술이 2010년 지진 이후 절망 속에서 자라난 '빛의 씨앗(seeds of light)'을 제공했다고 이야기했습니다. 우리는 사람들이 극심한 고통에 직면할 때에도, 여전히 희망과 웰빙을 향해 나아가는 인간의 놀라운 수용력을 목격했습니다. 아이티에서 그들이 보여준 이러한 리질리언스와 생명력은 지금도 잊을 수 없는 감동으로 남아 있습니다.

뜨겁고 후덥지근한 날씨 속에서 우리는 파손된 아이티의 거리를 지나며 이동했습니다. 운전사는 우리를 목적지로 데려다 주기 위해 무너진 잔해 주위를 지나쳐갔습니다. 우리의 목적지에는 이미 우리를 기다리는 100명이 넘는 사람들이 임시로 만든 캠프의 골판지 지붕 아래 모여 있었습니다. 이 캠프는 2010년 1월 지진 이후 포르토프랭스(Port au Prince)의 많은 구역 중에 세워진 캠프 중 하나였습니다. 우리는 음악과 춤을 공유하는 것은 두 세계를 이어주므로 노래를 주고받자고 요청했습니다. 한 여성이 군중 속에서 앞으로 나와 노래를 부르기 시작하자, 곧 모두가 노래에 동참했습니다. 사람들은 나무 벤치에서 일어나 노래하고 춤추며 서로 어울렸습니다. 웃음과 노랫소리가 캠프 안에서 울려 퍼지며 남녀노소 점점 더 많은 사람들이 참여할수록 더 크게 울려퍼졌습니다. 혹독한 현실과 잠시 거리를 두자 아직 희망이 존재할 수 있다는 사실을 모두 자각하였습니다. 간단한 방법으로, 우리는 생존자들에게 인간 신경계의 생명 작용에 대해 그리고 트라우마 스트레스 반응의 생물학적 기제(트라우마 스트레스 반응의 생명 작용 그리고 이런 가혹한 시기에 웰빙을 구축하는 방법)를 가르치기 시작했습니다. 우리는 기본적인 커뮤니티 리질리언스 모델 기술을 공유하고 그들이 일상을 재건하는 활동에 이 간단한 기술들을 통합하여 어떻게 서로를 도울 수 있을지 시연했습니다. 생존자들은 우리에게 신체적 증상(불면증, 심계항진, 땅이 흔들리지 않음에도 땅이 흔들리는 것 같은 감각, 복통과 두통, 사지의 약화, 그리고 슬픔)들을 공유했습니다. 우리는 이런 증상들이 세계 곳곳의 지진과 같은 참사 이후에 많이 관찰된다는 것을 알려주었습니다. 이것은 인간의 약점이 아니라 생명 작용입니다. 그리고 우리는 그들에게 "지금 당신을 돕고 있는 것은 무엇이거나 누구인가요?"라고 물었습니다. 사람들은 "예수님, 가족, 친구들"이라는 외쳤습니다. 우리는 기본적인 커뮤니티 리질리언스 모델 기술을 시연하고 실행했습니다. "당신의 자원을 기억하세요."라고 말했습니다. 현지어로 "네, 네, 그렇게 하겠습니다"라는 웅성거리는 맞장구가 들려왔습니다. 우리가 떠날 준비를 할 때, 캠프를 이끄는 가톨릭 수녀가 다가와, 내 손을 잡으며 현지 통역사를 통해 말했습니다. "저는 지진 이후 처음으로 희망과 보람을 느낍니다."

우리는 희망이야말로 진정으로 '고통 속에서 발견되는 한줄기의 빛'임을 직접 목격했습니다.

참고문헌

Dalai Lama, & Tutu, D. (with Abrams, D.). (2016). *The book of joy: Lasting happiness in a changing world.* New York, NY: Avery, an imprint of Penguin Random House.

Dean, B. (2021). *New Hanover County culture of resilience: Training and professional development.* County of New Hanover, Human Resources. https://www.nhcgov.com/
bodean@nhcgov.com

United Nations Office for Disaster Risk Reduction. (2022, March 12). Disaster. https://www.undrr.org/terminology/disaster

9장

범죄 피해자 구호를 위한 커뮤니티 리질리언스 모델

제니퍼 윌리스

이 장에서는 다음 내용을 다룹니다.

1. 워싱턴 주 형사 사법 교육 위원회(Washington State Criminal Justice Training Commission, WSCJTC)에서 제공하는 성폭력 조사, 피해자 중심 참여 및 리질리언스(Victim-Centered Engagement and Resiliency, VCERT) 교육에 대해 설명합니다.
2. 트라우마에 대한 이해와 리질리언스 중심 접근법이 어떻게 커뮤니티 리질리언스 모델의 웰니스 기술을 사용하여 조사 과정에 통합될 수 있는지, 그리고 이를 통해 피해자 및 생존자의 재트라우마화를 최소화하려는 목표를 설명합니다.

"당신들은 리질리언스를 실질적으로 구현했습니다."라고 론스웨이 박사(Dr. K. Lonsway)가 말했습니다(개인간 대화, 2021년 11월 17일). 론스웨이 박사는 워싱턴 주 형사 사법 교육 위원회가 제공하는 피해자 중심 참여 및 리질리언스 교육에서 진행된 인터뷰 연습 과정을 직접 관찰한 후 이와 같이 말했습니다. 론스웨이 박사는 여성폭력 방지

국제 연합(End Violence Against Women International, EVAWI)에서 연구를 담당하며, 이 기관은 성별에 기반한 폭력 사건 조사를 위한 교육 콘텐츠의 국가적 및 글로벌 기준을 제시합니다.

이 말은 제가 성폭력 피해자 인터뷰 교육에 웰니스 기술을 통합하기 위해 기울인 노력과 주의를 생각하면 진심으로 와닿는 표현입니다. 우리는 2018년 11월 처음으로 피해자 중심 참여 및 리질리언스 교육 과정이 개설된 이후 지도자 교육에 인터뷰 전문가를 보내기 시작하며 인터뷰에 커뮤니티 리질리언스 모델의 웰니스 기술을 통합하기 시작했습니다. 그 이후, 워싱턴 주 내 약 550명의 경찰관이 피해자 인터뷰 과정에서 웰니스 기술을 소개받았습니다. 피해자들이 조사에 계속 참여할 수 있도록 하는 전략을 모색하며, 많은 경찰관이 이러한 기술을 포함한 것을 높이 평가하고 있습니다. 피해자 중심 참여 및 리질리언스 교육 과정에서 경찰관들은 범죄 세부 사항에 대해 질문하면서 피해자의 신경계 조절을 지원하는 이점을 교육받습니다. 경찰관들은 트라우마가 기억과 행동에 미치는 영향과 웰니스 기술이 기억 회상 및 리질리언스 증진에 어떻게 도움을 줄 수 있는지를 배우고 있습니다. 피해자가 사건의 세부적인 내용을 제공하지 않거나 사법 집행에 계속 참여하지 않는 경우, 가해자 책임 추궁이 훨씬 어려워집니다. 또한, 책임을 묻지 못한 성범죄자들의 재범률은 매우 높습니다.

워싱턴 주 의회는 경찰관들에게 피해자 중심 참여 및 리질리언스 교육 과정을 의무적으로 이수하도록 요구하면서, '성인 성폭력 사건을 정기적으로 조사하는' 경찰관들이 트라우마가 피해자에게 미치는 영향과 사법 집행의 난점을 이해할 수 있도록 워싱턴주 개정 법령(101.43.272, 섹션 2)에 해당 워싱턴 주 형사 사법 교육 위원회 교육의 기준을 포함했습니다.

"교육은 다음을 포함해야 합니다. 연구 기반 관행과 표준에 기반하여 진행되어야 한다. 참가자들에게 인터뷰 기술을 연습하고 강사로부터 피드백을 받을 기회를 제공해야 한다. 피해자 조사 과정에서 인터뷰를 받는 모든 사람들의 트라우마를 최소화해야 한다. 가능한 경우 조사 인터뷰 횟수를 줄이는 방법을 제공해야 한다. 조사 인터뷰가 최대한 철저하고 객관적이며 완전하게 이루어지도록 보장해야 한다. 특수 인구 집단의 요구를 인식해야 한다. 피해의 본질과 그 결과를 인식해야 한다. 조사 인터뷰는 인터뷰 대상자가 상황에 따라 최대한 감정적으로 편안함을 느낄 수 있는 방식으로 진행되어야 한다. 기록 보관 및 검색 문제를 다루어야 한다. 조사 인터뷰에 대한 문서화를 다루어야 한다. 성폭력 키트의 법의학적 분석 결과와 조사 과정의 중요한 사건들(미해결 사건 포함)에 대해 피해자에게 통지하는 최선의 관행을 조사관들에게 교육해야 한다."

피해자 중심적인 성폭력 수사 교육의 의무 조항에 이러한 요소들을 포함함으로써, 경찰관들은 인터뷰 실습 과정에서 증거 정보를 피해자에게 끌어내는 동안 트라우마의 영향에 대한 인지, 민감성, 그리고 전반적인 배려를 더욱 심도있게 인식하고 실행하도록 안내받습니다.

우리가 법 집행기관을 위한 트라우마 기반 인터뷰 교육 과정을 평가했을 때, 많은 교육 과정이 트라우마와 그 영향을 받는 사람들과 작업하는 개념에 대한 정보를 포함하고 있었지만, 인터뷰 과정 중에 발생하는 생리적 활성화를 다룰 수 있는 도구는 포함하지 않았다는 점을 발견했습니다. 커뮤니티 리질리언스 모델은 그 단순성,

적응성, 다용성 덕분에 피해자의 상태나 능력을 이해하고 신체 감각을 탐색하는 방법을 제공합니다.

피해자 중심 참여 및 리질리언스 교육 과정의 일환으로, 우리는 다른 트라우마 기반 인터뷰 모델의 내용을 바탕으로 한 5단계 인터뷰 틀을 구축했습니다. 피해자 중심 참여 및 리질리언스 교육 인터뷰 모델이 다른 모델과 차별화되는 점은 커뮤니티 리질리언스 모델의 웰니스 기술의 통합입니다. 경찰관들은 피해자가 회복력 영역에서 벗어나는 순간이나 생리적 활성화가 발생하는 순간에 적절한 웰니스 기술을 활용하는 것을 연습합니다. 많은 경찰관들은 이미 이러한 도구 중 일부를 사용하고 있을 가능성이 높지만, 현장에서 활용은 신경계나 트라우마에 대한 용어 또는 이해에 기반하지 않을 수 있습니다. 예를 들어, 인터뷰 중인 사람에게 물 한 모금을 마시라고 제안하는 것은 꽤 흔합니다. 1990년대에 연방 요원으로 활동하면서 인터뷰에서 이런 제안을 의무적으로 했던 것을 기억합니다. 이 기술이 인터뷰 대상을 감각에 집중시키고 지금 현재로 주의를 되돌리게 할 수 있는 웰니스 기술이라는 것을 이해했더라면 이 관행이 더 강조되었을 것입니다.

인터뷰 교육에서 강조되지 않았던 또 다른 개념은 인터뷰 대상자와의 라포(rapport) 구축입니다. 라포 구축을 커뮤니티 리질리언스 모델 기술인 '자원화'와 연결하는 방식을 통해, 인터뷰 대상자와 중립적이거나 기분 좋은 주제로 대화하며 그들의 기초 상태를 평가하고 인터뷰와 관련된 민감성 및 형식성으로 인한 예민해진 신경계를 안정시킬 수 있습니다. 트라우마나 트라우마적 사건의 생리적 영향을 이해하고, 이 간단한 기술들을 통합하여 피해자를 안정화시키는 것은 보다 세부적인 기억 회상과 수사나 기소와 같은 사법 집행에 대한 지속적인 참여 가능성을 높입니다. 우리는 경찰관들에게 인터뷰 시작과 종료 시 라포를 구축하고 자원화를 활용할 것을 권장합니다. 이러한 관행을 통해 경찰관은 피해자와 연결될 가능성을 높일 뿐만 아니라, 피해자가 정의를 추구하고 자신을 치유하는 과정에서 자신감과 리질리언스를 키울 수 있도록 더 큰 영향을 미칠 수 있습니다. 피해자에게 증거 정보를 수집하는 과정에서 이렇게 배려하는 것은 트라우마 기반 접근 방식을 시작으로 하여, 커뮤니티 리질리언스 모델의 웰니스 기술을 포함함으로써 리질리언스 중심 접근 방식으로 구조화된다는 점에서 우리의 관점을 확장시킵니다.

피해자 중심 참여 및 리질리언스 교육 인터뷰 모델의 창안 및 구조

교육 과정을 개발하면서, 우리는 형사 사법 인터뷰 전문가 두 명 (Subject Matter Experts, SMEs)과 워싱턴주 형사 사법 교육 위원회 프로그램 관리자를 피해자 중심 참여 및 리질리언스 교육 과정에 보내, 피해자 인터뷰에 이러한 기술을 통합할 가능성을 평가했습니다. 초기에는 이 전문가들도 회의적이었으나, 곧 커뮤니티 리질리언스 모델을 인터뷰 과정에 도입하는 가치를 이해하고 이를 지지하게 되었습니다. 커뮤니티 리질리언스 모델 지도자 교육 이후, 우리는 밀러-카라스가 참석한 관계자 회의를 열어, 이들로부터 중요한 콘텐츠를 파악하고 교육 과정 강사를 선정했습니다. 이 회의에서 전문가, 프로그램 관리자, 그리고 밀러-카라스는 관계자들에게 커뮤니티 리질리언스 모델 기술을 소개했습니다. 우리는 다양한 인터뷰 모델을 연구하고, 웰니스 기술과 경찰관들이 이미 알고 있는 요소(예: 상황 인식, 자기 인식, 신뢰 관계 구축)를 혼합한 피해자와 인터뷰하기 위해 틀을 개발했습니다. 또한, 워싱턴주 형사 사법 교육 위원회의 아동 학대 인터뷰 및 평가 과정에서 영감을 받아, 전문 배우와의 인터뷰를 포함시켜 경찰관들이 새로운 기술이나 익숙한 기술을 교육 환경에서도 연습할 기회를 제공했습니다.

시간이 지나면서, 우리는 교육팀에 더 많은 커뮤니티 리질리언스 모델 지도자를 추가했습니다. 이 지도자들은 마음챙김 강사에서 탐정, 검사에 이르기까지 다양한 배경을 가지고 있습니다. 커뮤니티 리질리언스 모델 지도자는 법 집행 경험이 있는 진행자와 함께 인터뷰 과정을 지원합니다.

교육을 시작한 지 3년 이상이 지난 현재, 교육은 웰니스 기술과 정보 수집이 더욱 자연스러운 조화를 이루는 방향으로 발전했습니다. 우리는 경찰관들이 사전 과정 평가 중 iChill 앱을 통해 커뮤니티 리질리언스 모델 기술에 익숙해지도록 했습니다. 그들은 앱을 다운로드하고 커뮤니티 리질리언스 모델 용어와 활용법을 익히기 위해 몇 가지 질문에 답하도록 요청받습니다. 경찰관들에게 가르치는 커뮤니티 리질리언스 모델 기술에는 '탐색하기', '자원화', '접촉하기', 지금 도와줘가 포함됩니다. 최근에는 '주의전환하여 머물기'도 추가되었습니다.

교육을 받는 팀원들 중 커뮤니티 리질리언스 모델 지도자 교육을 완료하지 않은 경우, 커뮤니티 리질리언스 모델 워크숍에 참석하도록 요청합니다. 이 요청의 목적은 두 가지입니다. 첫째, 팀원들에게 웰니스 기술을 제공하는 것이고, 둘째, 콘텐츠에 친숙해지도록 하는 것입니다(특히 배우들에게, 이들은 피해자 역할을 맡는 동시에 인터뷰 실습 중에 이러한 기술을 안내 받을 수 있습니다).

수업이 시작되면, 경찰관들은 피해자 기억 회상(Victim Recall) 및 리질리언스 기술에 대해 소개받습니다. 그 후, 인터뷰 섹션에서 이 모든 내용을 종합적으로 다룹니다. 피해자 기억 회상 및 리질리언스 활동에서는 웰니스 기술을 포함하는 트라우마의 신경생물학에 대한 설명과 경찰관들이 이러한 기술이 왜 그리고 어떻게 높은 긴장 상황에서 사용할 필요가 있는지 이해를 돕습니다. 인터뷰 섹션에서는 인터뷰의 다양한 단계에서 이러한 기술의 유용성을 강조합니다.

아래는 지역 사회에서 경찰관과의 상호작용이나 인터뷰를 위한 단계별 프로세스 요약입니다.

1. 형사 사법 인터뷰 전문가 2명과 워싱턴 주 형사 사법 교육 위원회 프로그램 관리자가 커뮤니티 리질리언스 모델 가이드 교육을 완료했습니다.(트라우마 자원 연구소와 계약을 체결해 피해자 중심 참여 및 리질리언스 교육에 커뮤니티 리질리언스 모델 자료를 활용했습니다.)

2. 프로그램 관리자는 교육 개발 과정에서 관계자 회의를 주최하여 과정 내용에 대한 의견을 수집하고, 교육 주제와 강사를 선정했습니다. 전문가 2명, 프로그램 관리자, 밀러-카라스는 관계자들에게 커뮤니티 리질리언스 모델의 웰니스 기술과 해당 기술이 성폭력 피해자 인터뷰에서 가지는 잠재적 이점을 설명했습니다.

3. 기존 트라우마 기반 인터뷰 모델을 연구하고, 그 내용 및 실행 방식을 커뮤니티 리질리언스 모델 기술과 통합한 5단계 인터뷰 틀로 개발했습니다.

4. 교육 과정 강사나 인터뷰 진행자로 계약을 체결하기 전에 교육 팀 구성원들은 피해자 중심 참여 및 리질리언스 교육 프로그램 관리자 교육에 참여해야 했습니다. 초기 단계에서 이들은 커뮤니티 리질리언스 모델과 배우와의 인터뷰 실습에서 이를 어떻게 통합할지 배우게 되었습니다.

5. 피해자 중심 참여 및 리질리언스 교육 과정에 참여하는 배우들은 자신들의 역할과 시나리오를 배우는 동안 커뮤니티 리질리언스 모델도 제공받았습니다.

6. 과정이 발전함에 따라 피해자 중심 참여 및 리질리언스 교육 팀에 더 많은 커뮤니티 리질리언스 모델 지도자들이 추가되었고, 트라우마 자원 연구소에서 교육을 받은 지도자가 늘어났습니다.

7. 트라우마 자원 연구소는 커뮤니티 리질리언스 모델 지도자를 파견해 피해자 중심 참여 및 리질리언스 교육에서 커뮤니티 리질리언스 모델 통합 방안에 대해 프로그램 매니저에게 평가와 지침을 제공했습니다.

8. 피해자 중심 참여 및 리질리언스 교육은 트라우마 리질리언스 모델 교육을 위해 강사나 컨설턴트로 활동하는 치료사를 파견했습니다. 마음챙김 전문 지도자들은 커뮤니티 리질리언스 모델 지도자 교육을 통해 진행자로서의 역할을 준비했습니다. 이 치료사들과 마음챙김 지도자들은 교육 팀 구성원을 위한 자원으로도 활동합니다.

9. 현재 피해자 중심 참여 및 리질리언스 교육은 모든 교육 팀 구성원에게 커뮤니티 리질리언스 모델 워크숍에 참석하도록 하고 있습니다.

10. 피해자 중심 참여 및 리질리언스 교육 과정은 다학제적 팀의 중요성을 강조하며, 옹호자와 변호사들도 커뮤니티 리질리언스 모델 지도자 교육에 참여하도록 했습니다.

11. 피해자 중심 참여 및 리질리언스 교육에서 커뮤니티 리질리언스 모델 지도자가 늘어남으로써, 진행자와 사법 집행 진행자가 함께 진행하는 효과를 평가한 후, 연습 인터뷰에서 각자의 역할로 함께 참여하도록 했습니다.

12. 동료들에 의해 관찰된 바와 같이, 인터뷰 실습에 들어가기 전에 발생할 수 있는 불안감을 고려하여, 인터뷰 실습 전, 커뮤니티 리질리언스 모델 진행자는 소개와 신경계 조절을 위한 자원화 활동을 진행했습니다.

13. 커뮤니티 리질리언스 모델과 사법 집행 진행자는 인터뷰 중 배우가 흥분한 경우 경찰관들에게 웰니스 기술을 적용하도록 권장했습니다.

14. 커뮤니티 리질리언스 모델 진행자는 경찰관들에게 웰니스 기술 검토와 피드백을 제공하며, 기술 활용 기회를 강조했습니다.

피해자 중심의 참여 및 리질리언스 교육에서 실습 인터뷰 중 강조되는 커뮤니티 리질리언스 모델 기술입니다.

탐색하기: 커뮤니티 리질리언스 모델 기술의 기초일 뿐만 아니라, 상황 인식(situational awareness)에 대해 훈련받고 익숙해진 경찰관들에게도 핵심적인 기술입니다.

자원화: 라포를 형성하고, 피해자의 감정적 기준을 평가하며, 중립적이거나 긍정적인 주제를 통해 피해자와 연결감을 형성합

니다. 경찰관은 감각 기반 질문을 통해 자원을 강화할 수 있으며, 이러한 질문은 폭력사건 인터뷰에서도 권장됩니다.

접촉하기: 피해자가 주의를 신체의 일부인 손이나 발로 돌려 접촉 중인 표면에 집중하도록 요청합니다. 이를 통해 피해자가 현재 순간으로 돌아오고 경찰관과의 인터뷰에 집중할 수 있도록 돕습니다.

주의전환하여 머무르기: 커뮤니티 리질리언스 모델의 웰니스 기술이 활용할 때, 인터뷰 전반에서 주의전환하여 머무르기가 이루어질 수 있습니다. 피해자가 트라우마 사건으로서 자신이 폭행당하는 기억을 회상하며 신경계가 과활성화될 때, 경찰관은 중립적이거나 긍정적인 경험 또는 현재 순간으로 피해자를 안내할 수 있습니다. 자원화, 접촉하기 또는 지금 도와줘 기술과 관련된 감각에 대해 질문함으로써 피해자가 중립적이거나 긍정적인 감각에 집중하도록 돕고, 수사와 관련된 정보를 다시 제공하도록 참여를 유도할 수 있습니다.

지금 도와줘: 피해자가 인터뷰 중 갑작스럽고 극단적인 신경계 반응을 보일 때 피해자를 다시 안정시키는 기술로 권장됩니다. 접촉하기와 유사하게, 피해자를 현재로 돌아오게 하고 이성적 사고를 회복할 수 있도록 돕는 효과적인 도구입니다.

피해자 중심의 참여 및 리질리언스 교육 과정에서 실습 인터뷰는 일반적으로 가장 중요한 부분으로 간주됩니다. 이는 경찰관들이 인터뷰 이전에 배운 정보와 기술을 실제로 적용할 수 있는 기회를 제공하기 때문입니다. 이 과정은 기본적으로 피해자 인터뷰 수업으로 구성되며, 교육의 첫 이틀 동안 인터뷰에 대한 고려사항을 다루고,

교육 3일 차에는 인터뷰 실습을, 마지막 날에는 조사, 기소, 그리고 경찰관의 정신 건강과 복지를 다룹니다.

또한 인터뷰 전 경찰관들에게 제공되는 참고 자료가 포함되어 있습니다. 'SAI 인터뷰 프레임워크 및 샘플 질문지'가 경찰관이 인터뷰 중에 참조할 수 있도록 제공되는 반면, '피해자 중심의 참여 및 리질리언스 교육 인터뷰 가이드'는 인터뷰 진행자가 실습 인터뷰를 평가할 때 사용할 수 있도록 제공됩니다.

피해자 중심의 참여 및 리질리언스 교육이 끝날 무렵, 경찰관들이 커뮤니티 리질리언스 모델을 피해자나 목격자와의 인터뷰에 적용하는 데 대한 충분한 이해를 갖추게 되면, 교육의 초점은 경찰관의 리질리언스, 즉 그들의 웰빙을 증진하는 방향으로 전환됩니다. 이 과정에서는 트라우마 및 일선 근무자와의 치료 경험이 풍부한 트라우마 리질리언스 모델 치료사의 발표가 포함됩니다. 참가자들은 커뮤니티 리질리언스 모델 기술의 이점과 이러한 기술을 자신의 웰빙에 적용하는 방식을 다시 한번 확인해 줍니다. 이 교육에서 이 부분은 경찰관들이 장기적인 웰빙 목표를 기록하고 실천할 수 있도록 돕는 에세이 글쓰기 실습을 포함하고 있습니다.

경찰관들은 항상 커뮤니티 리질리언스 모델과 인터뷰 기술을 이 수업에서의 주요 수확물로 언급합니다. 최근 세 번의 피해자 중심의 참여 및 리질리언스 교육 과정에서 "이 수업에서 가장 큰 배움은 무엇인가요?"라는 질문에 대한 답변이 포함되어 있습니다.

피해자 중심 인터뷰. 이 수업은 범죄 피해 생존자와의 인터뷰 및 상호작용에 초점을 맞췄지만, 이러한 도구는 다양한 인터뷰 상황에 통합할 수 있는 유용한 도구라고 생각합니다. 특히 단어 선택이 중요합니다. 예를 들어,

"어떻게 반응하셨나요?" 대신 "몸이 어떻게 반응했나요?"라고 말하거나, "그냥 숨을 쉬세요." 또는 "당신의 이야기를 들려주세요."와 같은 잠재적으로 트라우마를 유발할 수 있는 표현을 피하는 것이 중요합니다.

트라우마로 인해 생기는 생물학적 반응과 다양한 방식으로 나타나는 행동을 다루는 방법에 대한 뇌 과학적 이해가 강조되었습니다. 이러한 접근법은 범죄 수사를 위한 최상의 정보를 얻으면서도 피해자에게 최소한의 트라우마를 주는 방식으로 행동을 처리하는 데 도움을 줍니다.

커뮤니티 리질리언스 모델의 웰니스 기술이 이미 우리의 일상 대화에 어떻게 구현되었는지를 알게 되었습니다. 단지 이를 표현할 용어가 없었을 뿐입니다. 우리가 이미 사용하는 기본 기술에 더해 세부 정보를 얻기 위해 추가 단계를 포함함으로써 수사를 더 잘 진행할 수 있도록 도와줍니다.

2년 전 이 수업을 들은 후 커뮤니티 리질리언스 모델 기술을 인터뷰에 적용해 온 워싱턴 주의 한 형사가 최근 지역 검사가 피해자 중심의 참여 및 리질리언스 교육에 참석할 수 있는지 물으며 다음과 같이 언급했습니다.

나는 당신과 당신의 팀에 대해 칭찬을 아끼지 않습니다. 교육에 대해 이야기할 때마다 이것이 내가 20년간의 사법 집행 경력 중 받은 최고의 교육 중 하나라고 생각합니다. 아니면 아예 최고라고 할 수도 있습니다.

어제 한 인터뷰에서 접촉하기 기술을 사용하여 피해자가 매우 힘들었던 경험을 이야기할 수 있도록 도왔습니다. 이 피해자는 트라우마로 인해 8개월 동안 상담을 받은 후에야 경찰에 나설 용기를 냈습니다. 인터뷰 중 저는 당신의 수업에서 배운 수많은 도구와 이야기를 활용해 그녀가 사건을 처리할 수 있도록 도왔고, 그녀가 자신을 탓하지 않도록 막아줄 수 있었습니다.

당신의 교육은 제가 피해자가 어려운 과정을 극복하도록 돕는 데 큰 도움을 주었습니다.

우리는 다른 경찰 교육 시설 및 부서들에게 트라우마 자원 연구소와 협력하여 워크숍 또는 지도자 교육을 진행하고 이러한 교육을 접목할 것을 권장합니다.

참고문헌

Washington State Criminal Justice Training Commission. (2021, August). *Sexual assault investigations: Victim-centered engagement and resiliency tactics* (WSCJTC Training 101.43.272, Section 2, Revised Code of Washington). Washington State Criminal Justice Training Program.

제3부

아동과의 작업

10장

트라우마를 경험한 아동과의 작업 : 발달적 관점

킴벌리 프리먼

이 장에서는 다음 내용을 다룹니다.

1. 트라우마 리질리언스 모델과 커뮤니티 리질리언스 모델이 트라우마를 경험한 아동을 돕는 데 어떻게 사용될 수 있는지 설명합니다.
2. 두 모델이 학교 및 지역사회 환경 내에서 1차, 2차, 3차 예방 프로그램을 실행하는 데 훌륭한 접근법인 이유를 설명합니다.
3. 두 모델을 사용하는 것과 관련하여 아동 발달 및 애착에 대해 설명합니다.
4. 전쟁 중 아동에게 커뮤니티 리질리언스 모델을 사용하는 방법에 대해 설명합니다.

트라우마에 노출된 아동과 청소년은 장기적인 행동, 건강 및 사회적 문제를 겪을 위험이 있습니다. 트라우마가 뇌에 미치는 영향을 조사한 연구에 따르면, 초기 발달 단계에서 아동 학대는 뇌의 생물학적 구조와 기능을 물리적으로 변화시켜 생애 전반에 걸쳐 지속적인 행동 및 신체 건강 문제를 초래할 수 있습니다(Teicher, 2000). 이러한 연구 결과는 앞선 부정적 결과의 진행을 중재하거나 심지어

역전시킬 수 있는 리질리언스 요인을 찾는 연구로 이어졌습니다 (Zolkoski & Bullock, 2012).

리질리언스 연구 초기에는 이 요인을 스트레스와 트라우마에 대처하고 적응하기 위해 사용되는 확정적인 성격 특성으로 간주했습니다. 개인이 리질리언스를 타고났거나 타고나지 않았다고 여겨졌습니다(Asendorpf & van Aken, 1999; Hart et al., 1997). 리질리언스가 선천적으로 생물학적 영향을 어느 정도 받을 수 있기는 하지만, 오늘날 우리는 리질리언스는 긍정적인 개인적, 환경적, 사회적 지원(social support)의 맥락에서 시간이 지남에 따라 개발되고 강화될 수 있다는 것을 알고 있습니다.

이러한 관점을 뒷받침하며, 최근 메타 분석에서는 자기 효능감(self-efficacy), 긍정적 정서(positive affect), 사회적 지원과 같은 보호 요인을 강화하는 것이 개인의 리질리언스를 구축하는 데 효과적이라는 결과를 제시했습니다(Lee et al., 2013). 이러한 관점의 변화는 리질리언스에 대한 현대적인 정의로 이어졌습니다. 예를 들어, "현재 순간에 충실히 살며 일상에서 마주하는 현안을 관리하면서 개인 및 집단의 강점을 식별하고 유리하게 활용할 수 있는 개인 및 지역사회의 능력"(Miller-Karas, 2013)이 그것입니다. 아동 역시 '개인적' 및 '집단적' 강점을 기반으로 삼으면 리질리언스가 강화되고 삶의 궤적이 변화합니다. 연구에 따르면, 역경이 뇌 기능을 재구성해 부적응적인 방식으로 반응하도록 하는 것처럼, 아동이 리질리언스를 구축하면 뇌를 더 적응적인 방식으로 재구성할 수 있으며, 이 재구성은 성인기까지 지속될 수 있다는 증거가 증가하고 있습니다 (Sroufe et al., 2005; Sroufe & Siegel, 2011).

위에서 언급된 긍정적인 신경학적 변화는 트라우마 이후 마음과 몸의 균형을 회복하는 것을 목표로 하며, 이는 트라우마 리질리언스 모델과 커뮤니티 리질리언스 모델의 주요 관심사입니다. 이 두 모델은 아동 발달 및 애착 형성에 어떻게 적용되는지 설명합니다. 이 모델들은 특히 긍정적인 특정 기억이나 자원에 연결하고 이를 강화하며, 아동의 스트레스가 해소되도록 몸의 감각에 주의를 기울이는 방식을 촉진합니다. 또한, 아동은 회복력 영역에서 벗어난 시점을 인식하고, 미래의 스트레스를 관리하기 위해 두 모델의 웰니스 기술을 사용하는 방법을 배울 수 있습니다. 이러한 점에서 트라우마 리질리언스 모델은 행동 건강 전문가가 임상적인 트라우마 치료에 제공하도록 설계되었고, 커뮤니티 리질리언스 모델은 스트레스를 겪는 지역사회 구성원 누구나가 사용할 수 있도록 설계되었습니다.

두 모델의 웰니스 기술을 전체 지역사회로 확산할 가능성을 인식하고, '치료 체계 연결(Bridges to Therapy Framework)'의 일환으로 조지아(Georgia)주의 아이들을 위한 커뮤니티 리질리언스 모델이라는 활동이 2022년에 시작되었습니다. 조지아는 2021년에 정신 건강 서비스 접근성 면에서 49위를 기록했으며, 이 프로그램은 조지아의 심각한 행동 건강 결과를 해결하는 데 도움이 될 것입니다. 조지아주 커뮤니티 리질리언스 모델 지도자이자 상호관계 과학 및 소아과 센터(Center for Interrelational Science and Pediatrics)의 대표인 조단 머피(Jordan R. Murphy, RN, CPNP) 박사는 다음과 같이 말했습니다.

"제 환자 대부분은 3-4개월 대기 목록에 있었고, 이는 종종 위기 수준의 개입으로 이어졌습니다. '치료 체계 연결'과 커뮤니티 리질리언스 모델 교육 훈련은 조지아 행동 건강 및 발달 장애부(Georgia Department of Behavioral Health and Developmental Disabilities)의 시스템 측면에서 제시된 목표를 충족하는 데 기여할 것입니다. 이를 통해 궁극적으로 소아 행동 건강 결과를 긍정적으로 개선할 수 있습니다. 커뮤니티 리질리언스 모델을 모든 수준(예방에서 위기 수준까지)의 웰니스 개입으로 홍보하게 되어 매우 기쁩니다." (머피 개인 인터뷰, 2022년 3월 20일)

예방

트라우마 리질리언스 모델과 커뮤니티 리질리언스 모델은 웰니스에 초점을 맞추고 있어, 학교와 지역사회 환경에서 어린이가 대부분의 시간을 보내는 학교나 가정에서 1차, 2차, 3차 예방 프로그램으로 실행하는 데 탁월한 접근법입니다. 1차 예방의 관점에서 목표는 건강한 사람들이 정신건강 문제를 경험하거나 악화시키는 것을 예방하는 것입니다. 커뮤니티 리질리언스 모델은 부모, 교사, 보육교사 등과 같은 개인들에게 쉽게 가르칠 수 있기 때문에, 스트레스와 트라우마의 생물학적 영향 및 '자원화', '탐색하기', '접촉하기'와 같은 기술의 중요성을 어린이들에게 교육하기 위한 특정 교육 프로그램을 설계할 수 있습니다. 누군가가 자신의 신경계를 읽는 방법을 배우면, 회복력 영역에서 벗어났을 때 다시 돌아올 수 있습니다. 이 능력이 트라우마 경험의 영향을 예방하는 데 도움을 줄 수 있다고 믿습니다.

한 초등학교 환경에서 커뮤니티 리질리언스 모델의 웰니스 기술이 스트레스 예방 프로그램의 일부로 3학년 교실에서 가르쳐졌습니다. 교육 후 얼마 지나지 않아 한 어린 소년이 화를 내며 교실에서 방해 행동을 보였습니다. 교사는 이 아이가 괴로워하고 있음을 인식하고, "만약 여러분이 화가 났다면 어떻게 하겠습니까?"라고 질문했습니다.

이에 학생들은 여러 커뮤니티 리질리언스 모델의 '자원화' 및 '지금 도와줘!' 기술을 제안했습니다. 예를 들어,

"내가 좋아하는 일을 생각해 보세요. 그게 저를 도와줘요."

"산책하거나 물을 마셔요."

"100부터 거꾸로 세고 나면 더 나아질 거예요."

이 사례가 특히 인상적인 이유는, 이러한 제안들이 단순히 교사의 지시에 따른 반응이 아니라, 어린이들 스스로가 스트레스에 대한 신체 반응에 대한 이해를 바탕으로 내놓은 것이며, 동시에 이들이 문제를 일으킨 소년을 배제하거나 비난하지 않고, 함께 돕는 데 성공했다는 점입니다. 어린이들이 신체의 자연스러운 스트레스 반응을 이해하고, 그에 대해 자신이 할 수 있는 구체적인 행동을 배우게 되면, 누군가가 스트레스 반응을 보일 때 그 행동을 부정적으로 해석하지 않고 공감적으로 이해할 수 있습니다. 또한 자신이 스트레스를 받을 때 자신의 신체 신호를 인식하고 관리하기 위한 기술을 적용할 수 있습니다.

2차 예방의 실행 단계에서는 트라우마를 이미 경험한 어린이를 돕는 것에 초점을 맞추며, 그 증상을 감소시키거나 완화하고, 궁극적으로는 회복을 촉진하는 것을 목표로 합니다. 예를 들어, 커뮤니티 리질리언스 모델 훈련을 받은 한 학교의 상담사는 다음과 같이 말했습니다.

월요일에 저는 복도 바닥에 앉아 상심에 빠진 4학년 학생과 대화를 나눴습니다. 그녀는 전날 밤 내내 잠을 이루지 못했으며, 집안에서 들려오는 가정 폭력 소리를 들었고, 어머니와 함께 그곳에서 도망치려 할 때 분노한

아버지가 도로에서 그들을 쫓아오는 상황을 겪었다고 했습니다. (다행히 그들은 할아버지 댁에 안전하게 도착했습니다.) 아이는 집을 나온 상실감과 아버지 행동의 재발에 대한 두려움을 표현했습니다. 이야기를 조금이라도 털어놓을 필요가 있었던 그녀에게, 저는 할아버지 집에 도착했을 때 느꼈던 안전감의 감각을 자원으로 연결하도록 돕는 것이 비교적 쉬웠습니다.

그녀는 자신의 신체 반응을 자연스럽게 추적하며 – 미소를 짓고, 몸을 이완시키며, 호흡이 느려지는 모습을 보였습니다. 그리고 어머니에게도 '자원화' 기술을 소개했다고 말했습니다. 이후 다시 불안이 올라왔을 때, 그녀는 스스로 과활성화된 상태를 인식하고 다시 자원화 기술을 시도했습니다. 그녀는 학교에서 하루를 보내기로 결심했고, "자원화를 기억한다면 학교를 잘 보낼 수 있을 것 같아요."라고 말했습니다. 어제 저는 그녀가 하루를 잘 보냈다는 소식을 들었습니다.

교사가 커뮤니티 리질리언스 모델 훈련을 받았기 때문에, 도움이 필요한 학생에게 즉각적으로 다가가 추가적인 트라우마 증상이 발생할 위험을 줄이는 동시에 리질리언스를 촉진할 수 있었습니다. 이 기술의 중요성은 어린이가 어머니에게 '자원화' 기술을 가르쳤다고 말한 점과 학교에서 하루를 계속 보낼 수 있었던 능력 속에서 잘 드러납니다.

3차 예방은 복잡하고 장기적인 정신건강 문제를 관리하도록 돕는 것을 목표로 하며, 동시에 삶의 전반적인 질을 최대한 향상시키는 것을 목적으로 합니다.

3차 예방의 한 사례는 자해, 우울증, 그리고 정서적 조절 장애로 치료를 받고 있던 13세의 반항적인 청소년의 치료 과정에서 찾아볼 수 있습니다.

이 소녀는 경제적으로 어려운 환경, 알코올 중독자이자 정서적으로 불안정한 아버지, 그리고 정서적 학대의 경험 등 여러 위험 요인을 가지고 있었습니다. 치료 초기, 그녀는 자신의 문제를 강제로 이야기해야 할 것이라고 예상하며 강한 저항감을 보였으나, 치료자가 그런 접근이 아닐 것이라는 사실을 안내하자 안도감을 느끼며 현재 순간의 신체 감각에 주의를 기울이고, 자신의 '자원'에 대해 이야기하는 데 열린 태도를 보였습니다. 그녀가 선택한 자원은 가장 친한 친구와의 긍정적인 경험이었습니다. 치료 과정에서 그녀는 신체 감각을 탐색하고, 자원을 활용하며, 불편한 감각에서 보다 즐겁거나 중립적인 감각으로 이동하는 '진정' 기술을 배웠습니다. 이러한 과정을 통해 청소년은 자신의 신경계를 스스로 조절하는 방법을 점차 익히게 되었고, 그 결과 일상적인 스트레스를 더 효과적으로 다루게 되었으며, 치료가 시작된 지 얼마 지나지 않아 자해 행동을 중단할 수 있었습니다.

이러한 비침습적 접근법은 개인에게 트라우마 경험의 이야기를 다시 하도록 요구하거나 강요하지 않는 방식으로, 트라우마 리질리언스 모델과 커뮤니티 리질리언스 모델의 핵심 원칙 중 하나입니다. 이 접근법은 특히 성인에 대한 불신이 크고, 자신의 문제를 이야기하기 꺼려하는 청소년들과 함께 일할 때 매우 적합합니다. 이 사례에서 해당 청소년은 결국 자신의 트라우마 경험 일부를 나누고자 하는 욕구를 보였으나, 그것은 자신이 선택한 시점과 방식에 따라 이루어졌습니다. 그녀는 트라우마 리질리언스 모델 기술을 통합하면서 신체 각성 수준(arousal)을 조금씩 조절할 수 있는 방식으로 이야기를 나누었습니다. 이러한 접근은 청소년이 자신의 신체에 저장되어 있던 트라우마 당시 생존 에너지를 방출하면서도, 이전과는 다른 안전하고 통제된 경험을 할 수 있도록 유도하였습니다. 치료 과정이 끝나갈 무렵, 그녀는 이렇게 말했습니다. "이제는 가족과의 관계도 감당할 수 있을 것 같아요. 제 자신을 통제할 수 있는 느낌이에요... 저는 더 강해졌고, 필요할 때마다 이 기술들을 사용할 수 있어요. 제 엄마도 이 기술을 쓰려고 노력하고 있어요."

이와 같은 사례들에서 볼 수 있듯이, 두 모델의 웰니스 기술은 일상적인 스트레스에 노출된 어린이와 청소년, 정신건강 문제의 발달 위험이 있는 이들, 그리고 이미 심리적 어려움을 겪고 있는 이들 모두에게 매우 강력한 예방적 도구를 제공합니다.

트라우마 리질리언스 모델은 주로 정신건강 전문가들이 활용하도록 설계된 모델이지만, 커뮤니티 리질리언스 모델은 그중 여섯 가지 기본 기술을 공유하며 지역사회 구성원 누구나 사용할 수 있도록 고안되었습니다. 이러한 점에서, 부모와 교사처럼 어린이의 삶에서 중요한 역할을 하는 사람들이 다양한 상황과 환경 속에서 이 기술들을 반복적으로 강화해 줄 수 있다는 것이 매우 큰 장점입니다. 이는 전문가의 집중적 훈련이 필요한 대부분의 기존 치료 접근법에서는 찾아보기 어려운 특성입니다. 이처럼 어린이가 일상생활의 여러 장면에서 웰니스 기술을 스스로 적용하고, 주변의 성인들로부터 지속적인 지지를 받을 때, 회복력 영역이 점차 확장되며, 그 결과 어린이의 전반적인 삶의 질이 향상되는 효과를 가져옵니다.

발달적 고려사항

비록 개념적으로는 성인을 위한 트라우마 리질리언스 모델과 커뮤니티 리질리언스 모델과 동일하지만, 위와 같은 접근법을 아동에게 적용할 때는 발달적 요인과 교수 방법의 조정을 반드시 고려해야 합니다. 무엇보다 중요한 핵심 원칙은 부모나 보호자를 기술 학습 과정에 함께 포함시키는 것입니다. 부모와 아동이 함께 기술을 배우면, 부모는 모델링(modeling)을 통해 기술을 시범 보일 수 있고, 자신의 상태가 균형을 이루게 되면 자녀를 더 효과적으로 도울 수 있습니다. 또한 부모가 커뮤니티 리질리언스 모델 기술을 습득함으로써, 자녀의 신경계 반응에 더 민감하게 조율할 수 있으며, 자녀가 과도하게 흥분하거나 위축되는 모습을 보일 때 이를 인식하고, 자원을 활용할 수 있도록 자연스럽게 안내할 수 있습니다. 부모나 보호자에 대한 집중적 지원의 중요성은 아무리 강조해도 지나치지 않습니다. 연구에 따르면, 아동의 긍정적인 회복 결과를 예측하는 가장 중요한 요인 중 하나는 아동에게 의미 있는 성인의 대처 능력임이 지속적으로 확인되고 있습니다(Gewirtz et al., 2011; Silva et al., 2000). 이에 따라 트라우마 자원 연구소는 2020년에 '가족 리질리언스 프로그램(Family Resiliency Program)'을 새롭게 시작했습니다. 이 프로그램은 보호자들이 커뮤니티 리질리언스 모델의 웰니스 기술을 가정, 지역 커뮤니티 센터, 학교, 그리고 더 넓은 지역사회에 적용할 수 있도록 돕는 것을 목표로 합니다. 또한 가족 리질리언스 프로그램의 핵심 관심사 중 하나는, 보호자 자신이 자기돌봄(self-care)을 위해 이 기술들을 직접 사용하는 것의 중요성입니다. 이 외에도, 아동의 트라우마 반응과 회복 과정에 영향을 미치는 발달적 요인으로는 기억의 발달, 기질(temperament), 애착(attachment), 그리고 외상후 스트레스 증상의 표현 방식 등이 있습니다. 이러한 요인들은 아동이 두 모델의 웰니스 기술을 배우고 적용하는 방식에도 직접적인 영향을 미칩니다.

기억의 역할

이 책의 다른 장들에서 뇌 기능과 기억에 대해서는 심층적으로 다루고 있지만, 여기에서는 언어 발달 이전(preverbal)의 아동에게 트라우마가 미치는 영향을 강조하기 위해 아동 특화 정보를 제시합니다. 이는 어린 아동이 자신의 트라우마 경험을 언어로 표현할 수 없다고 해서, 그 사건의 영향을 받지 않는다고 잘못 생각하는 경우가 많기 때문입니다. 그러나 우리는 암묵기억과 외현기억의 발달에 대한 연구(Paley & Alpert, 2003)를 통해 언어 발달 이전 기억의 근거를 확인할 수 있습니다.

트라우마와 기억에 관한 문헌을 살펴보면, 어린 아동은 시간이 지나면서 트라우마 사건에 대한 명확한 명시적 기억을 유지하지 못하는 경우가 많지만, 암묵기억은 그렇지 않다는 데 연구자들이 대체로 일치합니다. 털빙 외(Tulving et al., 1982)는 암묵기억이 명시적으로 정보를 회상하는 능력 이후에도 오랫동안 남아, 신체적 정서적 반응에 영향을 미친다는 사실을 밝혔습니다. 일반적으로 암묵기억은 우리가 많은 일상 활동을 자동적으로 수행할 수 있게 해주는 유익한 기능입니다. 그러나 트라우마의 경우, 이러한 원치 않는 기억이 신체에 '갇혀' 지속적인 공포, 불쾌감, 분노, 혹은 해리 반응을 일으키지만, 이는 아동이 스스로 관리하거나 이해하기 어렵습니다. 이 점에서 트라우마 리질리언스 모델과 커뮤니티 리질리언스 모델은 아동의 생리적 반응을 직접 다룰 수 있게 해주며, 트라우마의 이야기를 다시 하거나 언어적 이해가 필요하지 않기 때문에, 트라우마를 경험한 아동을 돕는 데 매우 유용한 모델임을 보여줍니다.

비언어적(nonverbal) 기억에는 다음과 같은 것들이 포함됩니다. 시각

적 기억(Visual Memory)과 신체-감각 기억(Somatic-Sensory Memory)
이 포함되며, 이는 직접적인 트라우마나 트라우마와 연관된 단서
(trauma cue)에 대한 자동 반응으로 나타납니다. 예를 들어, 괴롭힘을
당했던 학교에 들어서는 순간 구토하거나 해리 반응을 보이는 아동의
사례가 이에 해당합니다. 이러한 비언어적 기억은 트라우마 직후 즉각
적으로 표현되는 경우가 많으며, 일반적으로 정확하게 저장되어 성인
기까지 지속적으로 행동적, 시각적, 신체적 형태로 나타납니다. 반면,
시각적 및 언어적 기억은 시간이 지나면서 희미해지거나 변동이 커지
는 경향이 있습니다(Paley & Alpert, 2003).

암묵기억이 트라우마 반응에서 수행하는 역할에 대한 이해는 트
라우마 리질리언스 모델과 커뮤니티 리질리언스 모델의 핵심 원칙
중 하나로 통합되어 있습니다. 이 두 모델은 언어 발달 이전의 아동
이나, 트라우마의 세부 내용을 기억하지 못하는 사람들도 여전히 신
체적·정서적 반응을 경험한다는 점을 고려합니다. 따라서 어린 시
절에 트라우마를 경험한 사람을 효과적으로 돕기 위해서는, 그 사건
과 연관되어 신체의 감각적, 운동적, 정서적 기억으로 저장된 암묵
기억을 처리하는 과정이 필수적입니다.

아동의 기질

트라우마의 이력과 관계없이, 아동들은 타고날 때부터 신경학적으
로 환경에 대한 적응력과 반응성에서 서로 다르게 태어납니다. 부모에
게 물어보면 쉽게 알 수 있습니다. 한 아이는 거의 울지 않고 규칙적으
로 먹고 자는 반면, 또 다른 아이는 끊임없이 울고, 예민하며, 하루

일과가 불규칙한 경우가 있지요. 이처럼 아동이 환경에 반응하고 상호작용하는 특징적인 패턴을 기질(temperament)이라고 합니다(Thomas & Chess, 1989). 기질은 대체로 생물학적으로 결정되는 요인으로 간주되며, 이후의 성격 발달(personality development)에도 중요한 역할을 하는 것으로 알려져 있습니다. 토마스와 체스(Thomas & Chess)는 유아기부터 성인기까지의 발달 과정을 추적하면서, 아동의 기질을 아홉 가지 차원에서 평가했습니다. 그 결과, 대부분의 아동은 다음 세 가지 기질 유형 중 하나에 속한다는 것을 발견했습니다.

① 순한 아이(easy child)
② 반응이 느린 아이(slow-to-warm-up child)
③ 까다로운 아이(difficult child)

순한 아이(표본의 약 40%)는 새로운 자극에 긍정적으로 반응하고, 환경 변화에 쉽게 적응하며, 전반적으로 긍정적인 정서 상태를 보였습니다. 반응이 느린 아이(15%)는 활동 수준이 낮고, 새로운 상황에 천천히 적응하며, 새로운 사람이나 환경에 대해 위축되는 경향이 있었습니다. 까다로운 아이(10%)는 일과가 불규칙하고, 감정 기복이 크며, 예민하고 까다로우며, 새로운 자극에 부정적으로 반응하는 특징을 보였습니다. 특히 주목할 점은, '까다로운 기질'을 가진 영아의 70%가 성인이 된 후 정신의학적 치료를 받았던 반면, '순한 기질'을 가진 아이는 단 18%만이 치료를 받았다는 사실입니다.

이러한 결과는 까다로운 기질을 가진 아동이 트라우마를 경험할 경우, 순한 기질의 아동보다 더 심각한 증상을 보일 가능성이 높다는 점을 시사합니다. 따라서 치료자는 아동의 발달적 배경을 충분히 이해하고, 필요한 경우 트라우마 리질리언스 모델과 커뮤니티 리질리언스 모델의 웰니스 기술을 아동의 특성에 맞게 조정해야 합니다. 예를 들어, 트라우마 이력과 관계없이 반응성이 높고 감각에 민감한 ('까다로운 기질'에 해당하는) 아동은 초기 치료 단계에서 접촉하기보다는 자원화 기술을 적용하는 것이 더 효과적일 수 있습니다. 왜냐하면 접촉하기 기술이 오히려 신체 활성화(activation)를 증가시킬 위험이 있기 때문입니다. 또한, 이러한 아동은 신체의 과도하게 활성화된 부위에서 더 중립적이거나 안정된 부위로 주의(attention)를 옮기는 방법을 배워야 합니다. 이는 항상 환경 자극에 과민하게 반응해온 아이에게는 새로운 경험이 될 것입니다. 기질은 선천적 특성이기 때문에 아동의 민감성이 완전히 사라지지는 않지만, 두 모델의 웰니스 기술을 통해 아이가 감각 정보를 관리하고 이에 반응하는 방식은 크게 향상될 수 있습니다.

아동들이 서로 다른 기질 패턴을 가지고 있다는 사실은, 비슷한 경험을 했음에도 불구하고 트라우마에 대한 신경학적 반응이 다양하게 나타나는 이유를 설명해 줍니다. 연구에 따르면, 일부 아동은 선천적으로 환경 자극에 민감하며, 경우에 따라 사소한 스트레스에도 회복력 영역에서 벗어날 가능성이 높습니다. 따라서 트라우마 리질리언스 모델과 커뮤니티 리질리언스 모델 접근법은 각 아동의 독특한 기질적 특성에 맞추어 조정되고, 민감하게 반응하며, 아동 스스로 트라우마의 의미와 영향을 탐색하고 조절할 수 있도록 돕습니다. 이로 인해 같은 트라우마를 경험했더라도 기질이 다른 두 아동은 매우 다른 증상 양상을 보일 수 있습니다. 예를 들어, 높은 반응성(highly reactive)을 가진 아동은 중간 정도 반응성을 가진 아동에 비해 훨씬 강렬한 트라우마 반응을 보일 수 있습니다. 또한, 기질에 대한 이해는 모든 아동에게 예방적 접근이 필요하다는 사실을 뒷받침하며, 특히 까다로운 기질을 가진 아동에게는 더욱 선제적인 웰니스 기술 교육이 필요합니다. 이러한 기술을 미리 가르침으로써, 스트레스와 트라우마의 잠재적 영향을 줄이고, 좁게 형성되어 있는 회복력 영역을 확장할 수 있습니다.

애착과 트라우마

애착은 영유아와 성인 보호자 사이에서 아이를 달래주고, 지지하고, 양육하며 보호할 책임이 있는 주 양육자와 친밀감과 근접성을 유지하도록 돕는 정서적 유대를 말합니다(Breidenstine et al., 2011). 애착 이론의 창시자인 존 볼비(Bowlby, 1980)에 따르면 영아가 생물학적으로 생존을 보장받기 위해 보호자와의 긴밀하고 친밀한 관계를 형성하도록 설계되어 있다고 보았습니다. 따라서 영아는 울기, 미소 짓기, 따라가기, 매달리기 등과 같은 근접 추구 행동(proximity-seeking behaviors)을 통해 보호자의 관심을 끌려는 본능적 행동을 보입니다.

건강한 애착의 발달은 여러 해에 걸쳐 점진적으로 이루어집니다. 출생부터 8주까지는 모든 성인에게 관심을 보이며 특정 보호자에 대한 구분이 없지만, 2~7개월에는 특정 보호자에게 약간의 선호를 보이기 시작하고, 7~12개월이 되면 낯선 사람을 경계하며 보호자와의 분리 불안을 나타냅니다. 12~18개월에는 보호자에 대한 명확한 애착이 형성되며, 이 시기의 아동은 탐색 행동을 보이면서도 두려움이나 불안을 느낄 때 보호자를 '안전기지(secure base)'로 삼습니다.

18개월 이후에는 아동과 보호자가 자율성과 의존성 사이의 균형을 조절하면서 안정적인 신뢰 관계를 유지하게 됩니다(Boris et al., 1999).

대부분의 상황에서 보호자가 아동의 욕구에 일관되고 민감하게 반응할 때, 아동은 안정 애착(secure attachment)을 형성합니다. 이러한 아동은 낯선 사람보다 보호자를 선호하며, 불안할 때 보호자에게 위로를 구하고, 보호자가 자신의 필요를 충족시켜 줄 것이라는 신뢰를 학습합니다. 반면, 보호자로부터 반복적으로 위로받지 못하거나 반응이 불규칙하거나 학대적인 환경에서 자란 아동은 불안정 애착(insecure attachment)을 형성하게 됩니다. 불안정 애착은 크게 회피형(avoidant), 양가형(ambivalent), 혼란형(disorganized)으로 구분됩니다. 회피형 애착 아동은 보호자가 정서적으로 닫혀 있거나 거부적인 경우 정서적 거리두기를 통해 스스로를 보호하며, 양가형 애착 아동은 보호자의 반응이 일관되지 않아 불안과 의존이 공존하는 모습을 보입니다. 혼란형 애착은 보호자가 공포의 원인이 되는 경우 발생하며, 아동은 보호자를 두려워하면서도 의존하려는 모순된 반응을 보입니다. 이러한 혼란형 애착은 혼란, 트라우마, 압도당하는 느낌을 유발하며, 세 가지 유형 중 가장 심각한 정신병리적 위험 요인으로 알려져 있습니다(Ainsworth et al., 1978; Main & Solomon, 1990).

불안정 애착을 가진 아동과 함께 치유 작업할 때에는, 이들이 대인관계에서 두려움을 느끼거나 반응하지 않을 가능성이 높다는 점을 반드시 명심해야 합니다. 따라서 트라우마 리질리언스 모델 치료사는 아동의 행동 반응에 완전히 주의를 기울이며(attunement), 안전한 환경을 조성하는 것이 무엇보다 중요합니다. 이를 실천하는 한 가지 방법은 '탐색하기' 반응을 통해 아동에게 '당신에게 집중하고 있다'는 메시지를 전달하는 것입니다. 예를 들어, "지금 깊게 숨을 쉬었네요.", "지금 웃고 있는 게 보여요." 와 같은 반응은 아동이 자신의 신체 감각을 인식하게 하고, 치료자가 자신을 주의 깊게 보고 있다는 사실을 느끼게 합니다. 아동과의 작업에서는 탐색하기를 성인보다 훨씬 더 자주 사용하는 것이 중요합니다. 이는 감각 언어(sensory language)를 가르치고, 모델링하며, 주의를 표현하는 데 도움이 됩니다. 반면, 성인 트라우마 리질리언스 모델과 커뮤니티 리질리언스 모델에서 흔히 사용하는 "무엇을 느끼나요?"와 같은 개방형 질문은 12세 이하의 아동에게는 관계를 단절시키고 참여도를 낮추는 경향이 있으므로 피하는 것이 좋습니다. 대신, 아동이 선택할 수 있는 가능한 반응의 언어적 선택지를 제시하거나, 그림이나 단어 카드를 활용하는 방법이 더 효과적입니다. 아동이 치료적 관계 속에서 두려움의 신체 감각이 안전감으로 바뀌는 경험을 할 때, 아동은 자신의 사회적 환경에서 더 온전하게 기능할 수 있는 능력을 회복하게 됩니다. 이러한 과정은 리질리언스, 긍정적 성장, 그리고 변화의 가능성을 촉진합니다

보호자-아동 관계는 상호적이고 순환적인 특성(reciprocal nature)을 지니므로, 애착 문제가 있는 경우 보호자와 아동 모두를 대상으로 한 개입 전략이 필요합니다. 트라우마 리질리언스 모델 치료사는 특히 아동의 애착 패턴에 주의를 기울여야 하며, 아동의 문제도 부모가 영아기 시절에 형성하지 못한 안정적이고 돌봄이 있는 관계에서 비롯된 것일 가능성을 염두에 두어야 합니다. 많은 부모들이 자신의 역할을 인식하지 못한 채, '치료사가 아이를 고쳐주기를' 기대하며 아이를 치료에 데려오는 경우가 있습니다. 그러나 연구에 따르면, 부모가 자신의 과거 트라우마를 해결하지 못한 경우(비통합적 정서

반응, 방향 감각 상실, 해리 유사 반응 등), 자녀의 애착은 혼란형으로 발달할 가능성이 높습니다(Breidenstine et al., 2011). 이는 관계의 변화를 성공적으로 이루기 위해서는 일부 경우 부모가 치료의 주요 초점이 되어야 함을 의미합니다. 또한, 부모나 아동, 혹은 양쪽 모두가 지속적으로 회복력 영역 밖으로 벗어나 있는 경우, 애착 형성이 방해받고 불안정 애착이 형성될 위험이 커집니다. 따라서 부모가 트라우마 리질리언스 모델 기술을 통해 자신의 과거 트라우마를 처리할 수 있다면, 그들은 다른 치료적 요소(예: 양육 기술, 심리교육)를 적용할 때 더 온전하게 '현재에 머물 수 있는 능력'을 갖게 됩니다. 이와 더불어, 부모는 탐색하기, 자원화, 접촉하기, 지금 도와줘! 등의 웰니스 기술을 자녀와 함께 실천함으로써, 자녀의 정서 상태에 대한 조율과 정서적 지지를 강화할 수 있습니다. 이러한 과정은 부모-자녀 관계를 회복시키고, 나아가 아동의 리질리언스를 높이는 핵심 기반이 됩니다.

어린이의 PTSD 증상

트라우마는 아동의 생리적 기능과 환경적 적응 능력에 깊은 영향을 미치기 때문에, 아동의 외상 후 스트레스 장애(이하 PTSD) 발달에 중요한 기여 요인이 됩니다(Blank, 2007). 특히, 아동의 위험 요인(risk factors)이 보호 요인(protective factors)보다 많을 경우 PTSD 발병 위험은 더욱 높아집니다. 트라우마 반응이 일어날 때, 아동의 신경계는 위협적인 세상에서 생존하기 위한 상태로 반응하고, 실제로 명백한 위험이 존재하지 않더라도 뇌 속에서 방어적 호르몬과 화학물질이 분비됩니다. 다시 말해, 트라우마 경험은 아동의 각성 상태(arousal)의 기준선을 '재설정(reset)'하여, 외부의 위협이나 요구가 없는 상황에서도 신체가 지속적인 경계 상태(persistent alarm)에 머물게 만듭니다. 이때 작은 스트레스 요인조차도 공포나 위협 반응을 촉발할 수 있으며, 이 과정은 두뇌의 합리적 사고와 의식적 조직화를 방해합니다.

시간이 지남에 따라 트라우마를 경험한 아동은 과민하고, 충동적이며, 과각성(hypervigilant) 상태를 보이거나, 반대로 무감각하고 단절된 모습을 드러낼 수 있습니다. 이들은 대체로 자신의 회복력 영역 밖에서 기능하게 되며, 이러한 상태는 생존은 가능하더라도 신경계의 조절 불균형을 초래하여 신체적·정신적 건강에 값비싼 대가를 치르게 됩니다. PTSD는 시간이 지나면서 다양한 형태와 조합으로 증상이 나타날 수 있으며, 종종 알려지지 않거나 보고되지 않은 트라우마 경험을 포함하기 때문에, 아동에게서 진단하기가 매우 어렵습니다. 더구나 PTSD 증상이 주의력결핍 과잉행동장애(ADHD) 등 다른 아동기 장애의 증상과 겹치는 경우가 많아 진단을 복잡하게 만듭니다(Perry et al., 1995). 예를 들어, 집중력 저하, 주의력 부족, 과도한 놀람 반응, 과각성 등 PTSD의 전형적인 증상들은 아동이 과잉행동하거나 산만한 것처럼 보이게 만듭니다.

이로 인해 오진(misdiagnosis)이 발생할 경우, 아동의 트라우마 회복 능력을 저하시킬 뿐 아니라, 부적절하거나 비효과적인 치료가 이루어질 위험이 있으며, 아동의 트라우마 이력을 고려하지 않은 비현실적인 행동 기대를 형성하게 됩니다. 따라서 임상가들은 아동의 트라우마 이력과 관련 위험 요인 - 예를 들어, 까다로운 기질, 혼란형 애착, 또는 트라우마의 행동적 재연(behavioral reenactments)을 면밀히 평가해야 합니다. 또한, DSM-5(정신질환 진단 및 통계 편람 제5판)에는 발달적 PTSD 하위 유형으로 '유아기 외상 후 스트레스 장애(post-traumatic stress disorder in preschool children)'가 새롭게 포함되었습니다. 이는 기존 장애 진단체계에서 처음으로 발달적 관점을 반영한 아동기 PTSD의 독립적 유형으로, DSM 분류체계의 중요한 발전 단계를 의미합니다. PTSD의 전체 진단 기준은 미국정신의학회(APA)의 공식 웹사이트 (https://psychiatry.org/psychiatrists/practice/dsm)에서 확인할 수 있습니다.

전쟁 속 어린이

세계 곳곳의 많은 아동들이 전쟁으로 인한 고통 속에서 살아가고 있습니다. 그들은 집과 학교, 지역사회, 그리고 사랑하는 사람들마저 잃는 경험을 하고 있습니다. 시리아(Syria), 이라크(Iraq), 아프가니스탄(Afghanistan), 우크라이나(Ukraine) 등 여러 지역의 상황은 보호자들이 자신이 돌보는 아동이나 자녀의 트라우마와 슬픔에 어떻게 대응하고 도울 수 있는지에 대한 깊은 어려움을 호소합니다. 아동의 발달 연령에 맞게 반응하고 돕는 방법을 이해하는 것은, 보호자가 아동에게 더 큰 안전감(sense of safety)을 형성하도록 돕는 핵심 요소가 됩니다. 그러나 살상과 파괴가 주변에서 실제로 일어나는 상황 속에서 아동이 안전하다고 느끼게 하는 것은 결코 단순한 일이 아닙니다. 아동은 보호자의 정서적·신체적 상태에 매우 민감하게 반응하기 때문에, 보호자가 자신의 회복력 영역 안에 머무를 수 있을수록, 아동의 정서적 안정 또한 높아집니다.

다음은 이와 같은 극심한 삶의 경험을 겪고 있는 아동을 지원하기 위한 발달 단계별 지침의 일부입니다.

출생기~유아기: 이 시기의 아동은 현재 일어나고 있는 상황의 의미를 이해하지는 못하지만, 주변 사람들의 감정과 행동을 그대로 흡수하고 반응합니다. 따라서 아동에게는 신체적 접촉(포옹, 안기기 등)을 통한 안심과 단순하고 따뜻한 언어적 위로가 필요합니다. 도움이 되는 기술과 예시 문장은 다음과 같습니다.

- 아기를 안아주거나 흔들어주는 접촉은 아기에게 안전감을 전달하는 방법입니다.
- 자극을 줄이는 것이 도움이 될 때도 있습니다. 주변의 소음이나 강한 빛을 줄여 감각적 과부하를 완화하면, 불안해하는 영아가 더 쉽게 안정될 수 있습니다.
- 보호자는 "내가 옆에 있어. 지금 우리는 안전해."와 같은 말을 반복하여 말해줄 수 있습니다.
- 아동에게 익숙하고 편안한 자원 - 예를 들어, 인형, 담요, 책 등 - 을 제공하면 정서적 안정을 돕습니다.

유아기~6세: 이 연령대의 아동은 일어나는 일에 대한 이해가 아직 제한적입니다. 따라서 짧고 단순한 설명이 필요합니다. 이 시기의 아동은 여전히 신체적 친밀감을 필요로 하며, 가능한 한 많은 안전함에 대한 확신을 받아야 합니다. 또한 정상적인 활동에 참여하는 것이 도움이 됩니다. 도움이 되는 기술과 예시 문장은 다음과 같습니다.

- "지금 위험한 일들이 일어나고 있어. 우리가 최대한 안전하게

지내기 위해 이렇게 해야 해. 지금 우리는 더 안전해. 내가 네 곁에 있어."

6세에서 10세까지의 아동: 이 연령대의 아동은 일어나는 일에 대해 부분적으로 이해하지만, 종종 스스로 사건에 대해 해석합니다. 이들은 사실과 명확한 설명이 필요하며, 안전하다고 느끼기를 원합니다. 도움이 되는 기술과 예시 문장은 다음과 같습니다. 보호자는 이렇게 말할 수 있습니다.

- "우리나라에 싸움이 일어나고 있어. 이것은 무섭고 위험할 수 있지만, 우리는 가능한 한 안전하게 지내기 위해 최선을 다하고 있어. 지금 우리는 더 안전해. 나는 네 곁에 있어."
- "지금은 우리가 모르는 것이 많지만, 네가 질문이 있다면 내가 대답해줄게."

아동이 게임이나 학교 과제와 같은 정상적인 활동에 참여할 수 있는 기회를 찾습니다. '지금 도와줘' 전략은 아동이 하이존 영역이나 로우존 영역에 있을 때 연습될 수 있습니다. 이 나이대에는 아동이 사건을 부분적으로만 이해하기 때문에, TV, 소셜 미디어, 어른들의 대화, 라디오에 대한 노출을 제한하는 것이 가장 중요합니다. 그어느 때보다도 아동은 우리의 반응을 지켜보고 관찰하고 있습니다.

사춘기 전후의 청소년: 이 연령대의 청소년은 자신의 감정을 마음속에 숨기려는 경향이 있습니다. 이들은 무슨 일이 일어나고 있는지를 이해하고 있으며, 자신만의 생각과 관점을 가지고 있습니다. 성인은 청소년 곁에 있으면서 주의 깊게 살펴야 하지만, 청소년이 또래와 이야기하기를 선호할 수도 있다는 점을 이해해야 합니다. 도움이 되는 기술과 예시 문장은 다음과 같습니다. 성인은 청소년과의 관계에 계속 관여하면서, 이 에너지를 웰빙 감각을 기르고 안전을 유지할 수 있는 생산적인 방향으로 이끌어야 합니다. 이는 청소년이 다른 사람을 돕는 일이나 과제를 돕는 활동을 제안하는 것을 포함할 수 있습니다. 청소년이 일기 쓰기나 커뮤니티 리질리언스 모델의 웰니스 기술을 또래와 공유하기와 같은 자기 조력(self-help) 활동에 참여하도록 격려할 수 있습니다. 전쟁 이미지나 영상이 너무 압도적일 수 있으므로, 소셜 미디어를 주의 깊게 모니터링해야 합니다. 청소년은 더 어린 아이들과 함께 놀이에 참여할 수 있습니다. 인터넷이 가능하고 보호자가 소셜 미디어 사용에 반대하지 않는다면, 틱톡(TikTok)을 이용해 희망적인 메시지나 웰니스 기술이 담긴 긍정적인 콘텐츠를 만드는 것이 기술 강화를 돕습니다. 음악은 청소년에게 매우 중요한 자원이 될 수 있습니다.

결론

결론적으로, 지난 25년간의 연구는 아동의 웰빙을 증진시킬 수 있는 수많은 기회의 창이 존재함을 보여주고 있습니다(Lee et al., 2013; Zolkoski & Bullock, 2012). 트라우마 리질리언스 모델과 커뮤니티 리질리언스 모델의 웰니스 기술은 트라우마가 신체 안에 저장되고 처리되는 방식에 대한 현재의 과학적 이해에 근거하고 있으며, 치료사뿐만 아니라 지역사회 구성원들에 의해 예방과 자기 돌봄의 형태로 다양한 방식으로 활용될 수 있습니다. 이러한 적응성과 융통성 덕분에 두 모델의 웰니스 기술은 부모와 교사에게 쉽게 가르칠 수 있으며, 다른 치료 접근법과도 통합하여 함께 사용할 수 있는 장점을 지니고 있습니다. 비교 연구와 무작위 통제 연구는 여전히 진행 중이지만, 사전·사후 검사 결과에서는 이미 유의미한 치료 효과가 입증되었습니다(Freeman et al., 2021; Grabbe, 2021). 구체적으로, 다양한 고위험군 청소년 및 성인 집단에서 우울, 적대감, 불안, 신체화 증상이 감소하였으며, 신체적 안녕감과 친화적 지표가 증가하는 결과가 보고되었습니다. 이러한 초기 연구 결과와 더불어, 전 세계의 트라우마 리질리언스 모델 치료사, 커뮤니티 리질리언스 모델 지도자, 아동 및 성인 내담자, 그리고 지역사회 구성원들이 보고한 압도적으로 긍정적인 경험과 성과는 두 모델이 지닌 치유의 힘을 입증합니다. 이는 곧 두 모델이 아동이 트라우마를 극복하고 리질리언스를 회복하도록 돕는 데 있어 매우 강력한 도구임을 시사합니다.

참고문헌

Ainsworth, M. D. S., Blehar, M. C., Waters, E., & Wall, S. (1978). *Patterns of attachment: A psychological study of the strange situation*. Hillsdale, NJ: Erlbaum.

Asendorpf, J. B., & van Aken, M. A. G. (1999). "Resilient, overcontrolled, and undercontrolled personality prototypes in childhood: Replicability, predictive power, and the trait-type issue." *Journal of Personality and Social Psychology*, 77(4), 815-832.

Blank, M. (2007). "Posttraumatic stress disorder in infants, toddlers, and preschoolers." *BC Medical Journal*, 49(3), 133-138. https://doi.org/10.1016/j.burns.2009.06.033

Boris, N. W., Aoki, Y., & Zeanah, C. H. (1999). "The development of infant-parent attachment: Considerations for assessment." *Infants and Young Children*,

11(4), 1.

Bowlby, J. (1980). *Attachment and loss.* New York: Basic Books.

Breidenstine, A. S., Bailey, L. O., Zeanah, C. H., & Larrieu, J. A. (2011). "Attachme nt and trauma in early childhood: A review." *Journal of Child and Adolescent Trauma,* 4, 274–290.

Freeman, K., Baek, K., Ngo, M., Kelley, V., Karas, E., Citron, S., & Montgomery, S. (2021). "Exploring the usability of a community resiliency model approac h in a high-need/low-resourced traumatized community." *Community Men tal Health Journal.* https://doi.org/10.1007/s10597-021-00872-z

Gewirtz, A. H., Degarmo, D. S., & Medhanie, A. (2011). "Effects of mothers' parenting practices on child internalizing trajectories following partner viol ence." *Journal of Family Psychology,* 25(1), 29–38.

Grabbe, L., Higgins, M. K., Baird, M., & Pfeiffer, K. M. (2021). "Impact of a resiliency training to support the mental well-being of front-line workers." *Medical Care,* 59(7), 616–621. https://doi.org/10.1097/MLR.00000000000 01535

Hart, D., Hofmann, V., Edelstein, W., & Keller, M. (1997). "The relation of childhood personality types to adolescent behavior and development: A longitudinal study of Icelandic children." *Developmental Psychology,* 33(2), 195–205. https://doi.org/10.1037/0012-1649.33.2.195

Lee, J. H., Nam, S. K., Kim, A., Kim, B., Lee, M. Y., & Lee, S. M. (2013). ᄀ"Resilienc e: A meta-analytic approach." *Journal of Counseling & Development,* 91(3), 269–279. https://doi.org/10.1002/j.1556-6676.2013.00095.x

Main, M., & Solomon, J. (1990). "Procedures for identifying infants as disorganiz ed/disoriented during the Ainsworth Strange Situation." In M. T. Greenberg, D. Cicchetti, & E. M. Cummings (Eds.), *Attachment in the preschool years: Theory, research, and intervention* (pp. 121–160). Chicago, IL: University of Chicago Press.

Miller-Karas, E. (2013). *The Community Resiliency Model* (2014 ed.) [PowerPoi nt presentation].

Paley, J., & Alpert, J. (2003). "Memory of infant trauma." *Psychoanalytic Psychol ogy,* 20(2), 329–347. https://doi.org/10.1037/0736-9735.20.2.329

Perry, B. D., Pollard, R. A., Blakely, T. L., Baker, W. L., & Vigilante, D. (1995). "Childhood trauma, the neurobiology of adaptation and "use-dependent" development of the brain: How "tates"become "aits." *Infant Mental Health*

Journal, 16(4), 271–291.

Silva, R., Alpert, M., Munoz, D. M., Singh, S., Matzner, E., & Dummit, S. (2000). "Stress and vulnerability to posttraumatic stress disorder in children and adolescents." *American Journal of Psychiatry*, 157(8), 1229–1235. https://doi.org/10.1176/appi.ajp.157.8.1229

Sroufe, L. A., Egeland, B., Carlson, E., & Collins, W. A. (2005). *The development of the person: The Minnesota study of risk and adaptation from birth to adulthood.* New York: Guilford Press.

Sroufe, L. A., & Siegel, D. J. (2011, March–April). "The verdict is in: The case for attachment theory." *Psychotherapy Networker.* Retrieved from https://www.psychotherapynetworker.org/magazine/recentissues/1271-the-verdict-is-in

Teicher, M. H. (2000). "Wounds that time won't heal: The neurobiology of child abuse." *Cerebrum: The Dana Forum on Brain Science*, 2(4), 50–67. https://doi.org/10.1038/scientificamerican0302-68

Thomas, A., & Chess, S. (1989). "Temperament and personality." In G. A. Kohnstamm, J. E. Bates, & M. K. Rothbart (Eds.), *Temperament in childhood* (pp. 249–261). Oxford, England: John Wiley & Sons.

Tulving, E., Schacter, D. L., & Stark, H. A. (1982). "Priming effects in word-fragment completion are independent of recognition memory." *Journal of Experimental Psychology: Learning, Memory, and Cognition*, 8(4), 336–342. https://doi.org/10.1037/0278-7393.8.4.336

Zolkoski, S. M., & Bullock, L. M. (2012). "Resilience in children and youth: A review." *Children and Youth Services Review*, 34(1), 2295–2303. https://doi.org/10.1016/j.childyouth.2012.08.009

커뮤니티 리질리언스 모델과 트라우마 리질리언스 모델 웰니스 기술을 영유아, 아동, 청소년에게 활용하기

일레인 밀러-카라스·킴벌리 프리먼·수전 리디

아이들의 웰빙을 증진하는 것은 아동 발달에서 필수적이지만 종종 간과되는 부분입니다. 효과적인 리질리언스 기반 웰니스 기술을 배우면 아이들은 성장 과정에서 흔히 직면하는 스트레스 요인과 일상적인 어려움을 더 잘 관리할 수 있습니다. 이러한 기술은 또한 전반적인 정신적, 신체적 건강을 향상시키는 요소로 작용하며, 경우에 따라 이미 발생한 트라우마의 영향을 줄이는 데 도움을 주기도 합니다. 이 주제의 중요성을 고려하여, 본 장에서는 다음 내용을 다룹니다.

1. 아동과 그 보호자를 대상으로 커뮤니티 리질리언스 모델과 트라우마 리질리언스 모델의 웰니스 기술을 통합한 다섯 개의 프로그램을 소개합니다.
2. 두 모델의 웰니스 기술을 아동에게 적용하는 방법에 관한 활동을 제공합니다.
3. 커뮤니티 리질리언스 모델 활동을 온라인에서 찾을 수 있는 링크를 제공합니다.

전 세계의 커뮤니티 리질리언스 모델 지도자들은 트라우마 자원 연구소와 협력하여, 아동과 보호자를 대상으로 웰니스 기술을 효과적으로 가르칠 수 있도록 창의적이고 혁신적인 아이디어를 공유해왔습니다. 우리 지도자들 중 많은 이들은 어린 시절 위기 청소년(at risk youth)으로 분류되었으나, 이러한 용어에 대한 문제를 제기해왔습니다. 청소년 사역운동(Transforming Youth Movement)의 창립자인 레지 맥닐(Reggie McNeil, 2022)은 위기 청소년이라는 부정적인 편견을 담은 용어 대신, 자신이 함께 일하는 청소년들을 기회의 청소년(at opportunity youth)이라고 부릅니다. 우리 지도자들은 이 희망적인 관점을 공유하며, 이 세상의 모든 아이들은 본질적인 가치를 지니며, 적절한 환경과 기회가 주어지면 사회에 의미 있는 방식으로 기여할 수 있다고 믿습니다. 실제로, 많은 우리 지도자들이 이러한 신념을 몸소 증명하며 살아가고 있습니다. (McNeil, R. 개인적 의사소통 2022년 2월 7일)

프로그램 소개

이 장에서 강조하는 다섯 개의 프로젝트는 트라우마 자원 연구소의 가족 리질리언스 프로그램(Family Resiliency Program), 조지아(Georgia)주 아틀란타(Atlanta)에 위치한 에모리 대학교의 사회정서인성학습법(Social, Emotional, and Ethical Learning, 이하 SEE Learning Program), 캘리포니아(California)주 산타마리아(Santa aria)의 산타마리아 회복운동(Fighting Back Santa Maria), 노스캐롤라이나(North Carolina)주 웨이크 카운티 교육구(Wake County School District), 로마

린다 대학교와 시에라리온(Sierra Leone) 커뮤니티 리질리언스 모델 팀 간의 협력 프로젝트인 시에라리온에서 운영되는 가족·지역사회 기반 트라우마 기반 리질리언스 강화 프로그램(Family and Community Systems for Enhancing Trauma informed Resiliency 이하 FaSCET)이 있습니다.

가족 리질리언스 프로그램은 2020년에 출범하여 보호자들이 커뮤니티 리질리언스 모델 기술을 습득하고, 이를 가정과 학교, 지역사회에서 적용할 수 있도록 돕기 위해 설계되었습니다. 이 장에서도 일부 가족 리질리언스 프로그램 활동이 포함되어 있습니다. 커뮤니티 리질리언스 모델이 개발될 당시, 이 기술은 아동을 포함한 전 연령대의 사람들이 사용할 수 있도록 설계되었습니다. 보호자들이 스스로 이 기술을 익히면, 극심한 스트레스 상황에서도 자신의 웰빙 영역을 유지하면서 아이들과 더 건강하게 상호작용할 수 있습니다. 보호자가 이러한 방식으로 양육에 접근하면, 자연스럽게 자녀들에게 공감적 양육(compassionate parenting)의 모델을 보여줄 수 있습니다.

현재까지 전 세계 수천 명의 아동과 보호자들에게 이 기술이 전파되었으며, 아이들이 이 기술과 개념을 효과적으로 익히는 모습을 목격하는 것은 큰 감동입니다. 한 10세 소녀가 커뮤니티 리질리언스 모델 기술에 대해 인터뷰를 하면서 자신의 경험을 공유했습니다. "제가 오케이 영역에 있지 않을 때는 다른 사람들에게 공감하기가 어려워요. 하지만 커뮤니티 리질리언스 모델 기술을 연습하면서 제 몸의 긍정적인 감각을 키우다 보니, 공감 능력과 행복이 함께 자랐어요."

에모리 대학교의 '명상 과학 및 연민심 기반 윤리 센터(Center for Contemplative Science and Compassion-Based Ethics)'에서 SEE Learning 프로그램을 개발했습니다. 이 프로그램은 달라이 라마

(Dalai Lama)의 교육 철학에서 영감을 받아 마음과 지성을 함께 성장시키는 교육을 목표로 합니다. SEE Learning은 종교적 색채를 배제하고 과학적인 접근 방식을 기반으로 합니다. 또한 커뮤니티 리질리언스 모델의 생물학적 웰니스 기술도 포함하고 있습니다. 커뮤니티 리질리언스 모델 지도자이자 SEE Learning 프로그램을 운영하는 팀의 부소장인 브렌던 오자와 실바(Brendan Ozawa-de Silva) 박사는 일레인 밀러-카라스를 에모리 대학교로 초청하여 센터 직원들과의 자리를 주선했습니다. 밀러-카라스는 이후 SEE Learning의 선임 자문위원으로 활동하며, SEE Learning 교재의 제2장을 집필했습니다. 해당 장에서는 커뮤니티 리질리언스 모델의 핵심 개념과 웰빙 기술을 다루고 있습니다. 2019년, 밀러-카라스는 인도 뉴델리(New Delhi)에서 열린 SEE Learning 프로그램 출범 행사에 초청받았으며, 이 행사는 달라이 라마가 직접 주최했습니다.

SEE Learning은 사회정서학습(SEL)의 최선의 실천 사례를 기반으로 주의력 훈련(Attention training), 자신과 타인을 위한 공감력 배양(Cultivation of compassion for self and others), 트라우마 기반 리질리언스 기술(Trauma-informed resiliency skills), 시스템 사고(Systems thinking), 가치 판단력(Ethical discernment)과 같은 요소를 추가적으로 포함하고 있습니다. SEE Learning 프로그램의 K-12(유치원~고등학교) 커리큘럼은 무료로 제공되고 있습니다.

린디 세테벤데미(Lindy Settevendemie, 2022)는 공인 커뮤니티 리질리언스 모델 지도자로서, 에모리 대학교에서 SEE Learning 프로그램이 출범할 당시 프로젝트 코디네이터로 활동했습니다. 그녀는 한 지역 학교에서 커뮤니티 리질리언스 모델 기술을 소개했던 경험을 다음과 같이 이야기합니다.

"나는 학생들에게 이미 자신을 조절하거나 진정시키는 움직임이나 기술을 사용해 본 적이 있는지 물었습니다. 그러자 활력이 넘치는 6학년 남학생 샘(Sam)이 손을 들었습니다. 그는 바닥에 앉아 무릎을 감싸 안고 앞뒤로 몸을 흔들며 말했습니다. '이건 제가 긴장될 때 하는 동작이에요. 이렇게 하면 제 뇌가 차분해져요.'"

이 사례는 커뮤니티 리질리언스 모델 기술 중 하나인 '제스처'의 활용을 잘 보여줍니다. 제스처는 스스로를 진정시키는 특정한 움직임을 포함하는 기술로, 아이들이 자연스럽게 활용할 수 있는 방법 중 하나입니다. 린디는 샘이 스스로를 조절할 줄 안다는 점을 칭찬했습니다. 그러나 샘은 곧 이렇게 물었습니다. "그런데 왜 교장 선생님은 제가 이렇게 하면 화를 내실까요?" 이에 린디는 설명했습니다. "아직 많은 어른들이 이런 정보를 잘 모르세요. 하지만 우리가 배우고 있는 이 전략들을 사용하면, 스스로를 더 잘 돌볼 수 있어요."(L. Settevendemie, 개인적 의사소통, 2022년 2월 28일)

린디 세테벤데미(2022)는 이 경험을 통해 모든 교육자들에게 중요한 메시지를 전합니다.

"어른들도 배워야 할 것이 많습니다. 신경계가 어떻게 작동하는지, 신체 인식(body awareness)과 자기 돌봄(self-care)을 가르치는 것이 어떻게 자율성을 키우는지 이해하는 것이 중요합니다. 그리고 이러한 이해가 우리 자신과 타인을 돌보는 데 어떤 도움을 줄 수 있는지도 배워야 합니다. 만약 전 세계 교실에서 커뮤니티 리질리언스 모델 전략을 배운다면, 이는 혁명적인 변화가 될 것입니다. 이 기술이 문화적으로 수용적인 교수법과 결합되면, 이 기술은 우리를 더 강하게 만들고(Empowering), 자유롭게 하며(Liberating), 치유하는(Healing) 힘을 발휘할 수 있습니다."

산타마리아 회복운동은 지역 사회의 여러 단체와 주민들이 협력하여 구성한 연합이 조직했습니다. 이 연합은 샌타마리아 밸리 지역의 청소년과 가족들이 약물과 알코올로 인해 겪는 부정적인 영향을 심각하게 인식하고 있었습니다. 회복운동은 청소년이 신뢰할 수 있는 어른과 맺는 관계를 통해 리질리언스를 키울 수 있도록 돕는 데 중점을 두고, 서비스를 제공합니다. 이들은 청소년이 약물, 알코올, 갱단, 그리고 기타 부정적인 영향에 맞서도록 지원하며, '한 번에 한 아이씩(One child at a time)' 변화를 만들어가는 데 초점을 맞춥니다.

전무이사 에드윈 위버(Edwin Weaver)는 커뮤니티 리질리언스 모델 지도자이며, 그의 직원들도 커뮤니티 리질리언스 모델 가이드로서 훈련을 받았습니다. 그들은 웰니스 워크숍(Wellness Workshop)을 북부 샌타바버라 카운티(Northern Santa Barbara County) 전역에 통합하여, 학교 관리자, 교사, 법집행 기관, 지역사회 지도자, 그리고 청소년들을 교육하고 있습니다. 특히 주목할 만한 점은 산타마리아 회복운동에서 청소년 실천 모임(Youth Action Group)입니다. 이 모임은 지역의 중·고등학생들로 구성되어 있으며, 학교와 지역 사회 안에서 폭력, 약물, 알코올 문제에 대응하겠다는 강한 의지를 지닌 학생들입니다. 청소년 실천 모임은 또래 간(peer-to-peer) 지원을 통해 청소년들이 직면한 문제를 해결하고자 하며, 청소년 집회(youth rallies), 타운 홀 미팅(Town Hall meetings), 공익 광고(Public Service Announcements) 및 다양한 프로젝트를 주도하여 지속적인 변화를 주도하고 있습니다. 이들은 예방과 개입 프로그램을 주최하며, 청소년이 건강한 선택을 할 수 있도록 돕고 웰니스 기술을 개발하도록 지원합니다.

캘리포니아주 샌타마리아에서 회복운동이 수행한 활동 중 하나로, 알렉시스 은샴밤바(Alexis Nshamamba, 2022)가 자신의 경험을 공유했습니다. 그는 선한 사마리아인 쉼터(Good Samaritan Shelter)에서 주거 및 품질 보증(Housing & Quality Assurance) 관리자로 근무하며 커뮤니티 리질리언스 모델 교육을 받은 후 다음과 같이 이야기했습니다.

처음 커뮤니티 리질리언스 모델 워크숍을 들었을 때, 솔직히 이 기술이 정말 효과가 있을까 의심했어요. 너무 단순해 보였거든요. 그런데 곧 이 기술이 실제로 효과가 있고, 심지어 인생을 바꿀 수도 있다는 걸 깨달았어요. 워크숍을 들은 지 약 일주일쯤 되었을 때, 비상 쉼터(emergency shelter)의 한 직원에게서 다급한 전화를 받았어요. 열한 살쯤 된 한 아이가 나무 조각을 던지며 울부짖고 있다는 거예요. 처음엔 '정신건강 부서(mental health department)에 연락해야 하는 거 아닌가?' 하는 생각이 들었죠. 그런데 제가 청소년 프로그램을 총괄하고 있었기 때문에, 직원들은 제가 직접 와야 한다고 했어요. 쉼터에 도착했을 때, 아이는 너무 흥분해 있어서 말로는 도저히 소통할 수 없다는 걸 알았어요. 마땅한 방법이 떠오르지 않자, 커뮤니티 리질리언스 모델에서 배운 '지금 도와줘!' 전략 중 하나를 시도해 보기로 했죠. 나는 아이 옆으로 조용히 걸어가서, 그가 있는 벽 옆에 서서 손으로 벽을 밀기 시작했어요. 아이가 나를 이상하다는 듯 쳐다보길래, 부드럽게 말했어요. "나는 화가 나면 가끔 이렇게 벽을 밀어." 잠시 침묵이 흐른 후, 아이는 손에 쥐고 있던 나무 조각을 내려놓고 내 옆에 와서 함께 벽을 밀기 시작했어요. 우리는 약 2분 동안 조용히 벽을 밀었고, 곧 아이가 말했어요. "이제 신발 신을래요. 가도 될까요?" 몇 달 후, 내가 쉼터 놀이터에서 다른 아이들을 지켜보던 중, 그 아이가 다시 나타났어요. 그는 뛰어가다 멈춰 서서 나를 보더니 밝게 외쳤어요. "아! 나 기억나요! 화났을 때 나 도와줬잖아요! 요즘도 화가 나면 벽을 밀어보는데, 정말 도움이 돼요!" 그리고는 대답을 기다리지도 않고 다시 뛰어갔어요. 그 순간, 나는 커뮤니티 리질리언스 모델이 정말로 사람의 삶을 변화시킬 수 있다는 걸 믿게 되었어요. (A. Nshamamba, 개인적 의사소통, 2022년 2월 15일)

많은 학군과 개별 학교들이 커뮤니티 리질리언스 모델을 그들의 교육 프로그램에 통합했습니다. 일부 학군은 교사와 행정가부터 시작하여 학부모를 교육하고, 그다음에 학생들을 교육시키는 체계적 단계적 접근 방식을 채택했습니다. 노스캐롤라이나주의 웨이크 카운티 학군은 커뮤니티 리질리언스 모델 지도자들, 상담 및 학생 서비스 선임 이사 마리우스 페티포드(Marius Pettiford), 그리고 드류 펠져(Drew Pledger, LCSW)의 지도 아래 이 접근 방식을 학군 차원에서 주도했습니다. 커뮤니티 리질리언스 모델이 학군 전체에 도입되면, 학생과 교사, 행정가, 보호자의 웰빙을 함께 확대할 수 있는 잠재력이 커집니다. 페티포드(Pettiford, 2022)는 다음과 같이 보고했습니다.

"우리는 2015년 초·중등학교 상담 프로그램 보조금(Elementary and Secondary School Counseling Program Grant) 수혜자를 위한 보조금 회의에서 처음으로 커뮤니티 리질리언스 모델을 접했습니다. 커뮤니티 리질리언스 모델을 선택한 이유는 신경과학과의 연관성과 신체가 자연스럽게 트라우마에 반응하는 방식 때문이었습니다. 커뮤니티 리질리언스 모델 기술은 가르치기 쉽고 실제로 효과적인 도구가 되었으며, 삶의 어떤 도전도 극복할 수 있다는 안정감과 희망을 제공했습니다. 트라우마 자원 연구소의 도움을 받아, 웰니스 기술이 개별 학교에서 실제로 어떻게 활용되는지를 본 후, 우리는 보조금 대상이었던 4개 초등학교와 2개 대안학교를 중심으로 커뮤니티 리질리언스 모델 훈련을 제공하는 소규모 시범 프로그램을 시작했습니다. 또한 6개 학교의 교장, 교감, 학생 서비스 직원들과 상담 및 학생 서비스 부서의 리더들을 훈련에 함께 초대했습니다."(M. Pettiford, 개인적 의사소통, 2022년 3월 21일)

그는 시범 프로그램을 시작한 이후, 2017년에 첫 번째 커뮤니티 리질리언스 모델 지도자 코호트(cohort)를 운영했고, 이후 매년 지도자 양성 과정을 지속하여 2021년 가을에 다섯 번째 코호트를 완료했다고 보고했습니다. 2020년 3월, COVID-19 팬데믹으로 학교가 문을 닫았을 때, 그는 모든 교직원을 대상으로 커뮤니티 리질리언스 모델 인식 세션(Awareness Sessions)을 열고, 근무 시간 이후나 주말에는 가족 및 지역사회 웰니스(Family and Community Wellness) 세션을 추가했습니다. 또한 학군 내 지원 체계를 확장하기 위해, 커뮤니티 리질리언스 모델 지도자 2명을 정규직으로 신규 채용했습니다. 현재 웨이크 카운티 학군에는 401명의 커뮤니티 리질리언스 모델 가이드와 45명의 커뮤니티 리질리언스 모델 지도자가 활동하고 있습니다.

페티포드(Pettiford, 2022)는 팬데믹 이후 지역 학군이 회복의 시간을 갖는 과정에서, 커뮤니티 리질리언스 모델의 트라우마 기반 웰니스 기술을 핵심 기초 모델(core foundational model)로 계속 사용될 것이라고 강조했습니다.

"팬데믹 동안 제가 배운 것은, 이런 어려운 시기에 교직원들과 일반 성인들이 서로의 인간성을 인정하고 배려하기 위해서는 스스로 최고의 상태에 머물러야 하며, 리질리언스를 유지해야 한다는 것입니다. 회복력 영역 밖에서는 진정한 배려를 실현할 수 없습니다!"(M. Pettiford, 개인적 의사소통, 2022년 3월 21일)

커뮤니티 리질리언스 모델을 기반으로 한 가족·지역사회 기반 트라우마 기반 리질리언스 강화 프로그램인 FaSCET 프로그램은 로마 린다 대학교의 제폰 리스터(Zephon Lister)와 킴벌리 프리먼(Kimberly Freeman), 그리고 그들의 시에라리온 커뮤니티 리질리언스 모델 파트너들이 처음 개발했습니다. 이 프로그램은 로마 린다 대학교 국제행동건강 트라우마팀(Loma Linda University International Behavioral Health Trauma Team, 이하 LLUIBHTT)이 2014년 에볼라 사태 이후 장기적 지속 가능성 계획의 일환으로 시에라리온 주민 22명에게 커뮤니티 리질리언스 모델 교육을 제공한 것에서 출발했습니다. 이 교육훈련을 받은 사람들은 약 1,000명의 지역사회 구성원에게 웰니스 기술을 전파했고, 그 결과 리질리언스 향상, PTSD 증상 감소, 우울 및 전반적인 스트레스 완화 등의 긍정적인 변화를 이끌어냈습니다.

이 프로그램이 성공을 거두자, 시에라리온 팀은 워털루 재림병원(Waterloo Adventist Hospital) 내에서 커뮤니티 리질리언스 모델 서비스를 제공해 달라는 요청을 받았습니다. 그들은 병원 내에서 지역사회 자원으로 자리 잡으며, 고아원 지원, 아동과 성인을 위한 웰빙 및 대처 전략 교육 등의 역할을 수행했습니다. 보다 체계적이고 광범위한 방식으로 아동들에게 커뮤니티 리질리언스 모델을 제공하기 위해, 2019년 시에라리온 팀은 LLUIBHTT와 협력하여 학교 시스템에 적용 가능한 교육 프로그램을 개발, 그 결과 FaSCET 프로그램이 탄생했습니다.

FaSCET 프로그램은 전쟁 트라우마, 학대, 가정폭력 등 지역사회의 역사적 상흔을 고려하여 설계되었습니다. 커뮤니티 리질리언스 모델 교육과 더불어 가족 간 의사소통, 건강한 경계 설정(boundary setting), 훈육(discipline), 갈등 해결(conflict resolution) 등의 내용을 포함하고 있습니다. 이 프로그램은 "아동의 삶에서 가장 큰 영향을 미치는 사람들에게 리질리언스 기술을 전달하면 지속 가능한 변화를 만들 수 있다."라는 믿음에서 출발했습니다. 교사와 학생들은 프로그램 도입 이후 즉각적으로 커뮤니티 리질리언스 모델과 실습 기반 학습 전략에 몰입했습니다. 웰니스 기술은 문화적 장벽을 넘어 교실 내 상호작용 방식을 변화시키며, 국립정신건강연구소(National Institute of Mental Health) 보조금 신청을 위한 데이터 수집 기반을 마련했습니다. FaSCET 프로그램 참여 이후, 체벌 사용과 이에 대한 인식이 현저히 감소했으며, 가족 간 의사소통이 향상되고, 부모와 교사의 감정 조절 능력이 뚜렷하게 개선되었습니다.

현재 시에라리온 커뮤니티 리질리언스 모델 팀은 핵심 그룹의 재정적 자립을 달성하고 있으며, 보건 및 교육 시스템 내에서 신뢰받는 자원으로 자리매김했습니다. FaSCET 프로그램을 이수한 사람들은 훈육 방식과 태도에서 긍정적인 변화를 보였고, 가정 내 감정 조절 및 의사소통 능력이 향상되었습니다. 과거에는 존재하지 않았던 아동과 가족을 위한 커뮤니티 리질리언스 모델 기반의 교육 및 자원이 이제 지역사회 내에서 활발히 제공되고 있습니다. 이러한 변화를 통해 FaSCET 프로그램은 수많은 사람들의 삶에 긍정적인 영향을 미치며, 점차 더 많은 시에라리온 주민들에게 확산되고 있습니다.

커뮤니티 리질리언스 모델의 가치 있는 자원으로서의 역할

펜데믹, 사회적 불안, 전쟁, 그리고 성장 과정에서 겪는 다양한 어려움 속에서 전 세계의 어린이들은 심각한 혼란과 스트레스를 경험하고 있습니다. 어린이들은 종종 어른과는 다른 방식으로 스트레스를 표현하기 때문에, 어른들은 어린이가 트라우마를 경험했음에도 불구하고 그것을 인지하지 못하거나 영향을 받지 않는다고 잘못 판단할 수 있습니다. 겉으로는 게으르거나 무관심해 보이는 행동이 사실은 실망이나 슬픔으로부터 자신을 보호하려는 방식일 수 있습니다. 반항적이거나 무례하게 보이는 태도 역시 아이가 환경에서 감지한 위협에 대한 방어 기제(defense mechanism)로 나타나는 반응일 수 있습니다. 트라우마와 스트레스를 경험한 아이들은 한순간 즐겁게 놀다가도 갑자기 눈물을 흘리거나 짜증을 내는 경우가 흔합니다. 이는 아이들이 슬픔을 느끼고 감정을 표현할 때 한 번에 폭발적으로 표현하기보다는 짧고 간헐적인 방식으로 감정을 분출하는 경향이 있기 때문입니다.

또한 아이들은 어른들의 미묘한 신호—이를테면 '이야기를 꺼내는 것이 불편하다'는 부모의 표정이나 태도—를 민감하게 감지하고, 부모나 가족을 슬프게 하지 않기 위해 자신의 감정을 숨기기도 합니다. 이러한 이유로 보호자, 가족, 교사들은 아이들이 트라우마에 어떻게 반응하는지를 종종 과소평가하게 됩니다. 이때 커뮤니티 리질리언스 모델의 웰니스 기술을 아이들에게 가르치는 것은 스트레스를 겪는 동안 자기 조절과 정서적 안정을 돕는 중요한 자원이 될 수 있습니다. 이하에서는 발달 단계에 맞추어 영유아, 어린이, 청소년에게 커뮤니티 리질리언스 모델의 여섯 가지 웰니스 기술을 가르치는 방법을 구체적으로 설명합니다.

영유아를 위한 웰니스 기술

언어를 습득하기 전(pre-verbal) 단계에서 트라우마를 경험한 영유아를 지원할 때는 탐색하기, 자원 활용하기, 접촉하기 기술을 적용할수 있습니다. 영유아는 몸에 트라우마 경험을 기억하고 저장하기 때문에, 보호자는 이러한 웰니스 기술을 활용하여 아이가 회복력 영역안에 머물거나, 벗어났을 때 다시 돌아올 수 있도록 도울 수 있습니다. 이러한 기술들은 영유아 발달 연구를 기반으로 하며, 예방 프로그램의일환으로 영유아의 건강을 증진하거나, 트라우마를 겪은 가족을 돕는치료적 접근법의 핵심 요소로 활용될 수 있습니다.

캘리포니아주 발달 서비스부(Early Start and Health Services of the Department of Developmental Services)의 부국장 타운리 세이(Townley Saye, 2022)는 다음과 같이 말했습니다.

"제가 멘도시노 카운티(Mendocino County)에서 가족들과 지원 제공자들과 함께 일하면서 느낀 것은, 커뮤니티 리질리언스 모델이 근거 기반부모 교육과 조기 개입·예방 프로그램을 지탱하는 중요한 기초가 된다는점이었습니다. 커뮤니티 리질리언스 모델은 부모, 보호자, 교사가 아이들의 트라우마 반응을 더 잘 이해하고 지원할 수 있도록 돕는 강력한 도구(powerful tool)입니다. 어린이와 가족을 위한 생존반응 종결의 신경과학적 접근(neuroscience-based approach)과 웰니스 기술은 아이들의 사회·정서적 발달을 촉진하고, 부모와 보호자의 자기 효능감을 향상시키는데 중요한 역할을 합니다."

"조기 개입 및 예방 프로그램의 핵심 목표는 어린이의 발달 지연이나 장애를 조기에 발견하고, 적절한 서비스를 받을 수 있도록 지원하는 것입니다. 하지만 자녀의 발달 지연이나 장애 진단은 부모에게 큰 충격으로 다가올 수 있습니다. 이로 인해 부모의 신경계가 충격(shock), 불안, 우울 등으로 반응하며, 이러한 감정은 쉽게 해소되지 않습니다. 따라서 부모가 개입의 필요성을 인식하거나 동의하기까지 시간이 걸릴 수 있습니다. 이때 커뮤니티 리질리언스 모델의 웰니스 기술과 신경과학적 접근은 부모가 이러한 정서적 반응을 조절하도록 도와줍니다. 부모가 감정적으로 안정된 상태에서 자녀를 위한 결정을 명확하고 신속하게 내릴 수 있도록 지원함으로써, 발달 지연을 최소화하고 필요한 지원을 제때 제공할 수 있게 합니다."

"커뮤니티 리질리언스 모델의 웰니스 기술을 조기 개입 프로그램에 통합하면, 아동과 가족 모두에게 강력한 보호막(buffering effect)이 됩니다. 또한 생존반응 종결은 근거 기반 프로그램을 효과적으로 실행하고 유지하는 기본 틀이 될 수 있습니다. 신경과학에 기반한 커뮤니티 리질리언스 모델의 접근은 제공자(Providers), 가족, 어린이 모두가 이해하고 실천할 수 있는 청유적이고 실천 가능한 언어와 기술을 제공합니다."(T. Saye, 개인적 의사소통, 2022년 3월 1일)

탐색하기

피터 울프(Peter Wolff) 박사와 하인츠 프레흐틀(Heinz Prechtl) 교수는 영아가 여섯 가지의 서로 다른 각성 상태 또는 각성도를 가지며, 이는 다양한 행동 반응과 연관된다는 사실을 발견했습니다 (Shelov et al., 2004). 이러한 상태에는 조용한 수면(quiet sleep), 활동적인 수면(active sleep: REM 수면), 졸음(drowsiness), 조용한 각성 상태(quiet alertness), 활동적인 각성 상태(active alertness), 울음이 포함됩니다.

영아가 겪는 트라우마는 이들 상태에서 보내는 시간의 양에 영향을 미칠 수 있습니다. 예를 들어, 부모 간의 잦은 다툼이 있는 가정에서 자라는 영아는 과도한 자극을 줄이기 위해 스스로를 잠재우는 방식으로 환경을 통제하려 할 수 있습니다. 그러나 돌보는 사람이 영아의 신경계에서 나타나는 미묘한 변화를 관찰하고 주의를 기울인다면, 영아의 욕구를 더 잘 충족시킬 수 있으며, 영아와 긍정적인 경험을 공유하면서 안정적인 애착 관계를 형성할 가능성이 높아집니다.

조용한 수면과 활동적인 수면 상태는 영아와 양육자가 모두 충전할 수 있는 기회를 제공합니다. 이 상태에서는 특별한 대응이 필요하지 않지만, 영아의 수면 상태를 관찰함으로써 두 가지 뚜렷한 패턴을 추적할 수 있습니다. 조용한 수면 상태에서는 영아가 매우 고요하며 얼굴이 편안한 표정을 짓고, 심박수와 호흡이 일정합니다. 반면 활동적인 수면 상태에서는 눈꺼풀 아래에서 빠른 안구 운동이 관찰되며, 얼굴 표정이 변하고 팔과 다리가 가끔씩 움직입니다. 졸음 상태에서는 영아가 잠에서 깨어나거나 잠들 준비를 하며 다소 멍한 모습을 보입니다. 이때 영아를 부드럽게 안아주거나 말을 걸어주면 더 각성된 상태로 전환될 가능성이 높습니다(Shelov et al., 2004).

조용한 각성 상태는 영아가 가장 반응성이 높은 상태로, 부모와의 상호작용에 가장 적합한 시간입니다. 이때 영아는 부모의 눈을 바라보고, 부모의 말과 행동에 집중합니다. 신생아는 하루 중 몇 분 정도만 이 상태를 유지하지만, 시간이 지나면서 점점 더 길어져 부모와의 교감 시간이 확장됩니다. 반면 활동적인 각성 상태에서는 영아가

팔과 다리를 움직이며 상호작용을 시도하지만, 자극이 과도해지면 고개를 돌리거나 시선을 피하며 부모와의 교감을 피하려 할 수 있습니다. 이는 영아가 피곤하거나 배가 고프거나 불편함을 느끼고 있다는 신호일 수 있습니다. 예를 들어, 조용한 각성 상태에서 즐겁게 반응했던 활동이 활동적인 각성 상태에서는 영아에게 부담이 될 수 있습니다. 이때 영아는 더 이상 놀이를 원하지 않는다는 신호를 보내거나, 울음을 통해 자신의 상태를 표현합니다. 울음은 영아가 양육자에게 무언가 잘못되었음을 알리거나 스트레스를 해소하는 방식입니다(Shelov 외, 2004).

모든 영아와 아동을 돌보는 사람에게 가장 중요한 것은 자신이 안정된 상태에 있는지를 인식하며 영아와 상호작용하는 것입니다. 영아의 상태를 세심하게 추적하면 양육자는 더 적절한 반응을 배울 수 있습니다. 예를 들어, 부모가 활동적인 각성 상태에서 영아와 놀아주려 한다면, 영아의 신경계가 과부하될 수 있고 그로 인해 아기가 울음을 터뜨릴 가능성이 있습니다. 즉, 부모의 놀이 시도가 영아를 안정된 회복력 영역 밖으로 벗어나게 만들 수 있는 것입니다. 이를 방지하려면 부모는 영아가 보내는 비언어적 신호를 주의 깊게 관찰해야 합니다. 영아가 과도한 자극을 받았을 때는 눈 맞춤을 피하거나, 하품, 기침, 재채기, 팔과 다리를 급격히 움직이기, 딸꾹질, 울음 등의 신호를 보냅니다. 이러한 신호를 감지하면, 양육자는 보다 부드럽고 자극이 적은 상호작용으로 전환하는 것이 바람직합니다.

영아가 조용한 각성 상태 또는 안정된 회복력 영역에 있을 때, 부모와의 교감을 가장 잘 받아들입니다. 이때 이루어지는 서로의 반응을 주고받는(playful back-and-forth) 상호작용은 영아의 애착 형성을 강화하고 건강한 두뇌 발달을 촉진하는 데 필수적입니다. 부모가 영아의 상호작용 신호를 더 잘 이해하도록 돕기 위해, 눈 맞춤, 옹알이, 미소, 손을 뻗는 행동 등을 놀이 신호(engagement cues)로 인식하면 좋습니다.

대부분의 부모는 자연스럽게 영아의 신호를 읽고 반응하는 법을 익히지만, 과거에 트라우마를 경험했거나 양육 준비가 부족하다고 느끼는 부모는 이러한 기술을 익히는 데 시간이 필요할 수 있습니다. 이때 전문가의 개입 또는 조기 개입 프로그램이 큰 도움이 될 수 있습니다. 특히 탐색하기 기술을 익히면, 부모는 영아의 행동을 더욱 정확하게 해석하고 적절하게 반응할 수 있습니다. 이를 통해 부모-자녀 간의 유대감, 반응성, 애착이 강화됩니다.

자원화

영아는 미성숙한 신경계를 가지고 태어나며, 생후 몇 년 동안 급격한 발달을 이루게 됩니다. 이 발달 기간 동안 영아에게 가장 중요한 자원 또는 안정감을 주는 존재는 양육자입니다. 영아는 이 시기에 자기 조절 능력이 부족하므로, 신경계를 조절하는 데 있어 양육자의 지원이 필요합니다. 울음은 영아가 자신의 욕구를 전달하는 첫 번째 방법이며, 대부분의 부모는 곧 배고픔, 피로, 통증, 지루함, 혹은 좌절감을 해소하기 위한 다양한 울음소리를 구별하는 법을 배우게 됩니다. 좌절감을 해소하기 위한 울음은 보통 하루의 끝 무렵에 발생하며 몇 시간 동안 지속될 수도 있습니다. 이러한 울음은 일반적으로 영아 산통(colic)이라고 불리며, 생후 3~4개월 동안 자주 나타나는 특징입니다. 몇 시간 동안 울음을 멈추지 않는 영아를 달래려는 시도는,

특히 양육자 자신도 지쳐 있는 경우, 부모에게 매우 큰 좌절감과 스트레스를 유발할 수 있습니다(Brazelton & Sparrow, 2006).

영아는 태어날 때부터 환경에 대한 다양한 반응성을 가지고 있습니다. 영아의 울음의 질과 달래지기 쉬운 정도는 아기의 기질적 특성을 나타내며, 부모가 아기를 안정적인 상태로 돌려놓기 위해 얼마나 많은 노력을 기울여야 하는지를 보여줍니다(Brazelton & Sparrow, 2006). 예를 들어, 덜 민감한 영아는 소음, 빛, 촉감과 같은 감각적 자극을 더 잘 받아들이며, 손가락이나 주먹을 빼는 행동으로 스스로를 진정시키거나 자극에서 고개를 돌려 피하는 방식으로 스스로 조절할 수 있습니다. 반면, 매우 민감한 영아는 지나치게 많은 감각 입력으로 인해 쉽게 흥분하고 자극을 받아, 진정시키는 것이 매우 어려울 수 있습니다.

영아가 스트레스를 받을 때, 양육자는 아이에게 안정감을 제공하는 과정에서 다음 원칙들을 염두에 두는 것이 중요합니다.

① 대부분의 양육자는 영아가 울 때 너무 많은 것을 하려는 경향이 있습니다. 이러한 활성화 상태에서는 '적을수록 더 효과적(Less is more)'이라는 원칙이 중요합니다. 말하기, 흔들기, 눈맞춤이 오히려 지나친 자극이 될 수 있으며, 울음은 일반적으로 감각 자극을 줄여야 할 때 발생합니다. 그러나 경우에 따라서는 감각 자극이 부족하여 울음이 발생할 수도 있습니다.

② 덜 개입하는 방식부터 시작하여, 영아가 진정되기 위해 필요한 도움의 정도를 파악합니다. 양육자는 먼저 영아가 스스로 진정할 수 있는지 잠시 기다려보는 것도 방법이 될 수 있습니다. 그러나 영아를 '그냥 울도록 내버려 두는(cry it out)' 방식은

추천되지 않습니다.

③ 우는 아기는 쉽게 부모나 양육자를 하이존 상태로 몰아넣을 수 있습니다. 따라서 부모는 자신의 신체 상태를 점검하며, 자신이 하이존 또는 로우존 상태로 몰려가고 있는지 인식하는 것이 중요합니다. 부모는 자신의 신체 반응을 조절할 수 있는 웰니스 기술을 활용하여 다시 안정적인 상태로 돌아와야 합니다. 이를 통해 부모는 아이와 함께 조절(co-regulation)할 수 있으며, 평생 지속될 건강한 정서적 조절 기술을 모델링하는 과정을 시작할 수 있습니다.

부모가 영아의 울음 행동을 관리하는 데 도움을 줄 수 있도록, 아이를 진정시키기 위한 여러 가지 기법이 개발되어 있습니다. 이러한 기술을 사용하기 전에 부모는 영아의 울음이 배고픔, 기저귀 교체 필요, 너무 덥거나 추운 상태, 통증 등으로 인한 것이 아닌지 먼저 확인해야 합니다. 만약 울음이 의료적인 문제로 인해 발생할 가능성이 있다면 반드시 소아과 의사, 가정의학과 의사, 또는 간호사에게 상담을 받아야 합니다.

영아를 진정시키는 효과적인 방법

- 조용한 환경에서 부드럽고 일정한 목소리로 말합니다.
- 노리개 젖꼭지를 주거나 손가락을 빨 수 있도록 허용합니다. 빨기 행동은 신경계를 진정시키는 효과가 있습니다.
- 포대기 싸기를 통해 팔과 다리를 감싸 안정감을 제공합니다.

(참고 영상: https://www.youtube.com/watch?v=vKIzOHYuLTg)
- 피부를 맞대고 안아줍니다.
- 영아의 등을 부모의 가슴에 대고, 한 손은 가슴을, 다른 손은 엉덩이를 받쳐주는 태아 자세로 안아줍니다. 이는 자궁 내 환경을 재현하여 신경계를 안정시키는 효과가 있습니다.
- 수직으로 천천히 흔들어줍니다. 너무 빠르거나 강한 흔들림은 오히려 자극이 될 수 있습니다.
- 주변 자극을 줄입니다. 조명을 어둡게 하고, 시각적 자극을 최소화합니다.
- 화이트 노이즈(White Noise)를 활용합니다. 백색 소음은 영아의 신경계를 안정시키는 데 도움을 줄 수 있습니다.

부모가 영아를 효과적으로 진정시킬 수 있다는 것은 양육자로서의 자신감을 높여주고, 부모와 아이 사이의 유대 관계를 강화하는 과정입니다. 또한 영아는 부모가 자신의 욕구를 충족해 줄 것이라는 신뢰감을 무의식적으로 배우게 됩니다. 발달적 관점에서 볼 때, 이러한 신뢰 관계의 형성은 영아의 리질리언스 발달을 돕고, 사회적 환경에서 자신의 감정을 조절하고 관리하는 방식에 평생 영향을 미칩니다.

접촉하기

접촉하기 기술은 과도하게 활성화된 외상 경험이 있는 영유아에게 도움이 될 수 있으며, 신체적 안정감을 제공하고 신체 조절을 돕는 모든 방식을 포함합니다. 이와 관련하여, 앞서 언급한 위로 기술 (포대기로 감싸기, 보호자와의 피부 접촉 등)은 영유아가 스트레스를 받을 때 필요한 지원을 제공할 수 있습니다. 영유아가 스트레스를 받지 않는 동안 부모는 다양한 방법으로 접촉하기 감각, 즉 환경과의 연결감을 촉진할 수 있습니다. 예를 들어, 아이를 등을 대고 눕힌 상태에서 다리를 자전거 타듯 움직이게 하거나, 바닥에서 자유롭게 놀 시간을 주는 것이 중요합니다. 요즘은 아기들이 하루 종일 캐리어나 유모차에 있는 경우가 많기 때문에, 바닥에서 스스로 움직이며 탐색할 기회를 주는 것이 필요합니다.

또한, 아기에게 안전한 물건을 쥐고 탐색할 수 있도록 제공하는 것도 환경과의 연결을 촉진하는 좋은 방법입니다. 영유아는 물건을 잡고 바라보거나 입으로 가져가면서 세상을 배우기 때문에, 이러한 감각적 경험을 충분히 허용하는 것이 중요합니다. 가능하다면 아기를 바깥으로 데리고 나가 등을 대고 눕힌 채로 나뭇잎이 바람에 흔들리는 모습이나 도시의 소리, 자연의 소리, 다른 아이들의 웃음소리를 들려주거나, 산들바람이나 햇볕을 피부로 느끼게 해주는 것도 환경과의 연결을 도울 수 있습니다. 이러한 다양한 접촉하기 기법들은 영유아에게 사회적·물리적 환경과의 연결감을 제공하고 안정감을 높이며, 궁극적으로 전반적인 웰빙을 증진하는 데 도움이 됩니다.

아동을 위한 웰니스 기술

놀이(Play)는 아동의 중심 활동이며, 웰니스 기술을 가르치는 데 필수적인 요소입니다. 놀이는 스트레스를 해소하고, 타인과의 유대감을 깊게 하며, 생존과 성장에 필요한 기술과 역할을 연습할 기회를 제공합니다. 그림 그리기, 게임, 이야기 들려주기, 음악 활동을 학습 과정에 포함하면 아이들은 자연스럽게 참여하고, 놀이를 통해 배우게 됩니다. 이러한 접근법을 활용하는 트라우마 리질리언스 모델 치료사와 커뮤니티 리질리언스 모델 지도자는 아이들의 언어로 소통하는 것과 같습니다.

아이들에게 두 모델의 웰니스 기술을 가르칠 때 첫 번째 단계는 다양한 조절 영역을 설명하는 것입니다. 각 영역을 아이의 연령에 맞게 이해시키면, 아이가 자신의 자원을 찾고 강화할 수 있도록 도울 수 있습니다. 그다음, 탐색하기를 배우면서 자원을 개발하고, 접촉하기, 제스처, 지금 도와줘, 그리고 주의전환하여 머물기 같은 기술을 익히게 됩니다. 두 모델 지도자는 아이들에게 자신이 회복력 영역 또는 오케이 영역에서 벗어났을 때, 웰니스 기술을 사용하여 다시 돌아오는 방법을 가르칩니다. 아이들은 하이존 또는 로우존 상태에 있을 때 몸에서 느껴지는 감각을 인식하는 법을 배우고, 이 감각을 조절하는 기술을 익혀 다시 안정적인 회복 탄력성 영역으로 돌아올 수 있도록 유도합니다. 트라우마 리질리언스 모델 치료사는 아동과 함께 작업할 때 웰니스 기술을 자연스러운 신체 활성화 과정과 결합하여 신경계의 균형을 회복하도록 돕습니다. 또한, 심리 치료가 필요한 아동에게는, 트라우마 리질리언스 모델이 외상 경험을 재처리하는 데 초점을 둔 추가적인 치료 기법을 제공합니다.

아이들이 조절 영역을 이해하도록 돕기

회복력 영역, 또는 아이들을 위해 '오케이 존'이라고 부르는 것은 적응력, 유연성, 그리고 전반적인 웰빙을 유지할 수 있는 내면의 공간을 의미합니다. 이 영역 안에서 아이들은 일상의 기복을 잘 관리할 수 있습니다. 그러나 이 영역에서 벗어나게 되면 쉽게 압도당하고 반응이 과격해질 수 있습니다. 어떤 아이들은 더 넓은 회복력 영역을 타고나 다양한 스트레스 요인을 잘 견뎌낼 수 있지만, 어떤 아이들은 회복력 영역이 좁아 아주 작은 스트레스 요인에도 쉽게 영향을 받을 수 있습니다. 웰니스 기술을 배우면 좁은 회복력 영역을 넓힐 수 있고, 어려운 상황을 더 잘 헤쳐 나갈 수 있습니다.

아이의 회복력 영역의 크기와 상관없이, 살아가면서 트라우마나 스트레스를 경험하면 조절 영역에서 벗어나게 될 수 있습니다. 아이들은 이러한 경험에 압도될 수 있습니다. 높은 각성 상태인 하이존 상태에 갇힌 아이들은 주변 모든 것을 위협으로 인식하고, 공격적으로 행동하거나 극심한 공포, 패닉 반응을 보일 수 있습니다. 반면, 낮은 각성 상태인 로우존 상태에 갇힌 아이들은 극심한 우울감, 무기력, 위축 또는 해리 증상을 보일 수 있습니다. 리질리언스가 부족한 아이들은 감정을 조절할 수 없을 때, 다른 것들(알코올, 약물, 불건전한 관계 등)에 의존해 위안을 찾으려는 경향이 있습니다. 이런 행동들은 신경계를 일시적으로 안정시키지만, 장기적으로 더 큰 문제를 초래할 수 있습니다.

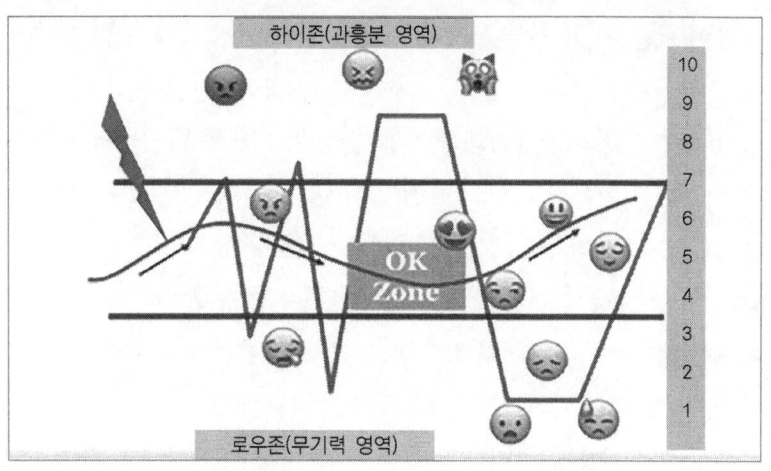

[그림 4] 이모지로 표현한 영역(Zones with Emojis)

베델 외(Bethell et al., 2014)는 아동의 리질리언스를 '직면한 어려운 상황에서도 침착함과 자기 통제력을 유지하는 능력'으로 정의했습니다. 연구에 따르면, 6~17세 아동이 도전적인 상황에서도 침착함을 유지하면 아동기 부정적 경험(ACEs)이 미치는 영향을 줄일 수 있습니다. 불우한 환경에서 성장한 아동이라도 침착함을 유지하는 능력이 있는 경우 학업 참여율이 높아지는 경향이 있습니다. 아이들이 자신의 신경계를 인식하고 조절하는 법을 배우면, 필요할 때 스스로를 안정시키고 조절할 수 있습니다. 이를 통해 신체적, 정신적, 정서적으로 더 건강한 상태에서 삶을 살아갈 수 있습니다.

조절 영역과 감각 탐색하기 활동: 천 게임(Cloth Game)은 아이들이 자신의 '조절 영역'과 연결된 다양한 신체 감각을 이해하고 직접 경험하도록 돕는 재미있고 교육적인 활동입니다. 이 활동은 아이들이 몸으로 느끼는 감각을 통해 탐색하기의 개념을 자연스럽게 배우도록 안내합니다. 천 게임을 진행할 때는 참가 인원 수에 맞는 크기의 천(큰 테이블보나 얇은 이불 등)을 준비하고, 모든 아이들이 둥글게 서서 양손으로 천의 가장자리를 잡게 합니다. 리더는 아이들에게 천을 매우 천천히 위아래로 함께 움직이자고 안내합니다. 약 1~2분 동안 부드럽고 느린 리듬으로 천을 함께 움직인 뒤 잠시 멈추고, 다음과 같은 감각 중심 질문을 던집니다. "심장이 빠르게 뛰나요, 아니면 천천히 뛰나요?" "숨을 빠르게 쉬고 있나요, 아니면 천천히 쉬고 있나요?" "몸에 활력이 있나요, 아니면 차분한가요?"

아이들이 처음에는 대답을 하지 않을 수도 있습니다. 그럴 때는 어른이 자신의 감각을 예시로 들며 모델링을 보여줄 수 있습니다. 또는 아이가 '지루해요' 같은 감정을 표현하면, "그 지루함을 몸의 어디에서 느끼나요?"라고 물어볼 수 있습니다. 나이가 많은 아이들은 별다른 설명이 없어도 "지금 몸 안에서 어떤 느낌이 드나요?"라고 묻는 것만으로 충분합니다. 이때 느린 움직임은 저각성 상태인 로우존과 비슷하다고 설명해줍니다. 하지만 실제로 로우존 상태에 있을 때는 몸이 훨씬 무겁고, 더 힘들게 느껴질 수 있습니다. 예를 들어 '슬플 때', '에너지가 없을 때', '울고 싶을 때', '침대에서 일어나기 싫을 때' 같은 경우가 이에 해당합니다.

모든 아이들이 자신의 감각을 이야기할 기회를 가진 뒤, 이번에는 천을 조금 더 빠르게 위아래로 움직이도록 안내합니다. 일정 시간이 지나면 다시 멈추고 같은 질문을 반복합니다. "심장이 빠르게 뛰나요, 아니면 천천히 뛰나요?" "숨을 빠르게 쉬고 있나요, 아니면 천천히 쉬고 있나요?" "몸에 에너지가 있나요, 아니면 차분한가요?"

이때 빠른 움직임은 고각성 상태인 하이존과 비슷하다고 설명합니다. 실제 하이존 상태에서는 심장이 매우 빠르게 뛰고, 집중하기 어려우며, 훨씬 더 불편하게 느껴질 수 있습니다. 예를 들어 '가만히 앉아 있을 수 없을 때', '무서움을 느낄 때', '화가 났을 때' 등을 예시로 들 수 있습니다.

이 활동을 진행하면서, 일부 아이들이 천을 빠르게 움직일 때 몸에서 불편함을 느낄 수도 있다는 점을 알려주는 것이 중요합니다. 아이들에게 "몸에서 불편한 감각이 느껴진다면 천을 놓고 잠시 쉬어도 괜찮아요."라고 안내하며, 참여 여부를 스스로 선택할 수 있는 선택권을 줍니다. 만약 아이가 잠시 쉬고 싶어 한다면, "너는 지금 네 몸의 신호를 잘 읽고 반응하고 있어."라고 칭찬하며, 자신의 신경계를 인식하고 반응하는 것이 얼마나 중요한지 강조합니다. 이 게임의 핵심 목표는 아이들이 자신의 신체 감각을 인식하고, 각 조절 영역을 이해하도록 돕는 것입니다. 동시에 아이들에게 자신의 몸이 보내는 신호를 듣고, 필요할 때 스스로 휴식할 수 있는 권리가 있음을 알려주는 기회이기도 합니다.

활동을 마칠 때는, 모든 아이들이 천을 머리 위로 들어 올리고 반대편 친구들에게 인사한 후, 천을 바닥에 내려놓습니다. 아이들을 원형으로 둘러앉히고, 리더는 아이들이 일상 속에서 경험할 수 있는 다양한 조절 영역의 예시를 제시하며 질문합니다. "내가 뛰어다니면서 엄마 말을 듣지 않는다면, 나는 어떤 영역에 있을까요?" "야구 경기에서 이기고 좋아하는 아이스크림을 먹고 있다면, 나는 어떤 영역에 있을까요?" "내 가장 친한 친구가 다른 학교로 전학 간다고 해서 아침에 일어나기 싫다면, 나는 어떤 영역에 있을까요?"

마지막으로, 리더는 이렇게 마무리합니다. "사람이라면 누구나 하이존이나 로우존으로 넘어갈 수 있어요. 하지만 우리가 배운 기술들을 사용하면 다시 오케이 영역으로 돌아올 수 있고, 어느 한쪽에 오래 머물지 않을 수 있어요." 이렇게 천 게임은 단순한 놀이를 넘어, 아이들이 자신의 몸의 신호를 인식하고 조절할 수 있는 능력, 즉 리질리언스를 기르는 데 도움을 주는 경험이 됩니다.

자원화

회복력 영역에 대한 개념을 이해하고, 서로 다른 영역과 관련된 신체 감각을 기본적으로 익힌 후, 아이들에게 가르쳐야 할 첫 번째 기술은 자원화입니다. 개인의 자원에 주의를 기울이는 것은 아이들이 자신의 몸에서 느껴지는 즐겁거나 중립적인 감각을 탐색하는 방법을 배우도록 돕습니다. 시간이 지나면서 자원화 기술을 연습하면 아이들의 회복 탄력성 영역이 확장되어, 삶의 기복을 더 잘 헤쳐 나갈 수 있는 능력이 커집니다.

트라우마 리질리언스 모델 치료사 또는 커뮤니티 리질리언스 모델 지도자는 아이들의 자원을 형성하고 강화하는 데 충분한 시간을 할애해야 하며, 이 기술을 서두르지 않는 것이 중요합니다. 감각이 발달하는 데는 시간이 걸리므로, 아이가 보다 즐겁거나 중립적인 감각을 인식할 수 있도록 충분한 시간을 주어야 합니다. 자원을 강화하기 위해, 아이가 선택한 자원에 대해 세부적인 질문을 합니다. 예를 들어, 아이가 그림을 그리며 "내 자원은 우리 개 샘(Sam)이야."라고 말하면, "너는 네 개 샘의 그림을 그렸구나."라고 반응해 줄 수 있습니다. 이렇게 반응하면 아이가 자연스럽게 더 많은 이야기를 덧붙이게 되지만, 그렇지 않을 경우에는 적어도 두 가지 이상의 후속 질문을 합니다. 예를 들면, "샘과 함께한 가장 좋았던 순간은 언제야?", "샘의 어떤 점이 가장 좋아?"와 같이 물어볼 수 있습니다.

아이들이 자신의 자원에 대해 이야기할 때, 지도자는 관찰 가능한 감각 변화를 탐색합니다. 예를 들어, "샘에 대해 이야기할 때 네가 미소를 짓고 있네.", "샘의 귀에 대해 이야기할 때 깊게 숨을 쉬었어."와 같이 피드백을 주고, 이어서 "지금 네 몸에서 어떤 감각이 느껴지니?"라고 묻습니다. 만약 아이가 자연스럽게 자신의 내면에서 일어나는 변화를 표현하기 어렵다면, 다음과 같은 질문을 통해 도와줄 수 있습니다. "샘을 이야기할 때 네 심장 박동은 어떻게 변하는 것 같아?" "호흡, 배 속 느낌, 몸의 온도 변화 같은 것들이 느껴지니?" 아이들이 즐겁거나 중립적인 감각을 보고하면, 그 감각을 몇 초 동안 더 주의 깊게 느껴보도록 안내합니다. 아이들은 자신이 회복력 영역에서 벗어나 있을 때 자원을 떠올릴 수 있도록 격려받아야 합니다. 스트레스를 받을 때 자원을 떠올리면, 동반되는 즐겁거나 중립적인 감각에 집중하여 자신의 몸에서 일어나는 변화를 인식할 수 있고, 결국 다시 회복 탄력성 영역으로 돌아올 수 있습니다.

자원화 활동: 나의 자원 또는 자원의 상징을 그리기

준비물: 크레용, 물감, 색연필, 마커, 종이

① 아이들에게 자신의 개인적인 자원을 함께 그려보도록 안내합니다. 아이들이 그림 주위에 단어를 쓰고 싶어 한다면 허용합니다. 자원의 색깔, 풍경, 냄새, 소리, 촉감 등을 그림에 표현할 수 있습니다.

② 자원이 확인되었을 때, 세 가지 이상의 추가 질문을 통해 경험을 더욱 깊이 있게 탐색합니다.

③ 아이들이 자신의 자원에 대해 이야기할 때, 내면에서 일어나는 변화를 알아차리도록 요청합니다.

④ 신체 신호에 주의를 기울이는 것이 중요하다는 점을 강조합니다. "네가 웃고 있는 걸 알아차렸니?", "몸 안에서 어떤 기분이 드니? 편안하거나 중립적인 느낌이 있니?", "온도, 심박수, 근육, 호흡에 어떤 변화가 있니?"

탐색하기

탐색하기는 자원화 활동을 통해 처음 소개되며, 아이들이 자신의 신체 감각에 집중하도록 가르치는 과정입니다. 대부분의 아이들에게 감각적인 단어를 사용하는 것은 새로운 경험이기 때문에, 이를 익히고 연습하는 과정이 필요합니다. 따라서 활동을 시작하기 전에 다양한 감각 단어의 의미를 함께 이야기하고, 단어 또는 관련된 그림을 교실 벽에 게시하면 아이들의 이해도를 높이고 참여도를 증가시키는 데 도움이 됩니다.

탐색 활동: 촉감 상자 게임(The Tactile Box Game)은 감각 언어를 익히는 또 다른 방법으로, 개별적으로 또는 소수의 아이들과 그룹으로 함께 진행할 수 있습니다. 먼저, 여섯 가지 서로 다른 질감을 가진 작은 물체들을 작은 상자 안에 넣습니다. 그리고 큰 양말을 상자 위에 완전히 씌워, 아이가 손을 양말 속으로 넣어 물체를 만질 수 있도록 합니다. 이렇게 하면 아이는 상자 안의 물체를 촉각으로만 탐색

할 수 있고, 내부를 볼 수는 없습니다. 양말이 없을 경우 종이봉투를 사용할 수도 있지만, 아이들이 활동이 시작되기 전에 봉투 안을 들여다보거나 물체를 꺼낼 가능성이 있으므로 주의가 필요합니다. 게임을 시작하기 전에는 감각 단어 목록(sensory word list)을 제공하고 함께 검토하여, 아이들이 사용할 수 있는 감각 언어를 익히도록 합니다. 게임 규칙은 다음과 같습니다.

① 아이는 양말 속으로 손을 넣어 한 가지 물건을 선택해 손에 쥡니다.

② 물체가 무엇인지 추측하지 않고, 제공된 감각 단어 목록을 활용하여 세 가지 이상의 감각적 특징을 묘사합니다. (예: '거칠어요', '부드러워요', '차가워요', '말랑말랑해요')

③ 감각 단어를 세 개 이상 말한 후, 물건이 무엇인지 추측하고 꺼내 정답을 확인합니다.

여러 명의 아이들과 함께 진행할 때는 순서를 정해 차례로 진행합니다. 때로는 아이들이 트라우마 리질리언스 모델 치료사 또는 커뮤니티 리질리언스 모델 지도자도 함께 참여하길 원할 수 있습니다. 아이들이 원한다면 지도자도 함께 참여하여 감각적 언어를 사용하는 본보기가 될 수 있습니다.

접촉하기

접촉하기는 신체가 땅, 의자, 소파, 침대, 바닥, 벽 등과 같은 표면에 의해 지탱되는 방식을 인식하는 것입니다. 신체가 표면에 의해 지탱되는 방식은 다양하므로, 아이들이 반드시 누워 있거나 똑바로 앉아 있을 필요는 없습니다. 만약 아이가 너무 높은 의자에 앉아 발이 바닥에 닿지 않는다면, 접촉하기 활동에 집중할 수 없습니다. 이러한 경우, 발 아래에 발판이나 두꺼운 책을 두어 발바닥을 통해 땅과 연결되는 느낌을 주는 것이 매우 도움이 됩니다.

접촉하기 활동: 나무처럼 뿌리 내리기

아이에게 서거나 앉은 상태에서 자신이 뿌리를 땅에 단단히 내리고 있는 나무라고 상상하도록 안내합니다. 이때 청유형 언어를 사용하며, 아이가 눈을 감을지 뜰지, 앉을지 설지를 스스로 선택할 수 있도록 합니다. 이러한 선택을 허용하면 아이가 자신의 몸을 더 잘 느끼고, 자신에게 가장 편안한 방식을 찾을 수 있습니다.

① 상상 유도하기. "네가 가장 좋아하는 나무가 되었다고 상상해 봐." "어떤 종류의 나무야?" "혹시 네가 직접 만든, 세상에서 너만 알고 있는 나무일 수도 있겠지?"
"나무는 키가 크니, 아니면 작니?" "네 나무가 어떻게 생겼는지 떠올려 보고, 네가 나무가 되었다고 느낄 때 몸 안에서 어떤 감각이 드는지 살펴보자."

② 신체 감각과 연결하기. "네 몸이 나무로 변한다고 상상해 봐." "네 팔을 어디에 두고 싶은지 느껴보자. 하늘을 향해 뻗고 싶니, 아니면 몸 옆에 두고 싶니?" "네 몸의 중심이 되는 줄기를

떠올려 보고, 그 줄기가 네 발과 어떻게 연결되는지 느껴보자."
"네 발이 땅과 닿는 느낌을 주목해 보고, 네 발에서 뿌리가 뻗어나가 땅속 깊이 내려간다고 상상해 봐." "원한다면, 팔을 천천히 위로 올리면서 네 뿌리가 단단히 땅을 붙잡고 있는 느낌을 확인해 봐."

③ 내면 감각 탐색하기. "네가 나무가 된 느낌이 어때?" "몸 안에서 강한 느낌, 기쁜 느낌, 따뜻한 느낌, 또는 다른 감정이 드는 곳이 있니?" "네 나무에서 가장 마음에 드는 부분을 떠올려 보고, 그 부분을 생각할 때 몸에서 어떤 감각이 드는지 주목해 봐."

활동을 진행하는 동안, 지도자는 아이들의 신체 감각을 지속적으로 관찰하고 탐색해야 합니다. 아이들이 현재 느끼는 감각뿐 아니라, 활동을 시작한 후 감각이 어떻게 변했는지도 인식하도록 유도합니다. 만약 아이가 즐겁거나 중립적인 감각의 변화를 경험했다면, 그 감각을 더 깊이 느껴보도록 안내합니다. 이 활동은 아이가 자신의 몸이 현재 지탱되고 연결되어 있음을 직접 느끼는 경험을 통해 리질리언스를 강화하도록 돕습니다. 아이는 신체적 안정감을 회복하면서, 정서적으로도 스스로를 진정시키는 능력을 키울 수 있습니다.

제스처와 움직임

제스처와 움직임은 아이들이 즐겁거나 편안한 감각을 증진하고, 스스로를 진정시키기 위해 이미 사용하고 있는 자연스러운 방법입니다. 우리는 기쁘거나 행복할 때, 혹은 슬프거나 화가 날 때 무의식적으로 몸짓이나 움직임을 취하는 경우가 많습니다. 제스처 기술은 이러한 움직임을 의식적으로 인식하고 활용하는 방법을 배우는 것입니다. 아이들이 자신이 이미 사용하고 있는 제스처를 주의 깊게 탐색하고, 그것을 의도적으로 사용하도록 격려하면, 즐거움·행복·자신감·평온함 같은 긍정적인 감정을 더 깊이 느끼고 강화할 수 있습니다.

　제스처의 사례를 설명할 때, 어떤 아이들은 불안할 때 머리카락을 꼬거나 만지작거리기도 하고, 어떤 아이들은 손톱을 문지르거나, 가슴 위에 손을 얹거나, 천천히 몸을 좌우로 흔드는 등의 행동을 보입니다. 이러한 각각의 제스처는 아이들이 신경계를 진정시키고 오케이 영역을 유지하는 데 도움을 줍니다. 그러나 아이들 중 일부는 자신이 하는 움직임이 다른 사람들에게 부정적인 반응을 받았던 경험이 있을 수 있습니다. 예를 들어, 다리를 빠르게 흔드는 행동이 그런 경우입니다. 이럴 때 지도자가 아이에게 자신의 다리 움직임을 주의 깊게 관찰하고, 그 움직임과 연결된 감각을 인식하도록 안내하는 것은 매우 의미 있는 경험이 됩니다. 이러한 움직임을 웰니스 기술로 소개하면, 종종 '그만해'라고 지시하던 어른들에게도 신체 조절과 리질리언스에 대한 새로운 이해를 줄 수 있습니다.

제스처 활동 1

① 아이들에게 자신을 진정시키는 제스처를 떠올리도록 요청합니다. 만약 생각나지 않는다면, 가족에게 물어보도록 안내합니다. 가족들은 아이가 무의식적으로 사용하는 움직임을 알고 있을 수도 있습니다.

② "너를 편안하게 해주는 제스처나 움직임이 있니?"라고 물어본 뒤, 셋을 세고 나서 의도적으로 그 제스처를 해보도록 초대합

니다.

③ 제스처를 한 후, 아이들에게 몸의 변화를 탐색하도록 질문합니다. "그 움직임을 했을 때 몸 안에서는 어떤 변화가 느껴졌어?" "편한 느낌이야? 불편한 느낌이야? 아니면 그냥 중립적인 느낌이야?"

제스처 및 움직임 활동 2: 동물 게임

이 활동은 아이들이 큰 근육을 움직이며 강한 신체 감각을 기분 좋은 감각과 연결하도록 돕는 게임입니다. 활동 방법은 아이들에게 차례로 빠른 동물, 느린 동물, 강한 동물, 에너지가 넘치는 동물을 선택하고 따라 하도록 요청합니다. 각 동물이 어떤 움직임을 하는지 탐색하며, 몇 초 동안 그 동물처럼 움직여 봅니다. 동물을 연기한 후, 몸에서 느껴지는 감각을 묻습니다. "이 동물이 되었을 때, 몸에서 어떤 감각이 들었니?" "편한 느낌이야? 불편한 느낌이야? 아니면 중립적인 느낌이야?" 이후 아이들에게 자신을 강하게 만들어 주는 동물을 그림으로 표현하게 할 수 있습니다. 완성된 그림을 오려 눈 부분에 구멍을 뚫어 동물 가면을 만들어 착용한 뒤, 그 동물의 움직임을 연기하도록 안내합니다. 이 활동은 아이들이 놀이를 통해 자신의 신체 감각을 탐색하고, 즐거운 움직임과 안정감을 연결하는 리질리언스 기술을 배우도록 돕습니다.

지금 도와줘!

지금 도와줘 기술은 아이가 회복력 영역을 벗어났을 때 사용할 수 있도록 고안된 실질적인 조절 기술입니다. 이 기술은 아이가 하이 존에 갇혀 과도하게 각성되거나, 로우존에 머물러 무기력하고 반응이 둔해졌을 때 스스로 조절할 수 있도록 돕습니다. 아이들은 스트레스 상황에서 갑작스러운 감정 반응이나 신체 반응을 보이기 때문에, 이러한 기술을 미리 연습해 두는 것이 매우 중요합니다. 아이가 안정된 상태에 있을 때 지금 도와줘 기술을 반복적으로 연습하면, 실제로 어려운 상황에 처했을 때 자연스럽게 사용할 수 있게 됩니다.

전 세계의 교사들은 지금 도와줘 기술이 아이들이 신경계를 조절하고, 학업이나 사회적 도전에 더 유연하고 효과적으로 대응하는 데 큰 도움이 된다고 말합니다. 감각적 경험을 통해 신체를 안정시키는 법을 배우면, 감정이 조절되고 사고가 명확해지기 때문입니다. 또한, 교사·부모·보호자도 이 기술을 함께 익히면 아이들의 행동이 자신의 감정에 영향을 줄 때 더 빠르게 회복 탄력성 영역으로 돌아갈 수 있도록 돕는 조력자 역할을 할 수 있습니다.

지금 도와줘! 활동을 일상에 반영하기 활동 방법은 다음과 같습니다.

준비물: A4용지 10장, 그림도구, 넓은 공간

① 10장의 종이에 각기 다른 지금 도와줘 전략을 하나씩 적거나 그림으로 표현하여 교실 또는 활동 공간 곳곳에 배치합니다.
② 아이들을 소그룹으로 나누어, 공간을 돌아다니며 각 전략을 하나씩 직접 해보도록 합니다. 예를 들어, '차가운 물을 손목에 대보기', '주변의 파란색 물건 5개 찾기', '발바닥의 감각 느껴보기', '천천히 물 한 모금 마시기', '손가락으로 숫자 세기' 등의 활동을 포함할 수 있습니다.

③ 연습하는 동안 아이들이 자신의 몸에서 어떤 감각이 느껴지는지 탐색하도록 안내합니다. "지금 편안한가요?", "조금 불편한가요?", "아니면 그냥 중립적인가요?"

④ 모든 활동을 경험한 뒤, 아이들에게 가장 효과적이었던 지금 도와줘 전략 3가지를 선택하도록 합니다. 그리고 이 기술이 유용할 수 있는 순간을 함께 떠올리게 합니다. 예를 들어, '부모님과 숙제 문제로 다툴 때', '운동 경기 중 상대가 무례하게 행동할 때', '가장 어려운 과목의 시험을 보기 전', '친구나 형제자매가 상처 주는 말을 했을 때' 등입니다.

⑤ 마지막으로 아이들과 함께 이야기 나눕니다. "네가 힘들 때 지금 도와줘 전략을 떠올릴 수 있도록 돕는 방법이 있을까?" "누가 너에게 지금 도와줘'를 상기시켜 줄 수 있을까?" 이 활동은 아이들이 신체적 감각을 통한 자기조절을 훈련하는 동시에, 리질리언스를 강화하도록 돕습니다. 반복적으로 연습하다 보면, 아이들은 위기 상황에서도 스스로를 안정시키는 구체적인 방법을 기억해 내고 사용할 수 있게 됩니다.

주의 전환하여 머물기

주의 전환하여 머물기는 아이가 불쾌한 감각에서 중립적이거나 편안한 감각으로 주의를 전환하고, 그 상태를 유지하도록 돕는 기술입니다. 이 기술은 커뮤니티 회복 모델의 모든 요소를 결합한 간단하지만 매우 효과적인 도구입니다. 주의 전환하여 머물기 기술은 아이에게 다양한 선택지를 제공합니다. 아이가 몸에서 느끼는 불쾌한 감각에서 보다 편안하거나 중립적인 부위로 주의를 돌리도록 유도할 수 있습니다. 또한, 신체의 어떤 부위가 표면에 더 안정적으로 지탱되고 있는지를 알아차리도록 초대할 수도 있습니다. 트라우마 리질리언스 모델 치료사 또는 커뮤니티 리질리언스 모델 지도자는 아이에게 자신의 자원에 대해 질문을 던질 수 있으며, 그 자원에 대해 생각하거나 이야기하는 동안 떠오르는 즐겁거나 중립적인 감각을 알아차리도록 도울 수도 있습니다.

아이들에게 이렇게 안내할 수 있습니다. "만약 몸이나 마음이 불편하거나 좋지 않은 느낌이 들 때, 전환하여 머물기를 사용해서 스스로 기분을 나아지게 할 수 있습니다. 몸이 더 균형을 찾고 편안해질 때까지, 몸에서 더 중립적이거나 편안한 느낌이 드는 곳으로 주의를 옮겨 그대로 있어도 괜찮습니다."

주의 전환하여 머물기 활동: 웰니스 보물 상자, 가방, 또는 병 만들기

① 아이디어 구상하기

a. 각 아이에게 가장 도움이 되는 기술에 대해 이야기하는 시간을 갖습니다. 각 사람이 유용하게 느끼는 기술이 다 다르다는 점을 인식하는 것이 중요합니다. 우리 신경계를 느껴보고, 다른 사람들의 웰빙에 대해 질문해 보면, 자신과 타인의 감각적 선호(sensory preferences)를 이해하고 존중하는 법을 배울 수 있습니다.

b. 각자가 오케이 영역으로 돌아가는 데 도움이 되는 개인적인 자원을 찾아봅니다.

c. 다양한 공예 재료를 준비합니다. 종이봉투, 유리병, 판지 또는 나무 상자, 아이스크림 막대, 종이 조각, 인덱스 카드 등 다양

한 재료를 모읍니다. 가위, 풀, 색연필, 크레용, 물감 등을 사용하여 아이들이 자유롭게 꾸밀 수 있도록 돕습니다.

② 웰니스 보물 상자, 가방, 또는 병 만들기
a. 각 아이가 자신의 상자, 가방 또는 병을 꾸미도록 안내합니다.
b. 꾸민 용기에 사용할 재료를 선택하게 합니다. 아이스크림 막대, 종이 조각, 인덱스 카드 또는 기타 공예 재료를 선택하여 웰니스 기술을 적거나 표현하도록 합니다.
c. 아이들에게 3~10개의 웰니스 기술을 적거나 그리도록 초대합니다. 아이스크림 막대, 종이 조각, 인덱스 카드 등에 자신이 좋아하는 웰니스 스킬을 적거나 그림으로 표현할 수 있도록 합니다. 추가적인 상징물도 활용할 수 있습니다. 예를 들어, 스티커, 색깔 철사, 작은 토큰, 돌, 나뭇잎, 행운의 부적, 자연에서 찾은 물건 등을 웰니스 스킬을 나타내는 요소로 사용할 수 있습니다.
d. 모든 막대, 종이 조각, 토큰 등을 웰니스 상자에 넣습니다.

③ 오케이 영역에서 연습하기
a. 어른들이 모범을 보이며 웰니스 기술을 연습합니다. 주기적으로 웰니스 상자에서 한 가지 웰니스 전략을 선택하고 직접 실천해 봅니다. 실천한 후에는 몸 안에서 느껴지는 변화를 공유합니다.
b. 아이들이 하루 동안 웰니스 전략을 직접 선택하고 연습할 수 있도록 격려합니다.
아이가 원한다면 보호자와 함께 실천할 수도 있습니다.

c. 아이가 연습하기를 망설이면, 대신 관찰할 수 있도록 초대합니다. 아이가 직접 실천하는 것을 주저할 경우, 웰니스 상자에서 하나를 고르고 보호자가 먼저 실천하는 모습을 보여줍니다.

④ 오케이 영역에서 벗어났을 때 웰니스 기술 활용하기
a. 웰니스 상자를 쉽게 접근할 수 있는 곳에 둡니다.
b. 불편함이나 스트레스를 인식하면, 상자나 가방, 병에서 하나를 꺼내 연습하도록 권장합니다.

⑤ 감각에 주의 기울이기
a. 웰니스 전략을 실천할 때, 주변 사람이 있다면 서로가 더 편안하거나 중립적인 감각을 찾아 다시 회복 탄력성 영역으로 돌아오는 데 도움을 받을 수 있습니다.
b. 어른과 아이가 다음과 같은 질문을 주고받으며 연습할 수 있습니다. "내 몸 안에서 무엇을 느끼고 있지?" "이 감각이 편안한가, 불편한가, 아니면 중립적인가?"

과학기술은 추가적인 자원을 활용할 수 있는 가능성을 열어줍니다. 팬데믹 기간 동안 학교가 문을 닫았을 때, 한 학군에서는 구글(Google) 문서를 활용해 온라인 웰니스 룸(Wellness Room)을 만들었습니다. 이 온라인 공간에는 자원화, 접촉하기, 지금 도와줘 등의 웰니스 기술을 연습할 수 있는 여러 포털(portal)이 마련되어 있었습니다. 예를 들어, 동물, 자연의 풍경, 스포츠 활동, 음악 등 다양한 주제를 통해 감각을 안정시키고 회복 탄력성을 기를 수 있도록 구성했습니다. 아이들이 구글을 활용하여 자신만의 웰니스 룸을 직접 만들어보도록 격려할 수도 있습니다. 각 포털은 아이의 개별적인 필요와 선호에 맞게 조정할 수 있으며, 이를 통해 아이는 자신에게 필요한 순간에 원하는 방식으로 이러한 활동에 참여할 수 있는 자유를 얻게 됩니다.

청소년을 위한 웰니스 기술

성인을 대상으로 한 커뮤니티 리질리언스 모델의 웰니스 기술은 청소년에게도 효과적입니다. 그러나 각 청소년은 성숙도와 관심사가 다르기 때문에, 이 장에서 아동을 위해 제시된 많은 아이디어 또한 청소년들이 즐길 수 있는 방식으로 적용할 수 있습니다. 청소년기는 뇌 발달이 매우 활발히 일어나는 시기이며, 정치적·환경적·사회적·영적 측면에서 세상에 대한 복잡한 개념들을 탐구하는 시기입니다. 관계는 청소년의 웰빙에 핵심적인 요소이며, 관계 속에서 생기는 어려움은 종종 신경계를 크게 자극하고 불안을 유발할 수 있습니다. 청소년이 "모든 게 다 싫어요(everything sucks)."라고 표현할 때, 그들의 이야기를 부정하거나 축소하지 않으면서 '리질리언스 멈춤'을 제안하고, "지금 이 순간에도 여전히 괜찮은 건 뭐가 있을까?"라고 다시 물어보는 것은 도움이 될 수 있습니다. 이러한 질문은 힘들었던 이야기에 잠시 쉼표를 찍고, 얼굴에 닿는 바람의 감촉, 후드티 안쪽의 부드러움, 혹은 고양이가 부엌에서 미끄러지는 우스꽝스러운 모습처럼 작지만 즐거운 감각에 주의를 돌리도록 도와줍니다.

리질리언스 멈춤을 제안할 때는 먼저 '싫은' 현실을 인정하는 것이 중요합니다. "지금 이 순간에도 여전히 괜찮은 건 뭐가 있을까?"

라는 질문은 어려운 경험의 무게를 줄이려는 것이 아니라, 뇌와 몸이 회복력 영역으로 돌아올 수 있는 여유 공간을 제공하는 것입니다. 그렇게 되면 청소년은 하루를 자신의 최선의 상태로 맞이할 수 있습니다. 또한, 청소년에게 뇌의 작동 원리와 편도체의 부정성 편향을 교육하는 것은 호기심을 자극하고, 웰니스 전략을 일상 습관으로 받아들이는 데 동기를 부여할 수 있습니다.

위기 상황에 처한 청소년에게는 자원화 질문이 신경계의 균형을 회복하는 데 유용합니다. 보통 우리는 힘들어하는 청소년에게 "무슨 일이 있었니?" 혹은 "왜 그래?"라고 묻지만, 때로는 이야기를 되풀이하는 것이 오히려 몸의 고통을 강화시킬 수 있습니다. 이럴 때 다음과 같은 자원 기반 질문을 활용하면 도움이 됩니다. "지금 너를 버티게 해주는 것은 무엇이니, 혹은 누구니?" "예전에 힘든 일을 견딜 수 있게 도와준 것은 무엇이었니?"

어려운 이야기를 나누는 동안 리질리언스 멈춤을 통해 접촉하기를 시도해보는 것도 좋습니다. 힘든 이야기를 나누고 있을 때, 지금 이 순간 너를 지지해 주는 무언가를 알아차리는 것이 도움이 될 수 있어. "손으로 만졌을 때 편안함을 느끼는 물건이 있니?" "잠시 멈추고 물 한 모금 마실래?" 교사와 보호자가 청소년에게 "그럼에도 불구하고 지금 사실인 다른 것은 무엇일까?"라는 질문을 던지면, 청소년은 신체 안에서 더 편안하거나 중립적인 감각을 인식하고, 서서히 회복력 영역으로 돌아올 수 있습니다. 어려운 상황이 완전히 사라지지 않더라도, 청소년은 덜 괴로운 신체 감각을 경험하면서 새로운 생각과 감정을 가지고 앞으로 나아갈 수 있습니다.

또한, 청소년을 웰니스 기술 활동에 참여시키는 효과적인 방법 중 하나는 예술적 표현을 활용하는 것입니다. 음악, 미술, 연극, 기술 활동 등을 통해 창의적으로 참여하도록 유도할 수 있습니다. 요즘 청소년들은 틱톡, 인스타그램(Instagram)과 같은 소셜미디어 플랫폼을 능숙하게 다루므로, 자신이 좋아하는 웰니스 기술을 짧은 영상으로 제작하고 공유하도록 안내하는 것도 좋은 방법입니다. 이러한 활동은 단순히 기술을 익히는 것에 그치지 않고, 자신과 타인을 위해 리질리언스를 심화시키는 강력한 경험이 될 수 있습니다.

미디어 자원화: 글쓰기, 예술, 영상, 사진을 활용한 활동

① 청소년에게 자신이 가장 좋아하는 웰니스 기술을 선택하도록 안내합니다. 만약 자원화를 선택했다면, 한 명 혹은 그룹 단위로 자신에게 도움이 되는 자원을 하나 떠올리게 합니다. 그리고 그 자원을 표현할 방법을 선택하도록 합니다 - 글쓰기(이야기나 서술문 작성), 영상 제작, 짧은 연극 만들기, 또는 그림으로 표현하기 등입니다. 스마트폰이 있다면, 자신에게 힘이 되거나 마음을 안정시키는 사진을 열어보도록 할 수도 있습니다. 이 활동은 자원화뿐 아니라 웰니스 기술의 다른 항목인 촉하기, 제스처, 지금 도와줘!, 주의 전환하여 머물기에도 적용할 수 있습니다.

② 청소년이 자신이 만든 작품을 공유할 때, 지도자는 그들의 감각 반응을 관찰하며 피드백을 제공합니다. 예를 들어, "지금 미소 짓는 모습이 보이네요.""이야기할 때 목소리가 조금 밝아졌어요."와 같이 감각적 변화를 짚어줍니다. 또한, 청소년에게 직접 물어볼 수 있습니다. "지금 네 몸 안에서는 어떤 느낌이 드니?" "숨쉬기나 심장 박동, 근육의 긴장감이 달라졌다고 느껴지니?"

이때, 청소년에게 언제든 리질이언스 영역 밖으로 밀려난다고 느
낄 때 자신이 떠올렸던 자원으로 돌아갈 수 있음을 상기시켜 줍
니다.

③ 이 활동을 소그룹(짝 혹은 세 명의 그룹)으로 진행할 수도 있습니
다. 아이들을 짝지어 서로의 웰니스 기술을 나누고, 각자 이야기
할 때 자신의 신체 감각을 주의 깊게 살펴보도록 안내합니다. 이
과정을 통해 청소년들은 타인의 이야기를 들으며 공감하는 법을
배우고, 자신이 편안함을 느끼는 신체적 단서(body cues)를 인식
하게 됩니다.

결론

이 장은 트라우마 리질리언스 모델과 커뮤니티 리질리언스 모델
의 웰니스 기술이 영유아와 청소년들에게 어떻게 적용될 수 있는지
를 설명하는 가이드입니다. 아동들은 자신만의 웰니스 기술을 개발
하고, 신체적 감각을 인식하며 이를 통해 감정을 조절하는 방법을
배울 수 있습니다. 위기 상황에서는 전통적인 "무슨 일이야?"라는
질문 대신, 자원 중심의 질문을 통해 신경계를 안정시키는 것이 더
욱 효과적입니다. 예를 들어, "지금 너를 버티게 해주는 건 뭐니?",
"예전에 힘들었을 때 도움을 줬던 건 뭐였니?"와 같은 질문은 청소
년이 자신의 회복력을 스스로 인식하도록 돕습니다. 또한, 창의적인
활동 - 미술, 음악, 연극, 기술 등을 활용하면 - 청소년들이 보다 흥
미롭고 자연스럽게 웰니스 기술을 익힐 수 있습니다. 특히, 틱톡,
인스타그램, 유튜브 등 소셜 미디어와 디지털 플랫폼을 활용하면,

청소년들은 자신이 배운 기술을 짧은 영상이나 콘텐츠로 표현하면서 이를 재미있고 지속적으로 실천할 수 있습니다.

참고문헌

Bethell, C., Newacheck, P., Hawes, E., & Halfon, N. (2014). "Adverse childhood experiences: Assessing the impact on health and school engagement and the mitigating role of resilience." *Health Affairs*, 33(12), 2106–2115. https://doi.org/10.1377/hlthaff.2014.0914

Brazelton, T. B., & Sparrow, J. D. (2006). *Touchpoints: Birth to 3-Your child's emotional and behavioral development* (2nd ed.). Cambridge, MA: Da Capo Press.

Shelov, S. P., Trubo, R., & Hannemann, R. (2004). *Caring for your baby and young child: Birth to age 5* (4th ed.). New York, NY: Bantam Books.

제4부

트라우마 리질리언스
모델과 임상 통합

12장 — 애착 형성과 성인 행동

일레인 밀러-카라스·제니퍼 버튼 플라이어

이 장에서는 다음 내용을 다룹니다.

1. 성인 행동과 관련된 애착 양식을 설명합니다.
2. 스테판 퍼지(Stephen Porges)의 다미주(Polyvagal) 이론을 정의하고 트라우마 치료에서의 중요성을 설명합니다.
3. 성인 대상 트라우마 리질리언스 모델 치료의 다단계 접근: 안전 형성(Creating Safety), 가족 통합(Family Integration), 트라우마 재처리(Trauma Reprocessing), 웰빙(Wellness)을 설명합니다.
4. 혼란(Disorganized) 애착과 해리성 부분을 가진 개인의 치료를 다룹니다.

영아기에 건강한 발달에 가장 큰 영향을 미치는 것은 아이와 주 양육자 사이의 관계입니다. 아이와 양육자 사이에서 생애 초기에 형성되는 정서적 유대, 곧 애착 관계는 개인의 행동 방식과 환경과 상호작용하는 방식을 깊이 있게 형성하며, 이러한 영향은 유년기, 청소년기, 성인기 전반에 걸쳐 지속됩니다. 치료자가 내담자의 유년기에 학습한 애착 형성을 고려하면, 내담자의 신경계가 안전하고 적응적인 혹은 불안정한 애착 패턴을 형성할 때 어떻게 반응했는지를 이해하는 데 중요한 통찰을 제공합니다. 따라서 애착 전략이 신경계에 미치는 영향에 대한 이해를 현재의 트라우마 리질리언스 모델 개념과 방법을 통합하면, 치료자가 트라우마 리질리언스 모델 기법을 임상에 적용하는 새로운 방식을 배우는 데 큰 도움이 됩니다. 이러한 통합적 접근은 특히 해리 증상을 보이는 내담자를 돕는 과정에서 효과적으로 작용할 수 있습니다.

애착 이론의 핵심 명제는, 영아가 최소한 한 명의 주 양육자와 관계를 발달시켜야 사회·정서 발달이 정상적으로 이루어진다는 것입니다(Bowlby, 1973). 애착 행동은 스트레스 상황에서 아이가 주 양육자에게 가까이 가려는 시도로 정의됩니다. 이 이론에 따르면 영아의 애착 관계의 질은 관찰 가능한 애착 형성을 기준으로 분류될 수 있으며, 이러한 양상은 시간에 지나면서 영아가 양육자 사이의 수많은 상호작용에 반응하여 형성된다고 봅니다. 관찰 가능한 애착 형성의 범주는 특히 양육자와 분리와 재회 장면에서 영아의 행동에서 두드러지게 나타납니다(Ainsworth et al. 1978). 나아가 이 애착 양식은 개인이 생애 전반에 걸쳐 환경 및 타인과 상호작용하는 방식을 형성하고 이끌어가는 지속적인 내적 틀(templates)로 작용하게 됩니다.

애착의 기본 양식은 안정(secure)과 불안정(insecure)으로 나눌 수 있습니다. 불안정 애착은 다시 불안정-회피(insecure-avoidant)와 불안정-양가(insecure-ambivalent)로 세분됩니다. 어떤 연구자들은 혼란(disorganized)을 불안정 애착의 세 번째 하위 범주로 넣기도 합니다. 그러나 우리는 혼란 애착을 독립된 범주로 봅니다. 안정과 불안정 양식이 비교적 일관되고 조직화된 행동 패턴으로 표시되는 반면, 혼란 애착에서 관찰되는 행동은 일관성이 없고 조직화되어 있지 않기 때문입니다. 푸얼-헬러(Poole-Heller, 2019)는 '애착 적응(attachment adaptation)'이라는 용어를 사용하여, 이는 안정 애착 이외의 전략을 의미합니다. 그녀는 다음과 같이 설명합니다.

> "아기일 때 우리는 부모의 돌봄 없이는 생존할 수 없습니다. 이 시기에는 선택권이 없으며, 부모가 가진 역량(capacities)이나 결핍(lack)에 따라 우리는 적응하게 됩니다. 가장 기초적인 수준에서, 우리는 효과가 있는 것(whatever works)과 효과가 없는 것(whatever doesn't work)에 반응하며 성장합니다."

이런 관점은 사람들의 관계적 문제를 병리화하지 않으면서 존중과 회복력을 가지고 바라보게 합니다.

우리는 대체로 하나의 주된 애착 유형을 가지고 있습니다. 이 애착 유형들은 연속선(continuum) 상에서 이해하는 것이 도움이 됩니다. 따라서 우리는 삶에서 일어나는 일들에 따라 이러한 적응 방식을 오가며 변화할 수 있습니다. 트라우마 리질리언스 모델의 관점에서 볼 때, 이러한 애착 전략 또는 적응 패턴이 성인 행동에 적용되는 방식은 다음과 같습니다.

안정 애착

안정 애착을 가진 사람들은 어린 시절, 자신의 요구에 민감하게 반응하며 조율된(attuned) 상호적 관계를 제공한 주 양육자(primary caregiver) 곁에서 함께 성장했을 가능성이 높습니다. 이러한 양육자는 신체적(somatic)·언어적(verbal) 상호작용을 통해 아이의 욕구를 인식하고 반응해 줍니다. 안정 애착을 형성한 사람들은 타인에 대한 신뢰를 가지고 있으며, 오래 지속되는 관계를 유지하고, 자존감이 높습니다. 또한 자신의 감정을 편안하게 표현할 수 있고, 스트레스를 받을 때 사회적 지지를 적극적으로 추구합니다. 그들의 전전두엽(prefrontal cortex)에 위치한 조절 영역은 자율신경계를 안정적으로 조절함으로써 사회적 교류(social engagement)를 가능하게 하고, 회복력 영역에 복귀하도록 돕습니다. 이를 통해 이들은 위험(risk), 위협(danger), 생명을 위협하는 상황(life-threatening situations)을 보다 정확하게 평가할 수 있습니다.

불안정-양가 애착

불안정-양가 애착을 가진 사람들은 어린 시절, 양육자가 일관성이 없고 예측하기 어려운 방식으로 반응했을 경우가 많습니다. 예를 들어, 때로는 과도하게 개입하거나(overly intrusive), 때로는 전혀 반응하지 않는(non-responsive) 등 불규칙한 양육 태도를 보였을 수 있습니다. 이러한 사람들은 대인관계에 지나치게 몰두하거나, 관계에 대한 불안을 자주 느낍니다. 예를 들어, 연인이 자신을 정말 사랑하는지, 친구들이 자신을 받아들이는지 끊임없이 걱정할 수 있습니다. 이들은 사회적 교류와 공동 조절을 강하게 원하지만, 관계 안에서 쉽게 진정되거나 안정감을 느끼기 어려워합니다. 즉, 타인에 대한 절박한 욕구와 동시에 자신의 욕구가 충족되지 않을 것이라는 두려움을 함께 지니고 있습니다. 이와 같은 양가적 애착을 가진 성인은 스스로를 진정시키는 데 어려움을 겪으며, 정서적 반응성이 민감해 리질리언스의 고각성 상태인 하이존에 머무르는 경향이 있습니다.

불안정-회피 애착

회피 애착 성향을 지닌 성인은 어린 시절, 신체적 친밀함을 시도할 때 이를 차단하거나, 자신의 욕구에 무관심했던 주 양육자와 함께 자란 경우가 많습니다. 이들은 사회적 혹은 로맨틱한 관계를 원하기도 하지만, 감정을 깊이 투자하지 않는 경향이 있습니다. 타인과 생각이나 감정을 공유하기 어렵고, 타인의 감정을 인식하는 데에도 어려움을 겪습니다. 때로는 자신의 어린 시절 기억조차 희미하게 느껴질 수 있습니다. 이러한 사람들은 논리(logic)에 강하게 의존하며, 감각 인식(sensory awareness)과 긍정적 또는 부정적 정서(affect)를 경험하는 능력이 감소되어 있습니다. 즐겁거나 중립적인 신체 감각을 느끼는 능력이 제한적이며, 감정이 무뎌지거나(numb) 둔화된 느낌을 자주 호소합니다. 이러한 상태는 종종 저각성 상태인 로우존에 해당합니다. 회피 애착을 가진 사람들은 양육자의 거리 두기와 거부 반응을 경험하면서, 혼자서 하는 활동(solitary activities)을 통해 신경계를 조절하는 법을 배웠을 가능성이 큽니다. 또한 회피 애착 패턴을 보이는 사람과 신경 발달 차이(neurodivergence)를 가진 사람[5]을 구분하는 것이 중요합니다. 일부 신경 발달적 특성은 외형적으로 회피 애착과 비슷하게 보일 수 있지만, 반드시 같은 범주에 속하는 것은 아닙니다.

혼란(와해) 애착

혼란 애착은 성향을 지닌 사람들은 대개 방임(neglect), 신체적 학대(physical abuse), 성적 학대(sexual abuse) 등의 트라우마로 점철된 어린 시절을 보냈을 가능성이 높습니다. 이들은 종종 자신을 돌봐야 할 양육자에게서 학대나 방임을 경험했으며, 그로 인해 '양육자가 두려움의 근원이자 동시에 안심의 원천'이라는 딜레마를 겪게 됩니다. 푸얼-헬러(Poole-Heller, 2019)는 혼란형 애착의 주요 원인이 부모가 공포의 근원이 되는 경우라고 설명합니다. 이런 경우, 생후 약 1년 무렵부터 아이는 회피적 행동과 저항적 행동이 뒤섞인 양상을 보이게 되며, 이러한 경향은 성인기까지 지속될 수 있습니다. 혼란형 애착을 가진 성인은 일관된 자기감을 형성하는 데 큰 어려움을 겪습니다. 비비 외(Beebe et al., 2010)의 연구에 따르면, 영아기에 1년 동안 혼란형 애착을 경험한 경우 해리적 행동으로 이어질 수 있다고 합니다. 쇼어(Schore, 2009)는 초기 학대와 방임이 혼란-지향적 애착을 형성하며, 이는 청소년기와 성인기까지 지속되어 정신질환의 위험 요인으로 작용한다고 밝혔습니다. 쇼어는 발달신경과학적 관점에서, 초기 학대와 방임이 아동기의 중요한 성장 시기에 즉각적인 영향을 미치며, 그 결과 강렬한 정서 상태를 조절하는

5　[역주] 신경다양성(Neurodivergence)의 시각은 자폐 스펙트럼, ADHD, 학습장애, 난독증, 투렛증후군과 같은 신경발달적 차이를 병리화하지 않고, 인간 신경계가 본래 지닌 다양성의 표현으로 바라본다.

능력이 제한된 미성숙한 우뇌(immature right brain) 발달을 초래한다고 설명했습니다. 가장 심각한 경우, 개인은 자기 경험의 파편화(fragmentation)를 겪을 수 있으며, 이는 여러 '부분(parts)'의 성격으로 나타날 수 있습니다. 이러한 사람들은 로우존과 하이존을 상태를 오가며 불규칙하고 예측하기 어려운 행동을 보일 수 있고, 자신이 회복력 영역 안에 있었던 적이 있는지조차 인식하지 못하는 경우도 있습니다.

안정 애착은 결국 '자기(self)'의 감각을 확립하고, 대인관계에서 안전감을 경험할 수 있는 능력을 형성하는 데 도움이 됩니다. 반대로 불안정 애착은 자기 감각의 혼란과 건강한 인간관계를 형성하는 데 어려움을 초래하며, 이러한 영향은 장기적으로 지속될 수 있습니다. 그러나 이러한 애착 패턴은 고정된 것이 아닙니다. 오랜 시간 형성된 상호작용의 습관으로 인해 변화가 쉽지는 않지만, 결코 돌에 새겨진 것처럼 변하지 않는 것은 아닙니다. 변화할 수 있습니다. 트라우마 리질리언스 모델의 기술, 특히 처음 여섯 가지 웰니스 기술은 혼자 또는 신뢰할 수 있는 파트너나 치료사와 함께 연습할 때 신경계를 안정시키고, 안전한 애착을 느끼며 강화하는 데 큰 도움이 될 수 있습니다.

다미주신경이론(Polyvagal Theory)을 애착 전략에 적용하면, 인간의 정교한 신경계 설계와 조절 능력을 신경과학의 관점에서 이해하고, 평생 형성된 패턴을 변화시키는 치료 계획을 세울 수 있습니다. 최근 몇 년간 다미주신경이론은 일부 비판을 받기도 했지만, 포지(Porges, 2021)의 연구는 자율신경계를 더 깊이 이해하는 데 있어 유효하고 유용한 기여를 한 것으로 평가됩니다. 다미주신경이론에 대한 지식을 활용하면, 트라우마 리질리언스 모델 치료사가 이 기술을 더 깊이 적용할 수 있을 뿐 아니라, 내담자에게 신체 반응의 생물학적 근거를 설명하는 심리교육(psychoeducation)을 제공하여, 실제 혹은 인지된 위협에 대한 자신의 생리적 반응에 수반되는 수치심을 줄이는 데 도움이 됩니다. 포지는 다미주신경이론이 자율신경계가 위협과 안전에 어떻게 반응하는지를 검증하는 도구로 제시했다고 설명합니다. 이 이론은 트라우마나 학대와 같은 만성적인 위협을 경험한 개인의 주관적 경험에 과학적 언어를 부여하며, 최적의 정신적·신체적 건강을 추구하도록 유도하는 여정을 제시합니다.

다미주 이론

다미주신경이론에 따르면 자율신경계는 환경의 변화와 도전에 직접 반응하는 복잡하고 위계적인(hierarchical) 체계라고 설명합니다(Stephen Porges, 1995). 미주신경(vagus nerve)은 가장 긴 뇌신경(cranial nerve)으로, 부교감신경계의 주요 구성 요소입니다. 미주신경은 단일 신경이 아니라, 여러 신경 다발이 하나의 신경집(sheath) 안에 묶여 있는 구조로, 뇌간(brain stem)에서 시작해 심장과 위(stomach)를 거쳐, 다른 11쌍의 뇌신경과 연결되어 얼굴 방향으로 올라갑니다. 미주신경은 양방향(bidirectional)으로 작동하여 몸과 뇌 사이에 신호를 주고받습니다. 포지스의 연구에 따르면, 미주신경의 약 80%는 구심성 섬유(afferent fibers, 감각 신경)로, 신체에서 뇌로 정보를 전달하며, 20%만이 원심성 섬유(efferent fibers, 운동 신경)로, 뇌에서 신체로 명령을 보냅니다(Dana, 2018). 이는 트라우마 리질리언스 모델 치료사에게 매우 중요한 정보이며, 내담자에게 신체 감각의 중요성을 설명하는 심리교육의 좋은 자료가 됩니다. 다시 말해, 몸의 신호를 추적하지 않으면, 회복의 중요한 단서를 놓치게 되는 것입니다.

다미주신경이론은 자율신경계의 세 가지 하위 체계를 설명합니다.

① 부교감신경계의 복측 미주 시스템(ventral vagal system) – 사회적 교류(social engagement system)를 담당
② 교감신경계 – 투쟁·도피 반응을 담당
③ 부교감신경계의 배측 미주 시스템(dorsal vagal system) – 경직, 해리, 또는 '닫힘(immobilization)' 상태를 담당

이 위계적 체계는 가장 발달된 반응인 사회적 교류를 우선적으로 활성화합니다. 사회적 교류 시스템은 사회적 행동, 의사소통, 유대 감을 촉진하는 심리적 상태를 유발하여, 환경에 대한 유연성과 적응 성을 높입니다. 안정 애착을 가진 사람은 사회적 상호작용을 통해 관계를 형성하고, 더 강한 자기감(sense of self)을 가질 수 있습니다. 트라우마 리질리언스 모델에서는 이를 회복력 영역에 머무는 상태 라고 부릅니다.

데이나(Dana, 2018)는 복측 미주신경이 심박수에 영향을 미치며, 숨을 내쉴 때에는 심박수가 느려지고, 들이 마실 때에는 심박수가 빨라진다고 설명합니다. 미주신경의 브레이크(vagal brake)는 심장 의 박동조율기(sinoatrial node)에 작용하여 심박수를 분당 약 72회 로 억제합니다. 자전거의 브레이크와 비슷하게, 브레이크를 풀면 속 도가 빨라지고, 브레이크를 잡으면 속도가 느려지며, 이 과정에서 에너지가 활성화되었다가 진정됩니다. 이는 교감신경계의 활성(코

르티솔과 아드레날린 분비 억제 포함)과 부교감신경계의 안정이 조화를 이루는 최적의 신경 반응으로, 우리가 일상 속에서 감정의 파도를 조절할 수 있게 돕습니다. 트라우마 리질리언스 모델의 관점에서 보면, 일상 속의 다양한 전환 상황을 부드럽게 지나갈 때, 미주신경 브레이크는 복측 미주 조절(ventral vagal regulation)을 유지하며, 회복력 영역 안에서의 파도를 안정적으로 헤쳐 나아가도록 돕습니다.

트라우마의 영향을 받은 사람은 미주신경 브레이크 기능이 약화되어, 매우 빠르게 생존 반응으로 전환될 수 있습니다. 이러한 내담자들은 어린 시절 양육자와의 공동조절 경험이 부족했기 때문에, 미주신경 브레이크를 조절하고 단련할 기회를 갖지 못했습니다. 결과적으로 미주신경 브레이크가 제대로 작동하지 않으면 교감신경계가 우세하게 작동하게 되고, 이어서 배측 미주 시스템이 활성화됩니다. 이로 인해 개인은 고각성 영역과 저각성 영역 사이를 빠르게 오가거나, 한쪽 영역에 머무는 상태에 갇히게 됩니다. 이러한 패턴은 불안-양가형, 불안-회피형, 혼란형 애착 유형을 보이는 내담자들에게서 흔히 관찰됩니다. 트라우마 리질리언스 모델의 진정과 적정화 기술은 내담자가 미주신경 브레이크를 더 안전하게 활성화하고 해제할 수 있도록 돕습니다(Payne et al., 2015). 이를 통해 내담자는 자신의 신체 감각을 세밀히 탐색하고, 회복력 영역을 확장할 수 있습니다.

치티(Chitty, 2013)는 아동기에 트라우마와 스트레스가 반복적으로 발생하면, 성인이 되었을 때 스트레스 상황에서 사회적 교류 시스템에 접근하지 못하고, 대신 다른 두 체계 중 하나에서 반응하게 된다고 설명합니다. 즉, 사회적 교류가 실패할 경우, 개인은 교감신경계를 통해 반응하고, 마지막으로 가장 원시적인 배측 미주 반응으로 이동하게 됩니다. 따라서 불안-회피형, 불안-양가형, 혼란형 애착 전략은 이러한 원시적 생리 반응 체계(교감신경계 또는 배측 미주 시스템)에 대한 적응으로 발전하는 것으로 볼 수 있습니다. 트라우마 리질리언스 모델의 언어로 표현하면, 트라우마는 사회적 교류 시스템의 가용성을 제한하여 회복력 영역의 폭을 좁히는 결과를 초래합니다. 개입이 이루어지지 않으면, 개인은 자기조절에 어려움을 겪으며, 종종 고각성과 저각성 상태 사이를 오락가락하거나 한쪽에 머무르는 경향을 보입니다. 이처럼 지속적으로 한 영역에 갇히게 되면, 지속적이고 건강한 사회적 관계를 형성하거나 안정된 자기감을 유지하기 어려워집니다.

따라서 혼란형 애착을 가진 사람은 주로 부교감신경계의 배측 미주 시스템을 통해 환경에 반응합니다. 과거의 트라우마로 인해 배측 미주 시스템이 활성화되면, 개인은 현재의 상황을 과거 기억의 렌즈를 통해 해석하게 되어 현재 환경을 부정확하게 평가할 가능성이 높습니다. 특히 위험과 안전을 판단할 때 이러한 왜곡이 두드러집니다. 포지스(Porges, 2011)는 이러한 현상을 '결함 있는 신경 인지(faulty neuroception)'라고 부르며, 이는 안전한 상황을 위험하다고 인식하거나, 반대로 위험한 상황을 안전하다고 잘못 인식하는 결과를 초래할 수 있다고 설명합니다.

하지만 좋은 소식도 있습니다. 어린 시절에 안정 애착을 경험하지 못했더라도, 성인이 된 후 안정감이 보장된 관계를 통해 새로운 형태의 안정 애착을 형성할 수 있습니다. 이러한 후천적 안정 애착은 '획득된 안정성(earned security)'이라고 불립니다(Roisman et al., 2002). 이러한 가능성은 신경계의 '정교한 설계(elegant design)'와 신경가소성 - 즉, 우리의 신경계를 '다시 연결(rewire)'할 수 있는 능력 - 의 증거이기도 합니다. 개인이 상호조율된 관계와 연결된 즐겁거나 중립적인 신체 감각을 인식하고 느끼게 되면, 새로운 신경 경로가 생성되고, 신경계 안정화(nervous system stabilization)가 이루어집니다. 그 결과, 신체적·정서적 고통으로 이어질 수 있는 조절 불능 상태에 빠질 가능성이 줄어듭니다. 이러한 변화는 우리에게 새로운 가능성과 희망을 제공해주며, 자기 자신 및 타인에 대한 연민 어린 태도로 나아가는 통로를 만들어 줍니다.

신경계에 대한 COVID-19의 영향─다미주 관점

전 세계적인 팬데믹 동안 사회적 거리두기의 요구는 우리가 서로 연결되고, 함께 존재하며, 연민을 경험할 수 있는 기회를 제한했습니다. 미국에서 1,600명의 응답자를 대상으로 한 연구(Kolacz et al., 2020)는 사람들의 자율신경 상태(autonomic state)와 팬데믹에 대한 반응 간의 상관관계를 조사했습니다. 연구 결과, COVID 위기와 관련된 자율신경계의 방어 반응이 증가한 참가자들은 건강, 재정, 사회적 고립에 대한 불안이 높게 나타났습니다. 또한 트라우마 이력이 있거나 외상 후 스트레스 장애 증상을 가진 사람들은 COVID 관련 걱정 수준이 유의하게 더 높게 나타났습니다. 연민의 경험과 표현은 공유된 감정 상태로서, 신뢰를 높이고 방어 반응을 완화하는 역할을 합니다. 이것이 바로 사회적 교류 시스템, 즉 복측 미주 시스템의 작동입니다. 그러나 팬데믹 상황에서 우리는 바로 그 시스템의 작동을 피하라는 지시를 받았습니다.

우리의 신경계에서 위협과 스트레스 반응이 활성화되면, COVID 감염을 피하려는 시도와 동시에 타인과의 연결을 통해 안전감과 평온함을 느끼려는 생물학적 본능이 충돌하게 됩니다. 포지(Porges, 2021)는 다음과 같이 설명합니다.

> "감염을 피하려는 행동은 만성적인 교감신경계의 활성화를 촉발하여, 사회적 소통과 연결감을 통한 진정 능력(calm capacity)을 저하시킨다."

즉, 우리가 평소에 안정감을 얻기 위해 사용하던 자원들이 팬데믹 동안에는 위험 요인으로 바뀌어, 오히려 신경계의 위협 반응을 강화하게 되었습니다. 이러한 상황에서 원격상담과 같은 온라인 기반의 상호조절 방식은 일정 부분 도움이 되었지만, 치료자와 내담자 모두 이 변화에 적응하기 위해 많은 조정을 해야 했습니다. 화면을 통해 진행되는 상담은 본질적으로 신체화되지 않은 상호작용(disembodied interaction)으로, 스트리밍·스크롤링 등 오락적 매체 사용과 동일한 매개체를 통해 이루어졌습니다. 따라서 이러한 디지털 환경에서도 서로의 연결감을 유지하기 위해서는, 목소리의 따뜻한 톤, 부드러운 표정, 그리고 미세한 몸짓을 주의 깊게 살피며, 신경 인지(neuroception) 영역도 고려하는 것이 중요합니다.

원격 상담에서 트라우마 리질리언스 모델 치료사는 자신의 신경계를 '탐색하기' 하는 일이 그 어느 때보다 중요합니다. 치료사가 '접촉하기'가 잘 되어 있고 회복력 영역 안에 있을수록, 내담자도 자신의 영역에 머무르기가 더 쉬워집니다. 대면 상담처럼 대기실에서 치료실로 부드럽게 전환하는 과정이 사라졌기 때문에, 원격 상담에서는 인사(시작)와 작별(종료) 같은 전환 순간에 더욱 세심한 주의가 필요합니다. 화면과의 거리·자세 등과 관련해 내담자가 자신의 신경계를 탐색하도록 돕는 것은, 세션 초반부터 내담자가 회복력 영역으로 들어올 가능성을 높입니다.

세션을 내담자의 가정에서 진행하는 경우, 집안에 자원 공간 (resourceful spaces) 이 있다면 그 자원을 찾아보게 하거나, 내담자가 가장 편안한 장소로 직접 이동해 보도록 요청할 수 있습니다. 때로는 내담자의 직장 사무실이나 차 안에서 세션이 진행되기도 하는데, 이때도 '자원화'와 탐색을 활용하면 치료적 연대감을 강화하고, 회복력 영역을 깊이 체험하게 하며, 결과적으로 내담자가 복측 미주 체계에 접속하도록 돕습니다. 마지막으로, 신경다양성으로 자신을 정체화하는 일부 내담자는 사회적 거리두기 때문에 다른 이들이 호소하는 고립감을 경험하지 않을 수도 있습니다. 이들의 신경 인지상의 안전감과 연결감은 사회적 상호작용이 아니라 혼자 있는 활동에서 더 잘 충족되기도 하기 때문입니다. 트라우마 리질리언스 모델 치료사는 반 발짝 뒤에서 각 내담자가 연결감을 어떻게 경험하는지 탐색 질문으로 확인할 필요가 있습니다.

우리는 내담자의 애착 형성 맥락에서 트라우마 회복력 모델 기술을 사용하는 방법을 강조하기 위해 다층적 접근을 사용할 것입니다. 니예느하위스 외(Nijenhuis et al., 2004), 반 더 하르트 외(van der Hart et al., 2006), 그리고 풀-헬러(Poole-Heller, 2019)는 이러한 다층적 접근을 지지합니다. 여기에 우리는 네 번째 단계로 가족 통합 (family integration)을 추가했습니다. 본 다층적 접근은 두 부분으로 나뉩니다.

(A) 불안정-양가형 및 불안정-회피형 애착
(B) 혼란형 애착

(A) 불안정-양가 및 불안정-회피형 애착: 단계별 진행

1단계: 안전 형성

불안정-양가 및 불안정-회피 애착을 경험한 사람들에게는 현재 순간에서 조율되고, 즐겁거나 중립적인 감각을 느끼는 법을 배우며 안전감을 형성하는 것이 매우 중요합니다. 치료를 받으러 오는 많은 사람들은 이러한 불안정 애착을 경험한 이들입니다. 트라우마 리질리언스 모델 치료사가 내담자에게 안정 애착이 형성되지 않았다는 사실을 파악한 경우, 공감적 치료자와의 관계를 통해서나 학교 교사, 종교 지도자, 가족, 친구 등 보다 안전한 대인관계에 대한 인식을 통해 신경계의 안정감과 안전감을 회복할 수 있습니다.

트라우마 리질리언스 모델 치료사는 탐색하기 기술을 활용하여 내담자의 자율신경계 반응을 세밀히 관찰합니다. 이는 애착이 잘 형성된 부모가 영아의 반응을 살피는 방식과 유사합니다. 어린 시절 결핍되었던 건강한 애착은 현재의 관계 속에서 새롭게 형성될 수 있으며, 이를 통해 연결감(connection)과 사회적 교류가 증진됩니다.

성인 내담자는 안전한 사회적 상호작용에서 느껴지는 즐겁거나 중립적인 감각을 인식하도록 안내받습니다. 내담자의 사회적 관계망 안에는 이미 안전한 관계가 존재할 수도 있지만, 내담자가 과각성 상태인 하이존 또는 저각성 상태인 로우존에 머물러 있다면 이러한 관계의 안정감을 알아차리지 못할 수 있습니다. 따라서 대인관계를 통해 연결된 즐겁거나 중립적인 감각을 탐색하는 것은 내담자가 더 큰 안정감을 배우고, 자신의 신경계를 조절할 수 있는 능력을 회복하는 데 핵심적인 요소입니다. 내담자가 잘 조율된 대상과 연결되는 감각을 인식하면 할수록 신경계는 균형을 되찾고, 회복력 영역으로 더 쉽게 돌아올 수 있게 됩니다.

조율된 치료자는 이러한 회복의 관문을 제공하며, 이는 다른 관계로도 일반화될 수 있습니다. 인지적 개입의 측면에서 내담자의 부모가 문제 행동에 어떤 영향을 미쳤는지 이해하는 데 도움이 될 수 있습니다. 그러나 이러한 이해가 곧 행동의 변화나 신경계의 안정적 조절로 이어지지는 않습니다. 따라서 감각 단어를 활용해서 내담자가 조율되었을 경우의 연결된 감각을 통해 어린 시절에 결핍되었던 경험을 새롭게 인식하게 되고, 이를 통해 오랫동안 유지되어 온 반응 패턴이 점차 변화하기 시작합니다.

사례: 유기된 영아 시절의 경험과 입양가정 내에서의 외상적 사건을 포함한 트라우마 이력을 가진 한 내담자는 자신이 자주 로우존에 머물러 있다고 인식했습니다. 그는 이를 '사회적 상황이나 사람들 앞에서 경직 상태'라고 표현했습니다. 그는 아내와의 관계에서도 단절감과 연결에 대한 욕구 사이를 오가며 갈등을 겪었고, 이는 종종 폭발적인 언쟁으로 이어졌습니다. 치료자는 트라우마 리질리언스 모델의 핵심 개념들을 설명하고, 탐색하기와 자원화 기술을 소개했습니다. 내담자는 비교적 빠르게 개인 자원을 구축할 수 있었으며, 이를 일상적으로 활용하여 '경직된(frozen)' 감각을 완화할 수 있었습니다. 그러나 치료자와의 조율이 부족하다고 느낄 때마다 그는 치료로부터 멀어지는 반응을 보이며, 세션을 결석하거나 치료자에게 분노를 느꼈습니다. 치료자는 이 내담자가 어린 시절 생존을 위해 사용했던 애착 형성을 이해하도록 도왔습니다. 또한, 치료자는 이러한 애착의 역동을 인식하고, 세션 내내 일관성을 유지하며 감각 인식, 심리 교육, 웰니스 기술을 지속적으로 제공했습니다. 내담자가 자신의 신체 감각을 더 세밀히 탐색하고, 웰빙 및 긍정적 애착과 회복력 영역에서 벗어나게 만드는 감각을 구분할 수 있게 되면서, 그의 회복력 영역의 폭이 점차 확장되었습니다.

그는 웰니스 기술을 일상생활 속에 통합하였으며, 대인관계는 한층 깊어졌습니다. 결국 그는 사회적 상황에서의 경직된 감각이 사라졌으며, 자신과 타인에 대한 인식이 높아졌다고 보고했습니다.

2단계: 가족통합

가족 치료를 치료 계획에 통합하는 것은, 가족 체계 내에서 고통을 유발하는 행동 패턴을 풀어내는 데 도움이 됩니다. 무의식적으로 사람들은 종종 양가적이거나 회피적 양육 패턴을 보였던 부모와 유사한 특성을 가진 파트너를 선택하기도 합니다.

내담자가 자율신경계와 생존 뇌—특히 편도체에 의해 촉발되는 반응—에 대해 교육받으면, 겉보기에는 비합리적으로 보이는 자신의 행동을 생물학적 관점에서 이해할 수 있게 됩니다. 가족 구성원 각각이 자신의 신경계를 탐색하고, 회복력 영역을 벗어났을 때 다시 돌아오는 방법을 배우도록 돕는 것은 가족 전체의 스트레스를 줄이는 데 매우 효과적입니다. 가족 구성원이 자신의 신경계를 인식하고 조절할 수 있는 능력이 향상될수록, 다른 가족 구성원이 회복력 영역 밖으로 벗어났을 때 이를 알아차리고, 그들이 다시 균형을 되찾도록 도울 수도 있습니다.

가족 구성원들은 오랫동안 유지되어 온 신념, 생각, 감정과 연결된 감각을 탐색하면서, 보다 적응적인 상호작용과 연결된 새로운 감각을 인식하는 법을 배웁니다. 이를 통해 오래된 반응 패턴을 변화시킬 수 있습니다. 또한, 가족에게 회복력 영역, 하이존, 로우존 개념을 가르치는 것은, 가족이 서로의 경험을 이해하고 표현할 수 있는 공통 언어를 형성하며, 짧고 효과적으로 감정을 전달할 수 있는 소통 방식을 제공합니다.

캐서린(Katherine)은 어린 시절의 트라우마를 다루기 위해 치료를 시작했습니다. 그러나 그녀는 일상생활에서도 상당한 어려움이 있어 보였습니다. 두 어린 자녀를 돌보는 바쁜 일정뿐 아니라, 남편과의 의사소통에도 문제가 있었습니다. 트라우마 재처리를 시작하기에 앞서, 치료자는 캐서린이 먼저 6가지 웰니스 기술과 트라우마와 스트레스의 생물학적 반응에 대해 배워야 한다는 점을 강조했습니다. 캐서린은 웰니스 기술을 배우는 과정에서, 남편도 함께 배우길 요청했습니다. 이는 부부 간의 소통에 도움이 되기를 바랐기 때문입니다. 부부가 함께 세션에 참여하자, 캐서린은 불안정-양가형 애착을, 남편은 불안정-회피형 애착을 가지고 있음이 드러났습니다. 바로 이 점이 소통 문제의 핵심이었습니다. 캐서린은 갈등 상황에서 자주 하이존에 머무는 반면, 남편은 이에 반응해 로우존으로 내려가 버렸습니다. 이러한 상호작용은 캐서린에게 버림받은 느낌을 유발했습니다. 두 사람은 모두 웰니스 기술을 교육받았고, 중요한 대화를 시작하기 전에 자신의 신경계를 추적하고 접촉하기와 자원화 기술을 사용하도록 안내받았습니다. 이후 두 사람은 회복력 영역이라는 공통 언어를 갖게 되자 상호작용에서 비난과 비판이 줄었다고 보고했습니다. 이는 부부 각자의 애착 유형을 이해하고 더 건강한 방식으로 서로의 필요를 충족시키는 길을 닦아 주었고, 그 결과 가족 전체 체계의 회복력 영역이 깊어졌습니다.

3단계: 트라우마 재처리

어떤 내담자는 자신의 삶에서 안전감을 제공했던 사람을 떠올리지 못하고, 신경계를 탐색하는 것 자체를 어려워하기도 합니다. 성인 양육자와의 경험이 극도로 일관성 없고 결핍되어서, 내담자는 즐거운 감각을 탐색하려 할 때조차 무감각(로우존에 머묾)이나 초조함(하이존에 머묾)을 경험할 수 있습니다. 이 경우, 트라우마 리질리언스 모델 치료사는 책이나 영화 속 인물, 혹은 내담자의 상상에서 양육적이고 지지적인 자원을 찾아보도록 제안할 수 있습니다. 치료사는 먼저 내담자에게 '양육적이고 지지적'인 사람의 특성을 말해 보도록 요청합니다. 내담자가 한 명 혹은 그 이상의 양육적 자원을 개발하면, 치료자는 그 자원을 떠올릴 때 몸 안에서 어떤 감각이 일어나는지, 그리고 그 자원이 가진 양육적 특성에 주의를 기울이도록 부드럽게 안내합니다. 이러한 과정은 자원의 감각을 강화하며, 내담자가 세션 사이에도 이 존재감을 의식적으로 떠올릴수록, 회복력 영역을 더 자주 경험할 수 있게 됩니다. 내담자가 회복력 영역에 머무는 시간이 늘어날수록, 사회적 연결의 기회도 증가하고, 이를 통해 내담자의 대인관계가 점차 긍정적으로 변화하게 됩니다.

4단계: 웰니스

내담자는 일상생활을 더 적은 고통으로 관리하고 삶의 도전에 대처하는 역량이 커졌다고 보고하기 시작합니다. 내수용 감각과 오래된 패턴과 연결된 감각을 추적하는 법을 배우는 것은 자신의 생물학적 상태를 새로운 관점에서 보게 이끌어 줍니다. 이러한 상태는 내담자의 삶에 적응적·건설적으로 도움이 되지 않는 행동으로 이어질 수 있음을 알아차리게 하고, 동시에 웰빙과 성장에 연결된 감각으로 들어가는 문을 엽니다. 내담자는 커뮤니티 리질리언스 모델과 트라우마 리질리언스 모델의 웰니스 기술을 연습하여 웰빙과 연결된 감각을 지속적으로 가꿀 것을 권유받습니다.

(B) 혼란 애착

혼란 애착 양식을 지닌 사람은 불일치성을 보일 수 있습니다(한 개인 안에 존재할 수 있는 서로 구별되는 상태를 '부분(parts)'이라 부릅니다[6]. 어느 때에는 훌륭한 의사결정과 추론을 보여도, 다른 때에는 가정과 직장에서 건강한 기능에 정면으로 반하는 행동을 하기도 합니다. 이들은 '경직·위축'과 '과각성' 사이를 오가곤 합니다. 풀-헬러(Poole-Heller, 2019)는 누군가는 높은 스트레스나 위협에서 두려움과 퇴행을 보이는 '혼란-회피형'처럼, 혹은 극도의 집착·과도한 확신 욕구·강한 유기 불안을 보이는 '혼란-양가형'처럼 나타날 수 있다고 덧붙입니다. 혼란 애착이 주된 사람은 회복력 영역이 더 좁은 경향이 있고, 치료 초기에는 자신의 회복력 영역을 감지하지 못한다고 보고하지만, 과각성·저각성 영역에 대한 인식은 비교적 명확한 편입니다.

정서 조절 또한 특히 어렵습니다. 블리자드(Blizard, 2003)는 혼란 애착이 학대·방임·위협적·침습적·둔감한 양육 태도, 정서적 의사소통의 단절 등 다양한 부모 행동에서 비롯될 수 있다고 했습니다. 종단 연구에 따르면, 영아기의 혼란 애착은 아동기와 성인기의 해리와 연결됩니다. 리오티(Liotti, 2006)는 혼란 애착 자체가 해리적 과정이며, 이후의 트라우마·생활 스트레스에 '3차 구조적 해리(tertiary structural dissociation)'로 반응하는 소인(predispose)을 만든다고 설명합니다. 3차 구조적 해리는 세 개 이상의 부분을 가지게 되는데, 이 부분은 각자 이름·성별·취향을 지닌 개별화된 '자기감'을 가질 수 있으며, 이 경우 아동기 트라우마는 개인의 생애 서사에 통합되지 못하고 고착되어 남게 됩니다. 처리되지 않은 아동기 트라우마 경험의 결과로 인격(personality)은 트라우마 경험에 고착된 '부분'으로 분열됩니다. 그러므로 해리는 심각한 아동기 학대를 겪은 아이

6　[역주] 내면가족치료에서 '참자아(Self)와 부분(part).

를 보호하기 위한 정교한 생물학적 설계의 일부입니다. 일부 사람은 각기 다른 '부분'이 트라우마 기억의 서로 다른 양상을 담지하여, 학교·직장·친구 관계 등 일상을 살아가되 트라우마의 생생한 기억을 매 순간 짊어지지 않도록 합니다.

우리는 해리성 정체성 장애(Dissociative Identity Disorder)의 진단 기준을 다루지 않습니다. 보다 진단적·치료적 정보는 브라운(Brown, 2011)을 참고하기를 권합니다. 그러나 정확한 진단과 치료 계획의 중요성을 인정하면서도, 임상적으로 해리를 '장애(disorder)'로 명명하는 것이 반드시 도움이 되지 않는 경우가 많습니다. 우리는 해리를 인간 삶 전반에 파장을 일으키는 '생물학적 반응'으로 봅니다. 델(Dell, 2009)이 말하듯, 자발적·생존 관련 해리는 정상적(normal)이고 진화적으로 선택된 종특적 반응(species-specific response)의 일부로, 자동적이며 반사적입니다. 위험이 지나가면 해리는 사라지는 짧고 시간 제한적인 정상 생물학적 반응의 한 부분입니다. 그러나 많은 사람에게 이 해리 과정이 오래 남아, 현재 순간에 대해 자각하는 것을 놓칠 수 있습니다.

해리성 부분(dissociative parts)을 돕기 위해서는, 내적 세계의 역동과 각 부분의 상충하는 요구를 어떻게 협업시키는지, 그리고 각 부분의 기저 감각 경험을 이해하도록 돕는 것이 필수적입니다. 트라우마 기억을 담지한 부분은 흔히 플래시백이나 무서운 신체 기억을 겪습니다. 어떤 부분은 다른 부분의 의식 밖에 있을 수 있습니다. 내담자는 시간 상실을 보고하거나, 때때로 아주 어린아이처럼 느낀다고 말할 수도 있습니다. 또한 저린감이나 아무것도 느끼지 못한다고 호소하기도 합니다. 심지어 중립적이거나 즐거운 감각을 느끼는 순간조차 빠르게 두려움·공포로 연결되고, 이어서 단절로 전환되기도 합니다. 한 내담자의 말처럼, '내 세계는 트리거 지뢰밭'일 수 있습니다. 내담자에게 해리의 본질을 이해시키고, 이 생물학적 반응이 아동기에 학대를 생존하도록 도왔다는 사실을 알게 해 주면, 수치심이 줄고 자신에 대한 이해가 깊어집니다.

분 외(Boon et al., 2011)는 해리 경험을 지닌 내담자와의 임상 작업을 통해 관찰된 '부분'의 유형을 일반적으로 기술합니다. 여기에 몇 가지 임상적 관찰을 덧붙여 다음과 같이 정리합니다.

- 어린 부분(Young parts)은 실제 연령보다 어린 발달 단계에 '멈춰 있는(stuck)' 부분입니다. 언어를 습득하기 이전의 영아기 부분부터, 글을 읽고 쓸 수 없는 유아기, 그리고 청소년기 발달 단계에 고착된 부분까지 포함됩니다.
- 도움 부분(Helper parts)은 현재 인격 체계 안의 다른 부분들을 돌보는 역할을 합니다. 예를 들어, 더 어린 부분을 달래거나 보호하여 전체 체계의 균형을 유지하도록 돕습니다.
- 다른 부분을 자극하는 부분(Parts who Irritate Others)는 분노를 지닌 부분으로, 다른 부분들이 그 행동을 받아들이기 어렵게 느낄 수 있습니다. 이들 역시 보호하는 역할로 존재하지만, 그 방식이 다른 부분들에게 혐오감이나 불편함을 유발해 내적 혼란을 초래하기도 합니다.
- 수치심 부분(Ashamed parts)은 다른 부분의 행동으로 인해 느껴지는 수치심을 짊어진 부분입니다. 이 수치심은 때때로 마비적(paralyzing)일 수 있습니다.

추가 범주

- 생존반응 부분(Survival Response parts)은 '투쟁(fight)' 반응에 갇힌 부분뿐 아니라, 외부 자극이나 다른 부분으로부터 위협을 지각할 때 '도피(flee)' 하거나 '경직(freeze)' 되는 부분을 포함합니다. 이들의 학대 경험은 종종 실존적 위협으로 인식되었을 수 있으며, 그 결과 스펙트럼의 한쪽 끝에서는 언제든 싸우거나 도망칠 준비가 되어 있는 상태가, 다른 끝에서는 움직일 수 없는 경직 상태가 나타납니다. 세 상태 모두 신경계의 생물학적 반응입니다.

- 죽고 싶은 부분(Parts who want to die)은 하나 또는 여러 부분이 정기적으로 자살 충동을 가질 수 있습니다. 이러한 부분과의 치유 작업을 수행할 때에는 반드시 그 부분과 직접 대화하며 자살 위험 평가와 안전 계획을 수립해야 합니다. 트라우마 리질리언스 모델 치료사는 자살 사고를 지닌 부분이 자기 학대(self-harm)를 하지 않도록 다른 부분들에게 도움을 요청하고, 체계 전체가 그 부분을 어떻게 도울 수 있을지, 또한 자기 파괴적 사고(self-destructive thoughts)를 가진 부분을 위한 구체적 안전 계획을 함께 마련 합니다.

- 현자 부분(Sage parts)은 삶의 지혜를 지니고 있으며, 다른 부분들의 행동 동기에 대한 전체적 통찰을 갖기도 합니다. 한 30대 내담자는 자신의 '현자 부분'을 자비로운 조언을 건네는 백발의 60대 인물로 묘사했습니다.

이 기본 범주는 내담자가 자신의 내적 체계 역동을 이해하도록 돕습니다. 많은 내담자는 자신의 인격 체계를 생생히 묘사할 수 있으며, 어떤 내담자들은 치료를 받으면서 처음으로 부분의 존재를 알기도 합니다. 내담자에게 각 부분을 어떻게 부르고 싶은지 묻는 것은 치료적 연대를 형성하는 데 도움이 됩니다. 또한 트라우마 리질리언스 모델 치료사는 세션 중 현재 말하고 있는 부분이 아닌 다른 부분과 이야기하기를 요청함으로써, 내담자가 직면한 내적 어려움을 더 명확히 이해할 수 있습니다. 가족 체계 작업과 유사하게, 부분 간 관계에 대한 '제노그램(genogram)'으로 시각화하면 내담자의 이해가 커지고, 트라우마 리질리언스 모델 치료사의 치료 계획을 세우는 데 유용한 자료가 됩니다.

니엔하위스 외(Nijenhuis et al., 2004)는 서사 기억과 트라우마 기억을 구분합니다.

"서사 기억은 언어적이며, 시간적 맥락 속에서 사회적으로 재구성되는 성격을 띱니다. 반면, 트라우마 기억은 그때 그 압도적인 사건이 지금 이 순간 다시 일어나는 것처럼 경험됩니다. 이러한 트라우마 기억은 시각 이미지, 감각, 그리고 운동 행동으로 구성되며, 지각 전체를 압도하여 현재의 경험을 삼켜버립니다."

이러한 트라우마 기억은 시간의 제약을 받지 않으며, 현재에 지속적으로 고착되어 있습니다. 트라우마 리질리언스 모델에서는 이러한 기억을 '기억 캡슐(memory capsules)'이라 부릅니다. 따라서, 트라우마 기억과 연결된 감각을 세심하게 탐색하도록 돕는 개입은, 내담자가 현재의 감각 경험을 변화시켜 새로운 감각이 담긴 기억 캡슐을 형성할 수 있도록 돕습니다. 혼란 애착의 여파는 신체와 마음 전체의 경험으로 나타나기 때문에, 트라우마 리질리언스 모델과 같은 생물학 기반 접근법은 해리를 경험하는 개인에게 매우 적합한 개입을 제공합니다. 내담자는 트라우마 기억에서 현재 순간의 자각으로 주의를 전환함으로써 트라우마 플래시백의 강도를 완화하는 법을 배울 수 있습니다. 해리성 부분 각각은 자신의 신경계 조절 방법을 익히게 됩니다.

이처럼 현재 기반의 신체 감각 기술을 습득한 내담자는 세션 밖 일상에서도 이를 활용해 내적 통제감을 회복할 수 있습니다. 각 부분은 트라우마 기억에 묶여 있던 경험에서 벗어나 새로운 자기조절 기술을 습득할 수 있으며, 트라우마 리질리언스 모델 기술은 해리적 부분과 함께 살아가는 사람에게 변혁적인 가능성을 제공합니다. 다음은 부분이 있는 내담자와 일할 때 트라우마 리질리언스 모델 치료사가 취할 수 있는 절차입니다.

1단계: 안전 형성

파편화된 자기 감각을 지닌 사람과 치료적 연대를 형성하는 일은 매우 도전적일 수 있습니다. 어떤 부분은 치료 관계에서 안전함을 느끼지만, 같은 사람 안의 또 다른 부분은 친절이나 관심을 보이는 사람 누구든 깊이 의심할 수 있습니다. 이처럼 친절이 동시에 두려움으로 인식되는 것은, 내담자의 초기 생애사에서 양가적 경험 – 즉, 보살핌을 제공하면서도 정서적·신체적으로 학대하거나 방임한 주요 양육자 – 가 존재했기 때문일 가능성이 큽니다. 트라우마 리질리언스 모델 치료사는 내담자와 긍정적 연결이 형성되었다고 느꼈다가도, 내담자가 갑자기 예약을 취소하거나 치료를 중단하는 경험을 할 수 있습니다. 한 부분이 관계 속에서 연결감을 느끼는 순간, 또 다른 부분은 침입의 위협을 감지하며 두려움으로 반응할 수 있기 때문입니다. 이럴 때 치료자는 이해와 연민심을 기반으로 내담자와 소통하며, 어떤 부분이 치료를 거부하거나 회피하려 하는지 탐색할 기회로 삼습니다. 내담자가 거리두기를 요청한다면, 치료자는 그 거리의 필요성 자체가 안전을 추구하는 시도임을 인정하고 이를 지지합니다. 이러한 접근은 결과적으로 더 깊은 이해와 강한 치료적 동맹으로 나아가는 통로가 됩니다.

트라우마 리질리언스 모델 치료사는 현재 표면에 드러나 있는 해리성 부분의 발달 연령에 맞추어 웰니스 기술을 조정합니다. 인형, 그림 그리기 재료, 모래놀이, 장난감 등을 활용하여 어린 부분이 놀이를 통해 더 큰 안전감을 느끼고, 현재 순간에서 즐겁거나 중립적인 감각을 경험하도록 돕는 것이 중요합니다. 한 개인 안에는 여러 부분이 존재할 수 있으므로, 각 부분이 자신만의 자원을 개발할 때 전체 체계의 안전감이 향상됩니다. 한 부분이 현재의 안전을 인식하기 시작하면, 전체 내적 체계가 함께 도움을 받기 시작합니다.

메리(Mary)는 남편과의 관계에서 극심한 변덕과 불안정을 보였습니다. 치료가 진행되면서 치료적 연대가 형성되자, 그녀의 시간 공백과 부분들의 존재가 점점 더 뚜렷하게 드러났습니다. 그녀는 일부 부분에 대해 부분적 자각(partial co-consciousness)을 가지고 있었으며, 장난감 가게에 가서 바비 인형을 사게 만드는 어린 부분을 묘사했습니다. 어느 날 세션에 나타난 메리는 반바지 차림에 양갈래 머리를 하고, 바비 인형이 그려진 백팩을 멘 모습이었습니다. 이는 그녀의 어린 부분인 트루디(Trudy)의 첫 등장입니다. 높은 목소리의 트루디는 트라우마 리질리언스 모델 치료사를 만나고 싶었다며, 자신이 좋아하는 바비 인형들을 보여주고 싶다고 말했습니다. 치료사는 트루디를 따뜻하게 맞이하며 인형들을 함께 보고 싶다고 했습니다. 트루디가 바비 인형을 하나씩 소개하는 동안, 그녀의 근육이 이완되고, 호흡이 깊어지며, 미소가 잦아지는 등의 신체적 변화가 관찰되었습니다. 치료사는 부드럽게, "지금 바비인형을 소개할 때 몸에서 느껴지는 좋은 감각에 주의를 기울여볼까요?"라고 제안했습니다.

트루디는 점점 더 편안해졌고, 무서울 때 인형을 떠올리면 도움이 된다고 말했습니다. 그러고는 눈을 감고 깊게 숨을 들이쉬며 미소를 지었습니다. 그러나 갑자기 그녀의 몸이 가볍게 떨리더니, 다시 메리로 돌아왔습니다. 메리는 약간 혼란스러워하며 그 세션의 내용을 기억하지 못했지만, "몸이 기억하고 있다(body remembers)"라고 말하며, 설명하기 어려운 낯선 평온함을 느낀다고 했습니다.

트라우마 리질리언스 모델 치료사가 해리의 생물학적 기반을 설명하자, 이후 세션에서 더 많은 부분들이 자신을 드러냈고, 각 부분이 웰니스 기술을 배우고 싶다고 표현했습니다. 이때부터 메리의 내적 체계는 점차 통합되기 시작했으며, 그녀의 삶에는 눈에 띄는 변화가 나타나기 시작했습니다.

웰니스 기술은 각 부분에게 단계적으로 소개될 수 있으며, 트라우마 리질리언스 모델 치료사는 모든 부분이 보호와 더 큰 안전을 위해 존재한다는 점을 항상 명심합니다. 각 부분이 기본적인 웰니스 기술을 배우고, 괴로운 감각을 인식한 뒤 중립적이거나 즐거운 감각으로 주의를 전환하는 방법을 익히면, 내담자는 무수한 단서(trigger)에 의해 예고 없이 회복력 영역 밖으로 튕겨 나가 다른 부분으로 '전환(switching)'되는 상황의 포로가 아니라, 점차 자신의 정신적·신체적 경험을 주도할 수 있다는 감각을 회복하기 시작합니다.

트라우마 기억 속에 갇혀 있던 각 해리성 부분은 웰니스 기술을 통해 '현재 순간'이라는 새로운 존재 방식을 배우게 됩니다. 일부 내담자는 "발이 땅에 닿는 느낌이 전혀 없다", "몸이 떠 있는 것 같다"라고 표현하므로, 이러한 경우 접촉하기 기술이 특히 유용합니다. 트라우마 리질리언스 모델 치료사는 해리성 부분과의 작업과 동시에, 부분 간 협업 개념을 내담자에게 소개합니다. 치료사는 내담자가 각 부분의 역할과 생존 전략을 존중하며 협력하는 능력을 개발하는 것이 회복의 핵심임을 설명합니다. 내담자의 주의가 확장될수록 각 부분은 신경계를 조절하는 새로운 방식을 학습하고, 고정된 반응은 점차 유연하고 적응적인 반응으로 대체됩니다.

해리성 부분 간의 의사소통과 협업 증진은 치료의 주요 목표입니다. 각 부분이 개별적으로 회복력 영역에 접근하는 능력을 강화할수록, 부분 간의 갈등은 점차 완화되고, 서로의 긍정적 자질을 인식하며 통합적 관계가 형성됩니다. 또한 이러한 상호 이해와 연결에서 발생하는 즐거운 혹은 중립적 감각을 각 부분이 신체적으로 느낄수록, 내적 안전감(sense of safety)은 더 넓고 체화된 경험으로 확장됩니다. 이 협업의 핵심적인 이점은 한 부분이 회복력 영역에서 벗어난 다른 부분을 도울 수 있게 된다는 점입니다. 해리를 겪는 내담자와 함께 일하는 치료사 디앤 에드워즈(Deanne Edwards, LMFT)는 이러한 과정을 '믹스처링(mixturing)'이라 부릅니다. 믹스처링은 둘 이상의 부분이 서로 연결되어, 영역 밖으로 밀려난 부분을 안정된 회복력 영역으로 되돌리는 상호조절 능력(co-regulative capacity)을 의미합니다.

팀(Tim)은 어린 시절 끊임없이 언어적 학대를 경험해야 했습니다. 그가 잠시 쉴 수 있었던 유일한 시간은 천식 발작(asthma attack)이 찾아올 때뿐이었습니다. 그때에만 부모가 병원으로 데려가 주었기 때문입니다. 치료가 진행되면서, 팀의 내면에는 서로 다른 특성을 지닌 부분들이 존재한다는 사실이 드러났습니다. 한 부분인 토미(Tommy)는 천식을 가지고 있었지만, 또 다른 부분인 제리(Jerry)는 그렇지 않았습니다. 세션 중 토미가 갑자기 호흡곤란과 함께 공황 반응(panic response)을 보이자, 팀은 제리에게 도움을 요청했습니다. 이때 부분 간 융합이 일어났습니다. 두 부분이 협력하기 시작하자, 토미의 호흡은 점차 안정되고, 신체 반응 또한 정상화되었습니다. 이 경험을 통해 팀은 각 부분이 서로 협업할 수 있다는 사실을 깨달았습니다. 그는 이후에도 특정 부분이 고통이나 불안을 느낄 때, 다른 부분에게 도움을 요청하거나 조절을 위임하는 방식으로 이 과정을 반복했습니다. 점차 각 부분은 서로를 인식하고, 공동으로 작동하는 통합된 내적 체계를 형성하기 시작했습니다. 팀은 이 상태를 '윤활하게 돌아가는 기계(a smoothly running machine)'라고 표현하며, 이전보다 훨씬 안정된 자아감과 자기조절력을 경험하게 되었습니다.

1단계는 장기간이 소요될 수 있습니다. 가능한 한 많은 부분에게 몸으로 느끼는 안전감이 자리 잡기 전에는 트라우마 재처리를 진행하지 않는 것이 필수입니다. 어떤 개인은 자신의 신경계를 탐색하는 작업을 전혀 견디지 못할 수도 있습니다. 감각에 주의를 기울이는 것 자체가 과도하여 고통을 유발하는 경우가 있기 때문입니다. 트라우마 내담자와 일할 때의 핵심 원칙 중 하나는, 이러한 종류의 개입에 참여하고 싶지 않은 내담자의 바람을 존중하는 것입니다. 이때는 전통적 언어치료로 치료적 관계를 쌓으며, 트라우마 리질리언스 모델 치료사와 내담자 사이의 안전감을 점차 확장하는 것이 최선입니다.

2단계: 가족 통합 (동시에 1단계와 진행 가능)

더 큰 안전감을 형성하는 과정의 한 부분은, 학대에 직접 가담하지 않았던 가족과 친구 등 내담자의 주변 지지망이 해리와 부분(존재하는 경우)을 이해하도록 돕는 것입니다. 예를 들어, 가족과 친구도 웰니스 기술을 함께 배우면, 내담자가 회복력 영역 밖으로 밀려나 혼자 되돌아오기 어려울 때 '지금 도와줘!' 기술을 통해 즉각적인 도움을 제공할 수 있습니다. 가족 구성원이 트라우마의 생물학적 기제를 이해하고, 극심한 고통의 순간에 해리가 스스로를 보호하기 위한 정교한 신경학적 설계의 일부였음을 깨닫게 되면, 비난과 판단은 줄어들고 새로운 형태의 연민과 이해가 생겨납니다.

또한 내담자의 부분이 트라우마 플래시백을 경험하며 하이존이나 로우존 상태로 밀려날 때, 가족은 종종 무력감을 느낍니다. 그러나 가족 역시 웰니스 기술을 자신을 위해 실천함으로써 자신의 신경계를 조절하고, 사랑하는 사람을 현재 순간으로 데려올 수 있는 구체적인 도구로 활용할 수 있습니다. 내담자에게 부분이 존재하더라도, 가족은 그 사실을 인식하지 못했을 가능성이 있습니다. 하지만 그들은 눈앞에서 급변하는 내담자의 감정과 태도에는 익숙합니다. 가족이 트라우마의 생물학적 원리를 이해하게 되면, 그들은 안도감을 느끼고, 무엇보다 사랑하는 사람이 감정과 행동의 파도 속에서도 다가갈 수 있는 새로운 선택지를 갖게 되었음을 깨닫게 됩니다.

수전(Susan)은 십대 딸 테리(Terry)와 자주 갈등을 겪었습니다. 테리는 엄마가 예측할 수 없다고 불평했습니다. 어느 날은 다정하고 지지적이더니, 다음 날은 권위적이고 경직되어 있다는 것입니다. 남편 켄(Ken) 역시 수전의 '카멜레온 같은' 변화무쌍한 태도에 좌절했습니다. 트라우마 리질리언스 모델 치료사는 수전과 함께 해리의 생물학적 원리를 이해하도록 돕고, 남편과 딸을 세션에 초대해 해리에 대한 교육을 진행했습니다. 이어서 가족 모두에게 수전의 내적 안전감을 크게 높여 준 웰니스 기술을 가르쳤습니다. 가족 치료에서 테리는 엄마의 행동이 '지금 어떤 부분이 나와 있느냐'에 따라 달라진다는 사실을 알게 되었고, 엄마가 부분과 협업하는 능력이 커질수록 갈등이 줄어든다는 점을 이해했습니다. 가족은 수전의 변덕스러운 반응이 종종 "테리에게 무슨 나쁜 일이 생길지도 모른다"는 두려움에서 비롯된 것임을 깨달았습니다. 그들은 일상의 사소한 일에서도 자주 다투곤 했지만, 테리는 점차 엄마의 부분들에 관심을 갖고 각 부분과 대화하는 것을 즐기게 되었습니다. 테리가 대화를 이어가고 켄이 각 부분을 지지하며 따뜻하게 반응하자, 수전의 안전감은 확장되었습니다. 그녀는 점차 더 큰 평온을 느낄 수 있었고, 딸에 대한 긴장과 불안을 누그러뜨릴 수 있었습니다. 테리 역시 엄마의 변화들을 이해할 수 있다고 느꼈고, 두 사람은 서로의 차이를 협상하고 존중하는 법을 함께 배웠습니다. 켄도 다양한 부분의 존재를 이해하게 되면서 판단을 줄이고, 보다 공감적인 태도를 보이게 되었습니다. 수전은 웰니스 기술을 꾸준히 연습하며 자기조절을 배우기 시작했고, 다른 '부분 간 융합'하여 회복력 영역으로 돌아오는 법을 익혔습니다.

일부 내담자는 가족을 치료 과정에 포함하기를 주저합니다. 트라우마 리질리언스 모델 치료사는 내담자가 자신의 해리 경향에 대해 타인과 이야기할 마음이 열리기 전까지, 더 강한 치료적 연대를 먼저 구축해야 할 때가 많습니다. 여러 부분을 지닌 사람들은 종종 오랫동안 은밀하게 살아왔으며, 평생에 걸쳐 자신을 보호하기 위한

'가면'을 만들어 왔습니다. 따라서 일부 내담자에게는 자신의 내적 경험을 타인에게 공개하는 것이 지나친 노출감과 불안정감을 유발할 수 있습니다. 또한 내담자의 사회적 관계망에서 누구와 어떤 정보를 공유할지에 관해, 경계(boundary)와 안전(safety)을 함께 논의하는 것이 중요합니다. 가족 교육과 이해는 내담자와 가족 체계 모두에게 큰 도움이 될 수 있지만, 가족 관계가 안전하지 않은 경우 가족 참여는 금기일 수 있습니다. 가족 간 의사소통이 경직되어 있더라도, 가족은 해리의 생물학적 기제와 내담자의 아동기 트라우마 경험이 어떻게 '부분'을 형성했는지 배울 수 있습니다. 이를 통해 가족과 내담자 모두 더 건강한 대처 전략을 익히고, 서로의 회복 과정에 보다 효과적으로 기여할 수 있습니다. 미국정신질환가족협회(National Alliance on Mental Illness)는 가족 치료를 보완하기 위해 패밀리 투 패밀리(Family-to-Family) 프로그램을 운영합니다. 이 프로그램은 정신적 어려움을 겪는 가족 구성원과 그 가족이 서로를 돕는 구체적인 방법을 배우도록 지원합니다.

3단계: 트라우마 재처리

혼란 애착의 대표적 표지 가운데 하나인 '경직' 반응을 다루는 법을 배우는 것은 회복 과정에서 매우 중요합니다. 트라우마 리질리언스 모델 개념을 처음 소개하면, 일부 내담자는 "중립적이거나 즐거운 감각을 느껴보자!"는 제안만으로도 두려움을 표할 수 있습니다. 그 이유는 몸이 고통스러운 감각과 기억의 통로였기 때문입니다. 이런 경우 내담자가 동의한다면, 다양한 질감의 물건이 담긴 상자를 활용해 더 안전한 방식으로 감각을 불러일으킬 수 있습니다. 소파나 베개처럼 익숙한 사물의 질감을 이용할 수도 있습니다. 먼저 신체 외부의 감각에 주의를 기울이게 안내합니다. 예를 들어, "이 돌은 단단한가요, 매끈한가요, 아니면 거친가요?"와 같이 질문할 수 있습니다. 질감을 묘사하기 시작하면, 이후 "그걸 느낄 때 몸 안에서는 어떤 감각이 있나요?"라고 물어보며 신체 내부의 감각으로 자연스럽게 전환합니다. 내담자가 자신의 몸 감각을 다시 느끼기까지는 시간이 걸릴 수 있습니다. 이러한 감각 탐색 과정을 통해 신체 감각의 안전화가 이루어지면, 점차 자원의 개발과 자원의 강화 단계로 이동할 수 있습니다. 이를 통해 내담자는 궁극적으로 자신이 지닌 자원을 감각적으로 '느끼는 법'을 배웁니다.

트라우마 리질리언스 모델 치료사는 내담자의 해리성 부분이 감각 탐색을 배우고, 현재 순간에서 자원화와 접촉하기를 경험할 수 있다고 판단되면, 트라우마 경험과 연결된 감각을 다루는 작업을 시작할 수 있습니다. 이때 해리성 부분들은 종종 생존 반응이 차단되어 있기 때문에, 생존 반응의 완결이 개입의 핵심 초점이 됩니다. 각 부분은 고유한 발달 연령에 맞게 접근해야 하므로, 아동에게 유용한 전략을 성인 세션에도 적용하는 경우가 많습니다. 예를 들어, 각 해리성 부분에 발달 단계에 적합한 자원을 개발하고, 미술 활동이나 창의적 표현을 통해 자원을 강화하고 심화시킵니다. 이렇게 만들어진 자원은 고통스러운 기억을 재처리하기 전이나 도중에 활용할 수 있는 '도구 상자(toolbox)'로 기능합니다.

저스틴(Justine)은 어린 시절 컬트 집단에서 성장하며 지속적인 성적·신체적 학대를 경험했습니다. 그 결과 여러 해리성 부분이 형성되었고, 각 부분은 아동이기도 하고 성인이기도 했으며, 남성이거나 여성이기도 했습니다. 어느 부분이 먼저 '나오는가'에 따라 그녀의 복장과 태도도 달라졌습니다. 각종 명절은 과거의 의식적 학대를 떠올리게 하여 플래시백을 자주 촉발했습니다. 특히 특정 명절이 다가오자, 저스틴은 '아이들'이 모두 겁에 질리고 혼란스러워 감당할 수 없다고 보고했습니다. 이미 해리의 과정과 트라우마 리질리언스 모델 웰니스 기술을 배운 저스틴에게, 치료사는 자원화 미술 활동을 제안했습니다. 치료사는 큰 종이를 여러 번 접어 격자를 만들고, 각 칸마다 저스틴의 아동 부분 각각에 맞는 발달적 자원을 시각적으로 표현하도록 안내했습니다. 이후 각 자원 그림에 감각적으로 접속해, 몸 안에서 어떤 변화가 일어나는지 알아차리도록 요청했습니다. 저스틴이 원할 경우, 그림의 질감을 손끝으로 느끼게 하며 촉각 경험을 활용했습니다. 이러한 과정을 모든 아동 부분과 반복했습니다. 그 결과 저스틴은 각 아동 부분의 불안이 줄어들고 평정심이 커졌다고 보고했습니다. 그녀는 완성한 그림을 집에 가져가, 트라우마를 떠올리게 하는 명절 기간 동안 아이들에게 자원을 상기시키는 데 사용했습니다. 그해 명절은 그녀가 '모든 문을 잠그고 블라인드를 내린 채 집 안에만 있지 않은 첫 명절'이었다고 말해주었습니다. 이후 저스틴이 만든 자원화 그림들은 다음 세션에서 더 깊은 재처리 작업의 토대로 재활용되었습니다.

여섯 가지 웰니스 기술의 숙련도는 세션 밖에서도 내담자를 돕습니다. 내적·외적 자원을 개발하고 몸 안의 중립 지점을 찾을 수 있게 되면, 회복력 영역에 접근하고 그 폭을 넓힐 수 있습니다. 내담자가 자신의 신경계를 탐색하며 하이존과 로우존 상태를 구별할 수 있게 되면, 통제감과 신뢰감이 증가하고 안전감이 커집니다. 내담자는 해리가 시작되는 '전조 감각(precursor sensations)'을 찾는 법도 배우게 됩니다. 이러한 학습을 통해 '신경계 하이재킹(neural hijacking)' 상태를 끊고, 트라우마 리질리언스 모델과 커뮤니티 리질리언스 모델의 웰니스 기술을 사용하여 현재 순간에 머무는 능력을 강화할 수 있습니다.

감각 인식 역량이 확장될수록, 부분들 사이를 가로막던 '두꺼운 벽'은 점점 얇아집니다. 한 내담자는 자신의 해리성 부분들이 "강철 문 대신 방충망 문이 달린 아파트에 사는 것 같다"라고 비유했습니다. 각 부분이 감각을 느끼고 생존 반응을 완결하며 괴로운 감각을 조절 하는 법을 배우자, 부분들은 서로의 공간을 오가며 협업하기 시작했 습니다. 그녀는 이 과정을 나만의 부분간 융합이라고 불렀습니다.

내담자는 경계와 과각성의 신호를 구분하는 법을 배우며, 회복력 영역으로 돌아가는 능력을 점차 높입니다. 많은 내담자는 평생 모든 상황에서 위험을 예측하거나, 반대로 위험이 있어도 반응하지 못했 습니다. 그들의 트라우마 반응은 명시적 기억이 아니라 암묵기억의 형태로 남아 있어, 스스로조차 이해하지 못할 수 있습니다. 브라운 (Brown, 2011)은 해리성 부분이 있는 개인에게 흔히 나타나는 신체 화 증상으로 복부·골반·관절·두통·목의 덩어리감·허리 통증·비간 질성 발작·천식 등을 보고했습니다. 각 해리성 부분은 서로 다른 신 체 증상을 담지할 수 있습니다. 이러한 증상은 종종 몸 안에 저장된 기억 캡슐이 풀리면서 감각으로 경험되는 것으로 이해됩니다(Scaer, 2007). 트라우마와 암묵기억에 대한 심리교육은 매우 유익합니다.

내담자가 중립적인 감각을 느끼도록 부드럽게 돕는 것만으로도, 즐거운 감각을 경험하기 위한 첫 관문이 열립니다. 트라우마 재처리 과정에서 내담자는 다양한 신체 증상을 보고하곤 합니다. 이때 증상이 덜한, 혹은 중립적인 신체 부위로 주의를 옮기면 몇 초 내에 증상이 가라앉는 경우가 많습니다. '자기 진정 동작(self-soothing gestures)' 을 세심히 관찰해, 증상 완화에 활용하도록 안내하는 것도 효과적입니다. 신경계의 활성화가 과도하게 고조되면, 치료사는 자원화·접촉하기·지금 도와줘 활동으로 주의를 전환시킬 수 있습니다. 또한 '적정화'과 '진정'을 사용하여 신체 증상을 완화하도록 돕습니다. 이러한 과정은 신체 증상이 사라지거나 관리 가능해질 수 있다는 새로운 희망과 자각을 가져옵니다.

해리성 부분은 인간을 보호하고 생존하도록 돕기 위해 존재합니다. 각 부분이 새로운 감각 기술을 배우면 전체 체계가 함께 도움을 받습니다. 부분이 생존 반응을 완결하고 이 새로운 체화된 경험을 느끼기 시작하면, 신경계는 점차 재설정(reset)됩니다. 트라우마 리질리언스 모델 치료사가 생존반응 회복을 돕는 동안, 내담자와 치료사 모두 예상하지 못했던 새로운 부분이 드러날 수 있습니다. 처음 등장한 부분이 체계를 건드렸다는 이유로 치료사에게 분노를 표출할 수도 있습니다. 이런 경우, 치료사는 그 부분이 '치료에 와 준 것'에 감사를 표현하고, 자신에 대해 편안한 만큼만 나눠 달라고 제안할 수 있습니다. 이러한 존중과 감사의 태도는, 경계적 역할을 담당해 온 해리성 부분의 방어를 완화시켜 치료적 신뢰를 회복하게 합니다. 이 과정은 여러 세션에 걸쳐 이루어질 수 있으며, 각 부분이 체계의 더 적응적인 일원으로 성장하도록 돕습니다. 때로는 새로운 부분의 안전감을 구축하기 위해, 초기 단계로 되돌아가 1단계 치료 전략을 다시 적용해야 할 수도 있습니다.

내담자가 경직 상태에서 벗어나면, 투쟁/도피 반응을 완결하려는 충동이 나타날 수 있습니다. 이때 해리성 부분 간의 협업은 결정적입니다. 협업이 가능해지면, 나이가 많거나 강한 부분이 어린 부분을 도와 함께 신경계를 정리하고 생존 반응을 마무리할 수 있습니다. 이러한 생존반응 종결의 심화 과정은 4장에서 자세히 다룹니다.

짐(Jim)은 의례적 성적 학대(ritual sexual abuse)의 생존자였습니다. 그는 결혼 생활의 어려움 때문에 치료를 받으러 왔습니다. 아내를 깊이 사랑했지만, 때때로 아내와의 연결이 단절된 듯한 느낌을 받으면 분노를 폭발시키며 이혼을 요구하곤 했습니다. 트라우마 리질리언스 모델 치료사는 부부 합동 세션을 제안했습니다. 짐의 아내 캐리(Carrie)가 세션에 참여했을 때, 그녀는 남편이 어떤 날은 평온하고 다정하지만, 또 다른 날에는 아이처럼 의존적이거나 격렬한 분노를 보이며 매우 불규칙하다고 이야기했습니다. 캐리는 이미 지쳐 있었습니다.

캐리가 남편의 분노에 관해 말하기 시작하자, 짐은 몸을 주체하지 못할 정도로 떨기 시작했고 거의 의자에서 떨어질 뻔했습니다. 치료사는 접촉하기 기술을 사용해 짐이 다시 자신의 몸으로 돌아오도록 도왔습니다. 그 순간 짐의 서로 다른 '부분'들이 연쇄적으로 드러났고, 그는 빠르게 여러 부분으로 전환되었습니다. 이 모습을 본 캐리는 놀라움을 감추지 못했습니다. 접촉하기로 짐의 신경계가 안정되자, 그는 갑자기 영국식 억양으로 말하기 시작했습니다. 그는 수년 동안 누군가와 이야기하기를 기다려왔다고 털어놓았고, 이 '영국 신사'는 아내와 치료자 앞에 처음으로 모습을 드러낸 해리성 부분이었습니다.

수개월에 걸쳐 총 16개의 서로 다른 부분이 드러났습니다. 캐리는 간헐적으로 세션에 함께 참여해 새로운 부분들을 소개받고, 그들의 역할을 이해하는 시간을 가졌습니다. 모든 부분이 캐리를 사랑했지만, 일부는 그녀와의 관계에서 좌절을 느끼기도 했습니다. 캐리는 그것이 무엇인지 정확히는 몰랐지만, 이미 오래전부터 남편의 '부분들'의 존재를 어렴풋이 감지하고 있었다는 사실을 깨달았습니다.

치료사의 안내로 캐리는 각 부분과 우호적 관계를 맺기(friendship) 시작했습니다. 그녀는 짐의 각 부분이 끔찍한 어린 시절을 살아남게 하는 데 기여했다는 점을 이해했고, 부분 하나하나에 대해 진심 어린 연민심을 품게 되었습니다. 캐리의 연민이 커질수록 짐의 폭발적 반응은 점차 줄어들었습니다.

짐 역시 자신의 부분들에 대해 배우고, 각 부분과 협력하면서 더 큰 내적 평정을 경험할 수 있었습니다. 해리성 각 부분은 발달 연령에 맞는 방식으로 여섯 가지 웰니스 기술을 소개받았습니다. 대부분의 부분은 이 기술들을 좋아했고, iChill 앱을 듣는 것을 즐겼습니다. 캐리는 남편의 각 부분을 촉발하는 요인이 무엇인지, 그리고 각 부분이 서로 다른 요구를 지닌다는 사실을 점차 이해했습니다. 치료 과정 전반에 걸쳐 모든 웰니스 기술이 사용되었습니다. 짐에게는 남성 부분과 여성 부분이 있었으며, 때로는 남성 부분이 여성 부분의 성적 트라우마 재처리를 돕기도 했습니다. 남성 부분들은 여성 부분들과 '융합'되어, 짐이 생존 반응을 완결할 수 있도록 체화된 힘을 제공했습니다. 그의 대부분의 부분이 공유한 반복적 신체 증상은 목이 졸리는 듯한 감각과 날카로운 인후 통증이었습니다. 치료사는 각 부분과 함께 적정화 기법을 통해 이 감각을 점진적으로 조절하도록 도왔습니다. 수개월의 작업 끝에, 짐은 마침내 가해자를 밀쳐내는 생존 반응의 완결을 이루었고, 그의 만성적 통증 증상은 완전히 사라졌습니다. 이제 짐은 자신의 부분들과 협력할 수 있게 되었고, 이를 '원탁의 기사단(The Knights of the Round Table)'에 비유했습니다. 그는 각 부분을 존중하면서도 전체로서 긍정적인 방향으로 나아가기 위해 정기적으로 '회의'를 연다고 말했습니다. 그는 이렇게 말했습니다. "이 부분들이 사라지고 싶어 하는 건 아닙니다. 그들은 내가 살아남도록 돕기 위해 함께 살아남고자 합니다. 하지만 이제는 불협화음이 아니라 조화롭게 작동합니다." 짐은 자신의 부분들과 협력하며, 이전보다 훨씬 큰 내적 평정을 경험할 수 있었습니다.

4단계: 협력과 웰빙

혼란 애착을 경험한 내담자들은 종종 "다른 삶이 가능할까?"라는 의문을 품습니다. 우리는 수년간 생물학적 관점에서 내담자들과 함께 일해 왔고, 절망뿐이던 자리에서 희망을 보았습니다. 서로의 해리성 '부분들'이 협력하여 하나의 심포니(symphony), 잘 조율된 오케스트라(orchestra)처럼 작동하는 과정을 지켜보는 것은 임상가에게도 커다란 영광입니다. 그 과정에서 우리는 내담자들이 점차 창의성과 생산성을 회복하고, 확장된 네트워크 속에서 사회적 참여 능력이 높아지는 모습을 목도했습니다. 한때 자신의 일부를 부정하고 탈조절 상태로 살아왔던 이들이 기쁨, 행복, 평온의 감각을 다시 경험하기 시작할 때, 그 변화는 임상가에게도 깊은 감동을 줍니다.

내담자들은 감각 탐색을 통해 해리 과정을 멈추고, 자신을 다시 현재 순간으로 데려오는 법을 배웁니다. 현재에 머무는 능력이 확장될수록, 삶의 굴곡을 역동적으로 살아갈 선택지가 많아지고, 일상적 스트레스에도 더 탄력적으로 대응할 수 있게 됩니다. 끔찍했던 어린 시절에서 벗어나 치유의 길을 걷는 동안, 수많은 부분들이 서로를 지지하고 함께 성장하는 모습을 지켜보는 것은 임상가에게 성스러운 영예(sacred privilege)라 할 수 있습니다. 애착 양식에 대한 이해가 깊어지고 트라우마 리질리언스 모델과 커뮤니티 리질리언스 모델의 웰니스 기술을 적용하면, 사람들은 점차 더 큰 온전함을 경험하고 자신의 삶의 운전석에 앉아 있다는 감각을 회복합니다. 세션 사이에도 웰니스 기술을 꾸준히 실천하면 회복력 영역이 넓어지고, 그 영역 밖으로 밀려나는 일도 줄어듭니다.

시간이 지나면 치료자의 역할은 잦은 세션을 여는 것이 아니라, 누구에게나 일어날 수 있는 삶의 폭풍우를 다루기 위한 가끔의 '튜

닝(tune-up)'을 제공하는 형태로 변화합니다. 이 장을 맺으며, 코로나19 팬데믹과 조지 플로이드(George Floyd)의 사망 이후 전 세계적으로 일어난 인종 정의와 공동체 회복의 논의를 비추어, 애착 이론의 문화적 재고찰에 대한 몇 가지 제안을 덧붙이고자 합니다.

심리학이 주로 서구 백인 남성의 시각에 의해 형성되어 왔다는 사실은 이미 잘 알려져 있으며, 애착 이론도 예외가 아닙니다. 주류 애착 연구는 심리적 자율성 - 특히 모-영아 유대 - 에 초점을 맞춰 발전해 왔으나, 이는 주로 서구 중산층(전 세계 인구의 약 5% 미만)의 삶에 적응적인 개념입니다. 비서구 사회의 문화적 가치와 다양한 애착(attachment)·연결(connection)·안전(safety) 경험을 충분히 반영하지 못했습니다(Keller, 2012). 따라서 향후 연구는 다양한 문화적 맥락에서 애착이 어떻게 형성되고 유지되는지, 그리고 집단적 트라우마가 애착 양식과 리질리언스에 어떤 영향을 미치는지를 탐구해야 합니다. 트라우마 리질리언스 모델과 커뮤니티 리질리언스 모델은 이러한 문화적 맥락을 존중하는 모델입니다. 두 모델은 탐색하기와 청유형 언어 사용을 핵심 기술로 삼아, 내담자가 스스로 자신의 경험을 주도하도록 합니다. 치료자는 내담자의 이야기를 '알고 있다'고 가정하지 않고, 몸이 스스로의 이야기를 부드럽게 드러내도록 허용하고 격려합니다. 이로써 치료자는 내담자의 인종, 문화, 유산, 초기 애착에 대한 깊은 존중을 표현할 수 있습니다.

치료자이자 반인종주의 교육자인 레스마 메너켐(Resmaa Menakem, 2017)은 그의 저서 『내 할머니의 손: 몸에 새겨진 인종 트라우마와 세대를 잇는 치유의 길(My Grandmother's Hands: Racialized Trauma and the Pathway to Mending Our Hearts and Bodies)』에서 다음과 같이 말합니다.

"치유는 진공 상태에서 일어나지 않습니다. 우리는 우리의 '집합적 몸(collective body)'을 돌보는 일을 시작해야 합니다. 이 치유는 다른 몸들과의 연결로서, 집단과 이웃, 그리고 공동체 안에서 이루어집니다. 치유는 한 몸에서 다른 몸으로, 집단에서 체계와 구조로 파동처럼 번져갈 수 있습니다. 이러한 공동체적 치유는 우리가 존중·인정·공동체·그리고 궁극적으로 문화를 꾸준히 구축하도록 도와줍니다."

이처럼 아름다운 통찰은, 애착을 신체감각적 렌즈로 바라보는 일이 치유와 회복의 핵심이라는 점을 일깨워 줍니다. 이는 개인의 리질리언스뿐만 아니라 공동체 전체의 회복력 영역을 심화시키는 길을 보여줍니다.

참고문헌

Ainsworth, M. D. S., Blehar, M., Waters, E., & Wall, S. (1978). *Patterns of attachment. Hillsdale*, NJ : Erlbaum.

Beebe, B., Jaffe, J., Markese, S., Buck, K., Chen, H., Cohen, P., ... Feldstein, S. (2010). "The origins of 12-month attachment : A microanalysis of 4-month mother-infant interaction." *Attachment & Human Development*, 12(1-2), 3-141.

Blizard, R. (2003). "Disorganized attachment, development of dissociated self states, and relational approach to treatment." *Journal of Trauma and Dissociation*, 4(3), 27-50.

Boon, S., Steele, K" & van der Hart, O. (2011). *Coping with trauma-related dissociation: Skills training for patients and therapists*. New York : W. W. Norton & Co.

Bowlby, J. (1973). *Attachment and loss, Vol. 2: Separation, anxiety and anger*. London : Hogarth Press.

Brown, L. S. (2011). "Guidelines for treating dissociative identity disorder in adults: Third revision: A tour de force for the dissociation field." *Journal*

of Trauma and Dissociation, 12(2), 115-187. doi:10.1080/15299732.2011.5
37247.

Chitty, J. (2013). *Dancing with Yin and Yang: Ancient wisdom, modem psychoth
erapy and Randolph Stone's polarity therapy.* Boulder, CO : Polarity Press.

Dana, D. (2018). *The Polyvagal theory in therapy: Engaging the rhythm of
regulation.* New York : W. W. Norton & Company.

Dell, P. F (2009). "Understanding dissociation." In Dell P. F. Dell & J. A. O'Neil
(Eds.), *Dissociation and the dissociative disorders: DSM-V and beyond*
(pp. 709-825). New York : Routledge.

Keller, H. (2012). "Attachment and culture." *Journal of Cross-Cultural Psycholo
gy*, 44(2), 175-194.

Kolacz, J., Dale Lourdes, P., Nix Evan, J., Roath Olivia, K. , Lewis Gregory, F,
Porges Stephen, W. (2020). "Adversity history predicts self-reported auton
omic reactivity and mental health in us residents during the COVID-19
pandemic," *Frontiers in Psychiatry*, 11. https://www.frontiersin.org/article
/10.3389/fpsyt.2020.577728

Liotti, G. (2006). "A model of dissociation based on attachment theory and
research." *Journal of Trauma and Dissociation*, 7(4), 55-73.

Menakem, R. (2017). *My grandmother's hands: Racialized trauma and the pathway
to mending our hearts and bodies.* Las Vegas, NV : Central Recovery Press.

Nijenhuis, E. R. S., van der Hart, O., & Steele, K. (2004, January). "Trauma-relate
d structural dissociation of the personality." *Trauma Information Pages.*
http : //www. trauma-pages. com/a/n i j enhu is -2004. php

Payne, P. Levine, R A., & Crane-Godreau, M. A. (2015). "Somatic experiencing:
Using interoception and proprioception as core elements of trauma therap
y." *Frontiers in Psychology*, 6, 93. http : //doi.org/10.3389/fpsyg. 2015.000
93

Poole-Heller, D. (2019). *The power of attachment — how to create deep and
lasting intimate relationships.* Boulder, CO: Sounds True.

Porges, S. W. (1995). "Orienting in a defensive world: Mammalian modifications
of our evolutionary heritage : A polyvagal theory." *Psychophysiology*, 32
(4), 301-318.

Porges, S. W. (2011). *The polyvagal theory: Neurophysiological foundations
of emotions, attachment, communication, self-regulation.* New York: W.
W. Norton &. Company.

Porges, S. W. (2020). "The Covid-19 pandemic is a paradoxical challenge to our nervous system : A polyvagal perspective." *Clinical Neuropsychiatry,* 17 (2),

135-138. http : // doi.org/10.36131/CN20200220. PMID : 34908984; PMCID : PMC8629069.

Porges, S. W. (2021). *Polyvagal safety: Attachment, communication, self-regula tion.* New York: W.W. Norton &. Company.

Roisman, G. I.)Padron, E., Sroufe, L. A., & Egeland, B. (2002). "Earned-secure attachment status in retrospect and prospect." Child Development, 73(4), 1204-1219.

Scaer, R. (2007). *The body bears the burden : Trauma, dissociation, and diseas e* (2nd ed.). Binghamton: Haworth Medical Press.

Schore, A. (2009). "Attachment trauma and the developing right brain: Origins of pathological dissociation." In P. E Dell & J. A. O'Neil (Eds.), *Dissociation and the dissociative disorders: DSM-V and beyond.* New York : Routledge.

van der Hart, O., Nijenhuis, E. R. S., & Steele, K. (2006). *The haunted self: Structural dissociation and the treatment of chronic traumatization.* New York: W. W. Norton & Company.

13장

참전용사, 현역 군인 및
그들의 사랑하는 사람들

일레인 밀러-카라스, 잰 클릭

이 장에서는 다음 내용을 다룹니다.

1. 참전 군인과 현역 군인이 직면한 문제들을 제시합니다.
2. 트라우마 리질리언스 모델과 커뮤니티 리질리언스 모델의 참전·현역 군인 대상 통합 적용 방법을 소개합니다.

문제 개관

미국에는 군 복무에서 비롯된 정신건강 문제로 고통받는 수많은 참전·현역 군인이 있습니다. 미국 인구조사국(U.S. Census, 2020)에 따르면 참전 군인은 약 1,800만 명, 현역 및 예비역은 약 210만 명으로 추정됩니다. 전 세계 공동체는 전쟁의 대가를 사회의 모든 영역에서 치르고 있으며, 이는 개인과 가족, 공동체의 고통으로 이어집니다. 우리는 2022년 분쟁을 겪는 지역사회와 분쟁의 여파 속에서 살아가는 지역사회와 국제적으로 협력해 왔습니다. 전쟁이 정신건강에 미치는 영향은 사회 전체에 무겁게 드리워져 있으며, 이 장은 미국에서의 경험을 바탕으로 참전·현역 군인을 돕는 방법을 다룹니다. 그러나 여기서 제시하는 개입은 전 세계의 군 복무자들에게도 적용할 수 있습니다.

전 세계적으로 전시에 복무하는 이들은 잠재적으로 외상적일 수 있는 다양한 경험에 노출됩니다. 전시 파병은 심각한 부상과 폭력적 사망으로 이어질 수 있으며, 때로는 의도하지 않은 민간인 피해를 초래하기도 합니다. 이러한 상황에서 아동을 포함한 민간인이 희생되기도 합니다. 또한 군 복무자들은 대인 폭력, 인종차별, 성별 기반 폭력, 괴롭힘, 신체적·성적 학대와 같은 외상에도 노출될 위험이 있습니다. LGBTQ(Lesbian, Gay, Bisexual, Transgender, Questioning) 커뮤니티에 속한 군 복무자들의 어려움도 여전히 존재합니다. 미국에서 정책이 변화했음에도 LGBTQ 군 복무자들이 겪는 차별과 고립은 여전합니다. 미국의 성인 노숙인 중 13%가 참전 군인으로, PTSD, 사회적 고립, 실업, 물질 남용이 주요 원인으로 보고됩니다(HUD, 2022).

알코올 사용을 포함한 물질 사용장애(Substance abuse disorders)는 참전·현역 군인 사이에서 지속적인 문제로 남아 있습니다. 이러한 장애는 의학적, 정신의학적, 대인관계적, 직업적 측면에서 중대한 부정적 영향을 미칩니다. 재향군인관리국(Veterans Health Administration) 시스템 내 오피오이드 처방 비율은 2001년 17%에서 2009년 24%로 증가했으며(Teeters et al., 2017), 오피오이드 과다복용률도 2010년 14%에서 2016년 21%로 상승했습니다(Lewei et al., 2019). 블라임스(Blimes, 2021)는 이라크와 아프가니스탄 분쟁에 참전한 청년 세대가 과거 어떤 전쟁보다 더 긴 복무 기간, 더 직접적인 전투 노출, 더 높은 장애율을 경험했다고 보고합니다. 9·11 이후 참전 군인의 약 36%가 PTSD 진단을 받았다고 추정되며, 전투나 파병 경험은 정신건강 위험을 높이는 주요 요인입니다. 그러나 전투나 파병이 없는 일반 군 복무 역시 심리적 어려움을 초래할 수 있습니다. 케슬러 외 (Kessler etet al., 2014)는 스스로 정신건강 문제가 있다고 보고한 사람 중 85%가 그 문제가 입대 이전부터 존재했다고 보고했습니다.

퍼셀 외(Purcell et al., 2021)는 팬데믹이 참전 군인의 웰빙에 중대한 부정적 영향을 미쳤다고 서술합니다. 특히 고립과 일상적인 활동 중단으로 인한 단절감과 비애감이 심각했습니다. COVID-19의 정서적 영향은 정기 진료나 웰니스 돌봄을 받는 것을 부정적 영향을 미쳤습니다. 이미 만성적인 정신·신체 질환을 앓고 있는 참전 군인과 팬데믹 기간 동안 상실을 경험한 이들은 자신의 웰빙이 무너지는 타격을 입었다고 보고합니다.

의학연구소(Institute of Medicine, 2014)는 PTSD를 가진 현역·참전 군인의 배우자와 파트너도 PTSD 증상을 경험할 수 있으며, 군인의 증상에 반응해 관계적 어려움을 겪는다고 보고합니다. 군인 관련 돌봄 제공자는 그러한 생활을 하는 사람보다 건강 상태가 더 나쁘고, 가족관계의 긴장과 직장 내 문제를 더 많이 경험합니다. 또한 우울증 위험도 높습니다. 돌봄 제공자는 아직 청년 세대인 경우가 있으며, 자녀를 함께 돌보는 경우가 많아 부담이 더욱 커집니다.

현역·참전 군인과 그 가족을 지원해야 하는 미국의 정신건강 체계는 이들의 요구를 충분히 충족시키지 못하고 있습니다. 넬슨 외 (Nelson et al., 2021)는 중증 정신질환을 가진 환자들이 다섯 개 임상 영역 중 세 곳인 PTSD 클리닉, 물질 사용장애 클리닉, 사회심리 재활 클리닉에서 초진 예약이 더 자주 지연되었으며, 특히 PTSD 클리닉에 의뢰될 때 평균 대기 시간이 유의하게 길었다고 보고합니다.

이러한 결과는 재향군인관리국 시스템 내에서 복합적 요구, 특히 외상 관련 치료가 필요한 중증 정신건강 환자들이 치료 시작 단계에서 지연을 겪을 가능성이 높다는 점을 시사합니다.

따라서 전통적인 전문 정신건강 상담 외에도, 기존의 서비스 전달 체계 밖에서 작동하는 새로운 개입이 전 세계적으로 마련되어야 합니다. 커뮤니티 리질리언스 모델을 활용한 동료 지원 네트워크를 통해 개인과 공동체가 외상과 신경생물학을 학습하도록 함으로써, 이러한 공중보건 위기에 대응할 수 있는 안전망을 구축할 수 있습니다. 많은 참전·현역 군인은 전통적인 심리치료 방식에 익숙하지 않지만, 스트레스와 트라우마의 생물학을 이해하고 이를 조절하는 단순한 웰니스 기술은 훨씬 쉽게 받아들일 수 있습니다. '병리학(pathology)'이나 '정신적 약점(mental weakness)'에서 '생물학(biology)'으로의 패러다임 전환은 개인의 자기이해를 높이고 자존감을 강화하는 데 크게 기여합니다.

그래브 외(Grabbe et al., 2020)는 커뮤니티 리질리언스 모델 기술을 학습하면 PTSD 증상을 완화하고 전반적인 웰빙을 향상시킬 수 있다고 보고합니다. 커뮤니티 리질리언스 모델의 웰니스 기술은 현역·참전 군인뿐 아니라 가족 구성원에게도 유용합니다. 가족 전체가 동일한 언어를 사용해 자신의 상태를 표현하고, 서로의 신경계를 공동 조절(co-regulation)하는 법을 배울 수 있기 때문입니다. 군인 스스로 자신의 신경계를 조절하는 능력을 습득하면 외상 경험을 재처리할 준비가 됩니다. 그러나 우리는 또 다른 중요한 사실을 발견했습니다. 개인이 현재 순간에 주의를 집중하고, 전쟁 외상과 관련된 다감각적 단서를 인식하여 차단하는 법을 배우면, 군이 과거의 사건을 다시 재처리하지 않아도 일상생활에 더 깊이 몰입하고 회복력을 바탕으로 살아갈 수 있다는 점입니다.

트라우마 리질리언스 모델과 커뮤니티 리질리언스 모델의 임상 적용

3·4장에서 트라우마 리질리언스 모델과 커뮤니티 리질리언스 모델의 웰니스 기술을 자세히 다루었습니다. 이어지는 절에서는 군 복무로 인해 개인이 겪는 공통 주제에 대해 심리교육, 기술, 그리고 그 적용을 중심으로 살펴봅니다.

심리교육의 중요성 – '정신적 약점'이 아닌 '생물학'의 이해

군 복무자에게는 어떤 상황에서도 견뎌내 임무를 완수하거나 전우의 생존을 돕는 능력이 군인의 핵심 자질입니다. 따라서 도움을 요청하거나 치료에 참여하는 행위는 자신이 약하거나 문제가 있다고 여길 수 있습니다. 이러한 인식 때문에 병리 중심의 전통적 치료보다, 기술 습득에 초점을 둔 두 모델 같은 생물학 기반 개입이 많은 군인과 참전 군인에게 더 수용성 있게 다가갑니다. 우리의 치료사는 파병 중 장기간 지속된 고경계 상태로 인해 신경계가 조절 불균형에 놓였다는 점을 안내합니다. 이때 내담자가 '망가졌거나 이상한 사람'이 아니라는 점을 이해하면, 자신의 상태에 대한 인식이 근본적으로 전환됩니다. 비록 신경계가 아직 완전한 균형을 이루지 못하더라도, 웰니스 기술을 통해 신경계가 재설정되고 회복력 영역에 머무는 시간을 늘릴 수 있습니다. 이러한 개념은 특히 집단 교육 상황에서 매우 중요합니다.

사례 – '성냥불'과 '산불'을 구별하게 된 참전 군인

한 참전 군인은 디즈니랜드로 향하던 중 길가에서 무언가를 보고 반사적으로 미니밴의 방향을 급히 틀었습니다. 그것은 단지 쓰레기였지만, 과거 급조 폭발물(improvised explosive device) 공격으로 호송대가 죽을 뻔했던 기억을 단번에 떠올리게 했습니다. 그는 트라우마 리질리언스 모델과 커뮤니티 리질리언스 모델 웰니스 기술을 배우면서 신경계 탐색하기를 실천했고, 두려움의 초기 감각을 식별하는 법을 익혔습니다. 운전 중 즉시 자원화와 접촉하기를 적용함으로써 신경계를 현재 순간으로 되돌릴 수 있었습니다. 이 단순한 기술의 반복 실천은 그에게 깊은 변화를 가져왔습니다. 그는 자신이 몸과 마음의 통제권을 되찾았다고 느꼈으며, 로스앤젤레스의 일상 속에서도 더 이상 외상 단서에 시달리지 않았습니다. 그는 생물학적 주의를 기울이는 법을 배우면서 감각, 고통, 웰빙을 구별하기 시작했습니다. 이제 그의 신경계는 '성냥불'과 '산불'을 구별할 수 있게 되었습니다.

일상생활 과제

하이존, 로우존, 그리고 회복력 영역에 대한 교육은 매우 중요합니다. 참전 군인들은 웰니스 기술을 배우면서, 각 영역에서 느껴지는 감각의 차이를 탐색합니다. 이러한 개념을 반복적으로 학습할수록, 그들은 일상생활 속에서 경험하는 신체적·정서적 변화를 스스로 인식하고, 점차 어려운 상황을 더 효과적으로 다루는 능력을 키워갑니다.

한 참전 군인은 건자재 상점에 들러 물건을 구매하고 계산대에서 참전 군인 할인을 요청했습니다. 그러나 점원은 "그 할인은 재향군인의 날에만 가능합니다"라고 답했습니다. 그는 "할인은 매일 가능한 것으로 알고 있다"라고 말했지만, 점원이 계속 불가능하다고 주장했습니다. 그 순간 그는 자신의 신경계를 탐색하기 시작했습니다. 화가 치밀어 오르며 회복력 영역에서 벗어나고 있음을 알아차렸습니다. 그는 카운터에 손을 올려 접촉하기를 했고, 자신에게 가장 큰 자원인 딸을 떠올렸습니다. 잠시 후 마음이 차분해지고 신체적 긴장이 완화되면서, 회복력 영역으로 되돌아오는 것을 느꼈습니다. 그는 침착하게 관리자 호출을 요청했고, 결국 그날 할인을 받을 수 있었습니다. 나중에는 이 회사의 본사와 직접 연락하여, 다른 참전 군인들도 매일 같은 할인을 받을 수 있도록 제안하였습니다. 그는 예전 같았으면 화를 참지 못하고 물건을 두고 나가거나, 보안요원에 의해 제지 받았을 것이라고 말했습니다. 하지만 이제 그는 감정의 파도를 조절하고, 스스로의 신경계를 안정시키며 상황을 주도할 수 있었습니다. 그는 "마치 내 삶을 되찾은 느낌이었다"라고 말했습니다.

정서 범위의 제한

전투와 전쟁의 참상을 직접 목격한 사람들은 민간인과는 다른 생사관을 갖게 될 수 있습니다. 전장에서 살아남기 위해 많은 이들이 정서적 무감각(emotional numbing)을 경험합니다. 이는 타인의 고통에 냉담하고 무관심해 보이게 만들지만, 사실상 생존을 위한 신경계의 적응 반응입니다. 많은 참전 군인은 정서 표현의 범위가 제한되어 있으며, 이러한 정서적 둔감함은 대인관계에 부정적인 영향을 미칩니다. 정서적 무감각의 장점은 고통을 덜 느낀다는 것이지만, 그만큼 기쁨도 느끼지 못한다는 점이 단점입니다. 신경계 탐색과 자원화를 함께 배우면, 신체 감각을 통해 편하거나 중립적인 감각을 인식할 수 있게 됩니다. 이러한 경험은 신경계가 '차단 상태(shutdown)'에서 벗어나도록 돕고, 감정의 흐름을 점차 회복시키는 데 중요한 역할을 합니다.

한 해병대원은 이라크에서 복무를 마치고 귀국한 뒤, 아내가 쌍둥이를 유산하는 일을 겪었습니다. 아내는 극심한 슬픔 속에 눈물과 자책으로 괴로워했지만, 그는 "아무런 감정이 느껴지지 않는다"라고 말했습니다. 이에 아내는 남편이 자신과 아이들을 사랑하지 않는다고 오해했습니다. 치료사는 남편에게 정서적 무감각이 전쟁의 가혹함을 견디기 위해 형성된 생물학적 생존 반응임을 설명했습니다. 그는 이후 웰니스 기술을 꾸준히 연습했습니다. 시간이 지나면서 그는 자신의 감정을 더 깊이 느낄 수 있게 되었고, 회복력 영역이 점차 확장되었습니다. 그 결과 아내와 자녀들과의 관계는 한층 가까워지고, 다시금 정서적 연결과 따뜻함을 경험할 수 있었습니다.

규율과 질서, 그리고 외상적 결합

규율과 질서는 군사 작전과 전투 현장의 핵심 요소입니다. 이러한 규율은 전장에서 생명을 구하는 역할을 하기도 합니다. 그러나 군대식 사고방식과 민간의 사고방식 간의 간극은, 제대 후 일반 사회로 복귀하려는 현역 및 참전 군인에게 큰 도전이 됩니다. 예를 들어, 많은 이들이 전역 후 대학에 진학합니다. 그들은 총격을 받았고, 전우의 죽음을 목격했으며, 섭씨 54도(화씨 130도)가 넘는 극심한 폭염 속에서 생존해 왔습니다.

한 참전 군인은 대학에 진학한 뒤, 수업 시간에 사소한 일로 불평하는 동급생들에게 답답함을 느꼈습니다. 그는 '투덜거림'을 참기 어려워했고, 일부 학생이 보이는 무례한 태도에 강한 불쾌감을 느꼈습니다. 전쟁터에서 규율의 결여는 곧 누군가의 죽음을 의미했기 때문에, 이러한 무질서가 그의 몸과 마음에는 위협으로 감지되었습니다. 그는 머리로는 "이건 전쟁이 아니다, 단지 학교일 뿐이다"라고 이해했지만, 단순히 자신을 타이르는 것만으로는 신경계의 반응성을 바꿀 수 없었습니다. 그의 몸은 여전히 생존반응 모드로 작동하며, 이러한 일탈 상황을 생사의 문제처럼 인식했습니다.

그는 교실 맨 뒤, 벽에 등을 대고 앉아 주변을 주의 깊게 살폈습니다. 혹시 모를 위험 신호를 감지하기 위해서였습니다. 이는 신경계가 여전히 전투 환경에 적응해 있었음을 보여주는 전형적인 모습이었습니다. 치료사는 그가 고통스럽거나 불편한 상황에서도 스스로를 조절할 수 있도록 웰니스 기술을 가르쳤습니다. 이 기술을 적용하며 신경계가 점차 안정되자, 그는 비로소 자신이 왜 그런 반응을 보였는지 이해하기 시작했습니다. 그는 자신의 반응이 단순한 성격 문제가 아니라, 전쟁 경험과 깊이 연결된 신경 생리적 반응임을 깨달았습니다.

영혼의 파괴

틱(Tick, 2005)은 전쟁이 인간의 영혼에 미치는 영향을 탐구합니다. 그는 진정한 전사가 된다는 것은 때로 자신의 도덕 규범을 위반하고, 생존을 위해 영혼을 해체해야 하는 일일 수 있다고 말합니다. 한 베트남전 참전 해병대 대위는 부하들을 살리기 위해 여러 차례 자신의 도덕 규범을 어겨야 했던 고통스러운 경험을 회상했습니다. 그는 "부하들의 생명을 지키고, 리더로서의 임무를 완수하기 위해서는 내 도덕 규범을 어길 수밖에 없었다"라고 말했습니다. 그에게 치유 과정에서 가장 어려웠던 과제는 그 내적 갈등과 화해하는 일이었습니다. 좋은 리더가 되어 부하들을 살리기 위해, 그는 자신이 알고 있던 '자기상(self-image)'을 한쪽에 내려놓아야 했습니다.

도덕적 내상(Moral Injury)은 개인의 도덕적 또는 윤리적 규범을 위반하는 사건 이후 발생하는 강렬한 인지적·정서적 반응으로 정의됩니다. 여기에는 본인 또는 타인의 태만과 범행, 그리고 신뢰하던 사람의 배신과 같은 사건이 포함됩니다(Williamson et al., 2021). 도덕적 내상은 군 환경에서 처음 논의된 개념으로, 개인의 자아상과 세계관에 지속적인 영향을 미치는 특정한 심리적 손상으로 이해됩니다. 이러한 도덕적 내상의 경험은 우리를 회복력 영역 밖으로 밀어낼 수 있습니다. 그러나 탐색하기를 배우면, 도덕적 내상과 관련된 생각과 감정에 연결된 신체 감각을 인식하는 데 도움이 됩니다. 트라우마 리질리언스 모델을 통해 그 경험을 하나씩 풀어내는 작업은, 현재 순간의 경험을 재구성하도록 돕습니다. 이를 통해 내면의 고통을 완화하고, 도덕적 내상에 얽힌 경험에 '새로운 의미(new meanings)'를 부여할 수 있습니다.

공격자·피해자·목격자: 신경계의 '퍼펙트 스톰' 이해하기

'공격자(aggressor)·피해자(prey)·목격자(witness)' 패러다임은 군 복무 경험으로 인해 서로 다른 역할을 수행할 때, 신경계가 보이는 생물학적 반응의 원리를 이해하도록 돕는 개념입니다. 군 복무 중 외상을 겪은 일부 군인들은 세상이 전반적으로 위험으로 가득 차 있다고 느낄 수 있습니다. 이때 신경계는 자신이 공격자·피해자·목격자로서 각각 처한 상황에 따라 서로 다른 생리적 반응을 자동적으로 일으킵니다. 이러한 반응은 의식적 사고와 무관하게, 즉각적이고 반사적으로 일어납니다.

공격자 역할은 위협을 직접 찾아내고 맞서 싸우는 상태를 의미합니다. 피해자는 공격받고 있다고 느끼는 상태이며, 목격자는 전투의 여파를 보고·듣고·냄새 맡는 위치에 있는 사람을 뜻합니다. 이 세 가지 역할은 모두 전투 상황에서 생존과 밀접하게 관련되어 있습니다. 그러나 개인이 이 세 가지 역할을 동시에 경험하게 될 때, 신경계 안에서는 강렬한 생리적 반응이 한꺼번에 폭발하는, 이른바 '퍼펙트 스톰(perfect storm)'이 일어납니다. 이로 인해 반응성이 지나치게 높아지고, 신경계는 항상 회복력 영역 밖으로 밀려나기 쉽습니다.

전투가 끝나고 집으로 돌아왔다고 해서, 신경계가 자동으로 재설정되는 것은 아닙니다. 복무자는 즉시 일상생활의 과제들 - 가족과의 관계, 직장 적응, 사회적 재통합 - 을 마주하게 됩니다. 따라서 참전·현역 군인과 그 가족이 이 패러다임을 이해하도록 돕는 일은, 재통합 과정에서 자주 나타나는 수치심과 자기비난을 줄이는 데 매우 중요합니다. 웰니스 기술은 개인이 이러한 신경계 반응을 스스로 관찰하고 조절할 수 있도록 돕습니다. 그들은 하이존·로우존·회복력 영역에 각각 연결된 감각을 구별해내는 법을 배웁니다. 이 감각적 인식이 가능해지면, 개인은 상황에 맞는 웰니스 기술을 선택하여 스스로를 다시 웰빙 영역으로 되돌릴 수 있습니다.

외상적 슬픔과 상실, 쇼크 트라우마

외상적 슬픔은 일반적인 슬픔이나 상실과는 다릅니다. 그것은 우리의 가치 체계와 세계관 속에서 '옳고 정당한 것'에 대한 이해를 무너뜨립니다. 예를 들어, 한 병사가 순찰을 마치고 돌아가면 어떤 비디오 게임을 할지 전우와 이야기하던 중, 다음 순간 급조폭발물에 피격되어 전우가 사망했다면, 이는 '쇼크 트라우마(shock trauma)' 입니다. 복무자는 임무를 완수하기 위해 슬픔을 한쪽으로 밀어둘 수밖에 없습니다. 전쟁은 애도할 여유를 거의 허락하지 않기 때문입니다. 애도 과정이 시작되려면, 무엇보다 적의 공격으로부터의 안전이 일정 수준 확보되어야 합니다.

생존자는 사건을 반복적으로 떠올리며 "내가 뭔가 했더라면 전우를 살릴 수 있었을 텐데"라고 생각합니다. 그들은 적에 대한 분노와 복수심을 느낄 수 있으며, 슬픔을 내려놓는 것이 마치 죽은 전우를 배신하는 일처럼 여겨질 수도 있습니다. 이때 대화 기반 자원화 (Conversational Resourcing)는 참전 군인이 상실을 다른 시각에서 바라보도록 돕는 유용한 방법입니다.

한 이라크 참전 군인은 두 번째 파병 중 전우를 잃은 뒤 슬픔에 깊이 갇혀 있었습니다. 그는 "그 자리에 내가 있었더라면 그를 살릴 수 있었을 텐데"라는 생각에서 벗어나지 못했습니다. 치료사는 그에게 이렇게 물었습니다. "만약 당신이 죽었다면, 전우가 당신을 어떻게 추모해주길 원하겠습니까? 그가 당신의 죽음의 슬픔에 계속 머무르기를 바라시나요? 아니면 어떻게 살기를 바라십니까?"

그는 잠시 생각한 뒤 말했습니다. "그가 자신의 삶을 최대한 충만하게 살길 바랍니다. 그것이 내가 바라는 추모의 방식입니다." 치료사가 "지금 그 말을 소리 내어 하셨을 때 몸에서는 어떤 느낌이 드나요?"라고 묻자, 그는 깊이 숨을 들이마시며 몸이 이완되는 것을 느꼈습니다. 새로운 의미 부여가 그의 몸과 마음 모두에 안도감을 주었습니다.

외상적 슬픔과 상실을 다룰 때는 다음과 같은 추가적인 대화 기반 자원화 질문이 도움이 될 수 있습니다.

"그 전우와 함께한 가장 소중한 기억은 무엇인가요?"
"그 전우를 친구로 둔 것의 가장 좋은 점은 무엇이었나요?"
"그가 당신이 자신보다 오래 살 것을 알았다면, 당신에게 무엇이라고 말했을까요?"

이 질문에 대한 대답은 대개 그 사람을 알게 된 데 대한 감사의 감각과 그의 죽음에서 비롯된 슬픔의 감각을 동시에 불러일으킵니다. 치료사는 슬픔의 감정을 충분히 인정하면서, 내담자가 감사의 감각에 주의를 돌리도록 안내합니다. 내담자가 좋은 기억과 슬픈 기억에 연결된 감각을 함께 경험할수록 내면의 시야가 확장됩니다. 많은 이들은 슬픔에 압도되지 않으면서도, 긍정적 기억과 슬픈 기억을 함께 지닐 수 있게 되었다고 표현합니다.

도덕적 딜레마: 죄책감과 수치심과 함께 살아가기

수치심과 죄책감은 사회로 복귀하려는 참전·현역 군인에게 매우 큰 도전이 됩니다. 많은 이들이 조국에 대한 의무감과 봉사 정신으로 군에 입대하지만, 전쟁의 참혹함 중 하나는 비전투원의 사망입니다. 전쟁 중에는 누가 적인지 항상 구별할 수 없습니다. 일부 참전 군인은 어린아이가 자신을 향해 달려오는 순간, 발포할지 말지를 단번에 결정해야 했던 상황을 회상합니다. 그 아이가 폭발물을 몸에 지니고 있을 수도 있었기 때문입니다. 만약 발포하지 않았다면, 부대 전체가 위험에 처할 수도 있었습니다. 그러나 아동을 해치거나 죽이는 경험은 개인의 가치와 인간성에 정면으로 배치되는 일이며, 이는 가장 감당하기 어려운 트라우마 중 하나로 남습니다. 내담자가 이러한 수치심과 죄책감을 표현하고, 트라우마 리질리언스 모델의 원리에 따라 신체적·생물학적 수준에서 이를 다루게 되면, 비로소 그 안에서 새로운 의미와 통합의 가능성이 열리기 시작합니다.

살상 경험을 지닌 이들과 함께 작업할 때, 종종 '속죄(atonement)'라는 개념이 자연스럽게 등장합니다. 다음은 전투 참전 군인을 치료하던 심리학자(Silver & Rogers, 2002)가 공유한 사례입니다. 전투의 혼란 속에서 한 참전 군인은 어린 소녀의 죽음에 책임이 있었습니다. 그 소녀는 그의 딸과 같은 또래로 보였으며, 소녀의 얼굴은 그를 끊임없이 괴롭혔습니다. 그는 "딸을 볼 때마다 내가 죽게 한 그 아이의 얼굴이 겹쳐 보였다"라고 고백했습니다. 심리학자는 그에게 원탁의 기사(Knights of the Round Table) 이야기를 들려주었습니다. 십자군 전쟁에서 돌아온 기사들이 죄책감에 사로잡히면, 사제는 그들에게 속죄의 행위를 수행하라고 요구했습니다. 이러한 속죄의 행위는 영혼을 회복시키는 강력한 힘을 가졌습니다. 참전 군인은 그 조언을 마음에 새겼습니다. 그리고 자신이 죽게 한 아이를 기리기 위해, 도시 빈곤 지역의 놀이터를 지키며 아이들을 갱단의 괴롭힘으로부터 보호하기로 결심했습니다. 그는 매주 토요일마다 그 놀이터를 지키며 아이들을 지켰습니다. 그의 속죄의 행위는 한 생명을 잃은 죄책을 공동체의 보호와 사랑의 실천으로 전환하는 과정이었습니다.

사회적 계약의 위반

사회적 계약(social contract)은 공동체 구성원들 사이의 자발적 합의입니다. 홉스(T. Hobbes), 로크(J. Locke), 루소(J. Rousseau)의 이론에 따르면, 조직화된 사회는 구성원 상호 간의 불가침과 복지를 보장하고, 그들 사이의 관계를 규율할 권한을 부여받으며 성립합니다. 군인은 전투와 다양한 군사 작전을 수행하도록 훈련받습니다. 그들은 전투 지역에 들어가면 자신이 피격될 수도 있고, 적을 타격해야 할 수도 있음을 잘 알고 있습니다. 이 가능성을 파병의 일부로 받아들이며 대비합니다. 그러나 사회적 계약의 위반이 발생하는 이유는, 바로 보호해야 할 존재들에 의해 배신이 일어날 때이기 때문입니다. 한 참전 군인은 적에게 포위·제압될 상황을 예상했던 사건을 회상하며 이렇게 말했습니다. 그는 단지 10발의 탄약만 지급받았다고 했습니다. 필요한 장비를 받지 못한 것에 대한 분노, 그리고 만약 제압되었다면 자신과 많은 전우가 불필요하게 목숨을 잃었을 것이라는 분노를 토로했습니다.

사회적 계약의 위반에 대한 이러한 강렬한 감정은, 동료의 전사가 아동기 외상을 겪고 주양육자에게 배신당한 경험이 있을수록 더 증폭될 수 있습니다. 트라우마 리질리언스 모델 치료사는 전쟁 외상 사건을 재처리하기에 앞서, 먼저 여섯 가지 웰니스 기술을 교육합니다. 그다음, '트라우마 플러스 원(Trauma + 1)' 단계로 들어갑니다.

트라우마 플러스 원은 이야기의 끝, 즉 생존의 순간에서 출발하는 접근입니다. 이 '생존의 이야기'는 대개 안도하는 상황과 관련 있습니다. 앞서 설명한 도덕적 내상이 있었다면, 치료사는 이렇게 물을 수 있습니다. "필요한 탄약을 모두 갖추지 못했음에도, 결국 살아남을 거라고 알았던 그 순간을 들려주실 수 있나요?" 그리고 내담자가 '생존의 감각(sensations of survival)'을 알아차리도록 유도합니다. 자신과 타인의 생존을 회상할 때, 마음과 몸 모두에서 깊은 안도감이 일어나는 경우가 많습니다. 그 후 치료사는 이렇게 묻습니다. "그 사건과 관련해, 지금 떠오르는 다른 생각이 있으신가요?" 많은 경우, 사람들은 그 기억과 타협하고 화해하며, 새로운 의미가 자연스럽게 떠오릅니다. "내가 할 수 있는 최선을 다했다는 걸 깨달았습니다. 필요한 것을 모두 갖추지는 못했지만, 그 일은 끝났고, 나와 다른 이들은 살아남았습니다."

분노, 격노, 그리고 살해에 대한 두려움

파병에서 복귀한 군인이 가장 흔히 겪는 반응은 분노와 격노입니다. 트라우마 리질리언스 모델 용어로는 '하이존에 갇힌 상태'라 부릅니다. 전투 지역에서는 공격성이나 높은 각성 수준이 유리하고 때로는 필수적입니다. 파병 전의 군사훈련에서 분노를 동원하는 법을 배우는데, 분노는 장애를 극복하고 공포 반응을 억제하며 생존 가능성을 높이는 데 도움이 됩니다. 한 참전군인은 "생각하면 죽는다"라고 말했습니다. 문제는 전장에서 생존을 돕던 이 반응이 복귀 후 기본 반응으로 굳어져 민간 생활이나 적응 과정에서 큰 부담으로 작용한다는 점입니다. 하이존 영역에 머물면, 회복력 영역에 있을 때라면 하지 않았을 행동을 충동적으로 저지를 수 있습니다.

사회로 복귀하면서 자신이 민간인을 죽이거나 크게 해칠 수 있을지 모른다는 두려움을 호소하는 경우도 드물지 않습니다. 한 현역군인은 한밤중 악몽에서 깨어나 아내에게 달려들 준비가 된 자신을 발견했다고 보고했고, 사소한 자극에도 과도하게 공격적인 반응이 촉발된다고 말하는 이들도 있습니다. 어떤 참전 군인은 자신을 훌륭한 전사로 만들었던 그 충동이 이제는 자신을 감옥으로 보낼 수도 있다고 토로했습니다.

분노와 격노를 호소하는 사람들과 트라우마 리질리언스 모델을 적용할 때는 외상 사건의 재처리에 앞서 반드시 웰니스 기술을 충분히 가르쳐 내담자가 회복력 영역에 머무르는 감각을 경험하도록 해야 합니다. 많은 이들이 분노의 강렬함을 두려워하고 회피하려 하며, 치료자를 해칠까 봐 걱정하거나 감정을 표출하면 통제력을 잃을 것이라고 믿습니다. 과거 실제로 통제력을 잃었던 경험이 있어 치료를 찾은 경우도 있습니다. 따라서 매우 천천히 접근하여 신경계 탐색하기와 다른 기술들을 통해 자신의 반응을 스스로 조절할 수 있다는 자신감을 쌓아 주어야 합니다.

트라우마 리질리언스 모델 치료사는 '적정화', '진정', '생존반응 종결' 같은 기법을 사용해 내담자가 외상적 사건을 처리하도록 도울 수 있습니다. 한 참전군인은 적정화를 체험한 후 자신의 중심에 접시를 상상하며, 감당할 수 있는 만큼의 분노만 그 접시에 올려두어 활성 수준을 관리했습니다. 분노는 여러 이유로 촉발됩니다. 무력감·슬픔·죄책감·상실감과 같은 배경적 층위의 감정을 감추는 역할을 하기도 합니다. 전장에서는 이런 감정들이 임무 수행의 장애가 될 수 있으므로 무감각 상태가 적응적으로 작동했지만, 그 결과로 친밀감이나 관계 형성이 방해받을 수 있습니다. 치료사는 신경계의 작동 방식과 전투 중 정서적 무감각이 적응적 반응임을 설명해야 합니다.

한 사례로, 조지(George)는 교도소를 다녀온 뒤 삶을 바로잡으려 애쓰고 있었습니다. 웰니스 기술을 배우면서 연습할 때 사소한 일들이 예전처럼 그의 짜증이나 때로는 분노를 촉발시키지 않는다는 것을 알아차렸습니다. 조지는 2003년 자신과 전우들이 포위되어 갇혔던 사건 이후로 그를 괴롭혀 온 외상 이야기를 공유하고 싶어 했습니다. 그 사건으로 몇몇 전우가 목숨을 잃었습니다. 사건을 말하기 시작하자 그의 다리가 움직이고 땀을 흘리기 시작했고, 치료사는 그의 몸이 무엇을 하려 하는지 탐색해 보라고 요청했습니다. 조지는 멈춰 서서 치료사를 바라보며 말했습니다. "멈춰야 합니다. 선생님을 죽이고 싶어지니까요." 치료사는 조지의 가장 큰 두려움이 민간인을 죽일 정도로 자극되는 것임을 알았습니다. 치료사는 조지에게 말했습니다. "조지, 당신은 멈출 수 있고, 멈췄을 때 신체에서 어떤지 알아차릴 수 있습니다." 조지는 놀란 표정으로 자신의 몸을 탐색했고 떨림과 강한 열감(방출 감각)을 느끼기 시작했습니다. 치료사는 그의 주의를 그 방출 감각들로 이끌었습니다. 조지는 깊이 숨을 들이쉬고 조용히 울기 시작했고, 이어 "나는 멈췄고, 멈출 수 있다"라고 반복했습니다. 현재 순간에서 새로운 의미가 떠오르자 치료사는 그가 그 말을 반복하며 자신의 몸을 느껴보도록 안내했고, 조지는 "2003년 이후 처음으로 내 몸 안에서 안전함을 느낍니다"라고 말했습니다.

복합 외상

현역 및 참전 군인이 복합 외상을 가지고 있거나 아동기나 발달기에 외상을 겪은 경우, 자신의 신경계를 탐색하고 내면에서 중립적이거나 편안한 감각을 찾기까지 꽤 오랜 시간이 걸릴 수 있습니다. 한 여성 참전 군인은 회복력 영역의 개념을 배우던 중 이렇게 물었습니다. "만약 제가 한 번도 회복력 영역에 있어본 적이 없다면요?" 그녀는 아동기 성학대와 군 복무 중 성폭력 및 성희롱을 모두 경험한 사람이었습니다. 초기에는 지금 도와줘 전략이 그녀에게 가장 큰 도움이 되었습니다. 고통스러운 감각에 압도되지 않으면서 활용할 수 있는 자원을 찾기 위해 여러 차례 시도해야 했습니다. 시간이 지나면서 그녀는 점차 내면의 중립적 감각을 알아차리기 시작했고, 회복력 영역 안에 머무는 경험을 할 수 있게 되었습니다.

내담자가 긍정적인 감각을 찾지 못할 때는 대신 중립적 감각에 주의를 두도록 격려하면 좋습니다. 시간이 흐르면 사람들은 중립적 감각을 탐색하고 인식하게 되며, 회복력 영역의 폭이 넓어집니다. 평생 신경계가 불균형 상태였던 이들은 중립적이거나 편안한 감각을 경험하기까지 더 오랜 시간이 걸릴 수 있습니다. 몸이 차분해지는 경험이 '위험'과 결합되어 있는 경우, 안정화가 오히려 역설적인 반응을 일으키기도 합니다. 상급 장교에게 성희롱을 당한 한 여성 내담자가 그러했습니다. 그녀는 아동기에 야간 성폭력도 겪은 적이 있어,

몸이 차분해지기 시작하면 오히려 하이존 영역으로 치솟곤 했습니다.

　외상 경험의 생물학적 기제를 이해시키는 심리교육은 그녀의 신경계에서 일어나는 변화를 설명하는 데 결정적인 역할을 했습니다. 시간이 흐르면서 그녀는 웰니스 기술과 트라우마 리질리언스 모델 기반 외상 재처리 과정을 통해 과거에 얽힌 실타래를 풀듯이, 내면의 평온을 더 자주 느끼게 되었습니다.

하이존·로우존 영역에 갇힌 상태

　하이존에 갇힌 사람은 회복력 영역에 있을 때라면 결코 하지 않았을 행동을 저지를 수 있습니다. 이를 설명하는 유용한 비유가 있습니다. 시속 100마일로 이미 50마일을 달려간 열차를 멈추는 것보다, 플랫폼을 떠나기 전에 멈추는 것이 훨씬 쉽다는 것입니다. 목표는 자신의 신경계를 탐색하고, 웰니스 기술 중 하나를 활용해 신경계가 '역을 떠나지 않게' 개입하는 것입니다. 어떤 사람들은 로우존에 갇혀 있고, 또 어떤 사람들은 두 영역을 오가며 반응합니다. 로우존 영역에 갇히면 마치 끈적한 당밀 위를 걷는 듯한 느낌을 받습니다. 결국 모든 일이 버겁게 느껴져서 에너지가 고갈됩니다. 하이존 상태에 갇혔을 때 지금 도와줘 전략이 도움이 되듯, 로우존 상태에서도 이 도구들은 유용하게 작용합니다. 로우존에 머무는 참전 군인이나 현역 군인에게 치료사는 자리에서 일어나 걷도록 하면서 팔과 다리의 움직임, 발이 바닥에 닿는 감각을 느껴보도록 초대할 수 있습니다. 벽이나 문을 밀어보게 하는 것도 좋습니다. 큰 근육과 관절을 움직이게 돕는 어떤 활동이든, 신경계를 활성화하고 다시 회복력 영역으로 돌아오도록 하는 데 도움이 됩니다.

경직 반응 다루기

경직(freeze) 반응은 참전·현역 군인에게 흔히 나타나며, 특히 군내 성폭력(Military Sexual Trauma)을 경험한 이들에게서 자주 관찰됩니다. 전투 중 경직 반응을 경험한 경우, 극심한 수치심에 사로잡힐 수 있습니다. 군은 전투 상황에서 두려움을 억누르도록 훈련하지만, 그럼에도 불구하고 경직이 일어날 수 있습니다. 경직으로 인해 다른 전우가 부상하거나 심지어 사망에 이를 수 있어, 이를 경험한 많은 사람은 깊은 자책과 고통을 겪습니다. 또한 전투 중 경직을 경험한 이들 가운데는 아동기 외상을 함께 겪은 이가 많은데, 아동기 외상 경험자는 흔히 경직 반응을 보이므로 극도의 공포가 과거 외상과 결합되어 경직을 촉발할 수 있습니다. 앞 장들에서 논의했듯이, 경직 반응을 다루는 일은 매우 도전적일 수 있습니다.

한 여성 참전군인의 사례를 소개합니다. 그녀는 잠든 사이에 성폭행을 당했고, 자신을 강하고 어려운 상황을 잘 견뎌온 사람으로 여겨왔기 때문에 경직 반응을 보인 자신에게 크게 실망해서 나약하다고 느끼고 있었습니다. 치료사는 경직 반응의 개념을 설명했고, 사건 당시 그녀가 깊이 잠들어 있었기 때문에 방어 행동을 취할 시간이 없었다는 점을 확인했습니다. 트라우마 리질리언스 모델과 커뮤니티 리질리언스 모델의 웰니스 기술이 그녀의 몸에 잘 자리잡았음을 확인한 뒤, 치료사는 그 외상 기억 작업을 시작했습니다. 세션은 생존의 순간에 대한 질문으로 시작되었습니다. "언제부터 이 일을 견뎌낼 수 있다고 알게 되었나요? 누가 당신의 생존을 도왔나요?"
생존의 이야기가 신체 감각단계까지 연결되자 그녀는 사건을 이야기하기
시작했습니다. 이야기하는 도중 그녀는 갇혀 움직일 수 없는 느낌과 차가
움, 섬뜩한 고요함을 보고했습니다.

치료사는 몸 안에서 아주 조금이라도 움직일 수 있는 곳이 있는지 탐색
하도록 안내했습니다. 그곳에 집중하자 그녀의 몸은 점차 따뜻해지고 열감
이 늘어났습니다. 회복을 위해 잠시 멈추어 충분한 시간을 주고 기억을 진
정과 적정화로 다루었습니다. 치료 작업이 천천히 진행되는 동안 그녀는
따끔거림과 열감 같은 감각을 계속 느꼈습니다. 치료사는 그녀의 발에서
일어나는 움직임에 주의를 돌리게 하고, 발이 원하면 어떤 동작이든 하도록
안내했습니다. 그녀는 "안전한 곳으로 달리고 싶다"고 말했습니다. 그러나
"군인은 도망치지 않는다"라는 신념 때문에 갈등을 느꼈고, 치료사는 이것
이 실제로 도망가겠다는 뜻이 아니라 몸에 갇힌 에너지를 방출하는 과정임
을 설명했습니다.

그녀는 손을 움켜쥐었고, 치료사가 주먹이 무엇을 하고 싶어 하는지 물
었을 때 "그 자식을 때리고 싶다"라고 답했습니다. 치료사는 원하는 대로
움직이게 했고, 허공에 주먹을 휘두르는 동안 그녀는 계속해서 방출 감각을
경험했습니다. 그러면서 새로운 의미가 떠올랐고, 그녀는 말했습니다. "이
건 내 잘못이 아니야. 잠든 나를 공격한 그는 가해자이고 비겁한 녀석이
야." 치료사는 그 말을 하며 떠오르는 감각을 알아차리도록 도왔고, 그녀는
깊게 숨을 쉬며 "이제 이 일을 뒤로할 수 있을 것 같다"라고 말했습니다.
그 새로운 의미는 신체 감각에 연결되었기에 계속 방출 감각을 보고했고,
깊은 숨을 들이쉬며 "나는 살아남았다!"라고 선언하며 자신의 내면 깊은
곳에서 힘을 느꼈습니다.

세션 마무리

세션을 마칠 때는 아직 다 처리되지 않은 부분이 남아 있을 수 있다는 사실을 치료사도 인지해야 합니다. 따라서 매 세션의 마지막에는 반드시 웰니스 기술을 다시 활용하여 신경계를 안정시키는 과정으로 마무리합니다. iChill 앱은 재향군인처의 여성 참전 군인들이 "세션과 세션 사이에도 스스로를 돌볼 수 있는 도구가 필요하다"라고 요청한 결과 트라우마 자원 연구소가 직접 개발했습니다. 치료사는 내담자에게 세션 외 시간에도 iChill 앱을 활용하여 스스로의 회복력 영역을 유지하도록 안내할 수 있습니다.

결론

1차·2차 세계대전에 복무한 가족을 둔 여성이지만 우리는 직접 복무한 적이 없기 때문에, 군 생활의 모든 내막을 완전히 이해하고 있었던 것은 아니었습니다. 그러나 현역 및 참전 군인들이 우리에게 많은 것을 가르쳐 주었습니다. 때로는 우리가 전쟁과 살상의 경험을 진정으로 감당할 수 있는지 시험받기도 했습니다. 그럼에도 우리는 많은 것을 바친 이들을 돕는 영광을 누렸습니다. 우리는 트라우마 리질리언스 모델의 온화하고 세심한 접근이 신경계를 다시 조절 상태로 되돌릴 수 있다는 점을 확인했습니다. 무엇보다도, 외상적 경험의 단서가 떠올랐을 때 사람들이 고통의 감각에서 벗어나, 웰빙과 회복력에 연결된 감각으로 주의를 옮길 수 있다는 사실을 눈으로 직접 확인했습니다.

군인, 제니퍼(Jennifer)는 이라크에 두 차례 파병 다녀왔습니다. 첫 번째 파병 중 그녀는 군 내 괴롭힘을 당했으며, 이 경험으로 아동기 성폭력의 기억을 다시 떠올리게 되었습니다. 두 번째 파병 이후 그녀는 극심한 자살 충동에 시달렸고, 회복하기 위해 여러 시도를 했지만 치유하기에는 역부족이었습니다. 그녀는 유서를 남기고 자살 계획까지 세웠습니다. 그러던 중 군 복무 경험자와 함께 일한 적이 있는 치료사를 찾아가 보기로 결심했습니다. 그곳에서 그녀는 커뮤니티 리질리언스 모델의 웰니스 기술과 자신의 증상 이면에 있는 신경과학적 원리를 배웠습니다. 그녀는 자신이 회복력 영역을 인식하지 못하고 있었다는 사실을 깨달았습니다. 또한 자신의 가장 어두운 순간들이 하이존이나 로우존에 머물렀을 때였음을 자각했습니다. 웰니스 기술을 꾸준히 연습하면서 그녀는 점차 회복력 영역에 접근할 수 있게 되었고, 자살 사고는 점차 줄어들다가 마침내 사라졌습니다. 그녀는 자신의 반응을 '나약함'이 아니라 '생물학적 반응'으로 이해하게 되었고, 그 깨달음이 새로운 삶의 전환점이 되었습니다. 이제 제니퍼는 더 이상 자살 충동을 느끼지 않으며, 다시금 내적 평정을 되찾았습니다. 현재 그녀는 현역 및 참전 군인을 위해 봉사하는 커뮤니티 리질리언스 모델 지도자로 활동하며, 자신이 배운 회복의 기술을 다른 이들과 나누고 있습니다.

참고문헌

Blimes, L. (2021). *The Long Term Costs of US Veterans of the Afghanistan and Iraq Wars, 20 Years Cost of War Research Series*. Watson Institute for International and Public Affairs, Brown University.

Grabbe, L., Higgins, M., Baird, M., Craven, P., & Fratello, S. (2020). "The Community Resiliency Model® to promote nurse well-being." *Nursing Outlook*, 68(3), 324–336. https://doi.org/10.1016/j.outlook.2019.11.002

Institute of Medicine. (2014). *Treatment for Posttraumatic Stress Disorder in Military and Veteran Populations: Final Assessment*. Washington, DC: National Academies Press (US). https://doi.org/10.17226/18724

Kessler, R. C., Heeringa, S. G., Stein, M. B., et al. (2014). "Thirty-day prevalence of DSM-IV mental disorders among non-deployed soldiers in the U.S. Army." *JAMA Psychiatry*, 71(5), 504–513. https://doi.org/10.1001/jamapsychiatry.2014.28

Lewei, A. L., Peltzman, T., McCarthy, J. E., et al. (2019). "Changing trends in opioid overdose deaths and prescription opioid receipt among veterans." *American Journal of Preventive Medicine*, 57(1), 106–110. https://doi.org/10.1016/j.amepre.2019.02.019

Nelson, S. M., Mach, J. J., Hein, T. C., Abraham, K. M., Jedele, J. M., & Bowersox, N. W. (2021). "Access to timely mental health care treatment initiation among Veterans Health Administration patients with and without serious mental illness." *Psychological Services*. Advance online publication. https://doi.org/10.1037/ser0000534

Purcell, N., Sells, J., McGrath, S., et al. (2021). "Then COVID happened: Veterans' health, wellbeing, and engagement in whole health care during the COVID-19 pandemic." *Global Advances in Health and Medicine*, 10, 1–15. https://doi.org/10.1177/21649561211053828

Silver, S. M., & Rogers, S. (2002). *Light in the Heart of Darkness: EMDR and the Treatment of War and Terrorism Survivors*. New York: W. W. Norton & Company.

Teeters, J. B., Lancaster, C. L., Brown, D. G., & Back, S. E. (2017). "Substance use disorders in military veterans: Prevalence and treatment challenges." *Substance Abuse and Rehabilitation*, 8, 69–77. https://doi.org/10.2147/SAR.S116720

Tick, E. (2005). *War and the Soul: Healing Our Nation's Veterans from Post-Traumatic Stress Disorder*. Wheaton, IL: Quest Books.

U.S. Census Bureau. (2020). *Veterans Report*. https://www.census.gov/newsroom/press-releases/2020/veterans-report.html

U.S. Department of Housing and Urban Development. (2022). Press release HUD No. 22-022. https://www.hud.gov/press/press_releases_media_advisories/hud_no_22_022

Williamson, V., Murphy, D., Phelps, A., Forbes, D., & Greenberg, N. (2021).

"Moral injury: The effect on mental health and implications for treatment." *The Lancet Psychiatry*, 8(6), 453-455. https://doi.org/10.1016/S2215-0366(21)00113-9

14장 　　중독, 의존, 그리고 약물 사용 장애

일레인 밀러-카라스·제시카 카라스 워터슨

　　이 장은 중독(addiction) 전반을 포괄적으로 다루기보다는, 트라우마 리질리언스 모델과 커뮤니티 리질리언스 모델이 중독의 치료와 관리 과정에서 어떻게 도움이 될 수 있는지를 이해하기 위해 알아두어야 할 기본 용어와 중독의 신경생물학적 핵심 요소를 중심으로 살펴봅니다.

　　이 장에서는 다음 내용을 다룹니다.

1. 트라우마 리질리언스 모델과 커뮤니티 리질리언스 모델이 약물 사용, 오용, 중독 문제에 직면한 개인을 어떻게 지원할 수 있는지 설명합니다.
2. 약물 사용, 오용, 중독으로 인해 사회가 직면하는 문제를 설명합니다.
3. 팬데믹이 약물 사용, 오용, 중독 문제를 겪는 개인과 가족에게 어떤 영향을 미치는지 설명합니다.
4. 트라우마 리질리언스 모델과 커뮤니티 리질리언스 모델의 웰니스 기술을 동기강화상담(Motivational Interviewing)과 변화단계 이론(Stages of Change Theory)에 어떻게 통합할 수 있는지 설명합니다.

5. 라이프 케어 스페셜리스트(Life Care Specialists)라는 혁신적인 예방 프로그램을 설명합니다.

용어 정의

중독 상태에 있는 사람은 가족, 사회적 관계망, 직장에서의 의무를 수행하는 데 어려움을 겪습니다. 미국중독의학회(American Society of Addiction Medicine, 2022)는 중독을 "뇌 회로, 유전, 환경, 개인의 삶의 경험 간의 복잡한 상호작용을 포함하는, 치료 가능한 만성 의학적 질환"으로 정의합니다. 중독을 겪는 사람들은 해로운 결과가 뒤따름에도 불구하고 반복적이고 강박적으로 약물을 사용하거나 특정 행동에 참여하게 됩니다.

의존(Dependence)은 약물에 대한 신체적 의존 상태를 의미하며, 내성(tolerance)과 금단(withdrawal) 증상으로 특징지어집니다. 그 결과, 개인은 동일한 효과를 느끼기 위해 점점 더 많은 용량의 약물을 복용해야 합니다. 만약 갑자기 약물 사용을 중단하면, 신체가 더 많은 약물을 갈망하기 때문에 급성 금단 증상을 경험하게 됩니다. 중독과 마찬가지로, 의존은 만성적인 약물 사용에서 비롯됩니다.

약물 사용장애(Substance Use Disorder, SUD)란 쿠브와 볼코우(Koob & Volkow, 2010)에 따르면 상당한 해로움과 부정적 결과에도 불구하고 알코올을 포함한 약물을 지속적으로 사용하는 상태입니다. 약물 사용장애는 통제력 상실, 대인관계의 긴장, 위험한 사용, 내성, 금단 등과 관련된 문제를 일으킬 수 있는 정신적·신체적·행동적 증상의 복합체로 특징지어집니다. 이 용어인 SUD는 2013년부터 이러한 상태를 지칭하는 과학적 표준 용어로 사용되고 있습니다.

서론

트라우마 리질리언스 모델과 커뮤니티 리질리언스 모델의 웰니스 기술은 중독 치료 프로그램, 지역사회 기반 예방 사업, 개인 심리치료 작업과 쉽게 통합할 수 있습니다. 전통적인 중독 치료 접근법에는 인지 기반 심리중재뿐 아니라 마음챙김, 변증법적 행동치료(DBT), SMART(Self-Management and Recovery Training) 회복 프로그램, 그리고 익명의 알코올중독자(Alcoholics Anonymous)와 익명의 마약중독자(Narcotics Anonymous) 같은 12단계 프로그램이 흔히 포함됩니다. 두 모델의 핵심 개념과 웰니스 기술을 함께 나누는 것은 문제적 행동이나 약물 사용장애를 겪는 사람들의 회복 여정에 도움이 되는 생물학적 접근을 제공합니다. 또한 다감각적 단서와 약물 사용을 촉발할 수 있는 환경 요인에 대한 교육 및 인식 개발은 기존의 치료 접근에 자연스럽게 통합될 수 있습니다.

커뮤니티 리질리언스 모델의 핵심 개념과 웰니스 기술을 조금만 접해도 강력한 효과가 나타날 수 있다는 사실은 린다 그래브(Linda Grabbe) 박사와 동료들이 수행한 연구가 보여주었습니다. 그래브 외(Grabbe et al., 2021)는 미국 남동부 지역의 경제적 취약 여성들을 위한 도시 약물치료센터에서 단 한 차례, 5시간짜리 커뮤니티 리질리언스 모델 워크숍을 실시했습니다. 연구진은 사전-사후 혼합 방법 설계를 사용하여 20명의 여성을 대상으로 웰빙, 신체 증상, 분노, 우울, 불안, 영성에 대한 데이터를 수집했습니다. 사후 검사 결과,

참가자의 분노·불안·신체 증상 완화에 상당히 강력한 실제 효과가 있는 것으로 나타났습니다. 웰빙은 체감 정도는 적으나 유의하게 향상되었습니다. 참가자들은 커뮤니티 리질리언스 모델의 기술과 개념이 유용했다고 보고했으며, 이를 타인과 나누어 사용함으로써 익명의 알코올중독자 모임과 같은 전통적 치료 방식에서 흔히 볼 수 있는 동료 간 지지(peer-to-peer support)의 가능성을 보여주었습니다. 연구진은 커뮤니티 리질리언스 모델을 중독 관련 대상자에게 적용 가능하며, 경제적이고 수용 가능한 유용한 훈련으로 결론지었습니다.

문제 제기

아동기 부정적 경험(2장 ACEs 참조)은 알코올, 도박, 비디오게임, 쇼핑, 성행동 등의 의존과 중독에도 밀접한 관련성이 있습니다. 도파민 보상체계 등 신경생물학적 조절 불균형은 문제적 도박, 게임, 쇼핑 행위에서 발견되었으며, 행동 중독과 약물 중독 모두에서 의사결정 결핍과 보상 지연의 어려움 등 유사한 집행 기능 장애가 나타납니다(미국 공중보건국장 보고서, 2016).

약물로 인한 사망으로 고통받는 가족과 지역사회 구성원의 수는 헤아리기 어려울 정도로 많습니다. 새드(Saad, 2019)가 보고한 갤럽 조사에 따르면, 미국 가정의 거의 절반(46%)이 가족 내 약물 오용 문제를 경험했습니다. 인종이나 성별에 따른 차이는 거의 없었으며, 18%는 알코올 오용, 10%는 약물 오용, 또 다른 18%는 두 가지 모두를 경험했다고 응답했습니다.

다글라스(Daglis, 2021)는 팬데믹 기간 동안 인터넷, 게임, 도박, 각종 약물, 알코올, 포르노그래피 등 다양한 중독이 증가했다고 보고했습니다. 아베나 외(Avena et al. 2021)는 팬데믹으로 인한 스트레스, 불안, 고립, 그리고 치료 및 회복 프로그램의 중단이 약물 오용, 중독, 재발 가능성을 높일 수 있다고 밝혔습니다.

미국 내 약물 오용, 오피오이드 사용장애, 약물 사용장애로 인한 사망 규모는 충격적입니다. 과도한 알코올 사용은 매년 95,000명 이상(하루 평균 261명)의 사망을 초래하며, 이는 사망자의 평균 기대수명을 약 29년 단축시켜 총 280만 년의 잠재적 생존 연수를 잃게 합니다. 미국 질병통제예방센터(Centers for Disease Control and Prevention, CDC)의 잠정 통계에 따르면, 2021년 4월까지의 12개월 동안 미국 내 약물 과다복용 사망자는 약 100,306명으로, 전년도 같은 기간(78,056명) 대비 28.5% 증가했습니다. 이 중 오피오이드 관련 과다복용 사망자는 전년 56,064명에서 75,673명으로 급증했습니다(CDC, 2021a, 2021b).

생물학적 요인

PTSD와 약물 사용장애는 자주 동반됩니다. 약물 사용장애 환자의 평생 PTSD 유병률은 26~52%로 추정되며, 현재 PTSD 유병률은 15~42% 사이로 보고됩니다. PTSD 진단을 받은 사람들 중 약물 남용의 공존율은 19~35%, 알코올 남용의 공존율은 36~52%로 추정됩니다(Roberts et al., 2015). PTSD와 중독 사이에는 인과적 관계가 존재한다는 강력한 근거가 있습니다(Chilcoat et al., 1998).

PTSD와 약물 사용장애의 관계는 비교적 명확하게 이해할 수 있습니다. PTSD 증상을 겪는 일부 사람들은 심각한 신체적 부상을 입은 사건을 경험했으며, 의료진이 처방한 오피오이드 진통제로 치료받는 경우가 많습니다. PTSD와 약물 사용장애를 동시에 치료하면, 두 상태에서 모두 나타날 수 있는 생리적·정서적 각성에 대응할 수 있는 추가적 도구를 내담자에게 제공할 수 있습니다.

교감신경계 과각성(sympathetic nervous system hyperarousal)은 PTSD의 주요 증상 중 하나로, 외상 경험의 다감각적 단서에 의해 신체가 갑작스럽게 고경계 상태로 전환될 때 발생합니다. 실제 위험이 존재하지 않더라도, 신체는 마치 위협이 실재하는 것처럼 반응하여 외상 사건 이후에도 지속적인 스트레스를 유발합니다(자세한 내용은 5장의 HPA 축[HPA-Axis] 설명 참조). 또한 약물 사용과 오용의 생물학적 측면 역시 불안과 스트레스 반응을 유발하여 교감신경계 과각성을 초래할 수 있습니다. 이러한 과각성 상태에 있을 때, 개인은 부교감 반응을 유도하기 위해 갈망(craving)을 충족하려는 행동을 하게 됩니다. 신체적·정서적 고통을 겪는 많은 사람들은 고통을 줄이고 안정된 상태의 감각을 느끼기 위해 약물이나 특정 행동에 의존합니다.

트라우마 리질리언스 모델과 커뮤니티 리질리언스 모델의 언어로 표현하자면, 개인이 회복력 영역 밖, 즉 하이존이나 로우존 상태에 너무 오래 머물면 삶은 견디기 어려워지고, 사람들은 일시적 안도감을 주지만 결국 오용과 중독으로 이어질 수 있는 다양한 탈출구 - 약물이나 행동 - 를 찾게 됩니다.

파슨스와 허드(Parsons & Hurd, 2015)는 신경적응(neuroadaptation)을 "신체가 화학물질의 존재에 적응하여 정상적으로 기능하려는 과정"으로 설명합니다. 약물이나 알코올을 사용하는 사람의 경우, 이러한 신경적응은 시간이 지남에 따라 내성과 오용으로 발전할 수 있습니다. 신경적응은 뇌 기능에 영향을 미치며, 통제된 간헐적 사용에서 만성적 오용으로 전환되는 과정의 핵심적 생리적 변화입니다. 즉, 이는 신체가 항상성을 유지하기 위해 발생시키는 생리학적 조정 과정입니다.

미국 공중보건국장 보고서(The U.S. Surgeon General's Report, 2016)는 약물 사용장애에 핵심적으로 관여하는 세 가지 뇌 영역 - 기저핵(basal ganglia), 확장 편도체(extended amygdala), 전전두엽(prefrontal cortex) - 을 설명했습니다. 기저핵은 약물 사용으로 인한 보상감과 쾌락감을 조절하며, 동시에 습관적 약물 사용의 형성에도 관여합니다. 확장 편도체는 스트레스와 불안, 그리고 약물 금단 시 동반되는 과민함과 관련이 있습니다. 전전두엽은 5장에서 자세히 다루듯, 집행기능(executive functioning)을 담당하며, 이는 사고와 행동을 명확하고 집중된 방식으로 조직하고, 약물을 사용할지 말지를 통제하는 능력을 포함합니다(Parsons & Hurd, 2015).

기저핵은 뇌 깊은 곳에 위치한 일련의 구조로, 신체 움직임을 조정하고 일상적 행동을 학습하며 습관을 형성하는 데 중요한 역할을 합니다. '습관 회로(habit circuitry)'가 반복적으로 활성화되면, 중독에 수반되는 강박적 약물 추구 및 사용 행동이 강화됩니다. 이 습관 회로는 중독자가 환경 속에서 약물 사용과 관련된 단서(cues)에 노출될 때 나타나는 강한 갈망과 통제 불가능한 충동을 설명합니다. 이러한 단서는 외적 단서(external cues)와 내적 단서(internal cues)로 구분됩니다.

외적 단서는 특정 노래, 냄새, 장소, 사람 등으로, 과거 약물 사용

경험과 연결된 환경 자극일 수 있습니다. 내적 단서는 심박수 증가, 호흡 가속, 위의 불편감, 근육 긴장 등 신체 내부의 생리적 반응을 포함합니다. 커뮤니티 리질리언스 모델과 트라우마 리질리언스 모델의 웰니스 기술은 이러한 외적·내적 다감각적 단서(multisensory cues)를 식별하도록 돕습니다. 개인이 이 단서들에 연결된 불편한 신체 감각을 인식하게 되면, 의도적으로 편안하거나 중립적인 감각에 주의를 전환할 수 있습니다.

우리는 두 모델의 웰니스 기술 중 하나를 활용하여 신경계의 조절 상태를 회복할 수 있으며, 이를 통해 약물을 사용하고자 하는 강박적 충동을 진정시킬 수 있습니다. 충분한 연습을 거듭하면, 새로운 신경 경로와 습관이 형성되어 단서의 강도가 약화되거나, 때로는 완전히 사라질 수도 있습니다. 다음 사례는 두 모델의 웰니스 기술의 강력한 효과를 보여주는 예시입니다.

만성 통증과 중독을 다루는 입원형 치료 프로그램(residential treatment program)에서 근무할 때, 저각성(hypoarousal)과 과각성(hyperarousal) 상태에 있는 내담자를 치료하는 것은 매우 흔한 일이었습니다. 그중 한 사례는 지지(Gigi)라 부르는 30대 초반의 여성으로, 알코올과 코카인 중독으로 치료를 받으러 온 사람이었습니다. 그녀는 중독이 직장 생활과 대인관계에 심각한 지장을 주고 있다는 이유로 치료에 참여했습니다. 지지는 아동기 부정적 경험(ACEs) 점수가 높았으며, 14세 때부터 여러 차례 치료를 받고 중단하기를 반복했습니다. 그녀는 충동적이었고, 하이존과 로우존 사이를 오고가곤 했습니다.

지지는 종종 고위험 성행위를 즐겼고, 밤새 파티를 즐기느라 늘 출근이 늦었습니다. 코카인의 각성 효과를 가라앉히기 위해 알코올을 마셨으며,

자신의 감정과 행동을 조절할 건강한 대처 기술(coping skills)이 부족했습니다. 첫 세션부터 세 번째 세션까지, 지지에게는 신경계의 세 영역(과각성, 저각성, 회복력 영역)과 함께 세 가지 기본 기술 – 탐색하기, 자원화, 접촉하기에 대한 심리교육이 제공되었습니다. 그녀는 특히 탐색하기 기술이 삶을 바꾼 경험이었다고 표현했습니다. 이전까지 지지는 자신의 감정과 행동을 통제할 수 없다고 느꼈고, 약물을 사용할 때 저지른 일들에 대해 종종 후회하곤 했습니다. 그러나 몸속에서 느껴지는 편안한 감각, 불편한 감각, 그리고 중립적인 감각을 구분하여 연결하기 시작하면서, 그녀는 자신의 신체 감각을 읽는 새로운 자각을 갖게 되었습니다. 탐색하기 기술을 통해 지지는 "내가 주의를 어디에 둘지를 선택할 수 있다"라는 역량감(empowerment)을 느꼈다고 보고했습니다.

그녀는 이제 자신의 몸 안에 존재하는 또 다른 감각의 세계를 이해할 수 있는 도구를 갖게 된 것이었습니다. 그녀는 하이존이나 로우존 상태로 빠지기 직전 몸에서 나타나는 특정 감각들을 자각할 수 있었습니다. 이를 인지하게 되자, 지지는 다른 웰니스 기술들을 함께 적용하여 회복력 영역 안에 머무르거나, 혹은 그 영역 밖에 너무 오래 머물렀을 때 다시 돌아오는 방법을 배울 수 있었습니다.

확장 편도체는 정서와 스트레스와의 연관성 때문에 중독에서 중요한 역할을 합니다. 기저핵 아래에 위치한 연장된 편도체와 그 하위 영역은 뇌의 스트레스 반응 – 즉 '투쟁-도피(fight or flight)' 생존 네트워크와 불안·과민 같은 정서 반응 – 을 조절하는 데 관여합니다(Parsons & Hurd, 2015). 연장된 편도체가 내적 또는 외적 위협으로 활성화되면, 우리는 불안과 예민함을 '지각된 감각(felt sense)'을 통해 경험하게 됩니다. 이러한 스트레스 반응에서 비롯된 감각을 줄이려는 시도가 중독 행동으로 이어지기도 합니다.

트라우마 리질리언스 모델의 트라우마 재처리 기술은 특히 외상 경험으로 인해 억제되거나 미완으로 남은 투쟁·도피 생존 반응을 다루는 데 초점을 둡니다. 두 모델의 웰니스 기술을 치료 프로그램에 통합하면, 접근성과 활용성이 높아 회복 과정에 진입하는 내담자를 추가적으로 지원할 수 있습니다. 고통의 감각(distress sensations)과 웰빙의 감각(sensations of well-being)을 구분하는 법을 배우면, 우리는 약물이나 문제적 행동에 의존하지 않고도 신경계를 안정화 시킬 수 있습니다. 이는 앞서 제시된 '지지(Gigi)' 사례에서도 확인됩니다. 또한 두 모델의 웰니스 기술은 불안과 우울을 통계적으로 유의미한 수준에서 감소시키는 효과가 있음이 보고되었습니다(Grabbe et al., 2020).

확장 편도체는 기억 형성에서도 중요한 역할을 합니다. 우리 뇌가 웰빙 또는 고통과 관련된 기억을 구성할 때, 그 기억을 형성하는 다양한 요소 – 당시 경험한 감각과 정서 – 를 함께 처리합니다. '단서 예측(cue anticipation)'이란, 갈망을 유발할 수 있는 환경적 단서를 의미합니다. 이러한 갈망은 약물 사용 또는 오용으로 이어질 뿐 아니라 재발의 원인이 되기도 합니다. 이러한 단서들은 일반적으로 재발 유발 요인이라 불리며, 사고와 감정뿐 아니라 신체 감각도 포함합니다.

트라우마 리질리언스 모델과 커뮤니티 리질리언스 모델은 생각과 감정에 연결된 감각을 탐색하는 데 초점을 두므로, 재발 단서와 연결된 감각적 신호를 식별하도록 돕습니다. 이러한 단서들은 종종 의식되지 않은 채 작동하지만, 감각적 자각을 통해 탐지될 수 있습니다. 재발 단서는 생각과 감정뿐 아니라 감각에 의해서도 유발됩니다. 이처럼 확장된 감각 정보는 개인에게 새로운 자각을 제공합니다. 이러한 자각은 그가 주의를 어디에 둘지 선택할 수 있는 능력을 가능하게 합니다. 즉, 충동에 연결된 감각이 아니라 두 모델의 웰니스 기술을 통해 웰빙을 기르는 편안하거나 중립적인 감각에 주의를 둘 수 있게 됩니다. 우리는 이러한 반복적 연습이 새로운 신경 연결을 형성하고, 재발을 유발하는 요인들의 강도를 줄일 수 있다고 할 수 있습니다.

편도체는 정서적 기억을 형성하는 역할을 하며, 이는 개인이 약물 사용을 줄이거나 중단하려는 노력을 방해하는 단서와 깊이 관련되어 있습니다. 뇌는 약물 사용이나 중독적 행동에서 경험한 쾌락적 기억과 단서들을 연계시킵니다. 약물 사용이 반복될수록, 이 단서들과 연결된 정서적 기억 회로(emotional memory circuits)는 더욱 강화됩니다. 한편, 부정적 정서 기억은 금단과정에서 중요한 역할을 합니다. 금단이 시작되면, 신체는 불쾌한 다감각적 기억을 다시 활성화합니다. 따라서 중독의 초기 단계에서는 약물의 쾌락적 경험이 반복 사용의 동기가 되고, 후기 단계에서는 금단 증상이 완화될 때의 안도감이 약물 사용을 반복하게 만드는 동기로 작용합니다. 이처럼 '과활성화된 뇌의 스트레스 체계(overactive brain stress systems)'가 부정적 정서를 유발하면, 그로 인한 불쾌감으로부터 벗어나기 위해 약물 및 알코올 탐색 행동이 강화됩니다. 파슨스와 허드(Parsons & Hurd, 2015)는 확장 편도체 내의 '신경 적응(neuroadaptations)'이 중독에서 스트레스 반응성 증가와 부정적 정서 상태에 기여한다고 설명합니다. 따라서 만약 과활성화된 뇌의 스트레스 체계가 약물 탐색 행동을 유발한다면, 두 모델의 웰니스 기술을 통해 스트레스에 대한 적응적 반응을 배울 수 있습니다. 이러한 기술 학습은 재발 방지를 돕는 심리적·생리적 도구(toolbox)를 확장시키는 데 기여할 수 있습니다.

전전두엽은 뇌의 복잡한 신경 네트워크의 일부로, 집행 기능으로 불리는 고차원의 인지 과정을 담당합니다. 여기에는 사고와 활동을 조직하는 능력, 과제의 우선순위를 정하는 능력, 시간 관리, 의사결정, 자신의 행동·감정·충동을 조절하는 능력 등이 포함됩니다. 마한과 레슬러(Mahan & Ressler, 2012)는 확장 편도체를 관장하는 전전두엽의 조절 기능 약화가 PTSD를 가진 사람들에게서 특히 두드러진다고 보고했습니다. '내수용 인식(interoceptive awareness)' 즉, 첫 번째 웰니스 기술인 탐색하기를 통해 재발과 관련이 있는 신체 감각을 읽는 법을 배우면, 개인이 스트레스와 사용 욕구를 줄이는 방법을 익힐 수 있습니다. 또한 여섯 번째 웰니스 기술인 주의전환하여 머물기는 웰빙과 연관이 있는 신체 감각으로 주의를 전환할 수 있습니다. 반복 연습을 통해 이러한 감각 전환은 재발과 연결된 감각을 억제할 수 있습니다.

리처드(Richard)는 51세의 남성으로, 아내를 암으로 잃은 뒤 과음과 공황발작을 겪기 시작했습니다. 그는 상실감, 과도한 음주, 공황발작을 다루는 기술을 배우기 위해 치료 받으러 찾았습니다. 초기 세 번의 세션 동안 여섯 가지 웰니스 기술이 모두 소개받았습니다. 치료 초반, 우리는 신경계에 대한 심리교육과 함께 회복력 영역, 하이존, 로우존의 개념을 다루었습니다. 리처드는 자신의 불안을 줄이기 위해 알코올에 의존하고 있다는 사실을 자각했습니다. 그 과정에서 그의 몸에서 불편한 신체 감각의 연쇄 반응을 일으키는 환경적 단서도 밝혀졌습니다. 정서적으로 그는 아내와 함께 살던 집에 머무는 것이 힘들다고 느꼈지만, 탐색하기를 배우기 전까지는 그것이 자신의 감각 수준에서 어떤 영향을 주는지 명확히 인식하지 못했습니다. 결국, 그의 공황발작이 집 안에 있을 때만 발생한다는 사실이 드러났습니다. 그는 아내의 물건들이 다감각적 단서로 작용해, 불쾌한 기억을 떠올리고 공황을 유발하며, 결국 불안을 해소하려는 시도로 과음을 하게 된다는 것을 깨달았습니다.

시간이 지나면서 리처드는 집에 있을 때 자신의 몸에서 일어나는 신체적 반응을 추적할 수 있게 되었습니다. 그는 '전환하여 머물기' 기술을 사용하여 불편한 감각을 인식하고, 몸에서 더 편안하게 느껴지는 부위로 주의를 전환한 뒤 그곳에 머물렀습니다. 이를 위해 그는 집 안에서 자신이 평온함을 느끼는 장소를 찾아 활용했습니다. 또한 자원화 기술을 통해 즐거운 기억과 연결된 장소를 집 안에서 찾아냈습니다. 몸 안에서 불편한 감각이 쌓이기 시작할 때마다, 그는 그 장소로 이동해 고통의 감각을 누그러뜨렸습니다. 그 결과, 시간이 흐르면서 리처드는 음주량을 줄이고, 공황발작이 감소하며, 우울감이 완화되는 변화를 경험했습니다.

커뮤니티 리질리언스 모델과 트라우마 리질리언스 모델의 혁신: 동기강화상담과 변화단계 이론의 통합

동기강화상담 역시 트라우마 리질리언스 모델과 커뮤니티 리질리언스 모델처럼 '비판단적 접근(nonjudgmental approach)'을 지지하고 있습니다. 이러한 비판단적 태도는 내담자가 개인적 목표 실현을 방해해 온 양가감정을 해결하도록 돕습니다. 동기강화상담의 궁극적 목표는 내담자가 변화를 준비할 수 있는 상태를 증진시키는 것입니다. 밀러와 롤닉(Miller & Rollnick, 2002)에 따르면, 동기강화상담은 지식, 통찰, 기술, 올바른 사고, 혹은 동기를 외부에서 주입하려는 '결핍 모델(deficiency model)'에 기반하지 않습니다. 대신, 내담자 안에 이미 존재하는 동기와 성장 가능성을 스스로 발견하고 이끌어내도록 돕는 것이 그 목적입니다. 동기강화상담은 "내가 당신에게 필요한 것을 가지고 있다(I have what you need)"가 아니라 "당신 안에 필요한 것이 이미 있다(You have what you need)"라는 메시지를 전합니다.

동기강화상담은 공감적 이해와 수용과 변화를 촉진하는 핵심 요인으로 봅니다. 트라우마 리질리언스 모델 치료사와 커뮤니티 리질리언스 모델 지도자 또한 이와 유사한 강점 기반 관점을 공유합니다. 두 모델은 내담자가 웰빙의 감각에 주의를 집중하도록 도와, 그들이 회복력 영역으로 돌아올 수 있게 합니다. 회복력 영역 안에서 내담자는 변화의 걸림돌이던 양가감정을 보다 잘 다룰 수 있으며, 보다 적응적인 사고와 함께 삶의 도전에 대한 창의적 해결책을 만들어낼 수 있는 능력이 향상됩니다.

동기강화상담 전략은 처음에 중독 문제로 어려움을 겪는 개인을 돕기 위해 개발되었습니다. 밀러 외(Miller et al., 2002)는 "지식이 반드시 행동 변화로 이어지는 것은 아니다"라고 강조했습니다. 동기강화상담은 변화에 대한 내담자 자신의 논거를 탐색하는 과정을 포함하며, 두 단계로 구분됩니다. 첫 번째 단계는 변화를 위한 동기를 높이는 것, 두 번째 단계는 그 동기를 공고히 하는 것에 초점을 둡니다. 변화 과정에서 어려움이 발생할 때, 치료사는 동기강화상담 개입과 두 모델 기술을 결합하여 공감과 연민 어린 마음으로 내담자의 경험을 탐색할 수 있습니다. 동기강화상담과 두 모델은 공통적으로 다음과 같은 특징을 가집니다.

- 내담자가 자신의 문제를 인식하고 스스로 해결하도록 돕습니다.
- 지시(directive)가 아니라 안내(guide)합니다.
- 대립하지 않는 대화적 접근법으로 협업합니다.
- 문제적 중독 행동을 줄이거나 중단하는 과정에서 마주하는 도전에 대한 해결책을 탐색하도록 안내합니다.

내담자가 자신의 신경계를 읽어 자가 조절에 도움이 되는 감각을 식별할 수 있게 되면, 이는 웰빙감을 증진시킵니다. 신경계의 반응을 읽는 능력은 고통을 조절하고, 변화를 향한 동기와 연결된 감각을 보다 정확히 인식하도록 돕습니다. 또한, 대화 기반 자원화는 동기강화상담 개입에 손쉽게 통합될 수 있어, 내담자가 대화 속에서 스스로의 강점과 회복 자원을 발견하도록 지원합니다.

개입 효과는 다양한 집단을 대상으로 연구되어 왔습니다. 밀러와 롤닉(Miller & Rollnick, 2002)은 동기강화상담의 효과성을 다음과 같이 설명했습니다.

① 동기강화상담을 운영하는 상담자는 보다 지시적이거나 대립적인 상담 방식에 비해, 내담자에게서 더 많은 '변화 발화(change talk)'를 이끌어내고 저항(resistance)을 감소시켰습니다.
② 동기강화상담 과정 중 내담자가 변화에 반대하는 논거(저항)를 말로 표현하는 정도는 이후 행동 변화의 정도와 부적 상관 관계를 보입니다.
③ 동기강화상담 과정 중 내담자가 변화 발화(변화 찬성 논거)를 표현하는 정도는 이후 행동 변화의 정도와 정적 상관 관계를 보입니다.

보너트 외(Bohnhert et al., 2016)는 "동기강화상담에 기반한 단기 개입(brief intervention)이 치료법을 스스로 추구하지 않는 내담자에게서도 처방약 복용량을 줄이는 데 효과적이며, 특히 병원 환경에서 처방약 의존이나 문제적 사용을 보이는 개인에게 유의미한 효과를 보였다."라고 보고했습니다. 동기강화상담에 대한 근거가 축적됨에 따라, 동기강화상담은 다른 근거기반 치료와 결합된 개입으로도 자주 연구되었습니다.

캐롤 외(Carroll et al., 2001)는 다음과 같은 결과를 제시했습니다. 첫째, 동기강화상담 기법은 실제 임상 현장의 상담자에게도 교육되고 실천 가능합니다. 둘째, 한 회기의 동기강화상담 기법만으로도 단기적으로 강력하고 실용적인 효과를 보였으며, 해당 환자군의 재내원율을 두 배로 증가시켰습니다. 커뮤니티 리질리언스 모델은 동기강화상담에 쉽게 통합될 수 있으며, 단기 개입으로서의 접근성과 실용성 측면에서 MI와 높은 정합성을 가집니다.

동기강화상담 개념을 활용한 지지적 도움 환경 조성

트라우마 리질리언스 모델 치료사나 커뮤니티 리질리언스 모델 지도자는 동기강화상담의 개념을 다음 네 가지 영역에서 구체적으로 적용합니다.

① 공감의 표현(Expression of Empathy): 트라우마 리질리언스 모델 치료사와 커뮤니티 리질리언스 모델 지도자는 내담자의 경험을 보고(seeing), 고려하고(considering), 느끼고(feeling), 함께

나누는(sharing) 방식으로 공감합니다. 상담가의 태도는 내담자의 행동을 더 깊이 이해하는 데 초점을 맞춥니다. 이러한 태도는 내담자가 변화를 더 기꺼이 받아들이게 하고, 삶의 방식에 대해 친화적이며 개방적인 대화를 지속하며, 잘못된 믿음을 수정할 수 있도록 돕습니다. 중독 문제로 큰 혼란을 겪는 사람들을 꾸준히 돕다 보면, 치료사가 내담자에 대한 공감이 줄어들 수 있습니다. 이때 자신의 회복력 영역 안에 머물기 위해 웰니스 기술을 사용하는 것은 내담자에 대한 연민 어린 마음을 유지하고, 동기강화상담의 핵심 정신을 기르는 데 도움이 됩니다.

② 내담자의 자기효능감(Client Self-Efficacy): 내담자의 목표는 변화를 선택하고 행동에 옮기는 것이며, 커뮤니티 리질리언스 모델 지도자나 트라우마 리질리언스 모델 치료사의 역할은 내담자가 동기를 유지하도록 돕고, 웰니스 기술을 활용하여 내담자 자신의 강점을 강화하며 자기효능감을 키우도록 지원하는 것입니다.

③ 불일치 명료화(Clarifying Inconsistencies): 트라우마 리질리언스 모델 치료사나 커뮤니티 리질리언스 모델 지도자는 동기강화상담의 방법을 사용해, 내담자가 현재의 행동과 변화된 삶의 차이를 이해할 수 있도록 시야를 확장시켜줍니다. 내담자의 현재 행동이 가져올 잠재적 결과를 탐색함으로써, 그가 진정으로 가고자 하는 방향이 무엇인지 스스로 깨닫게 도울 수 있습니다. 때로는 그 방향이 명확하지 않을 수 있습니다. 이럴 때 치료사는 생각과 감정에 연결된 신체 감각에 대해 호기심을 가지도록 안내함으로써, 내담자가 방향성을 더욱 명확하고 체화할 수 있게 합니다.

④ 저항 다루기(Working with Resistance): 동기강화상담 접근에서 두 모델은 내담자의 저항에 대립하거나 맞서 싸우지 않습니다. 대신, '함께하기(roll with it)'를 배웁니다. 이러한 접근은 대립과 논쟁을 피하면서, 내담자가 자신의 지각을 스스로 재구성하고 명료화할 수 있도록 돕습니다. 또한 치료사는 내담자에게 새로운 관점을 '주입(impose)' 하기보다는, 탐색해보도록 '안내(invite)'하고, 그 관점과 연결된 신체 감각을 알아차리도록 유도합니다. 무엇보다도, 트라우마 리질리언스 모델 치료사와 커뮤니티 리질리언스 모델 지도자는 내담자 자신이 문제 해결의 자원이라고 믿습니다.

동기강화상담과 커뮤니티 리질리언스 모델과 트라우마 리질리언스 모델 통합

트라우마 리질리언스 모델 치료사와 커뮤니티 리질리언스 모델 지도자는 동기강화상담을 진행할 때 '감각 중심의 질문(sensory-focused questions)'을 통합할 수 있습니다. 감각의 성질을 묻는 것은 행동 변화에 대한 생각과 감정에 연결된 신체 감각을 배우기 시작하도록 돕습니다. 예를 들어, 어떤 사람이 음주의 '좋은 점'을 말하더라도, 그로 인해 직장이나 가정에서 문제가 발생한다면 그와 연결된 감각은 반드시 편안하지 않을 수 있습니다. 이때 감각이 불편하다면, 치료사는 내담자에게 신체 안에서 편안하거나 중립적인 장소가 있는지, 그리고 그 감각으로 주의를 전환할 수 있는지를 묻습니다. 주의전환이 일어나는 동안 내담자는 자신의 신체 감각을 탐색하도록 안내받습니다. 감각의 변화가 인식되면, 치료사는 내담자에게 지금 이 순간 음주 행동을 바꾸고자 하는 동기와 관련된 생각이나 감정이 떠오르는지 탐색하도록 돕습니다. 이 과정에서 종종 보다 적응적인 생각이 자발적으로 떠오릅니다. 실무자는 그 생각이나 감정과 연결된 편안하거나 중립적인 감각을 계속 알아차리도록 유도합니다. 이처럼 행동 변화에 대한 신념이 몸으로 신체화된 감각(embodied sensations)과 연결될 때, 숙고 단계('변화단계 이론' 참조)에 있는 내담자는 행동으로 옮길 힘을 얻게 됩니다.

내담자의 감각 경험을 통합한 질문 예시

다음 대화내용은 내담자의 변화 동기를 탐색하고, 그들의 생각과 감정에 연결된 신체 감각 경험을 다루는 방법을 보여줍니다. 탐색하기 질문을 할 때에는 이렇게 묻습니다. "그 감각은 편안한가요, 불편한가요, 아니면 중립적인가요?" 내담자가 불편하다고 답하면, 아주 미세하더라도 덜 불편한 감각을 호기심으로 탐색하도록 초대합니다. 아래 예시는 '음주'를 중심으로 구성되어 있습니다.

행동을 지속할 때의 이익

"계속 음주할 때의 이익은 무엇입니까?"

"음주의 어떤 점을 좋아하십니까?"

"좋아하는 점을 말할 때, 몸 안에서는 어떤 감각이 일어납니까?"

"그 감각은 편안한·불편한·중립 중 어디에 해당합니까?"

행동을 바꾸지 않을 때의 우려

"음주를 계속하면 어떤 점이 걱정되거나 두렵습니까?"

"그 걱정을 말할 때, 몸 안에서는 어떤 일이 일어납니까?"
"그 감각은 편안한·불편한·중립 중 어디에 해당합니까?"

변화가 일어날 때의 우려

"음주를 중단한다면 어떤 점이 걱정되십니까?"
"그 걱정을 이야기할 때, 몸 안에서는 무엇을 알아차리십니까?"
"그 감각은 편안한·불편한·중립 중 어디에 해당합니까?"

행동 개선을 시도할 때의 이익

"음주를 중단하면 삶에 어떤 이익이 있겠습니까?"
"그 이익을 말할 때, 몸 안에서는 어떤 변화가 느껴집니까?"
"그 감각은 편안한·불편한·중립 중 어디에 해당합니까?"

척도 질문: 동기 파악

"1(동기 전혀 없음)에서 10(가장 강한 동기)까지 척도에서, 오늘의 음주 중단 동기는 몇 점입니까?"
"변화 동기를 이야기할 때, 몸 안에서는 어떤 감각이 있습니까?"
"그 감각은 편안한·불편한·중립 중 어디에 해당합니까?"

동기가 낮을 때

"삶에서 어떤 일이 일어나면 동기가 3에서 6으로 올라가겠습니까?"
"동기가 높아진다고 상상할 때, 몸 안에서는 어떤 감각이 느껴집니까?"
"그 감각은 편안한·불편한·중립 중 어디에 해당합니까?"

예외 질문

"과거에 음주를 줄이거나 끊었던 때가 있었습니까?"

"그때는 했었지만 지금은 하지 않는 것은 무엇입니까?"

"그때를 떠올릴 때 지금 몸 안에서는 어떤 감각이 있습니까?"

"그 감각은 편안한·불편한·중립 중 어디에 해당합니까?"

기적 질문(Miracle Question): 막히거나 낙담한 내담자에게

"한밤중에 기적이 일어나 음주 문제가 완전히 사라졌다면, 그 기적을 어떻게 알아차리겠습니까?"

"그 기적을 만들기 위해 구체적으로 무엇을 다르게 하시겠습니까?"

"지금 그중 일부라도 시작할 의향이 있습니까?"

"그렇게 상상할 때, 몸 안에서는 어떤 감각이 일어납니까?"

"그 감각은 편안한·불편한·중립 중 어디에 해당합니까?"

비판단적인 질문 방식과 탐색하기 질문을 결합함으로써, 치료사는 내담자가 '행동을 바꿀지 말지'에 대한 인지적 사고에 신체 감각 정보를 통합하도록 돕습니다.

기적 질문을 활용하는 또 다른 방법은 표현예술을 매개로 하는 것입니다. 이는 '미래 자원(future resource template)'을 형성하는 과정이기도 합니다. 트라우마 리질리언스 모델과 커뮤니티 리질리언스 모델에서는 내담자에게 두 가지 그림을 그리도록 안내할 수 있습니다.

- 현재 자신의 문제와 관련된 지금-여기의 자신
- 기적이 일어나 문제가 해결된 삶의 모습

그림을 그린 후 치료사는 다음과 같이 진행합니다.

- 기적이 일어난 그림을 설명하도록 안내합니다.
- 그림을 설명하며 바라볼 때, 몸 안에서 일어나는 감각을 묻습니다.

  그 감각은 편안한·불편한·중립 중 어디에 해당합니까?
- 편안한·중립 감각이라면, 그 감각을 계속 알아차리도록 안내합니다.
- 불편한 감각이라면, 그림에서 더 편안한 부분으로 주의를 전환하도록 돕습니다.
- 선택 지점: 내담자가 '기적의 그림'의 편안한 감각에 머물거나, 현재 자신의 그림으로 이동할 수 있도록 초대합니다.
- 현재의 그림을 다룰 때 불편한 감각이 보고되면, 다시 편안한 감각으로 돌아가거나, 현재 그림에 새로운 요소를 추가하도록 요청합니다.

이처럼 표현예술은 내담자가 자신의 현재 상황에 대한 또 다른 진실을 발견하도록 돕는 지식의 통로가 될 수 있습니다. 이는 내담자가 변화를 향해 나아갈 희망과 동기를 회복하게 하는 강력한 수단이기도 합니다.

변화단계 이론

커뮤니티 리질리언스 모델 지도자와 트라우마 리질리언스 모델 치료사가 내담자의 변화를 지지하려면 프로차스카와 디클레멘테

(Prochaska & DiClemente, 1992)의 '범이론적 변화모형(Transtheo-retical Model)'을 통합하는 것이 필수적입니다. 변화단계 이론은 개입 과정에 쉽게 직조될 수 있으며, 변화 과정에서 내담자의 현재 위치를 파악하면 두 모델 기술을 통합해 다음 단계로의 이동에 초점을 맞춘 맞춤 개입이 가능합니다. 단계는 무숙고(Precontemplation) - 숙고(Contemplation) - 준비(Preparation) - 실행(Action) - 유지(Main-tenance) - 재발(Relapse)입니다. 아래는 두 모델 개념을 통합한 요약입니다.

무숙고 단계: 내담자가 변화를 고민하지 않으며, 자신의 행동과 관련된 문제를 인식하지 못하거나 타인의 우려를 무시하는 시기입니다. 치료사는 변화 준비를 가정하지 않고, 내담자의 감정과 경험을 경청하며 동기강화상담 방식에 따라 이해하기 쉬운 소량의 건강교육을 제공합니다. 이때 하이존, 로우존, 회복력 영역 등 커뮤니티 리질리언스 모델과 트라우마 리질리언스 모델 핵심 개념을 소개합니다.

숙고 단계: 내담자가 문제 행동을 계속할 이유와 중단할 이유 사이에서 내적 갈등을 겪습니다. 치료사는 변화의 장단을 탐색하게 하고, 내담자 고유의 동기를 식별하여 단기 달성 가능한 목표를 세우도록 돕습니다. 동시에 '변화하거나 혹은 변화하지 않거나'를 고민할 때 나타나는 신체감각을 함께 탐색합니다.

준비(결정) 단계: 내담자가 어떻게 바꿀지를 정하고 실제 행동 변화에 대비합니다. 치료사는 지지적 태도로 긍정적 진전을 강화해 자기효능감을 높이고, 이득·손실 과정에서 마주치는 장벽을 모니터링하도록 돕습니다. 다음 단계(실행)까지 시간이 필요할 수 있다는 점을 주지시키고, 준비 단계와 연결된 신체감각 탐색을 격려합니다.

실행 단계: 내담자가 목표 행동을 바꾸기 위한 구체적인 활동을 시작합니다. 실생활에 통합 가능한 실천 단계를 정하고, 고위험 상황을 인지하는 방법과 새로운 대처 전략을 학습합니다. 치료사는 iChill 앱 안내를 포함해 커뮤니티 리질리언스 모델과 트라우마 리질리언스 모델의 웰니스 기술을 일상 활동에 통합하는 방법을 함께 설계합니다.

유지 단계: 실행 단계에 성공적으로 들어가면 다섯 번째 유지 단계로 이어지며, 6개월 이상 장기 변화를 유지하는 시기입니다. 치료사는 지속적 격려와 지지를 제공하고, 필요 시 지역사회 자원을 연계합니다. 실행 단계에서의 신체감각을 알아차리며 변화를 신체화하면, 변화가 우리 몸의 신경계에 뿌리내립니다.

재발 단계: 재발이 발생하면 실행단계 계획을 즉시 수립합니다. 다루는 행동의 유형에 따라 내담자들은 성공하기 전까지 여러 차례 변화를 중단하려고 할 수 있으며, 이 역시 변화 과정의 전형적 특징입니다. 변화의 과정은 이후의 시도나 다른 행동과는 결이 다른 경우가 많습니다. 트라우마 리질리언스 모델 치료사나 커뮤니티 리질리언스 모델 지도자의 역할은 내담자에게 재발이 일시적일 수 있으며, 실패가 아니라 학습의 기회로 보도록 유도합니다. 재발했다고 해서 그 사람이 실패한 것은 아닙니다. 오히려 재발은 변화 과정의 일부이며, 정상적입니다. 또한, 재발을 촉발한 생각과 감정, 그리고 이와 함께 작동한 감각 단서를 탐색하고 식별하도록 돕는 것은 내담자가 재발의 원인 요인을 더 깊이 이해하는 데 유익합니다. 내담자가 이러한 생각과 감정을 회상하거나 감각 단서를 인식할 때, 치료사는 그 과정에서 몸 안에 일어나는 감각을 알아차리도록 요청할

수 있습니다. 이후 두 모델 기술을 활용하여 발생하는 고통을 조절함으로써, 그 고통이 생각·감정·감각 단서와 분리될 수 있도록 돕습니다. 이렇게 함으로써, 미래에 이러한 생각·감정·단서가 다시 재발을 유발할 가능성을 줄일 수 있습니다.

사례: 아만다(Amanda)는 20세 대학생으로, 캠퍼스 내 성폭력 이후 치료에 참여했습니다. 사건 이후 자낙스(Xanax)를 남용하고 자해 행동으로 왼쪽 아랫배를 피부가 벗겨질 정도로 긁고 있었습니다. 그녀는 자해를 멈추고 자낙스를 궁극적으로 중단하고자 대처 기술을 배우기 위해 치료를 시작했습니다. 그 당시 주 2~3회 정도 몸을 긁었고, 처방약이 정신과 의사 권고보다 여전히 빨리 소진되었습니다.

아만다는 트라우마 리질리언스 모델의 여섯 가지 웰니스 기술을 배웠습니다. 심리치료 첫 달 안에 자해 행동과 자낙스 사용이 모두 감소했습니다. 그녀는 주 2~3회 긁던 것이 2주에 1회로 줄었습니다. 이에 대한 해석을 재구성해, 2주에 한 번 긁은 사실을 부정적인 경험이 아니라 '진전'으로 보기 시작했습니다. 처음에는 자낙스 복용 완전 중단에 주저했으나, 정신과 의사와의 협력적 조정을 통해 서서히 감량하여 중단할 수 있었습니다. 재발하는 단서를 탐색했고, 긁기 직전에 몸에서 일어나는 불편한 감각을 자각했습니다. 재발을 둘러싼 의미와 감정을 함께 다루었습니다. 6개월 안에 자낙스를 중단했고, 이 글을 쓰는 시점까지 자해는 보고되지 않았습니다.

양가감정

둘째 단계인 숙고와 셋째 단계인 준비는 모두 양가감정(ambivalence)의 국면임을 주목해야 합니다. 동기강화상담은 이러한 양가감정을 탐색하고 해소함으로써 변화 동기를 증진시키는 실천적 상담 방법입니다. 양가감정에 기반한 동기의 핵심 요소는 다음 세 가지입니다.

① 변화의 중요성에 대한 내담자의 인식 점검 (변화 의향)
② 변화 실행에 대한 자신감 수준 점검 (변화 능력)
③ 변화의 긴급성 점검 (변화 준비도)

변화의 준비도는 '변화가 내담자에게 얼마나 중요한가'와 '그 변화를 실행할 수 있다고 느끼는 자신감의 정도'라는 두 요인의 결합에 의해 결정됩니다. 양가감정의 국면은 개인 내부에서 상충하는 태도와 감정이 공존하며, '변화하고 싶은 마음'과 '변화하고 싶지 않은 마음'이 동시에 얽히는 내적 갈등 상태를 의미합니다. 내담자가 변화할 준비가 되어 있음을 보여주는 징후로는 저항의 감소, 문제에 대한 질문의 감소 등이 있습니다. 양가감정은 부정적인 현상이 아니라, 다른 선택지를 탐색할 수 있는 문을 여는 긍정적 신호로 볼 수 있습니다. 특히, 양가감정과 연결된 생각과 감정의 신체감각을 인식하는 것은 내담자가 보다 적응적인 경로를 발견하고 변화로 나아가도록 돕는 열쇠가 됩니다.

양가감정 이해하기

행동을 변화시키는 데에는 이익이 있는 동시에, 그 행동을 유지하는 데에도 나름의 이익이 있음을 이해해야 합니다. 내담자는 행동 변화를 시도할 때 두려움과 우려를 가질 수 있습니다. 트라우마 리질리언스 모델 치료사나 커뮤니티 리질리언스 모델 지도자는 이러한 두려움과 우려의 본질을 탐색하고 이해하는 것이 중요합니다. 또한, 신체감각의 인식을 통합하여, '변화하려는 행동'과 '변화하지 않으려는 행동' 각각과 연결된 신체감각을 탐색하는 것은 내담자에게 더 깊은 자기 인식을 열어주는 또 하나의 정보 통로가 될 수 있습니다.

결론

사회는 중독으로 이어지는 요인을 줄이거나 제거하기 위해, 청소년과 성인에게 제공되는 개입을 확장하는 혁신적 접근을 모색하고 지역사회 이해관계자들과 협력해야 합니다. 또한, 동기강화상담과 내수용감각을 결합한 지지적이고 인간적인 접근은 약물 및 행동 중독을 변화시킬지 여부를 스스로 결정하도록 돕습니다. 중독의 생물학적 기초를 강조하는 트라우마 기반 교육은 필수적이며, 신경계 과활성화를 줄이는 전략과 일상에 통합 가능한 기술 개발, 즉 신경과학에 기반한 다양한 웰니스 기술의 확산은 사회 전반의 건강 증진으로 이어질 것입니다.

혁신의 빛나는 사례 중 하나는 오피오이드 과다복용으로 아들을 잃은 캐미 울프 라이스(Cammie Wolf Rice)가 설립한 크리스토퍼 울프 크루세이드(Christopher Wolf Crusade)입니다. 그녀의 아들 크리스토퍼는 14년에 걸친 약물 오용과 의존의 싸움 끝에 세상을 떠났습니다. 그의 오피오이드 의존은 처방약에서 시작되었습니다. 중학생 시절 궤양성 대장염 진단을 받은 그는 수차례 수술과 수천 회의 오피오이드 처방을 받았습니다. 아들의 죽음 이후, 캐미는 자신의 개인적인 슬픔과 고통을 행동으로 승화시켰습니다. 2018년, 그녀는 "중독이 시작되기 전에 막는다"라는 사명으로 크리스토퍼 울프 크루세이드를 설립했습니다. 병원에서 아들과 함께한 긴 시간 동안, 그녀는 중독 예방을 위한 조기 개입의 절박한 필요성을 깨달았습니다. 아쉽게도, 너무 늦기 전까지 아무도 진통제의 위험성을 그나 가족에게 교육하지 않았던 것입니다.

캐미는 병원 내에 라이프 케어 스페셜리스트(Life Care Specialists, 이하 LCS)라는 새로운 유형의 돌봄 체계를 만들었습니다. LCS는 약물 의존, 동기강화상담, 변화단계 이론 등 최신 중독치료 접근을 이해하도록 훈련되며, 모든 LCS는 커뮤니티 리질리언스 모델 지도자 또는 가이드로 인증을 받습니다. 수술 후 심한 통증을 겪는 정형외과 외상 환자들은 기존에는 오피오이드만이 유일한 진통 수단이었습니다. 그러나 LCS의 개입을 통해 환자들은 교육 자료와 대체 통증관리 기술 - 커뮤니티 리질리언스 모델, 심상 유도, 점진적 이완, 그리고 근거기반 웰니스 및 신경계 조절 기술 - 을 습득하게 됩니다. LCS는 환자와 1:1로 맞춤형 통증관리 계획을 수립하며, 약물 오용 위험요인을 평가하고 필요한 경우 전문기관으로 연계하도록 훈련되어 있습니다.

첫 번째 LCS 그룹은 조지아주 애틀랜타의 그레이디 메모리얼 병원(Grady Memorial Hospital)에서 2년간의 파일럿 연구를 완료하였으며, 현재 무작위 대조시험을 통해 효과성을 검증 중입니다. 초기 결과는 LCS 개입 후 오피오이드 약물 사용이 25% 감소, 통증관리 목적의 응급실 재내원율 또한 감소했음을 보여줍니다. 이 연구는 에모리 대학교 기관생명윤리위원회(IRB)와 마라 셴커(Mara L. Schenker, MD)의 감독 아래 진행되고 있으며, clinicaltrials.gov에 등록되어 있습니다. 자세한 정보는 www.cwc.ngo에서 확인할 수 있습니다.

현재 크리스토퍼 울프 크루세이드는 조지아주 전역의 오피오이드 처방률이 높은 농촌 병원들에 LCS 프로그램을 확대 적용하고 있습니다. 각 병원에서 LCS는 커뮤니티 리질리언스 모델 기술을 환자 교육 도구 의료 제공자 교육 프로그램에 통합하여 지도합니다. 이 교육은 의료 종사자에게 보수교육 학점(CME)을 제공하며, 이미 그레이디 메모리얼 병원에서 성공적으로 시행되었습니다. LCS 모델은 확장 가능성(scalability), 지속 가능성(sustainability), 그리고 비용 효율성 (cost-effectiveness)이 입증된 차세대 환자 중심 케어 모델입니다.

"당신은 외상성 부상을 입고 통증을 견디려 애쓰는 환자의 병실로 들어갑니다. 잠시 후, 그 환자는 불안이 줄고, 통증이 조절 가능해졌으며, 자신이 복용하는 진통제가 중독성을 지닌다는 사실을 이해했다고 말합니다."
— 베일리(Bailey), 2019년부터 활동 중인 LCS

참고문헌

American Society of Addiction Medicine. (2022, February 19). Definition of addiction. Retrieved from https://www.asam.org/quality-care/definition-of-addiction

Avena, N. M., Simkus, J., Lewandowski, A., Gold, M. S., & Potenza, M. N. (2021). "Substance use disorders and behavioral addictions during the COVID-19 pandemic and COVID-19-related restrictions." *Frontiers in Psychiatry*, 12, 653674. https://doi.org/10.3389/fpsyt.2021.653674

Bohnert, A., Bonar, E., Cunningham, R., Greenwald, M., Thomas, L., Chermack, S., Blow, F., & Walton, M. (2016). "A pilot randomized clinical trial of an

intervention to reduce overdose risk behaviors among emergency departm
ent patients at risk for prescription opioid overdose." *Drug and Alcohol
Dependence*, 163, 40‑47. https://doi.org/10.1016/j.drugalcdep.2016.03.
029

Carroll, K. M., et al. (2001). "Motivational interviewing to enhance treatment
initiation in substance abusers: An effectiveness study." *The American Journal
on Addictions*, 10(4), 335‑339. https://doi.org/10.1080/aja.10.4.335.339

Centers for Disease Control and Prevention. (2021a). Excessive alcohol deaths.
Retrieved from https://www.cdc.gov/alcohol/features/excessive-alcohol
ofdeaths.html

Centers for Disease Control and Prevention. (2021b). Provisional drug overdos
e death counts. Retrieved from https://www.cdc.gov/nchs/pressroom/nch
s_press_releases/2021/20211117.htm

Chilcoat, H. D., & Breslau, N. (1998). "Posttraumatic stress disorder and drug
disorders: Testing causal pathways." *Archives of General Psychiatry*, 55(1
0), 913‑917. https://doi.org/10.1001/archpsyc.55.10.913

Daglis, T. (2021). "The increase in addiction during COVID-19." *Encyclopedia*,
1(4), 1257‑1266. https://doi.org/10.3390/encyclopedia1040095

Grabbe, L., Higgins, M., Baird, M., Craven, P., & Fratello, S. (2020). "The Commu
nity Resiliency Model® to promote nurse well-being." *Nursing Outlook*,
68(3), 324‑336. https://doi.org/10.1016/j.outlook.2019.11.002

Grabbe, L., Higgins, M., Jordan, D., et al. (2021). "The Community Resiliency
Model®: A pilot of an interoception intervention to increase the emotional
self-regulation of women in addiction treatment." *International Journal of
Mental Health and Addiction*, 19, 793‑808. https://doi.org/10.1007/s1146
9-019-00189-9

Koob, G. E., & Volkow, N. D. (2010). "Neurocircuitry of addiction." *Neuropsych
opharmacology*, 35(1), 217‑238. https://doi.org/10.1038/npp.2009.110

Mahan, A. L., & Ressler, K. J. (2012). "Fear conditioning, synaptic plasticity,
and the amygdala: Implications for posttraumatic stress disorder." *Trends
in Neurosciences*, 35(1), 24‑35. https://doi.org/10.1016/j.tins.2011.11.007

Miller, W. R., & Rollnick, S. (2002). *Motivational interviewing: Preparing people
for change* (2nd ed.). New York, NY: The Guilford Press.

Parsons, L. H., & Hurd, Y. L. (2015). "Endocannabinoid signaling in reward
and addiction." *Nature Reviews Neuroscience*, 16(10), 579‑594. https://d

oi.org/10.1038/nrn4007

Prochaska, J. O., & DiClemente, C. C. (1992). "The transtheoretical approach." In J. C. Norcross & M. R. Goldfried (Eds.), *Handbook of psychotherapy integration* (pp. 300-334). New York, NY: Basic Books.

Roberts, N., Roberts, E., Jones, N., & Bisson, J. (2015). "Psychological interventions for post-traumatic stress disorder and co-morbid substance use disorder: A systematic review and meta-analysis." *Clinical Psychology Review,* 38, 25-38. https://doi.org/10.1016/j.cpr.2015.02.007

Saad, L. (2019, February 13). *Substance abuse hits home for half of Americans.* Gallup News. Retrieved from https://news.gallup.com/poll/267416/substance-abuse-hits-home-close-half-americans.aspx

U.S. Surgeon General. (2016). *Facing addiction in America: The Surgeon General's report on alcohol, drugs, and health.* Washington, DC: U.S. Department of Health and Human Services.

역자 후기

2019년 처음 커뮤니티 리질리언스 모델을 접한 이후, 팬데믹 시기의 비대면 교육 환경에서 이를 하나의 수업 도구로 활용하며 일상 속에서 실제로 필요한 지점을 발견하게 되었습니다. 이후 학교와 지역사회에서 아이들과 교사, 그리고 활동가들을 만나면서, 이 모델이 단순한 개입 기법을 넘어 우리의 몸과 신경계를 이해하는 하나의 소통 창구가 될 수 있다는 점을 점차 확인하게 되었습니다. 이러한 경험 속에서 자연스럽게 Trauma Resource Institute의 커뮤니티 리질리언스 모델의 공인 지도자와 트라우마 리질리언스 모델 공인 치료사의 길을 걷게 되었습니다.

이러한 배움의 여정 속에서, 원저자인 일레인 밀러-카라스 선생님의 방법론인 커뮤니티 리질리언스 모델과 트라우마 리질리언스 모델을 한국의 교육·돌봄·치유 현장에도 온전히 소개하고 싶다는 마음이 점점 분명해졌습니다. 그 마음으로 지난 2년간 원서를 강독하고, 윤문하는 과정을 거치며 이어온 깊이 있는 탐구는 저 자신을 또 한 번 성장으로 이끄는 소중한 시간이었습니다.

번역 과정에서는 개념의 정확성을 유지하는 동시에, 제가 현장에서 교사·부모·청소년·상담자들과 실제로 사용해 온 언어를 최대한 반영하고자 했습니다. 또한 이 책이 한국 사회의 맥락 속에서 어떤 의미를 가질 수 있을지를 끊임없이 고민했습니다. 그 과정에서 저는 이 책이 단순히 트라우마 치유 모델을 소개하는 안내서가 아니라, 우리가 자신의 상처를 바라보는 관점을 '수치심과 병리학'의 틀에서

'희망과 생물학'의 틀로 전환하도록 이끄는 책이라는 사실을 확인했습니다. 이 책은 우리가 스트레스 상황에서 보이는 반응이 나약함의 증거가 아니라, 우리를 지키기 위해 작동하는 신경계의 자연스러운 반응임을 분명하게 일깨워 줍니다.

한편, 리질리언스 연구는 이미 개인 차원을 넘어 공동체 차원으로 이론과 실천을 통합하며, 사회생태적(Social - Ecological) 관점으로 확장되어 왔습니다. 이러한 흐름은 경제학·교육학·재료공학·도시계획학 등 다양한 분야에서의 탐구로 이어지며, 개인 중심의 이해를 넘어 사회·제도·관계적 요소를 강조하는 방향으로 전개되고 있습니다. 이러한 맥락을 고려하여, 본 번역에서는 '리질리언스'를 하나의 번역어로 단일하게 확정하기보다 원어를 우리말로 표기하는 선택을 하였습니다. 특히 전남대학교 인문학연구원 HK3.0 플루리질리언스 사업단의 지원과 번역 과정에 함께 해주신 여러 연구자와 실천가들의 도움은 지금의 결과물을 만들어내는 중요한 토대가 되었습니다.

이 책이 누군가에게는 전문적인 길잡이가 되고, 또 다른 누군가에게는 지친 하루를 잠시 내려놓을 수 있는 안전한 쉼터가 되기를 바랍니다. 역자로서, 그리고 같은 시대를 살아가는 한 사람으로서, 이 책을 독자 여러분께 전할 수 있었던 것을 진심으로 감사하게 생각합니다.

역자 김도현 드림

지은이 일레인 밀러-카라스(Elaine Miller-Karas)

Trauma Resource Institute 공동 설립자이자 CRM®(Community Resiliency Model) 및 TRM®(Trauma Resiliency Model) 창안자. UN·WHO·Skoll Forum· Catalyst 2030 등 국제기관에서 회복탄력성 교육을 진행하고 있음.
주요 논저:『Building Resilience to Trauma』(2015, 2023 개정판) 등.

옮긴이 김도현 samatta@hanmail.net
전남대학교 인문학연구원 연구원.

Trauma Resource Institute의 The Community Resiliency Model® 공인 지도자와 The Trauma Resiliency Model® 공인 치료사/ Emory University, CCSSE의 Compassion Based Cognitive Therapy(CBCT)® 공인 지도자. 주요 연구 분야는 불교심리학, 사회정서학습(SEL), 회복탄력성 교육 및 트라우마 치유.
주요 논저:『입중론 현전지 연구』(2018),『사회정서학습과 미래교육』(2024) 등.

전남대학교 인문학연구원 HK3.0 플루리질리언스사업단 번역총서 01

리질리언스 구축
- 커뮤니티 리질리언스 모델과 트라우마 리질리언스 모델

2026년 1월 30일 초판 1쇄 펴냄

저 자 일레인 밀러-카라스
역 자 김도현
펴낸곳 보고사
주소 경기도 파주시 회동길 337-15 보고사
전화 031-955-9797(대표)
팩스 02-922-6990
메일 bogosabooks@naver.com
http://www.bogosabooks.co.kr

ISBN 979-11-6587-972-3   93330
ⓒ 김도현, 2026

정가 30,000원

이 역서는 2025년 대한민국 교육부와 한국연구재단의 지원을 받아
수행된 연구임 (NRF-2025S1A6B5A02004223)
This work was supported by the Ministry of Education of the Republic
of Korea and the National Research Foundation of Korea (NRF-2025
S1A6B5A02004223)